"十四五"职业教育国家规划教材

"十二五"职业教育国家规划教材
经全国职业教育教材审定委员会审定
首届黑龙江省教材建设奖优秀教材

21世纪职业教育教材·通识课系列

公关与商务礼仪

（第三版）

主　编　姜桂娟
副主编　杨玉荣　尚明娟
参　编　张南南　束　琳　张　静
　　　　贾亚东　张天竹　贾大明
主　审　聂洪臣

内 容 简 介

本书在内容构建上力求体现高等职业教育特色，突出实用、适用、够用的原则，注重对学生礼仪应用能力的培养，依据商务活动对礼仪素质培养的需要，设置了商务人员基本礼仪、商务交际礼仪、商务文书礼仪、商务谈判礼仪、商务服务礼仪、商务会议礼仪、商务仪式礼仪七个项目。

书中的每个项目设计了知识目标、能力目标、导入案例、礼仪小测试、思考题、工作页等模块。每个学习任务按照任务布置、知识要点、任务实施等环节组织教材内容，便于学生学习领悟。本书注重课程思政，知识传授、技能培养与价值塑造融为一体，将知礼守礼、克己敬人、诚实守信、团结友善、爱岗敬业、严谨规范、客户至上等思政元素融入教材之中。此外，在附录中提供了部分 1＋X 职业技能等级证书考核要点与礼仪知识对接一览表，为相关专业学生双证书的获取奠定了基础。

本书可作为高等职业院校、成人高校学生学习礼仪理论知识和技能的教科书。此外，也可作为本科院校学生和社会从业人员提高自身修养和综合素质的参考读本。

图书在版编目（CIP）数据

公关与商务礼仪/姜桂娟主编. —3 版. —北京：北京大学出版社，2016.2
（全国职业教育规划教材·通识课系列）
ISBN 978-7-301-26705-9

Ⅰ.①公… Ⅱ.①姜… Ⅲ.①公共关系学—礼仪—高等职业教育—教材 ②商务—礼仪—高等职业教育—教材 Ⅳ.①C912.3 ②F718

中国版本图书馆 CIP 数据核字（2015）第 309778 号

书　　名	公关与商务礼仪（第三版）
著作责任者	姜桂娟　主编
策划编辑	温丹丹
责任编辑	温丹丹
标准书号	ISBN 978-7-301-26705-9
出版发行	北京大学出版社
地　　址	海淀区成府路 205 号　100871
网　　址	http://www.pup.cn　新浪微博：@北京大学出版社
电子邮箱	编辑室 zyjy@pup.cn　总编室 zpup@pup.cn
电　　话	邮购部 010-62752015　发行部 010-62750672　编辑部 010-62756923
印刷者	北京虎彩文化传播有限公司
经销者	新华书店
	787 毫米×1092 毫米　16 开本　20.25 印张　432 千字
	2005 年 9 月第 1 版　2010 年 1 月第 2 版
	2016 年 2 月第 3 版　2025 年 6 月第 8 次印刷　总第 28 次印刷
定　　价	53.00 元

未经许可，不得以任何方式复制或抄袭本书之部分或全部内容。
版权所有，侵权必究
举报电话：010-62752024　电子邮箱：fd@pup.pku.edu.cn
图书如有印装质量问题，请与出版部联系，电话：010-62756370

第三版前言

党的二十大报告指出:"育人的根本在于立德。全面贯彻党的教育方针,落实立德树人根本任务,培养德智体美劳全面发展的社会主义建设者和接班人。坚持以人民为中心发展教育,加快建设高质量教育体系,发展素质教育,促进教育公平。"现代社会的开放性和文化多元性决定了人们必须懂礼仪、会运用礼仪,礼仪教育已经成为素质教育的一部分。随着市场竞争的日益激烈,现代企业要求人才不仅要具有精湛的业务技能,还要具备良好的综合能力。世界经济全球化发展进程的加快和我国改革开放的不断深入,对人才的要求更是苛求复合化和国际化。良好的礼仪修养已成为促进商务活动成功开展的润滑剂,是商务人员的必备素质。

本书是高等职业院校学生学习公关礼仪与商务礼仪理论知识和技能的教科书。该课程作为高等职业院校的公共课,其任务是使学生通过学习掌握成为高素质人才所必需的公关礼仪与商务礼仪的基本理论和技能,以提高学生的自身修养和综合素质,增强其适应社会和职业变化的能力。

本书根据教育部"十四五"职业教育国家规划教材的建设要求,本着"基础理论够用,注重实践能力培养"的原则,进行了教材体系和内容的构建,充分体现了社会需要、学科特点和学生身心发展三者有机的统一。本书在体例、体系、形式和内容上进行了大胆的创新,为推进三教改革奠定了基础,其特点体现在以下几个方面。

1. 双元开发,突出能力培养

本书是高等职业院校专业教师与企业专家联合开发的,淡化理论,突出应用能力的培养。依据商务活动对礼仪素质培养的需要,设置了商务人员基本礼仪、商务交际礼仪、商务文书礼仪、商务谈判礼仪、商务服务礼仪、商务会议礼仪、商务仪式礼仪七个项目。每个项目基于学做一体的思路设计学习任务,七个项目共计26个学习任务,每个任务按照任务布置、知识要点、任务实施等环节组织教材内容,便于学习者学习领悟。在每个项目中设计了工作页作为课后训练任务,便于学习者举一反三。

2. 与时俱进,优化内容体系

本书在编写体例上注重科学性、系统性和实用性的统一。每个项目设计了知识目标、能力目标、导入案例、礼仪小测试、思考题等模块,并融入了大量经典案例和点滴感悟,引导学习者深入思考,开启心智,增强感受和体验。同时,在附录中提供了部分 1+X 职业技能等级证书考核要点与礼仪知识对接一览表,为相关专业学生获取双证书奠定了基础。

3. 辅助教学,开发数字资源

围绕深化教学改革和"互联网+职业教育"发展需要,推进课程建设与教材编写深入融合,自主开发了 61 个数字化教学资源,其中微课 45 个、动画 16 个,以二维码的形式展现在书中,便于自主学习。

本书 2005 年出版,分别于 2010 年、2016 年进行了再版修订。本次修订增加了课程思政内容和数字化资源,为学生自主学习和提升育人质量奠定了基础。

本书由黑龙江农业经济职业学院姜桂娟担任主编,聂洪臣担任主审,杨玉荣、尚明娟担任副主编,海南经贸职业技术学院贾亚东、黑龙江农业工程职业学院张天竹、黑龙江农业经济职业学院张南南、束琳、张静以及新道科技股份有限公司贾大明参加了编写。具体编写分工为:姜桂娟、束琳编写绪论、项目三,尚明娟、张静编写项目一、项目六,杨玉荣编写项目二、项目四,张南南编写项目五、项目七,贾亚东、张天竹、贾大明参与了部分实训内容的撰写,最后由姜桂娟总纂成书。

本书在编写过程中,引用了部分书、报和刊物的文章,并得到黑龙江农业经济职业学院的农业经济管理国家级专业教学资源库商务礼仪课程团队支持,在此一并表示感谢。由于时间仓促,加之编写水平有限,书中难免有不妥之处,敬请广大读者批评指正。

编　者

2016 年 1 月

2022 年 11 月修订

本教材配有教学课件或其他相关教学资源,如有老师需要,可扫描右边的二维码关注北京大学出版社微信公众号"未名创新大学堂"(zyjy-pku)索取。

- 课件申请
- 样书申请
- 教学服务
- 编读往来

本书课程思政元素

"公关与商务礼仪"课程以就业岗位需求和个人终身成长为导向,围绕职业形象塑造、社会交往、日常办公和商务活动开展中所必备的礼仪素养和沟通技能,多维融入课程思政元素,将知识传授、技能培养与价值塑造融为一体,在培养学生掌握商务礼仪相关知识和技能的同时,提升个人修养,增强民族自信,塑造良好的品格。

本书结合教学内容,通过案例分析、话题讨论、教师讲授等多种形式,引导学生深入解读在商务交往和中国传统文化中所蕴含的礼仪修养,增强民族自信,提升礼仪运用能力。同时将知礼守礼、克己敬人、诚实守信、团结友善、爱岗敬业、严谨规范、客户至上等思政元素融入教学之中。

序号	页码	内容引导（案例或知识点）	展开讨论（思政内涵）	思政元素
1	3	"礼仪的真谛"案例	换位思考,如果是你会怎么做?	克己敬人
2	9	敬人原则	分享孔子尊师的故事。	文化传承 克己敬人
3	10	真诚原则	如何做到诚信待人?	诚实守信
4	19	公关与商务人员应具备的素质	"最傻的人成功了"的故事带给你什么启发?	爱岗敬业
5	21	心理素质	你是自信的人么?	坚强自信
6	44	仪容礼仪的原则	养成良好的卫生习惯对商务人士的重要性。	知礼守礼
7	45	修饰避人	你觉得当众化妆或者补妆合适么?	克己敬人
8	50	仪态礼仪	仪态端庄得体对商务人士的重要性。	知礼守礼
9	61	言谈礼仪	在与人沟通时,应注意哪些细节?	知礼守礼
10	67	"赞美的力量"案例	请你赞美一下你身边的同学。	团结友善
11	81	鞠躬礼仪	你知道鞠躬礼仪的起源吗?	文化传承 民族自信

序号	页码	内容引导 （案例或知识点）	展开讨论（思政内涵）	思政元素
12	85	"你不尊重我"案例	你知道案例中的作家做错了什么吗？	克己敬人
13	94	"尴尬的拜访"案例	案例给了你什么启示呢？	知礼守礼
14	105	用筷礼仪	1. 你知道筷子的起源吗？ 2. 你知道用筷的禁忌有哪些？	文化传承 民族自信
15	111	"不懂礼仪闹笑话"案例	你知道西餐赴宴礼仪都有哪些吗？	知礼守礼
16	116	奉茶的程序	1. 你知道中国是茶的故乡吗？ 2. 你了解哪些茶文化？	文化传承 民族自信
17	137	书信类文书礼仪	你知道不同类型的书信文书在撰写时有哪些注意事项？	严谨规范
18	187	"一片冰心在茅台"案例	案例给了你哪些启发？	克己敬人
19	195	"素质有待提高"案例	你知道案例中赵旭有哪些不当的行为？	克己敬人
20	208	商场营业员的服务礼仪	你知道商场营业员的服务礼仪有哪些吗？	客户至上
21	214	宾馆服务礼仪	你知道宾馆服务礼仪有哪些吗？	客户至上
22	224	导游服务礼仪	你知道导游服务礼仪有哪些吗？	客户至上
23	237	"请柬发出之后"案例	你知道在会议准备时应注意什么问题吗？	严谨规范
24	251	会议中的服务礼仪	你知道会议中的服务礼仪有哪些吗？	客户至上
25	266	商界开业礼仪	你知道开业典礼是越隆重越好吗？	节俭适度

目　录

绪论　礼仪认知 1
项目一　商务人员基本礼仪 29
　　任务1.1　仪表礼仪 31
　　任务1.2　仪容礼仪 43
　　任务1.3　仪态礼仪 49
　　任务1.4　言谈礼仪 58
项目二　商务交际礼仪 71
　　任务2.1　见面礼仪 74
　　任务2.2　电话礼仪 87
　　任务2.3　拜访与接待礼仪 91
　　任务2.4　宴请礼仪 99
　　任务2.5　乘车礼仪 118
　　任务2.6　馈赠礼仪 123
项目三　商务文书礼仪 133
　　任务3.1　书信类文书礼仪 135
　　任务3.2　致辞类文书礼仪 155
　　任务3.3　商务信函礼仪 163
项目四　商务谈判礼仪 177
　　任务4.1　商务谈判准备礼仪 179
　　任务4.2　商务谈判过程礼仪 193
　　任务4.3　商务谈判签约礼仪 199
项目五　商务服务礼仪 205
　　任务5.1　商场服务礼仪 207
　　任务5.2　宾馆服务礼仪 214
　　任务5.3　导游服务礼仪 224

项目六　商务会议礼仪 ……………………………………………………………… 235
任务 6.1　会议前的准备 …………………………………………………………… 237
任务 6.2　会议举行中的礼仪 ……………………………………………………… 249
任务 6.3　会议后的礼仪 …………………………………………………………… 252

项目七　商务仪式礼仪 ……………………………………………………………… 257
任务 7.1　商务交接礼仪 …………………………………………………………… 259
任务 7.2　商界开业礼仪 …………………………………………………………… 266
任务 7.3　商务剪彩礼仪 …………………………………………………………… 273
任务 7.4　商界庆典礼仪 …………………………………………………………… 278

附录一　工作页 ……………………………………………………………………… 287
附录二　1+X 职业技能等级证书考核要点与礼仪知识对接一览表 ……………… 304
附录三　常用英文礼仪用语 ………………………………………………………… 309
参考文献 ……………………………………………………………………………… 315

绪论

礼仪认知

知识目标

☞ 了解礼仪的特性、提高礼仪修养的意义以及学习公关与商务礼仪的必要性。
☞ 理解礼仪、礼仪修养、公关礼仪、商务礼仪的基本内涵。
☞ 掌握礼仪的构成要素和礼仪主体应具备的素质。

能力目标

☞ 学会把握礼仪运用原则。
☞ 学会克服交际中的心理障碍。

 **导入案例**

礼仪的真谛

英国王室为了招待印度当地居民的首领，在伦敦举行晚宴，身为王位继承人的温莎公爵主持这次宴会。宴会上，达官贵人们觥筹交错，相与甚欢，气氛融洽。可就在宴会快要结束时，出现这样一幕：侍者为每一位客人端来洗手盘，印度客人看到精巧的银制器皿盛着亮晶晶的水，以为是喝的水，就端起来一饮而尽。温莎公爵神色自若，一边与众人谈笑风生，一边也端起自己面前的洗手水，像客人那样自然而得体地一饮而尽。接着，大家也纷纷效仿，原本即将要造成的难堪与尴尬顷刻消失，宴会取得了预期的成功，当然也使英国国家的利益得到了进一步的保证。

（资料来源：《智慧背囊》，王玉强，南方出版社，2005）

问题与思考

礼仪是一种约定俗成的行为规范，表示对他人的尊敬与友善。如果温莎公爵当众纠正客人的错误而在银制器皿里优雅地洗手，则将置印度客人怎样尴尬的境地？

礼仪是人们用以沟通思想、联络感情、增进了解的一种行为规范，是现代交际中不可缺少的润滑剂。对一个人来说，礼仪是一个人的思想道德水平、文化修养、交际能力的外在表现；对一个社会来说，礼仪是一个国家社会文明程度、道德风尚和生活习惯的反映。随着市场竞争的日益激烈，现代企业要求人才不仅要具有精深的业务技能，还要具备良好的综合素质。礼仪，是塑造个人形象的灵魂，已经成为提高个人素质与企业形象的必要条件，成为现代竞争的重要砝码，越来越受到人们的重视。

一、礼仪的基本内容

礼仪在一定程度上反映出一个人的文化、修养和气质。因此，凡是追求文明的国家和民族，无不注重礼仪教育，把遵守礼仪规范作为国民必须具备的素质。

（一）礼仪的含义

我国素有礼仪之邦之美誉。"礼仪"一词在先秦典籍中就有使用，如《礼仪·中庸》："礼仪三百，威仪三千"。《说文解字》中解释为："礼，履也，所以事神致福也"，表示对神的尊敬。孔子主张"为国以礼""克己复礼"，将"礼"提到用以治国安邦、安身立命的高度，并积极倡导人们"约之以礼"，做"文质彬彬"的君子。孟子将仁、义、礼、智、信视为基本道德规范，认为"辞让之心"和"恭敬之心"是礼的发端和核心。荀子则强调："礼者，人道之极也""人无礼则不生，事无礼则不成，国无礼则不宁"，把礼看成做人、做事和治国成功与否的根本。

在西方，人们对文雅的仪风和悦人的仪态一直孜孜以求。在古希腊和古罗马的诗歌中、在荷马的史诗《奥德赛》中、在中世纪斯堪的纳维亚有关英雄的古老传说中，都有较为详尽的记载。礼仪有"人际交往的通行证"之称，各国都有自己的国家礼制，各民族有独特的礼仪习俗，国际上也有各国共同遵守的礼仪惯例。

1. 礼仪的含义

礼仪受历史传统、风俗习惯、宗教信仰和时代潮流等因素所影响，是一个不断发展的道德规范，它是人们在长期共同生活和相互交往中逐渐形成的，并且以风俗、习惯和传统等方式固定下来。礼仪是礼节和仪式的统称，可以定义为人们在各种社会交往中，用以美化自身、敬重他人的约定俗成的行为规范和程序。

可以从以下几个角度，对礼仪的含义加以理解。

（1）从个人修养的角度来看，礼仪是一个人的内在修养和素质的外在表现。

（2）从道德的角度来看，礼仪可以被界定为为人处世的行为规范，或标准做法、行为准则。

（3）从交际的角度来看，礼仪可以说是人际交往中适用的一种艺术，也可以说是一种交际方式或交际方法。

（4）从民俗的角度来看，礼仪既可以说是在人际交往中必须遵守的律己敬人的习惯形式，也可以说是在人际交往中约定俗成的示人以尊重、友好的习惯做法。简而言之，礼仪是待人接物的一种惯例。

（5）从传播的角度来看，礼仪是一种在人际交往中进行相互沟通的技巧。

（6）从审美的角度来看，礼仪是一种形式美，它是人心灵美的必然外化。

我国古代礼仪与现代礼仪的差异

我国古代礼仪与现代礼仪存在三点差异。

其一，两者的基础不同。古代礼仪是以等级制度为基础的，现代礼仪虽承认身份差异，但更强调人格平等、社会平等，并以尊重人作为自己的立足点与出发点。

其二，两者的目标不同。古代礼仪以维护专制统治秩序为目的，而现代礼仪则重在追求人际交往的和谐与顺利。

其三，两者的范围不同。古代礼仪所讲究的是"礼不下庶人"，因而与平民百姓无关，而现代礼仪则适用于任何交际活动的参与者。

（资料来源：《旅游礼仪实务》，田莉，中国铁道出版社，2012）

2. 礼仪、礼貌与礼节

对礼仪的理解还应区分好礼仪、礼貌和礼节。在大多数情况下，它们是被视为一体、混合使用的。其实，从内涵上来看，三者不可简单地混为一谈。它们之间，既有区别，又有联系。

（1）礼仪。

礼仪是指在人际交往中，自始至终地以一定的、约定俗成的程序和方式来表现的律己、敬人的完整行为。显而易见，礼貌是礼仪的基础，礼节是礼仪的基本组成部分。换言之，礼仪在层次上要高于礼貌、礼节，其内涵更深、更广。礼仪，实际上是由一系列具体的表现礼貌的礼节构成的。它不像礼节一样只是一种做法，而是一个表示礼貌的系统、完整的过程。

(2) 礼貌。

礼貌一般是指在人际交往中，通过言语、动作向交往对象表示谦虚和恭敬。它体现时代的风尚与道德水准，体现人们的文化层次和文明程度。礼貌是一个人的品质与素养在待人接物时的外在表现，它主要通过礼貌语言和礼貌行为表现对他人的谦虚恭敬。在日常工作与生活中，礼貌表现在人们的举止、仪表、语言上，表现在服务的规范、程序上，表现在对交往对象的态度上。一个微笑、一个鞠躬、一声"您好"、一句"祝您旅途愉快"，这都是礼貌的具体表现。良好的教养和良好的道德品质是礼貌的基础。

(3) 礼节。

礼节是礼貌的具体表现方式，是人们在交际场合，相互表示尊重、问候、致意、祝愿等的惯用形式，是社会文明（行为文明）的组成部分。它与礼貌之间的相互关系是：没有礼节，就无所谓礼貌；有了礼貌，就必然伴有具体的礼节。从形式上看，礼节具有严格规定的行为规范；从内容上看，它反映着某种道德原则，反映着对他人的尊重和友善。

简单地说，礼仪、礼貌和礼节的本质都是表示对人的尊重、敬意和友好，都是礼的具体表现形式。礼貌是礼的行为规范，礼节是礼的惯用形式，礼仪是礼的较隆重的仪式。

3. 礼仪与道德

为维护一个团体、一个社会的有序性，人们需要受到法律与道德的双重约束，而礼仪属道德范畴。法律是由国家制定，反映了统治阶级意志，依靠国家强制力保证实施的社会规范，带有强制性。法律所要解决的是合法与违法、罪与非罪的问题，违反了法律规定，就要受到国家权力机关的制裁。而道德、礼仪则不同，它们不是国家强力推行的，而是靠教育、社会舆论和内心的信念来促使人们自觉遵守的。道德、礼仪给人们提供行为的标准和方向，是评价人们行为的善与恶、正当与不正当、光荣与耻辱的尺度，它们要解决是与非的问题。因此，违反了道德、礼仪，除了会给社会交往和人际关系造成障碍，还会受到社会舆论的谴责和人们内心的蔑视。

(二) 礼仪的基本内容

1. 礼仪的基本要素

任何一种礼仪行为都是在一种特定的环境中，由特定的人向特定的对象借助一定的媒介来实施的，因此，礼仪是由礼仪主体、礼仪客体、礼仪媒体和礼仪环境四项基本要素构成的，如图0-1所示。

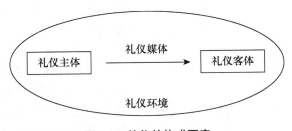

图0-1 礼仪的构成要素

(1) 礼仪主体。

礼仪主体是指各种礼仪行为和礼仪活动的操作者和实施者。它既可以是个人，也可以是组织。当礼仪行为或礼仪活动规模较小或较简单时，礼仪主体通常是个人。例如，宾馆服务员使用礼貌用语接待宾客，服务员就是这个礼仪行为的主体。当礼仪行为或礼仪活动规模较大时，礼仪主体通常是由集体来充当的。一个班级、一个系部、一所学校、一个班组、一个车间、一个企业、一个市、一个省乃至一个国家，都可以充当礼仪活动的主体。例如，在某企业50周年的厂庆上，前来祝贺的企业就是礼仪主体。当礼仪主体为组织团体时，往往需要有礼仪主体的代表者，即代表礼仪主体进行礼仪操作和实施的人。当礼仪行为或礼仪活动规模较大、规格较高时，这样的代表者往往由多人组成，即升格为代表团。礼仪主体在选代表者时，应考虑以下两个问题：一是代表者应该能真正代表礼仪主体，胜任礼仪工作，不但具备资格而且具备能力，能较好地完成代表礼仪主体操作和实施具体礼仪的特定任务；二是代表者必须能够为礼仪对象所认可、接受、欢迎、信赖，能巩固并发展礼仪对象与礼仪主体的良好关系。

（2）礼仪客体。

礼仪客体又称礼仪对象，是指各种礼仪行为和礼仪活动的指向者和接受者。从外延上讲，礼仪客体是非常广泛的，可以说一切在礼仪主体看来具有真、善、美的东西，都可以成为礼仪的对象。它可以是人，也可以是物；可以是物质的，也可以是精神的；可以是具体的，也可以是抽象的；可以是有形的，也可以是无形的。

礼仪主体与礼仪客体是一个矛盾的两个方面，它们之间既相互对立又相互依存，任何一个礼仪行为或礼仪活动，都包含着礼仪主体、礼仪客体的矛盾运动。一般来说，礼仪主体是矛盾的主要方面，礼仪行为或礼仪活动的发展方向，是由礼仪主体决定的。例如，廉颇负荆请罪后，与蔺相如和解，其原因一方面是蔺相如宽宏大量，更主要在于廉颇的积极主动和真诚的礼仪行为，赢得了蔺相如的理解和信任。同时，礼仪主体与客体之间的关系并不是一成不变的，它们在一定条件下可以相互转化。老师问候学生"Good morning students!"，老师是礼仪主体，学生是礼仪客体；学生回敬老师"Good morning teacher!"，则学生又变成了礼仪主体，老师则成了礼仪客体。

（3）礼仪媒体。

礼仪媒体是指礼仪活动所依托的媒介。任何礼仪行为和礼仪活动都必须依托一定的媒介，这个媒介实际上是礼仪内容与礼仪形式的统一。礼仪媒体的类型是多种多样的，归纳起来可以分为人体礼仪媒体、物体礼仪媒体和事体礼仪媒体三类。人体礼仪媒体是指交际中所使用的语言、文字、手势、姿势、面部表情、交际双方的距离以及语音、语调、节奏、停顿、沉默等辅助语言；物体礼仪媒体是指借助于一些物体来传递友好、尊重等意愿；事体礼仪媒体则是指通过一定的程序仪式来体现重视、尊重和敬仰等意愿。在礼仪的具体操作和实施过程中，不同类型的媒体往往是交叉配合使用的。

（4）礼仪环境。

礼仪环境是指礼仪活动得以进行的特定的时空条件。大体来说，礼仪环境分为自然环境和社会环境两部分。《礼记·曲礼上》中有一句话："礼从宜，使从俗。"意思是说：行礼要从实际出发，出使在外要遵循当地的习俗。这里所涉及的宜和俗，实质上就是礼仪环境问题，是礼仪环境对礼仪的制约问题。礼仪环境，经常决定着礼仪的实施。不仅实施何种礼仪由其决定，而且具体礼仪的实施方法也由其决定。

2. 礼仪的基本内容

依据其适用对象、适用范围的不同，礼仪大体可以包括个人基本礼仪、交际礼仪、文书礼仪、商务礼仪、涉外礼仪、政务礼仪等几大分支。

个人基本礼仪主要包括言谈、举止、服饰等方面的礼仪要求。

交际礼仪泛指社会各界人士在一般性的交际应酬中所应当遵守的礼仪。通常涉及见面礼仪、电话礼仪、接待与拜访礼仪、宴请与馈赠礼仪、乘车礼仪等。

文书礼仪是人们在日常交往过程中,用书信和其他文字方式表达情感的礼仪形式。通过礼仪文书,可以达到彼此交流思想、互通信息、加深友谊的目的。常用的文书礼仪主要包括书信类文书礼仪和致辞类文书礼仪。

商务礼仪是指企业从业人员以及其他一切从事经济活动的人士在商务交往中应遵守的礼仪。主要包括商务谈判礼仪、商务服务礼仪、商务会议礼仪和商务仪式礼仪。

涉外礼仪亦称国际礼仪,它所指的是人们在国际交往中,在同外国人打交道时所应当遵守的礼仪。不同的国家、不同的民族存在着不同的风俗习惯,充分了解这些风俗习惯,并在社交往来中自觉尊重这些风俗习惯,有助于促进交往的成功。

政务礼仪亦称国家公务员礼仪,是指国家公务员在执行国家公务时应当遵守的礼仪。

(三) 礼仪的特性

与其他学科相比,礼仪具有以下几方面的特性。

1. 规范性

礼仪规范的形成,是对人们在社会交往实践中所形成的一定礼仪关系的概括和反映。也就是说,礼仪是人们在长期反复的生活实践中形成,并通过某种风俗、习惯和传统固定下来,约束和控制着人们的交往行为。这种规范性,不仅约束着人们在一切交际场合的言谈举止,使之合乎礼仪,而且也是人们在交际场合必须采用的一种"通用语言",是衡量他人、判断自己是否自律、敬人的一种尺度。规范性是礼仪最基本的特征。但礼仪规范不具有法律效力,只能靠社会成员的认同、认可和主动服从来维持。

2. 多样性

礼仪与每个人都密切相关,它涉及不同的生活、学习和工作领域。古今中外,从个人到国家,礼仪无时不在、无处不在。凡是有人类生活的地方,就存在着各种各样的礼仪规范。远古时候,人类为了求生存要祭神以求保护,这种礼仪形式至今在一些偏远地区依然存在,是人类一种美好愿望的寄托,尽管有迷信的色彩,但仍旧作为一种礼仪而存在。现代社交礼仪的内容已渗透到社会的方方面面,从政治、经济、文化领域到人们的日常生活,礼仪活动普遍存在。大到一个国家的国庆庆典,小到一个企业的开张志喜,再到人们日常生活中的接待、见面、谈话、宴请等,均需要讲究礼仪规范,遵守一定的礼仪行为准则。

3. 传承性

礼仪是一个国家和民族传统文化的重要组成部分,任何国家的礼仪都具有自己鲜明的民族特色,任何国家的当代礼仪都是在本国既往礼仪的基础上继承和发展起来的。离开了对本国、本民族既往礼仪成果的传承和扬弃,就不可能形成当代礼仪。某些过去时代的礼仪如果与新时代的道德并无冲突,也能被新时代的人们所接受,就会被纳入当代礼仪。但是由于礼仪是约定俗成的,不是国家权力机关制定的,不是靠强力实施的,只能随着人们观念的改变而逐步改变,因此在一些地区仍然存在当地的民俗礼仪。

4. 变动性

礼仪规范不是一成不变的,它随着社会的发展而不断地发展更新。任何国家、任何民族的礼仪，都体现着时代的要求和时代的精神。礼仪是一种社会历史发展的产物，具有鲜明的时代特点。一方面它是在人类长期的交际活动实践中形成、发展和完善起来的，不能完全脱离特定的历史背景；另一方面，社会的发展、历史的进步引起众多社交活动的新特点、新问题出现，又要求礼仪有所变化，有所发展，以适应时代发展的需要。

5. 综合性

礼仪具有综合性，通观古今中外礼仪，礼仪与社会制度、社会体制、社会物质文明和精神文明程度等都有着密切关系。文化越发达、文明程度越高的社会，礼仪的文明程度就越高，人们就越重视礼仪、讲究礼仪。礼仪是一门研究交际行为规范的科学，但它与其他多门学科关系密切，尤其与民俗学、传播学、美学、伦理学、心理学、社会学、公共关系学相互交叉和渗透，因此，礼仪具有综合性。

6. 差异性

在不同性别、不同年龄、不同民族、不同身份、不同时空条件和不同场合，礼仪规范的要求有所不同。人们常说"十里不同风，百里不同俗"，不同的文化背景，产生不同的礼仪文化，地域文化决定着礼仪的内容和形式。我国疆土辽阔，是一个多民族的大家庭，不同的民族，其风俗习惯、礼仪文化各有千秋。例如，见面问候致意的形式有脱帽点头致意的、有拥抱的、有双手合十的、有手抚胸口的、有口碰脸颊的，更多的还是握手致意。这些礼仪形式的差异均是由不同地方的风俗文化决定的，具有约定俗成的影响力。不同国度之间礼仪的差异则更为突出，比如，在美国，男人和男人手拉手一起走通常被认为是同性恋者，而在阿拉伯地区却是一种无声的友好和尊重的表示。

点滴感悟

重视礼仪的中外差异

数年前，当时的美国总统克林顿访问上海，参观一个社区时，一群幼儿园的孩子们有组织地用英文高声欢呼"热烈欢迎克林顿爷爷"。克林顿微笑示谢，但多少有一点儿迟疑。就在此刻，一个三岁的男孩却直呼"克林顿、克林顿"。倍感亲切的克林顿抱起了这个孩子……中外记者们赶紧抓拍下这个镜头，第二天，包括《纽约时报》在内的世界各大报刊都刊登了克林顿与这个中国孩子零距离接触的照片。

启示：在我国，指名道姓地称呼对方是不礼貌的，甚至是粗鲁的。但是在美国人之间，不论职位、年龄，总是尽量喊对方的名字，以缩短相互间的距离。可见，由于各国文化传统的差异，人们日常生活中的礼仪也都存在广泛的差异。

（资料来源：《商务礼仪》，王颖，大连理工大学出版社，2007）

7. 等级性

尽管人与人之间是平等的，无贵贱之分，但尊老爱幼、尊重上级、尊敬师长、礼待宾客还是应该推崇的。礼仪的等级性强调的是礼仪的规模、规格和形式都要恰如其分，与礼仪主体和客体的身份相符。

（四）礼仪的原则

要正确地运用礼仪，首先要明确礼仪的原则。礼仪的原则主要有以下几个方面。

1. 敬人原则

孔子云："礼者，敬人也。"敬人原则是礼仪尊敬他人这一核心思想的体现。运用礼仪是对他人友好、尊敬的体现，同时也为自己赢得交际成功开具了通行证。"敬人者人恒敬之，爱人者人恒爱之""人敬我一尺，我敬人一丈"，礼仪借助这样的机制而得以生生不息。敬人原则就是要求人们在交际活动中，不仅要尊重交往对象的人格、爱好和习俗，而且要真心诚意地接受对方、重视对方，并恰到好处地赞美对方，"接受""重视""赞美"的英文均以"A"字母开头，被称为"三A理论"。当然，礼待他人也是一种自重，不应以伪善取悦于人，更不可富贵骄人。尊敬人还要做到入乡随俗，尊敬他人的喜好与禁忌。

2. 遵守原则

礼仪是人们在社会交往中的行为规范和准则，因此，人们必须自觉、自愿地遵守礼仪，以礼仪规范指导和约束自己的言谈举止。任何人，不论年龄长幼、身份高低、职位大小，都应有自觉遵守礼仪的义务，既要守法循礼，又要守约重诺；否则，就会遭到公众的指责和疏远，交际就难以成功。

3. 自律原则

礼尚往来强调了礼仪的互动性，礼仪规范也体现了对交往双方的要求。而礼仪的自律性原则重点强调了交往个体要自我要求、自我约束、自我控制、自我对照、自我反省和自我检点。在人际交往中，行动上不要出格、仪态上不要失态、言语上不要失礼。《论语·颜渊》中强调人要自我约束，要做到"非礼勿视，非礼勿听，非礼勿言，非礼勿动"。

4. 宽容原则

宽容是一种美德，是对交往对象的人生观、价值观及个性差异等给予充分的理解和尊重。在人际交往中，人与人的思想感情可以沟通，但是由于个人经历、文化、修养等因素而产生的差异不可能消除，这就需要彼此之间求同存异、相互包容。宽容原则要求人们在交际活动中运用礼仪时，既要严于律己，又要宽以待人。要多容忍他人、多体谅他人、多理解他人，千万不要求全责备、斤斤计较、过分苛求、咄咄逼人。

5. 适度原则

适度原则要求运用礼仪时，为了保证交际的成功，必须掌握技巧，把握好分寸，做到适度得体。例如在一般交往时，既要彬彬有礼，又不能低三下四；既要热情大方，又不能轻浮诌谀；要自尊不要自负；要坦诚不要粗鲁；要信人但不要轻信；要活泼但不能轻浮。在接待服务时，既要热情友好、谦虚谨慎、尊重客人、殷勤接待，又要自尊自爱、端庄稳重、平等公正、不卑不亢。当然，运用礼仪要真正做到恰到好处、恰如其分，只有勤学多练、积极实践才能掌握。

6. 平等原则

平等原则要求对待任何交往对象都必须一视同仁，给予同等程度的礼遇。不能因交往对象在年龄、性别、种族、文化、职业、身份、地位、财富以及与自己的关系亲疏远近等方面有所不同，而区别对待给予不同的礼遇。比如，见到领导就打招呼，而对下属或同事则视而不见等行为。平等在交往中，表现为不要骄狂、不要我行我素、不要自以为是、不要厚此薄彼，更不要傲视一切、目中无人；也不能以貌取人，或以职业、地位、权势压人，而是应该处处时时平等谦虚待人。唯有此，才能结交更多的朋友。

点滴感悟

大作家的小老师

英国著名戏剧家、诺贝尔文学奖获得者萧伯纳有一次在莫斯科访问时,遇到一位聪明伶俐的小姑娘,并同她玩了很长一段时间。临别时,萧伯纳对小姑娘说:"别忘了回去告诉你妈妈,就说今天同你玩的是世界有名的大作家萧伯纳。"他暗想:当小姑娘知道跟自己玩的是一位世界大文豪时,一定会惊喜万分。可是,出乎意料的是,小姑娘竟学着萧伯纳的口吻说道:"请你回去后告诉你妈妈,就说今天同你玩的是苏联小姑娘娜塔莎。"萧伯纳听了,不觉为之一震。他马上意识到自己太自夸了。事后,萧伯纳深有感触地说:"一个人不论取得多大的成就,都不能自夸。对任何人,都应当平等相待,永远谦虚。这就是那位小姑娘给我的教育,她是我的老师。"

启示:平等是一种尊重,无论双方的地位有多悬殊。

(资料来源:http://www.61ertong.com/wenxue/mingrengushi/20141127/244935.html)

7. 真诚原则

《礼记·大学》中讲究礼仪"诚于中,形于外",心中有"礼",然后言行才有"礼"。人际交往的品德因素中,真诚是最基本最重要的一项。真诚原则要求运用礼仪时,务必以诚相待、言行一致、表里如一。只有如此,在运用礼仪时所表达的对交往对象的尊敬与友好,才会更好地被对方所理解和接受。口是心非、言行不一、弄虚作假,只能蒙混一时,不利于良好人际关系的营造和个人形象及组织形象的塑造。

8. 从俗原则

礼源于俗,礼与俗有密不可分的联系。《礼记·曲礼上》指出:"入境而问禁,入国而问俗,入门而问讳",这是古代人们交往时应遵循的一个原则,同样适用于现代社会。不同国家、不同民族文化背景不同,礼仪习俗亦不同,这就要求人们要了解并遵守这些习俗,做到入境问俗、入乡随俗,切不可自以为是、唯我独尊,尤其是在国际交往中,必须主动了解并适应礼仪的差异,为国际交流和合作奠定基础。礼仪的民族性和地域性决定了人们在交往中一般要遵守"客随主便"的原则,即处于客位的礼仪当事人必须遵循处于主位的礼仪当事人所在地域的礼仪规范。

二、礼仪修养

(一) 礼仪修养的含义

修养是一个人在道德、学问、技艺等方面通过自己的刻苦学习、艰苦磨炼以及情操的陶冶,逐渐使自己具备的某一方面的品质和能力。礼仪作为一种修养,是多层次的道德规范体系中最基本的行为规范之一,它属于道德体系中社会公德的内容。如文明举止、谦恭礼让、礼貌待人、尊师敬长、遵守公共秩序等,这些既是礼仪规范的要求,又是中华民族的传统美德。礼仪不仅显示出人的道德情操和知识教养,也能帮助人们修身养性,完善自我。人们崇尚礼仪并不是喜欢表面形式,而是看重其中所包含的道德内涵,即对交往对象的真诚敬重。可以说道德是礼仪的基础,礼仪是道德的表现形式。

礼仪修养是指人们为了达到某种社交目的,按照一定的礼仪规范要求,结合自己的实际情况,在礼仪的品质、意识等方面所进行的自我锻炼和自我改造。礼仪修养不仅包括依照现代礼仪的基本原则和规范而进行的自我反省、自我检讨和自我解剖，而且也包括在现代礼仪实践中形成的礼仪品质。由于把礼仪修养与具体的礼仪实践联系起来，这就使得礼仪修养具有科学的内涵。

（二）礼仪修养的目的

礼仪修养的主要目的是通过修养，使个人的言行在社会交往活动中，与自己的身份、地位、社交角色相适应，从而被交往对象所理解和接受。

社交角色是指在社交活动中，处于某种社交关系状态的人。社会对于不同的社交角色提出了不同的行为规范和行为模式。而且不同社会，具有不同社会经验的他人或组织，对于社交角色的评价可能有完全不同的意义。

在社会交往活动过程中，随着主客关系和社交对象的变化，角色也在发生相应的变化。一个人扮演的不是一个社交角色，而是几个社交角色。社交角色不同，应遵循的礼仪要求也就不同。不同的角色，如上下级之间、男女之间、亲朋之间、主宾之间、同事之间等，其礼仪要求是有差别的。正式场合和非正式场合的礼仪要求也是有差别的。在人与人之间的交往活动中，社交成功的重要标志是个人使自己的行为与他人和社会的期望相符合。社交角色的实现，是建立在个人对自己的认识基础上的。例如，一个经理，在公司里他是管理者，其礼仪要求主要体现在听取汇报、检查工作、指导员工、决策规划等方面，要求他能平等待人、科学决策、说话和气等；当他面对客户时，则是一名"推销员"，要求他热情真诚、彬彬有礼、大方得体，这两种角色的礼仪要求是不同的。

在社交中，要把角色扮演得恰到好处，礼貌有加，处处得体，并不是一件容易的事。因此，每个人一方面要重视社交角色的定位，增强角色意识；另一方面要加强自身的礼仪修养，以适应多种角色的不同礼仪要求。

（三）礼仪修养的提高

要提高个人的礼仪修养，首先要提高个人的思想道德修养。前面提到过道德是礼仪的基础，礼仪是道德的表现形式。因此，要提高礼仪水平，就要加强个人的道德修养。个人道德修养的内容比较广泛，包括道德认知、道德情感、道德意识、道德信念、道德行为和道德习惯等，其中最主要的是道德意识修养和道德行为修养。道德意识修养主要是通过学习道德知识，形成正确的道德观念。从社会主义道德意识修养来讲，就是要加强"爱祖国、爱人民、爱劳动、爱科学、爱社会主义"的道德意识，同时加强职业道德、社会公德和良好的家庭伦理道德的修养。道德行为修养主要是通过实践培养良好道德行为的自觉性和习惯性。道德行为修养要从小事做起，从点滴做起，谨记勿因善小而不为，勿因恶小而为之。

要提高个人的礼仪修养，还要主动学习礼仪知识。利用图书资料、广播电视、互联网、培训、专修等渠道，全面、系统地学习礼仪知识。从理论上掌握在不同的场合，面对不同的交往对象，应该运用哪些礼仪，应该避讳什么。初学礼仪的人可以把日常礼仪规范作为学习的重点，政府公务员应以公务礼仪作为学习的重点，从事商务工作的人员则以商务礼仪作为学习的重点，宾馆和酒店的服务员则应以服务礼仪作为学习的重点。

要提高个人的礼仪修养，必须参加交际实践，积极运用礼仪，做到知行统一。"纸上得来终觉浅，绝知此事要躬行。"通过反复实践提高礼仪运用的熟练程度，把握好礼仪运用的规范性，摸索礼仪运用的技巧，真正成为一个知礼、守礼、行礼的人。"吾日三省吾身"，学习礼仪，也要注重自我反省、自我监督，不断发现自身缺点，找出不足，积极改正和提高，将学习、运用礼仪真正变为个人的自觉行为和习惯做法。

三、公关与商务礼仪

（一）公关礼仪

1. 公关的含义和特征

（1）公关的含义。

公关是公共关系的简称，其英文为 Public Relations，简称 PR。公共关系一词最早出现在美国著名律师伊顿于 1882 年对耶鲁大学毕业班的一次演讲中。但是，那时表示的意思并非现代意义上的"公共关系"，而是"大众利益"的意思。现代意义上的"公共关系"一词首次正式使用是在 1897 年，它出现在美国铁路协会的《铁路文献年鉴》上。这一名词的流传和普及，应归功于美国第一个公共关系顾问伯纳斯。1923 年，伯纳斯完成了世界上第一部公共关系学专著——《舆论明鉴》（又称《舆论之凝结》），最早的公共关系学课程也是由伯纳斯在美国纽约大学开设的。

公共关系作为一种关系，其客观承担者是社会组织和公众，也就是说它是反映社会组织和公众之间的某种关系的，可定义为：公共关系是一个组织通过与相关公众之间的信息传播和双向沟通，达到相互了解、相互适应、共同发展的一种持续的管理活动。

对公关的含义可从静态和动态两个角度加以理解。

① 从静态角度看，公共关系是一种客观状态。

公共关系能反映出某组织与公众之间的某种关系的程度。静态的公共关系状态分为自然状态和意识状态两种，二者区别在于是否存在意识活动。自然状态是指在不自觉的意识活动下，某企业产品或服务等无意中所形成的公共关系状态。例如，雀巢公司在 20 世纪 70 年代曾因生产奶粉质量低下造成 25 名婴儿死亡，最终造成世界性抵制雀巢产品运动的发生，雀巢公司与公众之间形成了不良的公共关系状态，这种状态不是雀巢公司有意要形成的，属于自然状态的公共关系。意识状态则是指某组织有意识地要追求一种公共关系状态。例如，可口可乐公司出资 3000 万美元赞助第 25 届巴塞罗那奥运会，共赞助 154 个国家的体育健儿，由此荣获"全球赞助商"的美誉，可口可乐公司与公众之间这种良好的公共关系状态是可口可乐公司有意形成的，属于意识状态的公共关系。

② 从动态角度看，公共关系是一种活动。

公共关系是社会组织为追求某种公共关系意识状态，有意识地自觉地采取措施去改善自己的公共关系状态而进行的活动，公共关系活动分为日常性公共关系活动和专业性公共关系活动。

（2）公关的基本特征。

① 从结构上看，公共关系由三大要素构成。

公共关系的主体是社会组织，客体是公众，媒介是传播媒体。因此，公共关系简而言之就是一个社会组织与公众之间通过信息传播达到的双向沟通，如图 0-2 所示。

图 0-2 公共关系结构

② 公共关系的宗旨是内求团结完善，外求和谐发展。

公共关系是一门为组织塑造良好形象的艺术，它强调的是成功的人际关系、和谐的人事气氛、最佳的社会舆论，以赢得社会各界的好感、了解、信任与合作，增强自身的竞争能力。中国古代讲究事业成功的关键在于"天时、地利、人和"，公共关系就是要追求人和的境界。

③ 公共关系的原则是真诚、平等、互利。

真诚是指一个组织对待公众要真实诚恳，只有以诚相待，才能赢得公众的信赖和支持；平等是指人们在社会、政治、经济、文化、法律等方面享有同等权利，人们的地位、权利是平等的，组织与公众的关系必须建立在平等的基础上；互利是指组织公关活动的开展要使组织与公众双方受益，互惠互利，共同发展。

④ 公共关系活动的方式和手段是传播与沟通。

通过传播，组织与公众达到双向沟通。双向沟通要内外结合，作为组织要侧重于组织内的完善协调，即90%的自身完善加上10%的对外传播。

2. 公关礼仪的含义

在公共关系活动中，公关人员需要广交朋友，沟通各种信息，融洽与协调多方面的社会关系，减少社会摩擦，化解各类矛盾与冲突，为组织创造一个"人和"的社会关系环境。在组织与外界的交往中，公关人员必须讲究公共关系礼仪。例如，通过树立个人的美好形象，增强人际吸引，从而去影响他人对组织的认识；通过日常工作中细致周到的工作，赢得他人好感；利用传播媒介、专题活动，宣传组织，树立形象；处理好组织内部和外部的各种关系，营造团结、和谐的工作环境；尊重不同民族、不同地区、不同国家交际对象的风俗习惯，以求顺利、成功地开展工作等。

公关礼仪是公关人员在公关交际过程中应该遵循的礼节和仪式，是必须掌握并灵活运用的交际传播沟通技巧。

人们把礼仪的作用比喻为"通行证、润滑剂、奠基石"，在公共关系交往中，遵循礼仪，不但有利于组织与公众的沟通，而且有利于树立良好的组织形象。

组织形象是社会公众对一个组织的总体印象和综合评价，它是一个组织的无形资产，是组织外观形象和内在形象的统一。外观形象是指社会公众对组织的名称、标记、环境、建筑、设备、设施、组织行为等方面的看法和评价，这些外观形象因素是可以通过公众的感官直接感受到的组织有关实体；内在形象是指通过组织的外观形象表现出来的内在品质给公众留下的印象，如组织的信誉、职工的精神风貌、企业的特征与风格等。

公共关系工作的性质要求公关人员必须注重自己的交际礼仪。公关人员的礼仪修养是否完善，直接关系到组织的形象和声誉，关系到所代表的组织和公众的关系。因此，公关人员必须掌握礼仪的一般原则和常识、礼仪的运用技巧和各民族乃至各国的习俗，为协调好组织内外关系奠定良好的基础。

3. 公关礼仪与一般交际礼仪的区别

公关礼仪有别于一般交际礼仪，其区别主要体现在以下几个方面。

（1）主体差异。

一般交际礼仪的主体是个人，注重体现个人自身修养、素质，而公关礼仪的主体是公关人员，代表的是其所在的社会组织，注重通过礼仪的规范运用，体现个人的良好风貌，塑造组织的良好形象，更注重对组织的宣传和展示。

（2）客体差异。

一般交际礼仪的客体是个人与人群，公关礼仪的客体是公众，较一般交际礼仪的客体更为广泛。对一个组织的生存和发展有着直接或间接影响的个人、群体或组织，都会成为该组织公关礼仪的客体。

（3）媒介差异。

一般交际礼仪媒介主要有言语交际符号（包括口头言语交际符号和书面语言交际符号）和非言语交际符号（包括手势、身体姿势及面部表情等身势言语交际符号，近体言语交际符号——礼仪主体与客体之间的空间距离，音调、音量、节奏等辅助言语交际符号和笑声、掌声等类言语交际符号），而公关礼仪除采用言语交际符号和非言语交际符号外，还利用一定的程序和氛围，如周年庆典、新闻发布会等来扩大宣传，树立形象。

良好的人际关系也有利于公共关系工作的开展。正是由于人际关系与公共关系的密切联系，公关礼仪既离不开人际关系礼仪的普遍性，又具有其特殊性；既有人际交往中的礼貌（如称呼、招呼、微笑等）和礼节（如握手、招待等），又有社会组织交往中的参观、仪式、工作迎送与接待等。

两声口哨引来的牢狱之灾

1786 年，法国国王路易十六和王后玛丽安东尼到巴黎戏剧院看戏，全场起立鼓掌。观众中有个来自贝利那的年轻公爵奥古斯丁为了引起王后的注意，面向王后吹了两声很响的口哨。当时吹口哨被视为严重的调戏行为，国王大怒，把奥古斯丁投入监狱。而奥古斯丁入狱后似乎就被遗忘了，既不审讯，也不判刑，就日复一日地关着。后因时局变化，也曾有过出狱的机会，但阴差阳错，终究还是无人问津。直到 1836 年老态龙钟的奥古斯丁才被释放，当时他已经 72 岁了。

启示：两声口哨换来 50 年的牢狱之灾，实在是天大的代价。注重礼仪，小处不可随便，是每个公民都要遵守的基本原则。

（资料来源：http：//www.fjndzz.com/10-38.htm）

（二）商务礼仪

自古以来，当人类社会为了生存而出现了流通、交换活动之时，也就有了相应的商务礼仪活动。礼仪在当时的主要功能是为了相互之间能够沟通，以便交换得以成功进行。现代社会，商务活动往来越来越频繁，商务人员礼仪运用是否规范，不仅影响到个人形象，也影响到其所代表的企业形象，进而影响到商务活动的成功与否。因此，商务人员要熟悉和正确使用商务礼仪。

1. 商务礼仪的含义

商务礼仪是人们在商务活动中应遵循的一系列礼仪规范，是一般礼仪在商务活动中的具体运用和体现，它是对交往对象尊重与友好的表示，是商务人员个人形象和其所代表的企业形象的展示。它主要涉及如何机智策略地进行谈判，如何热诚得体地提供服务，如何周密地安排各种商务会议，如何隆重地举办各种商务仪式等。

2. 商务礼仪的特点

（1）从礼仪的范围看，商务礼仪具有规定性。

商务礼仪的适用范围是各种商务活动，如接待服务、商务谈判、商务会议的安排、商务仪式的策划、产品推销等。

（2）从礼仪的内涵看，商务礼仪具有信用性。

商务活动中，诚实守信是非常重要的。参与商务活动的双方，从遵守商务礼仪入手来展现诚信的态度，为商务合作的成功提供通行证，尤其是在涉外商务活动中，不守礼节，不修边幅，拖拉随意的言行会影响双方的友谊，甚至会使合作告吹。

（3）从礼仪的行为看，商务礼仪具有时机性。

商务活动的时机性很强，有时时过境迁，失去良机；有时在商务活动中，说话做事恰到好处，问题就会迎刃而解；有时商务从业人员坚持"不见兔子不撒鹰"，对方也可能被拖垮，从而失去了一次合作的机会。

（4）从礼仪的性质看，商务礼仪具有文化性。

商务活动虽然是一种经济活动，但是商务活动中文化含量较高，商务从业人员要体现文明礼貌、谈吐优雅、举止大方的风貌，必须不断提高自身文化素质，树立文明的个人形象，在商务活动中表现出文明典雅，有礼有节。

 礼仪小测试

商务礼仪商——BEQ（Business Etiquette Quotient）测试

请选出下列情形中那些能准确反映你通常是怎样做（而非你应该怎样做）的选项。

1. 若我被邀请参加一项商业活动，我总是会在一星期内做出答复。（   ）
   a. 是　　　　　　　　b. 不是　　　　　　　　c. 有时

2. 我总是在收到信息的当天就回电话。（   ）
   a. 是　　　　　　　　b. 不是　　　　　　　　c. 有时

3. 无论是在工作中还是在家里，我从不骂人。（   ）
   a. 是　　　　　　　　b. 不是　　　　　　　　c. 有时

4. 在被邀请进餐后，或收到礼物后，或别人对我做出任何善意表达之后，我总是会回信或打电话感谢对方。（   ）
   a. 是　　　　　　　　b. 不是　　　　　　　　c. 有时

5. 我的进餐礼节很好。（   ）
   a. 是　　　　　　　　b. 不是　　　　　　　　c. 有时

6. 我将自己看作团队的一员，不会为了追求上司对我个人业绩的奖励而单干独行。（   ）
   a. 是　　　　　　　　b. 不是　　　　　　　　c. 有时

7. 我会立即处理重要的信件，而在一周内答复其余的不太重要的信件。（   ）
   a. 是　　　　　　　　b. 不是　　　　　　　　c. 有时

8. 在与来自另一种文化的人交往之前，我会花一些时间来学习其文化中特有的礼仪，而不至于由于无知冒犯对方。（   ）
   a. 是　　　　　　　　b. 不是　　　　　　　　c. 有时

9. 当别人的工作值得称赞时,我不会吝啬自己的口头或书面赞赏。(　　)
    a. 是　　　　　　　b. 不是　　　　　　　c. 有时
10. 我会给我最重视的商业伙伴送去节日问候卡。(　　)
    a. 是　　　　　　　b. 不是　　　　　　　c. 有时

计分方法:选a即"是"得3分,选c即"有时"得2分,选b即"不是"得1分。把所得分数相加总分达到28~30分,则商务礼仪商为优秀;25~27分为良好;20~24分为一般;10~19分为不及格。

结果分析:如果回答"是",则说明你在这些方面做得很好;如果回答"不是",则说明你在这些方面做得还不够,需要你努力改善;如果回答"有时",则说明你明白应该怎样做,但你需要一直坚持下去。

(资料来源:《商务礼仪》,胡晓涓,中国人民大学出版社,2012)

(三) 公关与商务礼仪

1. 公关与商务礼仪的作用

公关礼仪与商务礼仪都属于职业礼仪,具有以下几方面的作用。

(1) 塑造形象。

在社会生活中每个人常常以不同的身份和角色去与人相处,有时人们以个人身份去待人接物,此时表现的纯粹是个人形象;而有时人们又代表组织去与人交往,此时表现的就是组织形象。公关与商务礼仪就其职能而言,不仅有助于树立良好的个人形象,还能有助于树立优秀的组织形象。

在公关与商务活动中,礼仪首先反映的是个人形象。礼仪运用得是否得体和规范,反映了一个人的自身修养和文明程度,具体表现在气质风度、阅历见识、道德情操和精神风貌上。良好的仪表、风度、谈吐和举止,会给初次交往对象留下良好的第一印象,形成交际中的"首因效应",并会形成较强的心理定式,对后期的交往具有较强的影响。

"首因效应"是人际交往应遵循的原则之一,它的基本含义是:人们在社会交往中,初次接触某一个人或某一事物时所产生的即刻印象,通常会在自己对该人或该事物的具体认知方面发挥明显的、甚至是举足轻重的作用,这种认知的好坏往往有可能直接地影响或制约着交往双方的关系。

公关与商务人员作为组织的代表,其个人言行不仅展示其个人修养和素质,更代表着其所在组织的形象。组织成员,无论是领导者还是员工,都应有强烈的形象意识。商品经济社会,形象就是对外交往的门面和窗口,良好的组织形象可以给组织带来无穷的社会效益。从礼仪角度而言,任何组织内的个人,均应重视社交礼仪的学习,自觉掌握现代社交礼仪常识,为塑造良好的组织形象服务。

美国华盛顿一家市场调查机构的调查结果表明,如果人们在某商业企业受到非礼待遇,96%的人不会直接抱怨,但有91%的人不会再到这个企业来。而且受到非礼待遇的人平均要向他周围的9个人讲述自己的遭遇,其中有13%的人要向他周围的20个人讲述自己的遭遇。

(2) 联络感情。

礼仪具有很强的凝聚情感的作用。如果人们都能够自觉主动地遵守礼仪规范,按照礼仪规范约束自己，就容易使感情得以沟通，建立起相互尊重、彼此信任、友好合作的关系，进而有利于各项事业的发展。

联络感情不仅是公关与商务礼仪的重要职能，也是公关与商务礼仪的一个重要特征。行使礼仪行为的基础必须是情感，礼仪行为也要有感而发，才能产生和颜悦色、得体的表现形式；否则，礼仪只不过是一套僵化的程序和手段而已。我们在一定的社交场合，向对方施行礼仪行为时，只有在真挚的感情基础上，产生的一系列的行为，才能让对方感受到你的行为是真诚的、友好的；否则就会产生虚情假意之嫌。比如与他人握手时，你心里还想着刚才发生的另外一件事，以至于你的眼神不专注，握手也是无力的，这样的握手势必让对方感受到你缺乏诚意，让人觉得不被重视，也许一次很好的合作机会因此而丧失。

（3）协调关系。

现代组织生存在一个复杂、开放的大系统中，面对各类公众关系，如员工关系、顾客关系、媒介关系、政府关系、社区关系等，要协调各方不同的利益要求，很难避免摩擦和矛盾的产生。因而，化解矛盾、排除纠纷，协调好各方面利益关系，达成调解、促进合作，是公关与商务人员不可推卸的职责。在遇到问题时，如果能够理性地分析，合理地运用礼仪（如耐心地讲解、适时地道歉、宽容的态度、坦诚的语言等），则利于消除误解、达成共识。

2. 学习公关与商务礼仪的必要性

《论语·季氏》中说："不学礼，无以立。"从社会交往来说，礼仪不仅是立身处世之本，也是一门待人接物的学问，是人们一生都需要研习的必修课。绝大多数人都要从属于一个组织，无论他在政府机关、福利机构、教育部门，还是企业单位；无论是高层领导，还是普通职员，都不可避免要有交际行为，而通过公关与商务礼仪的学习，做一个明礼循礼的人，将会为个人赢得"人和"的良好交际环境，同时也利于为组织塑造良好的形象。除此之外，学习礼仪的必要性还体现在以下几个方面。

（1）学习礼仪是人的需要的反映。

美国心理学家马斯洛的需要层次论认为，人的需要从低级到高级，可以划分为生理需要、安全需要、社交需要、尊重需要和自我实现需要五个层次，如图0-3所示。社交需要、尊重需要和自我实现需要从不同角度提出了对礼仪的呼唤。

社交需要是指爱和归属的需要。表现为生活在社会中的人，重视人与人之间的交往，希望得到爱和被爱，希望归属于一个集团或群体，互相关心、互相照顾等。这种爱和归属的需要，在文化传统中就演化成对特定的礼仪的呼唤。

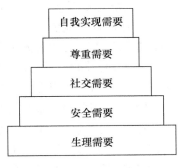

图0-3 马斯洛需要层次论

尊重需要包括自尊和来自他人的尊重两方面。尊重需要包括对获得信心、能力、本领、成就、独立和自由的需求；来自他人的尊重需要就是渴求社会和他人对自己的注意、承认、接受、赏识，有尊严、有地位、有威望的需要。礼仪的本质就是反映对他人的尊重，尊重需要反映在人们的行为上，就表现出用各种各样的礼仪形式来认真地对待自尊和来自他人的尊重。

自我实现需要是指实现个人理想、抱负、发挥个人才智的需要。礼仪作为人类一种特殊的行为，与自我实现需要有着密切关系。首先，自我实现需要是礼仪行为的重要心理基础，因为礼仪行为的形象作用有利于人们自我价值的实现；其次，自我价值是否实现的根本性标志在于社会群体的认可和评价，而这个社会化过程，礼仪的中介作用是非常重要的；最后，从行为理论看，一个行为主体要使它的内在心理目标社会化，必然借助一定的行为方式，其中包括礼仪所涵盖的举止行为、衣饰谈吐、待人接物等内容。

（2）学习礼仪是社会主义道德建设的需要。

我国在 2001 年 10 月公布的《公民道德建设实施纲要》（以下简称《纲要》）指出：全社会要大力倡导"爱国守法、明礼诚信、团结友善、勤俭自强、敬业奉献"的基本道德规范，努力提高公民道德素质，促进人的全面发展，培养一代又一代有理想、有道德、有文化、有纪律的社会主义公民。《纲要》还指出："开展必要的礼仪、礼节、礼貌活动，对规范人们的言行举止，有着重要的作用。"礼仪与道德是互为表里、相得益彰的辩证统一关系，礼仪是道德的外在表现，道德是礼仪的内在灵魂，二者具体地统一在一个人的思想和行为之中。因此，学习礼仪，是社会主义道德建设的需要，是做四有新人的前提。

（3）学习礼仪是加强职业道德修养的需要。

职业道德是与人的职业角色和职业行为相联系的一种高度社会化的角色道德，涵盖了从业人员与服务对象、职业与职工、职业与职业之间的关系，是所有从业人员在职业活动中应该遵循的行为准则。

加强商业职业道德建设，是提高人们的商业信用意识和职业道德水准，整顿和规范市场经济秩序，促进市场秩序根本好转的治本之策和必由之路。公关与商务礼仪中所显现的敬人、诚信、友善是商业职业道德中必不可少的一部分。

（4）学习礼仪是适应市场经济发展的需要。

市场经济的发展带来了大范围的分工协作关系和商品流通关系，促进了人与人之间、组织与组织之间、地域与地域之间的相互依赖和相互合作，同时更带来了激烈的市场竞争，"皇帝女儿不愁嫁""酒香不怕巷子深"的局面已一去不复返了。这对于一个企业或服务行业而言，就更需要积极地适应这种由"卖方市场"向"买方市场"的转变，而这种转变总是需要具体的人去实施和操作，如果这些实践者不懂得现代的社交礼仪，就很难在市场上站稳脚跟。因此，在市场经济的氛围下，公关与商务人员学习礼仪知识，不仅是为了个人顺利步入商界，也是为了个人事业的发展做准备。

（5）学习礼仪是适应对外开放的需要。

随着世界经济一体化进程的加快，我国同世界各国的贸易往来日益频繁。在涉外商业交往中，公关与商务人员不仅仅代表自己、代表所在企业，更代表着整个国家的形象，因而对其礼仪要求也更高。公关与商务人员不仅要继承和弘扬中华民族的传统礼仪，还应了解和尊重别国的风俗习惯。只有尊重他人，才能赢得他人的尊重；只有按照国际礼仪标准与他国公民进行交往，才便于相互理解和沟通，增进友谊，避免失误，促成贸易合作。涉外商务礼仪的学习有利于公关与商务人员掌握涉外礼仪规范，为其顺利地走向世界打下基础。

（四）公关与商务人员应具备的素质

素质是一个集生理学、心理学、社会学、教育学等多种意义的综合范畴。我们把它理解为以人的先天禀赋为基础，在后天环境和教育的影响下逐步形成和发展起来的比较稳固的身心特征，即一个人的品德、阅历、智慧、风度、气质、性格、知识、技能等方面的综合表现。

可以说，素质既包括了待开发的人的身心潜能，又包括社会发展的物质文明与精神文明成果在人的身心结构中的内化与凝聚。公关与商务人员作为组织对外交往的"名片"，要同社会各界公众打交道，担负着形象塑造、协调沟通等职能，更重要的是公关与商务活动开展的得失成败和有效程度，在很大程度上取决于公关与商务人员的个人基本素质。因此，重视公关与商务人员素质的提高对组织的发展是至关重要的。公关与商务人员的基本素质要求主要体现在思想素质、心理素质、文化素质和生理素质四个方面。

1. 思想素质

公关与商务人员的思想素质主要包括优秀的道德品质和强烈的职业意识。具体表现在勤奋敬业、忠诚可信、团结协作、廉洁奉公和遵纪守法等方面。

（1）勤奋敬业。

古罗马有两座圣殿：一座是勤奋的圣殿，一座是荣誉的圣殿。想进入荣誉的殿堂必须通过勤奋的殿堂。勤奋是通往荣誉的必经之路，那些试图绕过勤奋，寻找荣誉的人，总是被排斥在荣誉的殿堂之外。

在竞争如此激烈的现代社会，可以毫不夸张地说，一个企业的生死存亡取决于其员工的勤奋敬业程度。勤奋敬业就是重视自己的职业，把工作当成自己的事，为此付出全身心的努力，加上认真负责、一丝不苟的工作态度，即使付出再多代价也心甘情愿，并能够克服各种困难做到善始善终。

点滴感悟

最傻的人成功了

1862年，德国格丁根大学医学院的亨尔教授迎来了他的新学生。在对新生进行面试和笔试后，亨尔教授脸上露出了笑容，但他马上又神色凝重起来。因为他隐约感觉到这届学生中的很大一部分人是他教学生涯中碰到的最聪明的苗子。

开学不久后的一天，亨尔教授突然把自己多年积下的论文手稿全部搬到教室里，分给学生们，让他们重新仔细工整地抄写一遍。

当学生们翻开亨尔教授的论文手稿时，发现这些手稿已经非常工整了。几乎所有的学生都认为根本没有重抄一遍的必要，做这种没有价值而又烦冗枯燥的工作是在浪费自己的青春和生命。有这些时间，还不如发挥自己的聪明才智去搞研究。学生们的结论是，傻子才会坐在那里当抄写员。最后，几乎所有同学都去实验室里搞研究去了。让人想不到的是，竟然真有一个"傻子"坐在教室里抄写教授的论文手稿，他叫科赫。

一个学期以后，科赫把抄好的手稿送到了亨尔教授的办公室。看着科赫满脸疑问，一向和蔼的教授突然严肃地对他说："我向你表示崇高的敬意，孩子！因为只有你完成了这项工作。而那些我认为很聪明的学生，竟然都不愿做这种繁重、乏味的抄写工作。我们从事医学研究的人，不光需要聪明的头脑和勤奋的精神，更为重要的是一定要具备一种一丝不苟的精神。特别是年轻人,往往急于求成,容易忽略细节。要知道,医理上走错一步,就是人命关天的大事啊!而抄那些手稿的工作,既是学习医学知识的机会,也是一种修炼心性的过程。"

教授的话深深触动了科赫年轻的心灵。在此后的学习和工作中,科赫一直牢记着导师的话,他老老实实做"最傻的人",一直保持严谨的学习心态和研究作风。这种做事态度让他在人类历史上首次发现了结核菌、霍乱菌。而第一个发现传染病是由于病原体感染而造成的人,也是这位叫科赫的"最傻的人"。1905年,鉴于在细菌研究方面的卓越成就,瑞典皇家学会将诺贝尔生理学与医学奖授予了科赫。

启示:科赫的成功靠的是坚韧、执着和一丝不苟。其实,很多平凡的工作中都孕育着成功的机会。

(资料来源:《意林》2007(12—18)(合订本),延边大学出版社,2007)

(2)忠诚可信。

现代社会,诚信是个人、企业和政府必须遵守的道德规范,公关与商务人员必须讲究诚信、遵守诺言、以诚待人、表里如一。特别是在商务活动中,应该做到遵守国家法律、法规、不违法经营,重质量、讲信誉,严格履行合同,公正、公平对待合作者,不恶意逃避债务,不生产和销售假冒伪劣产品,树立全心全意为客户服务的思想,积极做好售后服务工作,严格执行知识产权保护法,不窃取他人的商业秘密和技术专利等。

(3)团结协作。

如果一个组织要顺利健康地发展,就需要全体成员树立团队精神,通力合作、相互配合、风雨同舟,处理事情以组织利益为重,形成和谐互助的良好氛围,以增强组织的凝聚力。

点滴感悟

雁群的启示

你见到雁群为过冬而以"V"字队形向南方飞行的情景吗?当每一只雁展翅拍打时,造成其他的雁立刻跟进,使得整个雁群抬升。借着"V"字队形,整个雁群比每只雁单飞时,至少增加了71%的飞升能力。当领队的雁疲倦时,它会退到侧翼,由另一只雁接替飞在队形的最前端;飞行在后面的雁则会利用叫声鼓励前面的同伴来保持整体的速度;当一只雁脱队时,它会立刻感到独自飞行时的吃力,所以很快又会回到队形中,继续利用前一只雁所造成的升力飞行。

启示:分享共同目标与集体感的人们可以更快、更轻易地达到他们的目的。如果拥有大雁的感觉,我们将像它们一样能够互相扶助,凭借着彼此的冲劲、助力而更好地发展。

(资料来源:《放下就是快乐》,俊明,向阳,中国致公出版社,2001,有改动)

(4) 廉洁奉公。

公关与商务人员在代表组织进行社会交往、协调关系和商务活动的过程中，要廉洁奉公、不谋私利。要坚决杜绝营私舞弊、假公济私、以权谋私、贪污受贿、欺诈勒索、见利忘义的不道德行为。

(5) 遵纪守法。

遵纪守法要求公关与商务人员在开展活动时，一方面要遵守所在组织的规章制度，对工作尽心尽责，不搞特殊化，不玩忽职守；另一方面要遵守国家的法律法规、方针政策。在进行涉外活动时，也要遵守他国的法律法规和国际惯例。

2. 心理素质

心理素质是人的素质结构的核心因素，是使人的素质各部分联系起来成为能动发展主体自身的内部依据。因此，对心理素质做如下界定：以人的自我意识发展为核心，由积极与社会发展相统一的价值观所导向的，包括认知能力、需要、兴趣、动机、情感、意志、性格等智力和非智力因素有机结合的复杂整体。

根据工作需要，公关与商务人员应具备以下心理素质。

(1) 追求卓越、渴望成功的心理。

追求卓越、渴望成功的心理是卓有成效开展工作的动力。追求卓越、渴望成功的心理就是要求从业人员要有成就动机。默里（H. A. Murray）曾指出：成就动机是追求较高的目标，完成困难的任务，竞争并超过别人的心理。现代组织都渴望在激烈的竞争中获得成功，这就要求它的员工要具有这种追求卓越、渴望成功的成就动机。

点滴感悟

把斧子卖给总统

2001年5月20日，美国一位名叫乔治·赫伯特的推销员成功地把一把斧子推销给小布什总统。布鲁金斯学会得知这一消息后，把刻有"最伟大推销员"的一只金靴子赠予他。这是自1975年以来，该学会的一名学员成功地把一台微型录音机卖给尼克松后，又一名学员登上如此高的台阶。

布鲁金斯学会以培养世界上最杰出的推销员著称。它有一个传统，在每期学员毕业时，都会设计一道最能体现推销员能力的实习题，让学生去完成。克林顿当政期间，他们出了这么一个题目：请把一条三角裤推销给现任总统。8年间，有无数个学员为此绞尽脑汁，可是，最后都无功而返。克林顿卸任后，布鲁金斯学会把题目换成：请把一把斧子推销给小布什总统。

鉴于前8年的失败与教训，许多学员放弃了争夺金靴子奖，个别学员甚至认为，这道毕业实习题和上次一样毫无结果，因为现在的总统什么都不缺，再说即使缺少，也用不着他们亲自购买。

然而，乔治·赫伯特却做到了，并且没有花多少工夫。一位记者在采访他的时候，他是这样说的："我认为，把一把斧子推销给小布什总统是完全有可能的，因为小布什总统在得克萨斯州有一个农场，里面长着许多树。于是我给他写了一封信，说：

'有一次,我有幸参观您的农场,发现里面长着许多大树,有些已经死掉,木质已变得松软。我想,您一定需要一把小斧头,但是从您现在的体质来看,这种小斧头显然太轻,因此您仍然需要一把不甚锋利的老斧头。现在我这儿正好有一把这样的斧头,很适合砍伐枯树。假若您有兴趣的话,请按这封信所留的信箱,给予回复……' 后来,他就给我汇来了钱。"

乔治·赫伯特成功后,布鲁金斯学会在表彰他的时候说,金靴子奖已空置了26年。26年间,布鲁金斯学会培养了数以万计的推销员,造就了数以百计的百万富翁,这只金靴子之所以没有授予他们,是因为我们一直想寻找这么一个人,这个人不因有人说某一目标不能实现而放弃,不因某件事情难以办到而失去自信。

启示:乔治·赫伯特办成了别人认为不可能的事情,他的成功源于他拥有渴望成功的心理、相信能够成功的心态和追求成功的创新之举。

(资料来源:《给你插上财富的翅膀》,宿春礼,经济管理出版社,2005)

管理心理学家认为:成就动机强烈的人往往将个人与组织的成就视为至高无上,甚至金钱也无法与之相比。具有成就动机的人有如下特征。

在思维方面:他们经常思考如何把事情做得更好,并且超过别人;他们经常想干一些与众不同的事情;他们经常渴望达到或超过某个高标准;他们经常考虑个人、组织的前途与发展等问题。

在行为方面:他们喜欢挑战性的工作,敢于担当一定的风险,但又不是草率行事,他们树立的工作目标虽然比较实际,但又具有一定的难度;他们喜欢那些能发挥其独立解决问题能力的工作环境,做事积极、主动,并力求创新。

(2)自信的心理与坚强的意志。

法国哲学家卢梭说过:自信对于事业简直是一种奇迹,有了它,你的才干便可以取之不尽用之不竭。一个没有自信的人,无论他有多大的才能,也不会抓住一个机会。自信是对公关与商务活动人员心理素质最基本的要求,是取得事业成功的基石。俗话说:自知者明,自信者强。充满自信心的人,敢于承担风险,敢于参与竞争,敢于面对各种挑战,敢于超越自我、超越他人,追求卓越的目标,使自己临危不惧、处变不惊、遇挫不馁,以极大的勇气、坚强的意志、稳健的姿态、非凡的耐心,努力实现工作目标。而缺乏自信的人,遇事畏缩不前,常低估自身的能力,行事不果断,往往失去成功的机会。建立自信心的重要前提是清晰地认识自我,愉悦地接纳自己,理性地认识自身的角色位置及价值,用肯定、积极、上进的语言激励自己。

点滴感悟

自信的力量

1960年,哈佛大学的罗森塔尔博士曾在加州一所学校做过一个著名的实验。新学年开始时,罗森塔尔博士让校长把三位教师请进办公室,对他们说:"根据你们过去的教学表现,你们是本校最优秀的老师。因此,我特意挑选了100名全校最聪明的学生组成三个班让你们教。这些学生的智商比其他孩子都高,希望你们能让他们取得更好的成绩。"三位老师听到后,都高兴地表示一定尽力。校长又叮嘱他们,对待这些孩子,要像平常一样,不要让孩子或孩子的家长知道他们是被特意挑选出来的。

一年之后,这三个班的学生成绩果然排在整个年级的前列。这时,校长告诉了老师们真相:这些学生并不是刻意选出的最优秀的学生,只不过是随机抽调的最普通的学生。

老师们没想到会是这样,都认为自己的教学水平确实高。这时校长又告诉了他们另一个真相,那就是,他们也不是被特意挑选出的全校最优秀的老师,也不过是随机抽调的普通老师罢了。

这个结果正如罗森塔尔博士所料到的:这三位老师都认为自己是最优秀的,并且学生又都是高智商的,因此对教学工作充满了信心,工作自然非常卖力,结果肯定非常好。

启示: 在做任何事情以前,如果能够充分肯定自我,就等于已经成功了一半。当你面对挑战时,不妨告诉自己:你就是最优秀的和最聪明的,那么结果肯定是另一种模样。

(资料来源: http://www.jxnews.com.cn/n739/ca514278.htm)

爱默生说:这世界只为两种人开辟大路:一种是有坚定意志的人,另一种是不畏惧阻碍物的人。意志是克服困难、实现预定目标的一种心理素质,它是与人的自信心相辅相成的。坚强的意志,是行动的强大推动力,是克服困难、获得成功的必要条件。意志坚强表现为坚持不懈、处世果断、不怕困难、善于自制。公关与商务活动极具挑战性,在工作过程中困难与挫折不可避免,因此,要求从业人员要具有坚强的意志。意志属非智力因素,一个人的意志坚强与否是后天形成的,是环境和教育的结果,更与自身的不懈努力密不可分。

(3) 热情的心态与开朗的性格。

热情对于一个优秀的员工来说就如同生命一样重要。如果失去了热情,那么永远也不可能在职场中立足和成长。凭借热情,可以释放出潜在的巨大能量;凭借热情,可以把枯燥乏味的工作变得生动有趣;凭借热情,可以感染周围的同事,让他们理解你、支持你,并拥有良好的人际关系;凭借热情,更可以获得老板的提拔和重用,赢得珍贵的成长和发展机会。

公关与商务活动是一种开放性、创造性的工作,需要与社会各界公众打交道,这就要求:首先,公关与商务人员要有工作热情,主动与交往对象进行沟通,全身心地投入工作中;其次,公关与商务人员应具有开朗的性格,乐于与人交往,能从容不迫地往来于大庭广众之间而不畏怯害羞,善于表达自己、推销自己,善于诱发和倾听他人的意见,乐于接受来自不同方面的建议与批评,能与各种类型的人建立正常的沟通渠道。

(4) 广泛的兴趣与宽广的胸怀。

兴趣是人们力求认识某种事物或爱好某种活动的倾向。公关与商务人员需同各行各业、各种公众、各色人物打交道,接触的公众性格各异、爱好不同、层次也不同,这就要求公关人员要有广泛的兴趣爱好,以便面对各种公众都能找到"共同语言"与话题。

从而产生认同感和亲近感,更好地团结不同特点的公众,为组织营造一个祥和、愉快的工作环境。

宽广的胸怀是对公关与商务人员品格的基本要求。具有宽广胸怀的人,能承认差别、尊重个性、求同存异,能够站在他人的立场思考问题,包容他人的弱点与不足,不斤斤计较,在工作中善于控制自己的情绪,以豁达乐观的态度对待工作中的困难和挫折。面对情绪激动、性格暴躁的公众,能心平气和地听取其意见和建议。

3. 文化素质

公关与商务活动工作的性质决定了从业人员必须具有较高的文化素质,包括丰富的社会经验和广博的知识。

(1) 丰富的社会经验。

公关与商务人员经常需要处理各种纷繁复杂的问题,必须具有丰富的社会经验,特别是应具有人际交往、沟通协调、新闻传播、经营管理、策划设计、市场推广、广告宣传,以及应对突发事件、处理棘手问题的经验。

(2) 广博的知识。

公关与商务人员理想的知识结构从纵向上可分为以下三个层次。

① 基础知识:掌握管理学、心理学、社会学、舆论学、伦理学、经济政策学、计算机、外语、演讲等基础学科的基础知识。

② 专业基础知识:掌握交际学、管理心理学、交际心理学、市场学、经济学、经济法、统计学、财务会计、企业管理、保险学、金融学等专业学科的基本知识和方法。

③ 专业知识:掌握公共关系学、公关与商务礼仪、广告学、推销学、商务谈判、国际贸易等专业知识和相关能力。

4. 生理素质

生理素质是指人们在先天遗传性和后天获得性的基础上发展起来的人体形态结构和生理功能上相对稳定的特征,它包括生理解剖特点(性别、年龄、体型、体质、体格、神经系统、脑、感觉器官等)和生理机能特点(反应速度、运动能力、应激水平、负荷限度、对环境的适应能力、对疾病的抵抗能力等)。

公关与商务人员经常代表组织开展对外交往、接待各方面的公众,在某种意义上代表着组织的外在形象。因此,公关与商务人员应具有适中的体型、端庄的仪表、潇洒的风度和健壮的体魄,此外,还应具有旺盛的精力、清醒的头脑、敏捷的思维、较强的应变能力,能够及时、准确地捕捉信息,正确地估计事物发展态势,适时采取措施,做出反应。

相关链接

商务礼仪在未来的职场中发挥的巨大作用

2000年7月1日起发布施行的《招用技术工种从业人员规定》中明确提出服务业人员营业员、推销员、餐厅服务员、前厅服务员、客房服务员、秘书、公关员等必须取得其职业资格证书,否则不得从事该类职业,而这几类工种的国家职业资格考试,都涉及礼仪知识与技能测试。可见，学习礼仪知识，学会运用礼仪不仅是个人综合素质提高的需要，亦是从业的需要。

中国职业资格考试网 2004 年 6 月 19 日讯：近日，一家国际知名标准礼仪学院落户我国，该机构董事马来西亚的坦库·纳丘玉迪王子亲自来京授课。业内人士称，随着国际交往的日益增多和深入，国内了解和学习各国的生活礼仪和商务礼仪的需求呈旺盛增长态势。科佳商贸有限公司的执行董事林宇松，想起最近关于与国外投资方的会晤就头疼不已。他们公司找到了一家外国融资机构，最近正需要密切和对方接触。林先生是曾在法国留学的"海归"派人士，深知国外企业对礼仪的要求，但公司内部几乎没有对国外礼仪有清晰了解的人。上一次公司的人和意大利客人会晤，仅仅因为用错了刀叉次序，就引来了对方的侧目。至今，都让林先生记忆犹新。他告诉记者，目前他及他的公司职员都急需这方面的相关训练。

据调查，目前国内企业对具有国外礼仪知识的人才可以说是求贤若渴。虽然职场上的"海归"一族正逐渐增多，但去外国留学过并不代表真正理解并掌握了国外标准礼仪。这里说的该类人才，并不是简单地只懂表面礼仪的普通职员，而是那些在精准的业务基础上又掌握地道的国际礼仪的商务人士。在商务和生活交往中，善于运用适当、体面的礼仪比掌握一种语言的沟通能力更加重要。

（资料来源：http://hb.zhyedu.com/res.asp?res_id=55）

知识拓展

本书技能培养目标和技能模块

A. 掌握求职应聘技巧；

B. 学会运用仪表、仪容、仪态和言谈等个人基本礼仪，提高个人修养；

C. 学会运用问候、握手、介绍、交谈、接待、拜访、宴请、乘车等日常交际礼仪，展示个人交际魅力，提升个人形象，赢得良好的人际关系；

D. 学会运用书信类文书、致辞类文书、对外商务信函类文书礼仪，借助文书礼仪传递信息，表达友好和尊敬之意；

E. 学会运用商务谈判、商务服务、商务会议、商务仪式等常用商务礼仪，赢得商务伙伴信任、支持，维系良好的商务关系，实现双赢战略；

F. 能够依据不同的接待要求，制订商务接待准备方案。

本书相关技能模块如图 0-4 所示。

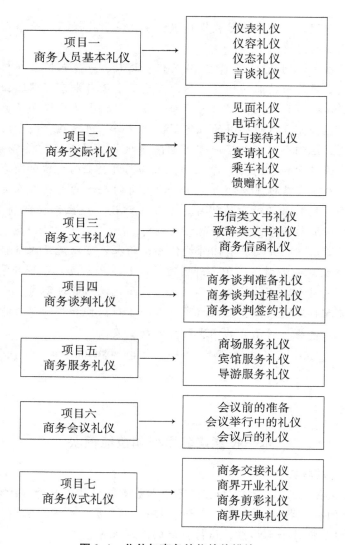

图0-4 公关与商务礼仪技能模块

礼仪小测试

1. 关于礼仪、礼貌与礼节以下说法正确的是（　　　）。
   A. 它们之间，既有区别，又有联系
   B. 礼仪、礼貌和礼节的本质都是表示对人的尊重、敬意和友好
   C. 从形式上看，礼仪具有严格规定的行为规范
   D. 礼仪一般是指在人际交往中，通过言语、动作向交往对象表示谦虚和恭敬
   E. 礼节在层次上要高于礼貌、礼仪
2. 礼仪的基本要素是（　　　）。
   A. 礼仪主体
   B. 礼仪客体

C. 礼仪媒体

D. 礼仪环境

3. "入境而问禁，入国而问俗，入门而问讳"是说礼仪原则中的（　　）。

A. 真诚原则

B. 自律原则

C. 遵守原则

D. 从俗原则

4. 当出现嫉妒心理时，公关与商务人员应该（　　）。

A. 正确认识他人的成功

B. 及时打消嫉妒念头

C. 树立科学的竞争观念

D. 努力把它比下去

5. 下列需要中，礼仪行为的重要心理基础是（　　）。

A. 生理需要

B. 安全需要

C. 社交需要

D. 尊重需要

E. 自我实现需要

（以上题中正确答案为：1. AB　2. ABCD　3. D　4. ABC　5. E）

思 考 题

1. 何谓礼仪？如何理解礼仪的基本内涵？
2. 简述礼貌、礼节、礼仪之间的区别与联系。
3. 礼仪的基本构成要素有哪些？
4. 运用礼仪时应遵循哪些原则？
5. 何谓修养？如何理解礼仪修养的含义？阐述礼仪修养的重要性。
6. 什么是公关礼仪？公关礼仪与一般交际礼仪的区别是什么？
7. 何谓商务礼仪？结合实际谈谈遵守商务礼仪的重要性。
8. 简述礼仪修养与组织形象的关系。在礼仪修养中，如何做到树立形象，自我完善？

项目一
商务人员基本礼仪

知识目标

☞ 了解商务人员基本礼仪所涉及的相关术语。
☞ 掌握职场着装、仪容、仪态和言谈的相关要求。

能力目标

☞ 学会运用仪表、仪容、仪态和言谈等个人礼仪技巧。

导入案例

荷兰银行职员着装规定

欧洲公司一般对员工着装都有比较严格的规定，特别是从事金融行业的，由于要经常面对客户，公司对员工的着装都有着特别的要求。再热的天，男员工都要穿西装、系领带。到了公司室内，男职员可以把外套脱掉，但是长袖衬衫还是要穿好的，因为欧洲的老板一般都很反感看到自己的男职员穿着短袖的衣服。而对于女职员，则一定要穿套装，一般是衬衫加"一步裙"，天气再热也要把长筒丝袜穿好，短袖上装可以接受的，但是一定不能穿无袖的衣服。

（资料来源：《申江服务导报》，2004-09-14）

问题与思考
以衣帽取人是不对的，但是作为商务人员必须穿着恰当的服装，这样既能体现自己的身份地位和品位，又能让客户感受到你的敬业精神，促进双方的合作。

现代社会中，每个人都面临着激烈的市场竞争。个人形象是竞争成败之基石，无论是求职应聘还是日常工作，言谈举止和穿着打扮都至关重要。这就要求人们必须掌握必备的个人基本礼仪规范，使自己在举手投足间更具魅力，从容应对各种社交场合。个人基本礼仪以修养为基础，只有"诚于中"，方能"行于外"；以尊敬他人为原则，只有"敬人者"，方能"人恒敬之"。公关与商务人员必须通过得体的仪表、整洁的仪容、大方的仪态、高雅的言谈，塑造良好的个人形象，增强自信，进而提升职业化程度，赢得别人的信赖和认可，在竞争中取胜。

任务 1.1 仪表礼仪

【任务布置】
郑宇在国内一家外贸公司做文秘工作，有一次，公司领导带领他和另外两名女同事到南方某城市参加一个大型的商品洽谈会。为了给外商留下良好的印象，他们特意定制了服装和各种饰品，并精心做了准备。
就以上情况，请根据商务人员的仪表礼仪标准，帮助郑宇等人进行着装设计。

【知识要点】
仪表就是指人的外表，公关与商务人员的仪表不仅可以体现出个人的文化修养，也可以反映他的审美水平。仪表不是天生的，是靠后天培养的；不是自我感觉的，而是由外人来评判的。它主要包括容貌、举止、姿态、风度等。

仪表美是一个综合概念，它是指人的容貌、姿态、服饰等的协调优美，不仅包括经过修饰打扮及后天环境的影响而形成的美，而且还包括内在美的自然展现。在各种社交场合，商务人员如果掌握正确的仪表礼仪，可以给交往对象留下良好的印象，赢得他人的信赖和好感，从而提高人际交往的能力。

仪表礼仪概述（上）

仪表礼仪概述（中）

仪表礼仪是一门艺术，首先，它讲究仪表的协调，即一个人的仪表要与他的年龄、体形、职业相吻合。其次，它讲究色彩的搭配。色彩可以分为暖色调（红、橙、黄等）、冷色调（紫、蓝、绿等）和无彩色（白、黑、灰等），在穿着服装时应该注重色彩的搭配，以求和谐。最后，它讲究仪表要和所在的场合搭配，即在喜庆、庄重、悲伤等场合应遵循不同的规范与风俗选择不同的服装。

俗话说"佛要金装，人要衣装"，在仪表礼仪中选择服饰是非常重要的，它能体现出一个人的文化素质之高低，审美情趣之雅俗，服饰包括服装和饰品两部分。

> **点滴感悟**
>
> **良好的外表是一种力量**
>
> 一位外商到内地某食品厂洽谈一笔业务。接待他的一位经理是一个不修边幅的人，身上的衣服好几天没洗，发出一股汗臭味。外商见状，一语未发掉头就走。事后，外商说连工厂的领导者都这么不讲卫生，我怎能放心购买他们的食品呢？
>
> 启示：每一个印象都很重要。你的穿着不过是别人判断你和你公司的一种依据而已。谈话、打电话的方式，甚至态度都会影响客户和你做生意的意愿。也许，把印象建立在这些无形的东西上不大公平，但事实往往如此。
>
> （资料来源：《小故事妙管理》，俊明、向阳，中国致公出版社，2001）

仪表礼仪概述（下）

一、职场着装的要求

职场上的公关与商务人员必须做到着装得体、风度翩翩、高雅大方。职场着装的要求主要有以下几点。

1. 着装应与职业相符

职场着装既要体现公关与商务人员的道德魅力、审美魅力、知识魅力及行为魅力，更要体现职业特点。恰当的着装能够协调人际关系、促进人际交往。在着装时，既要保持个人魅力，又要体现职业的要求，如法官的着装应该突出庄重的气质，让人产生信任感；幼儿园教师的着装应该体现可爱和童心，容易让孩子亲近；记者要注意服装的灵活性，即衣服本身不必有过多的装饰，而用饰品配件来营造气氛，以适应各种不同场合。

2. 着装应与场合相适应

公关与商务人员出席的场合大致可以分为公务场合、社交场合和休闲场合，着装应该根据场合的不同有所区分。

（1）公务场合。

公务场合指的是上班的时间，是在工作岗位上处理公务的时间。公务场合的气氛是严肃的，讲究高效率地工作，因此，公务场合着装的基本要求是庄重保守、简洁、明快、适宜工作，要整齐划一，以表现团队精神。正装、套装、套裙、制服均为首选，如果没有也要选择长裙、长裤、有领有袖的服装。一定要避免穿着短裤、拖鞋、凉鞋、无袖无领的服装出现在公务场合，否则就会显得不伦不类。

（2）社交场合。

社交场合指的是宴会、舞会、音乐会、拜会、朋友之间的聚会，以及各种各样的派对、沙龙。社交场合的气氛比较活跃，讲究表现自我，因此，社交场合着装的基本要求是时尚个性、高雅漂亮、与众不同。时装、礼服、民族服装均为首选。男性可以着深色西装、中山装；女性可着连衣裙、套裙，参加晚间的盛宴、舞会、音乐会等活动，可穿单色的晚礼服或旗袍。

（3）休闲场合。

休闲场合指的是除公务活动和社交场合之外的个人活动时间，一般指的是居家休息、观光游览、逛街购物、健身运动等。休闲场合的气氛比较轻松自在，讲究放松身心，所以休闲场合着装基本要求是舒适、自然。牛仔装、运动装、休闲装等均可。

3. 着装应依据个人身体特点有所区别

商务人员在选择服装时要根据不同的身体特点选择适合自己的服装，例如，肥胖体型的人不宜穿浅色、带格的西装，最好穿单色且颜色较深的西装；不宜穿宽条纹的西装，应穿隐条纹面料的西装；不宜穿双排扣西装，应穿单排扣西装。身材矮小体型的人应选择简洁明快的服装，适合穿肩部较宽的上衣，使身体呈 V 字形，可使身材显高一些，简单、单色的服装也能在视觉上增加人的高度。瘦削体型的人不宜穿深色西装，最好穿颜色浅或带花格的西装。肤色较白的人的衣服的颜色可自由选择，深浅皆宜。皮肤较粗糙的人不宜穿材质特别精细的衣服，否则衬托出面部皮肤更加粗糙。同时，商务人员也应根据自身的肤色选择恰当的服装。

4. 着装应依据季节有所区别

春季万物复苏，欣欣向荣的气象彰显着轻松而温暖的心情。这一季的颜色可以是光谱中的任意一组，由冷色向暖色过度是最常见的，例如，米黄、葱绿。面料质地是以紧密、有弹性的精纺面料为主，结构最好是协调搭配的两件套加风衣。夏季烈日骄阳，无处躲藏的炽热让我们渴望凉爽。中性色、白与黑的对比，纯质和明质相对弱些的颜色会受欢迎。例如，本白、象牙黄、浅米灰。棉、麻、丝是这一季着装的首选面料，式样简单而裁剪恰当、做工精致的套装可以在工作时或晚会上穿。秋季草木萧疏，满地黄叶堆积起沉甸甸的收获心情。暖色面料构成的着装方式非常适合这个季节，例如，咖啡色、芥末黄。秋季最能体现"整体着装"的方式，两件套的套装，带有马甲的三件套装都是比较适合的。面料的选择可以多样化，蓬松的质地和柔软的面料值得考虑。冬季冰天雪地，大自然的颜色非常灰暗和单调，反季节的颜色会有吸引力，常规的应该是藏蓝、深灰、姜黄、深紫、褐色，面料可以选择羊毛、羊绒、驼绒等。

5. 着装要富于变化

虽然西装和套装是最好的职业服装，但是公关与商务人员在穿着时，为了避免呆板，可以经常换一些装饰品以增加服装的灵性。使着装富于变化，以不同的形象去面对别人，使交往对象感到赏心悦目，交往会更为融洽。女士可以经常变换裙子的样式，搭配不同的手袋，男士可以考虑经常变换一下衬衫和领带，这样都能起到很好的效果。

二、避免不恰当着装

公关与商务人员选择漂亮的服装装扮自己，这一点无可厚非，但是一些服装在正式商务场合或办公室中是不能出现的。具体来说，职场着装有以下三个忌讳。

一忌残破。残破的服装不仅会降低商务人员的身份和品位，更会让客户失去同你合作的信心。

二忌暴露。公关与商务人员要忌穿短、紧、透、露的服装。女士应注意不能穿低胸的衣服、无袖装、露背装、露脐装等；男士应注意即使是在炎热的夏季也不可以赤膊，衬衫的扣子即使是在不系领带时也只能打开领口上的一颗，更应该避免穿着透视衣。此外，内衣和外衣的色彩要协调。

三忌杂乱。公关与商务人员如果有制服应该身着制服，并且要求全体人员全部穿着制服，若没有则应选择西装或套裙。身着制服时要合乎规矩，不能以制服搭配牛仔、休闲类等非正式场合的服装，也不能拉开领带或挽上袖子，制服必须搭配皮鞋。

三、西装

男士西装穿着礼仪

西装是目前世界各地最普遍、最标准的礼服。一般男士出席各种正式商务场合都必须穿西装，西装的穿着有一套严格的礼仪。一套合体的西装，可以使着装者显得潇洒、精神、风度翩翩。

（一）西装的板型

1. 欧版西装

欧版西装是在欧洲大陆流行的，比如意大利、法国等。欧版西装非常注重西装的外形，面料厚，衣领较宽，腰部收拢，垫肩与袖笼很高，胸部收紧突出，腰身中等，双排扣居多，纽扣的位置较低，后摆无开衩，整体造型优雅，上衣呈倒梯形。代表品牌有卡勒塞尼、杰尼亚、阿玛尼、弗雷、伊夫圣洛朗、瓦伦蒂诺、皮尔·卡丹、津达等。

2. 英版西装

英版西装是欧版的一个变种，衣领是V字形，并且比较狭长，垫肩较薄，腰部略收，多为单排扣式，三个扣子的居多，后摆两侧开衩，基本轮廓也是倒梯形，穿着自然、贴身。代表品牌有H.亨梓曼、安榭德、G&H、登喜路等。

3. 美版西装

美版西装非常注重服装的实用功能，强调舒适、随意，基本轮廓特点是O字形。面料薄、有弹性，衣领是宽度适中的V字形，无垫肩，胸部不过分收紧，多为单排扣式，后摆中间开衩，外观方方正正，穿着宽松舒适，以单件者居多，适合于休闲场合穿。代表品牌有麦克斯、卡尔文·克莱恩、西费曼、普莱诗、保罗·拉夫·劳伦等。

4. 日版西装

以上三种板型不太适合中国人，欧洲人大多比较高大，而中国人的身材上身和下身比例差不多，腿并不显得长，而且臀部也比较扁平，所以还是选择日版西装比较好一些。日版西装的基本轮廓是H字形的，它适合亚洲男人的身材，没有宽肩，也没有细腰。一般而言，它多是单排扣式，衣后不开衩。代表品牌有仁奇、顺美、雷蒙。

（二）西装的选择

选择西装时，要注意面料、色彩和款式。

西装的面料主要有100%纯棉、纯棉加涤纶按照一定比例混合、100%涤纶、亚麻和纯毛面料，它们各有各的特点。100%纯棉面料穿着舒适、柔软、吸汗，但易皱、易变形、易染色或变色，需要很好地护理，才能有较好的视觉质感。纯棉加涤纶按照一定比例混合面料质感较硬，穿着不如纯棉舒适，但不易变形、不易皱、不易染色或变色。100%涤纶面料质感硬、穿着不舒适、不易变形、不易皱、视觉质感效果差，属于低档面料。亚麻面料穿着舒适、柔软、吸汗，但极易皱、易变形、易染色或者变色，在良好护理的状态下有很好的视觉质感。在西装面料中最恰当的选择是纯正的、质地良好的毛料,毛料悬垂、透气、轻、薄、软,是高档西装的标志。虽然毛料是首选,但是也要考虑到季节性差异,夏天很热,最好选择混纺的、含毛比例低的面料。

休闲西装和正装西装在色彩方面是有区别的,休闲西装讲究个性化,色彩的选择余地很大,有很多颜色和花纹都可以选择;而正装西装讲究正规、庄重,色彩最好是深色的、单色的、无任何花纹的,蓝色、灰色的西装是商务男士的必备之品。

西装的款式比较多,在选择的时候要多加注意。正装西装一般是套装,套装又分为两件套和三件套。两件套适合在大多数场合进行穿着;三件套适合在非常重要的场合,或者是地位、身份非常高的人穿着,三件套西装会使你的形象显得更加干净利索。

(三) 西装衬衫的搭配

正装衬衫主要以高支精纺的纯棉、纯毛制品为主。以棉、毛为主要成分的混纺衬衫,也可以酌情选择。不宜选择条绒布、水洗布、化纤布、真丝、纯麻制作的衬衫。如果西装、衬衫、领带是同一色系时,要求衬衫的颜色最浅,领带的颜色最深。但是,杂色、红色、粉色、紫色、绿色、黄色、橙色等颜色的衬衫穿起来有失庄重之感,最好不要选择。在正式场合穿的衬衫,应为白衬衫或单色的衬衫,没有图案为最佳选择。公关与商务人员应尽量选择长袖衬衫,因为长袖衬衫属于正装,而短袖衬衫则属于休闲系列。衬衫是贴身衣物,最好里面不加任何衣物。当长袖衬衫里面要穿内衣、背心的时候,要注意,领型要选U字形或者V字形领,不能使之露出来。根据衬衫领子的不同,西装衬衫分为方领衬衫、长领衬衫、扣领衬衫、立领衬衫、翼领衬衫。方领衬衫和长领衬衫一般搭配西装穿着。扣领衬衫是指衬衫领尖上有个扣眼,把领带打好之后,等于把领带固定住,这是一种美式衬衫,也可以搭配西装穿着,并且显得比较高雅。立领衬衫的领子是立的,一般是时装穿法,或者休闲穿法,可以配休闲装。翼领衬衫是指领尖翻了一个边过来,可以搭配蝴蝶结,穿燕尾服、礼服时使用。

衬衫以有座硬领衬衫为最佳,领口的大小要根据脖子的粗细进行选择,以能伸进两个手指为宜。搭配西装时领子应平整,不能外翘,领口和袖口要比西装长出1~2厘米,袖口的扣子一定要系上。打领带之前应扣好领口,不打领带时,领口的扣子必须打开,但只能打开一粒。衬衫的下摆必须均匀地掖进裤腰之中。如果脱下西装,袖口可以按袖口宽度挽两次,但是不能挽过肘部。

(四) 西装领带及结法

领带可以说是公关与商务人员中男士穿西装时最重要的饰物,在欧美各国,领带、手表和装饰性袖扣并称为"成年男子的三大饰品"。领带的面料最好是真丝或者羊毛,以涤丝制成的领带售价较低,有时也可以选用。除此之外,用棉、麻、绒、皮、革、塑料、珍珠等物制成的领带,在商务活动中均不宜佩戴。从色彩方面来看,领带有单色与多色之分。在商务活动中,蓝色、灰色、棕色、黑色、紫红色等单色领带都是十分理想的选择。公关与商务人员中的男士在正式场合中,切勿使自己佩戴的领带多于三种颜色,同时,也尽量少打浅色或艳色领带,它们同包含三种色彩以上的领带一样,仅适用于社交或休闲活动场合。商务活动之中佩戴的领带,主要是单色无图案的领带,或者是以条纹、圆点、方格等规则的几何形状为主要图案的领带。以人物、动物、植物、景观、徽记、文字或电脑绘画为主要图案的领带,则主要适用于社交或休闲活动场合中。领带的款式往往受到时尚的影响,在这个问题上,公关与商务人员主要应注意以下四点:一是领带下端有箭头与平头之分，一般认为，下端为箭头的领带，显得比较传统、正规，下端为平头的领带，则显得时髦、随意一些；二是领带有着宽窄之别，领带的宽窄最好与本人胸围和西装上衣的衣领形成正比；三是简易式的领带，如"一拉得"领带、"一挂得"领带，均不适合在正式的商务活动中使用；四是领结宜于同礼服、翼领衬衫搭配，并且主要适用于社交场所。

在庄严、正规的商务场合，穿西装必须系领带，但是在穿着夹克等休闲装时，则不能打领带。穿着长袖衬衫时可以打领带，但是穿着短袖衬衫时则不打领带。领带的长度以底端盖住皮带扣为最佳。

领带打结的方法主要有以下几种。

1. 平结

平结适用于各种面料的领带，是最常用的一种结法。这种结法关键在于要使领结下方凹洞的两边均匀而且对称，如图1-1所示。

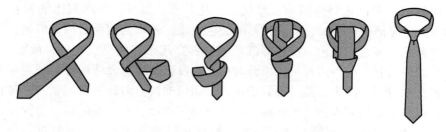

图1-1　平结

2. 交叉结

交叉结适用于单色素雅质料而且面料较薄的领带，如图1-2所示。

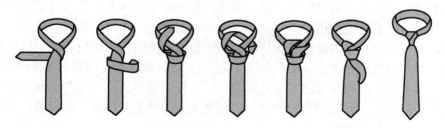

图1-2　交叉结

3. 双环结

双环节适用于质地细致的领带，适合年轻的公关与商务人员选用。这种结法的特色在于第一圈会稍露出于第二圈之外，如图1-3所示。

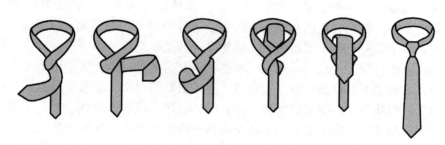

图1-3　双环结

4. 温莎结

温莎结适用于细致的丝质领带，而且由于其结形较宽，比较适合于宽领型的八字口的衬衫，如图1-4所示。

图1-4　温莎结

5. 双交叉结

双交叉结适用于素色丝质领带。这种结法高雅且隆重，可以搭配大翻领的衬衫以彰显其尊贵，如图1-5所示。

图1-5　双交叉结

6. 亚伯特王子结

亚伯特王子结适用于面料柔软的细款领带和浪漫扣领及尖领系列衬衫。这种结法的特色是在宽边先预留较长的空间，并在绕第二圈时尽量贴合在一起，如图1-6所示。

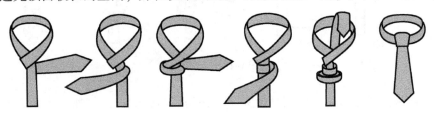

图1-6　亚伯特王子结

7. 四手结（单结）

四手结适用于各种面料的领带和各种款式的衬衫，是所有领带结法中最简单的一种，如图1-7所示。

图1-7　四手结

8. 浪漫结

浪漫结适用于各种浪漫系列的领口和衬衫，如图 1-8 所示。

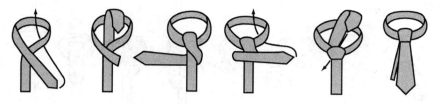

图 1-8　浪漫结

9. 简式结（马车夫结）

简式结适用于面料较厚的领带和标准式及扣式领口的衬衫，如图 1-9 所示。

图 1-9　简式结

10. 十字结（半温莎结）

十字结适用于细款领带和尖领及标准式领口系列衬衫，如图 1-10 所示。

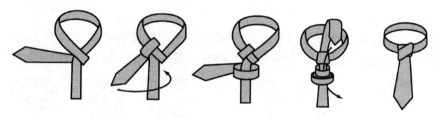

图 1-10　十字结

一般只有两种人穿西装时使用领带夹。一种是穿制服的人，例如，工商人员、税务人员、警察、军人、航空公司职员，他们的领带夹上有国徽、警徽或航空公司徽记，是身份的象征、职业的需要。另一种是职位较高者，例如，高级官员、高级将领、大老板等，因为他们在大庭广众之下，引人注目，经常要挥手致意，必须用领带夹将领带固定住，否则领带会随着挥手的动作从西装中露出来。如果需要使用领带夹的话，领带夹应夹在领带的黄金分割点上，即从上向下数领带的 2/3 处。如果衬衫是六粒扣子的，领带夹应夹在从上向下数第三颗扣子和第四颗扣子中间；如果衬衫是七粒扣子的，领带夹应夹在从上向下数第四颗扣子和第五颗扣子中间。

（五）西装纽扣的系法

穿着西装参加正式的商务场合，就座时需要将扣子全部解开，站立时必须按礼仪要求系好。西装有单排扣和双排扣的区别。双排扣西装，一般更多地具有时装性质，表现男人的典雅和别致，适合于社交场合穿着。穿着双排扣的西装时要将所有的扣子全部系好。单排扣西装更适合作为公务套装，两粒扣西装最正式，三粒扣西装比较古典一些，也是比较正式的西装，穿着单排两粒扣的西装时，只系上边那粒扣子；穿着单排三粒扣的西装时，可以只系中间一粒或者上面两粒，但不能全系。四粒扣、五粒扣或者一粒扣，甚至没有扣的西装，则具有时装和休闲的性质，在穿着时，有扣子的必须全部系上。

（六）西装口袋的使用

西装口袋里面放的东西越少越好。西装上衣下方两侧的口袋属于装饰性的口袋，不能随意放置物品，否则会使西装上衣变形。上衣左侧外胸袋，除可以插入一块用以装饰的真丝手绢外，不应再放其他任何东西；上衣内侧胸袋，可用来别钢笔、放钱夹或名片，但不要放太大、过厚的东西；西装裤子侧面的口袋只能放纸巾，以不影响裤子的观感为限；后侧的两只口袋，不应放任何东西。

（七）西装鞋袜的选择

公关与商务人员穿着西装最好配以黑色硬底的正装皮鞋或商务皮鞋（一般应为系带型），并保持鞋面清洁，切忌穿着过于休闲型的皮鞋。穿深色西装不要穿白袜子和尼龙袜，最好选择纯棉、纯毛制品，以深色、单色为宜，袜子和皮鞋一个颜色或者袜子和裤子一个颜色是最佳选择，看上去浑然一体。

穿白袜子谈生意被人怀疑

曾经有个国内公司老总到国外宣传推广自己的企业，听众都是国际著名的投资公司管理人员。场面很正式，但听众们发现台上的老总裤脚下露出一道棉毛裤的边，而且老总的黑皮鞋里是一双白色袜子，这样的穿着在商务场合很是失态。这样一个公司老总能管好他的企业吗？他们马上对这个公司的品质产生了疑问。

启示：细节往往能够决定成败，穿深色套装搭配白袜子在西方被认为是没有修养的表现，会遭人侧目。

（资料来源：全球铝业网《商务礼仪之男士的仪容仪表》）

男士商务仪表塑造

（八）西装穿着的三色原则

三色原则是指穿着西装正装时，全身上下的颜色不能多于三种。其中同一色系中深浅不同的颜色算一种颜色。颜色过分杂乱的服装会使人显得花哨有余，而庄重不足。

（九）西装穿着的禁忌

1. 禁忌袖口商标不除

一般在名牌西装上衣的左袖上都有一个商标，有些西装还有一个纯羊毛标志，在穿着之前必须先去除，否则有卖弄之嫌。

2. 禁忌内穿多件羊毛衫

公关与商务人员穿着西装时只能穿一件薄V字形领的素色羊毛衫，适合穿衬衫打领带。不可以在衬衫之内穿高领衫，在衬衫的领口看见里面的衣服是很不雅观的。

3. 禁忌三个部位不同色

穿西装时为了体现男式的风度，需要使皮鞋、腰带、公文包同色。

4. 禁忌腰部挂东西

在正式的商务场合中，男士的腰上不应挂任何物品，如打火机、手机、钥匙等，应将其放在公文包里。

5. 禁忌西裤过短

标准的西裤长度为裤管盖住皮鞋，过短的西裤会有失庄重。

四、套裙

女士商务仪表塑造

女士套裙的上装一般是由男士西装演变而来，配以雅致的裙子，可以将女性的阴柔之美和男性的阳刚之气很好地结合在一起，刚柔相济，相得益彰。

（一）套裙的种类

套裙一般可以分为两种：一种是上衣与裙子面料相同、做工相同，属于成套设计，为商界女士普遍推崇，是参加正式商务场合的首选；另一种是上衣与裙子的面料、做工均不相同，趋向于随意搭配，这种套裙比较适合于交际场合。套裙的裙子有多种选择，如西装裙、裹裙、一步裙、筒裙、人字裙、喇叭裙、旗袍裙等都是比较好的选择；但不能选择黑色皮裙，也不能随意自由搭配，如以西装上衣搭配牛仔裤、健美裤、裙裤等。

（二）套裙面料的挑选

套裙应选择那些质地匀称、平整、滑润、光洁、丰厚、柔软、挺括的上乘面料，并且弹性好、不起褶皱。但注意太薄或太轻的衣料，会有不踏实、不庄重之感。套裙最好选择素色面料，图案以简洁为最佳，可以选择格子、条纹和圆点的图案。在选择丝、麻、棉等薄型面料或浅色面料制作的套裙时，必须内加一条衬裙，其他面料的套裙也最好有衬裙。

（三）套裙色彩的选择

套裙不仅应上下颜色搭配，而且为了体现商界女士的端庄与稳重，还应该选择那些淡雅、庄重的颜色。套裙以冷色调为宜，不易选择那些过于鲜亮的颜色。在搭配上衣和裙子的颜色时，既可以选择上下同色，以显示正统和庄重；也可以选择上浅下深或上深下浅有所对比的颜色，以显示动感和活力。应根据出席的场合进行选择，前者比较适合正式、庄严的场合，后者适合于喜庆或略微随意的场合。

（四）套裙长短的规定

女士在穿着套裙时对于上装和裙子的长短有严格的要求，不宜过长或过短。套裙的上装最短以向上伸出手臂不露出裙腰为限，最长可以盖住臀部。裙子最短不能短于膝上10厘米，最长不能长于小腿中部，最适合的长度是膝上5厘米。穿着套裙时不能露肩、露背、露腰、露腹，否则很不雅观。上衣的袖长可以是任何长度，五分袖、七分袖均可，如果是长袖上衣，则袖长以恰恰盖住着装者的手腕为好。上衣或裙子均不可过于肥大或包身，免得影响精神风貌。必须内穿一件款式适宜的衬衫，不能过于透明，更不能使内衣从衬衫的领口外显。

（五）套裙鞋袜的搭配

在穿着套裙时，要注意鞋、袜、裙三者之间的色彩是否协调，鞋、裙的色彩必须深于或略同于袜子的色彩。穿着套裙时，应当搭配黑色的高跟或半高跟皮鞋，与套装同色的皮鞋也可以选择。穿着套裙应当搭配高筒袜或连裤袜，切勿将健美裤、九分裤等裤装当长袜来穿，更不能穿一长一短两双袜子；不能搭配色彩艳丽、图案繁多的袜子，最好选择单色的袜子,肉色、黑色、浅灰、浅棕等颜色都可以选择,但是,鲜红、明黄、艳绿、浅紫色的袜子最好不要穿。图案和装饰都不要过多,一些加了网眼、镂空、珠饰、吊带、链扣,或印有时尚图案的鞋袜,只能给人肤浅的感觉,一点图案和装饰都没有的鞋袜,穿起来效果反而更好。也不能选择低筒袜和中筒袜,出现"三截腿现象",袜口要没入裙内,不可暴露于外,当穿开衩裙的时候就更要注意不要暴露袜口。在正式的商务场合中,女士不宜光腿、光脚,否则会有失典雅。鞋袜应当大小相配套、完好无损。有些女士喜欢有空便脱下鞋子,或是处于半脱鞋状态,还有个别人经常将袜子撸下去一半,甚至当着外人的面脱去袜子,这些都是不礼貌的习惯,会使自己优雅的气质荡然无存。

(六) 套裙的穿着礼仪

上衣的领子要完全翻好,衬衫的领子要拉出来盖住衣领。不要将上衣披、搭在身上,要穿着整齐。裙子要穿得端端正正、上下对齐。在正式场合穿套裙时,上衣的衣扣必须全部系上。不要将上衣扣子部分或全部解开,更不要当着别人的面随便将上衣脱下。在各种正式的商务交往及涉外商务活动中,应该穿着套裙。在出席宴会、舞会、音乐会时,可酌情选择与此类场合相协调的礼服或时装。穿着套装时,要使着装、化妆与佩饰风格统一、相辅相成,不适宜佩戴与个人身份不符的珠宝首饰,也不适宜佩戴过度张扬的耳环、手镯、脚链等饰品。在穿套裙时,既不可以不化妆,也不可以化浓妆。

(七) 搭配好衬衫和衬裙

衬衫要选择轻薄而柔软的面料,例如真丝、麻纱、涤棉等都可以选择。在色彩选择方面,最好选择白色等单色无图案的衬衫,如果选择其他颜色,必须要保证不能与所穿套裙的颜色相互排斥。衬衫下摆必须均匀地掖入裙腰之内,不得任其悬垂于外,或是将其在腰间打结。衬衫除最上端的一粒纽扣之外的所有纽扣要一一系好,专门搭配套裙的衬衫在公共场合不能直接外穿,特别是身着紧身而透明的衬衫时,须特别牢记这一点。

穿着套裙无论面料薄厚都必须加衬裙,衬裙可以与套裙一体,也可以分开。衬裙的颜色多为单色,如白色、肉色等,在选择时,应使衬裙的颜色与外面套裙的色彩相互协调,二者可以一致,也可以外深内浅。衬裙的款式应特别注意线条简单、穿着合身、大小适度三点要求,并且衬裙上不宜出现任何图案。如果衬裙与套裙是分开的,衬衫下摆应掖入衬裙裙腰与套裙裙腰之间,切不可掖入衬裙裙腰以内。

五、饰品的选择

在公关与商务交往活动中,人们除了要注意服装的选择外,还要根据不同场合的要求佩戴戒指、耳环、项链等饰品。佩戴饰品应该遵守饰品与时间、场合相搭配的原则,穿着考究的服装,宜佩戴较昂贵的饰品,工作场合穿着制服时一般应少戴或不戴饰品;女士不宜佩戴胸针、手镯、脚链等夸张性饰品,并且要求佩戴的所有饰品同色、同款、同质,全身的饰品不得多于三款,每款不得多于三件。男士在重要场合,饰物要少而精。穿西装时,戒指、手表与包是最重要的饰物。

(一) 戒指

戒指主要有黄金、白金、钻石、宝石等类型。佩戴戒指应注意以下几点。

1. 戒指的造型

女士佩戴的戒指要纤细,男士佩戴的戒指要宽厚。戒指戴出魅力,最重要的是根据不同的手指形状选择不同造型的戒指。多肉的手指不适合戴镶有宝石的戒指,而适合戴没有花纹、体积较小的戒指，使整个手指看起来简洁；偏瘦的手指适合戴有装饰的戒指，使手指看起来丰满；短小的手指，适合戴 V 字形的戒指，可以从视觉上拉长手指，使手指看起来纤细；较长的手指，适合戴有花饰且两枚重叠型的戒指，可以从视觉上将手指缩短；关节粗的手指，适合戴有图形和刻有花纹的或扭绳状的戒指，这样会转移别人的注意力。

2. 佩戴方法

戒指戴在左手的不同手指上代表的含义不同，暗示佩戴者的婚姻和择偶状况。戴在食指上表示想结婚或已经求婚，戴在中指上表示正在热恋中，戴在无名指上表示已订婚或结婚，戴在小指上则表示是独身。戒指一般只佩戴一枚，最多佩戴两枚，戴两枚戒指时，可戴在左手两个相邻的手指上，也可以戴在两只手对应的手指上。

（二）项链

项链主要有金银项链和珠宝项链两大类，佩戴项链应注意以下几点。

1. 项链的选择

项链的选择一方面要注意脖子的长短，脖子细长的女士适合佩戴方丝链，不宜过长，能显示出脖子的纤细柔美；脖子粗短的女士适合佩戴尺寸大些的项链，造型要简洁明了，不宜选用多层或短而宽的项链。另一方面要注意年龄的大小，年龄大的女士适合佩戴、翡翠链、珍珠链、绿松石，能显示出成熟之美；年轻的女士适合佩戴三套链、双套链等加工精细、雅致漂亮的项链，能显示出文雅之美。

2. 项链的搭配

当穿着柔软、飘逸的丝绸套裙时，适合佩戴精致、细巧的项链，显得妩媚动人；当穿着单色或素色套裙时，适合佩戴色泽鲜明的项链，显得端庄典雅。

（三）耳环

耳环是女性十分钟爱的饰品之一，佩戴耳环时应注意以下几点。

1. 耳环与脸型的搭配

总的说来，耳环的形状要避免与脸型重复，也不可与脸型极端相反，即圆脸的女士适合佩戴长耳环，小而扁或尖形的耳环、垂坠、耳珠，将面部拉长；方脸的女士适合佩戴线条流畅的圆形、纽形、鸡心形、螺旋形等造型柔和的中小型耳环，减少脸部的棱角感，使脸显得匀称些；瓜子脸的女士适合佩戴各种类型的耳环，特别适合扇形耳环、水滴型耳环，注意防止过小、过长、过大；三角脸型的女士不适合佩戴有吊坠的长耳环，而适合佩戴圆形耳环；长脸的女士适合佩戴纽扣形耳环。

2. 耳环与肤色的搭配

肤色白皙的女士适合佩戴红色、绿红、翡翠绿等色彩鲜艳的耳环；肤色偏黑的女士适合佩戴白色、浅蓝、天蓝、粉红色等色彩柔和的耳环，不宜戴黑色或暗色的耳环，否则会给人一种沉闷阴郁的感觉。

3. 耳环与服装的搭配

耳环应与服装相协调，一般服装的颜色越鲜艳，耳环装饰效果就越差，所以戴耳环时最好选择淡雅的服装。另外，配戴耳环应注意与服装同类型、同色调，也可以同类型、对比色调，但穿运动服时，不宜佩戴宝石耳环。

（四）手袋

女士出席各种社交与商务场合时，无论是出于美观还是方便，都应携带一个手袋。制作精美的手袋可以增强服饰的美感，并且烘托出职业女性的干练与柔美。选择手袋应注意以下几点。

1. 手袋颜色的选择

手袋的颜色应与服装相协调，二者颜色相同是最理想的搭配。手袋的颜色应选择中性色，比如黑色、白色等，这样可以搭配任何颜色的服装。

2. 手袋形状的选择

手袋的形状应该与携带者的体形相协调，体形矮胖的女士适合携带体积小的手袋；体形高胖的女士适合携带体积稍大的手袋；体形苗条的女士适合携带小巧玲珑的手袋。年龄偏大的女士适合携带黑色天鹅绒或黑色绸缎做的小提包，提包花纹点缀应传统精致，不宜夸张；年龄偏小的女士适合携带色泽鲜艳、造型美观的皮制、缎面小包。

公关与商务人员在出席各种商务场合时，无论男女都应在公文包或手袋中放置一些备品，以备不时之需。这些备品主要有漱口水、擦鞋器、备用袜子、梳子（女士为化妆盒）等。

|任务实施|

公司领导、郑宇、两名女同事为了商品洽谈会，做了精心准备，商品洽谈会是正式场合，应着正装。

公司领导是一位五十多岁的男士，为了显示成熟稳重，特意做了如下选择：一套灰色的西装套装，单排三颗扣，系了中间一颗；深灰色白圆点的真丝领带，结成温莎结；浅灰色的硬领纯棉衬衫；黑色皮鞋和灰色袜子；黑色的皮包握在手里；黑色卡扣腰带。

郑宇年纪轻，为了显示青春气息并不失庄重，做了如下修饰：一套深蓝色白暗纹的西装套装，单排三颗扣，系了中间一颗；深蓝色白条纹的真丝领带，结成半温莎结；白色的硬领纯棉衬衫；黑色皮鞋和黑色袜子；黑色的皮包握在手里；黑色卡扣腰带。

女同事甲年龄稍大，穿了一套深蓝色的正装套裙，白色衬衫，肉色丝袜，黑色半高跟鞋，黑色手拎皮包。

女同事乙比较年轻，穿了一套乳白色的正装套裙，内着白色抹胸，肉色丝袜，白色高跟鞋，白色挎包。

任务1.2　仪容礼仪

【任务布置】

小刘刚刚大学毕业到一家公司任职，因不化妆的问题多次遭到主管的批评。对于参加工作之前从未化过妆的她来说，一直认为自己天生丽质，不化妆才更能体现自然美。由于多次遭到批评，而且自己也缺乏化妆方面的经验，因此小刘倍感压力。特别是这次，她要陪公司领导到南方某城市参加一个大型的商品洽谈会。小刘应该如何化妆才能体现职业女性的稳重和优雅呢？

【知识要点】

仪容礼仪是个人基本礼仪的重要组成部分。仪容是指人的容貌，但是从礼仪学的角度来说，仪容还应该包括头发、面部、手臂和手掌，即人体不着装的部位。仪容在礼仪学上的定义应该是经过后天的修饰能够给别人良好感觉的容貌，是一种自觉的后天行为，是秀外慧中的体现。公关与商务人员应该对自己的仪容进行精心的修饰打扮，给人以良好的第一印象，以便于以后的商务交往。一般来讲，第一印象很难改变，而仪容是第一印象的重要部分，所以掌握正确的仪容礼仪至关重要。

一、仪容礼仪的规则

仪容礼仪的规则主要涉及三个方面，即仪容的干净、整洁和修饰避人。

（一）干净

公关与商务人员应遵守的仪容礼仪的首要原则是干净。要保证干净，必须做到以下几点。

1. 洗脸

公关与商务人员在出席正式的商务场合之前应及时清洁面部，在参加活动过程中应该及时用面巾纸等清洁面部的油脂，做到无汗渍、无灰尘等。除此之外，还应注意及时清理眼角、鼻孔、耳朵、口角等处细微的残留物。

2. 洗头

俗话说：远看头，近看脚。在公关与商务往来中，首先映入交往对象眼帘的就是头发，所以商务人员的头发应该保证没有头皮屑、不粘连、无异味，保持头发柔顺、整洁，这就要求公关与商务人员应该保证1~3天洗头一次。

3. 洗澡

公关与商务人员为了清除身体上的烟味、酒气、汗气等异味，每天都应该洗澡，如有特殊情况，也要坚持每三天洗澡一次，特别是在参加重大的商务活动之前，洗澡是一项必须做的准备工作。

4. 洗手

在出席重大场合之前应注意洗手，做到手上无汗渍、无异味、无异物。并且应该及时对手进行保养，一双健康、干净的手能给交往对象留下良好的印象，促进双方的交往。此外，公关与商务人员不能留长指甲，指甲的长度与指尖齐平为最佳，并保证指甲内部无污垢，指甲两侧无死皮。女士不能涂抹指甲油，特别是有颜色的指甲油，否则会给人以不文雅的印象。

5. 刷牙

语言交流是社交与商务交往的主要方式，公关与商务人员必须要保证口腔卫生，确保口气清新，避免在双方进行语言交流时受到口气的影响。除早晚刷牙以外，在参加正式的商务场合之前也应该刷牙，至少要咀嚼口香糖，并尽量避免吃一些带有刺激性气味的食物，如葱、蒜、韭菜等。

（二）整洁

公关与商务人员应该保持整洁的仪容，不能邋邋遢遢。要保持整洁需要做到以下几点。

1. 理发

在公关与商务交往中，除要求公关与商务人员的头发必须干净之外，还不能染发，同时对头发长度也有要求。男士不允许剃光头、烫发、蓄长发，头发的长度不得超过六厘米。可供男士选择的发式有中分式、侧分式、短平式、后背式等。女士可以选择干练的短发，如果选择长发，则头发不应遮住脸部，前面刘海儿不要过低，一般出席正式场合时应该将头发一丝不苟地盘起。

2. 剃须

公关与商务人员不应蓄须，除非有特殊的宗教信仰，否则会让交流对象认为受到不尊重的待遇。此外，公关与商务人员应该保证每天剃须，这不仅是对别人的尊重，也是保证自己清爽、自信的最佳手段。

3. 修毛

有些公关与商务人员有鼻毛、腿毛、汗毛过长的现象，在出席正式的商务场合前，必须进行修剪和遮掩，避免外露。

（三）修饰避人

所谓修饰避人，是指维护自我形象的一切准备工作应在"幕后"进行，绝不可以在他人面前毫无顾忌地去做。公关与商务人员应该在出席社交与商务场合之前整理、修饰自己的仪容，保证给交往对象留下良好的印象。但不得在公共场合进行补妆、整理衣裤、搔弄头发、清理鼻孔的分泌物等，这些动作只能在洗手间等别人看不到的地方进行。

二、女士仪容礼仪

在商界，对女士仪容的要求十分严格，女士不仅要遵守仪容礼仪的基本规则，还应掌握皮肤保养、化妆、使用香水等方面的技巧和规定。

女士商务仪容塑造

（一）皮肤保养

在进行皮肤保养时，了解自己的肤质、选择适合的保养品、采用正确的保养方法是至关重要的。

1. 清洁面部

进行面部清洁可以去除新陈代谢产生的老化物质、油污、汗渍、灰尘、化妆品等残留物，是皮肤保养的第一步。

2. 补充营养

进行面部清洁后，皮肤中的水分、油脂、角质层内的NMF（天然保湿因子）等物质会随着污垢一起流失，所以要及时使用化妆水和乳液进行补充。

除了这些简单的皮肤护理以外，如果有条件还可以使用面膜进行保养，定期对面部进行按摩，这样会取得更好的保养效果。

（二）面部化妆

女士在参加正式的商务场合时，为了体现商务礼仪中尊重为本的原则，必须以淡妆装扮自己，来显示对对方的尊重。大方得体的化妆可以展现女士的端庄和美丽，展示职业女性的独特魅力，还可以掩盖或矫正缺陷或不足的部分。

在化妆时需要注意以下几点。

1. 化妆与脸形

化妆需要根据不同的脸形采用不同的化妆技术。人的脸形大致可以分为三角形、倒三角形、椭圆形、圆形、长形、方形等几种脸形。

三角形脸的女士在化妆时应注意将下部宽角"削"去，将三角形脸变为椭圆形脸。首先，选用深色粉底在两腮部涂抹；其次，按照眉毛的自然状态画眉；最后，由外眼角处向下涂抹胭脂，将面部的上半部拉宽。

倒三角形脸的女士在化妆时应注意将上部宽角"削"去，将三角形脸变为椭圆形脸。首先，将浅色粉底涂抹在两腮及下巴处，以突出下部；其次，顺着眼部的轮廓画眉，颜色由眉心到眉尾逐渐变浅；最后，将胭脂涂抹在颧骨最突出处，向上、向外顺序揉开。涂抹唇膏时，将上唇唇峰描尖、薄，但嘴角需稍向上描画，下唇描出明显的船底型。

椭圆形脸是一种非常理想的脸形，化妆时不用刻意改变脸形。画眉时先顺着眼睛的轮廓修成弧形，使眉头与内眼角对齐，眉尾同外眼角以及鼻翼外侧底部成一条直线。胭脂的涂抹方法是先点在颊部颧骨的最高处，由下向上、由内向外揉开。涂抹唇膏时应该选用颜色较淡的唇膏，并且尽量按自然唇形涂抹。

圆形脸的女士为显示职业女性的干练，在化妆时应将其修正为椭圆形。首先，选用暗色粉底，在两颊造出阴影，将圆脸削瘦；其次，将眉毛修成自然的弧形，不可过于弯曲，否则会使脸形显得更圆；再次，将胭脂从颧骨向下涂抹，不能仅在颧骨处涂抹；最后，将唇膏在上嘴唇涂成弓形，下嘴唇涂成自然的弧形。

长形脸的女士在化妆时应该尽量增加面部的宽度。首先，应将浅色粉底打在下陷的双颊和窄小的额部，使这些部位变得丰满一些；其次，将眉毛修成弧形，眉毛与眼睛的距离不宜过大；最后，将胭脂涂抹在离鼻子稍远些的地方，以拉宽面部。

方形脸的女士在化妆时应该注意将突出的双颊骨掩蔽，使面部柔和。首先，选用暗色粉底在颧骨最宽处以及下颚部涂抹来改善面部轮廓；其次，将眉毛修得略有弯曲并且稍宽一些；再次，将胭脂涂抹在与眼部平行的位置；最后，涂上唇膏，唇型应丰满一些。

2. 化妆与年龄

职业女性应该按照不同的年龄进行化妆，按照年龄可以将职业女性分为青年、中年、老年。

青年女士在化妆时应注意突出自然美，以淡妆为宜，突出青年人的朝气蓬勃、清新自然。首先，选择浅色粉底在面部涂上浅浅的一层，在双颊扫上淡淡的胭脂；其次，画出适当的眉形，睫毛上也可以涂上淡淡的睫毛膏；最后，可以选择粉红色、橙色等富有朝气的唇膏，整个妆要求以淡色为主，涂抹也要轻描淡写，突出自然之美。

中年女士在化妆时应注意突出优雅美。由于中年女士面部往往出现皱纹，所以应该选择暗色的粉底涂抹在有皱纹的地方，沿着皱纹纹路淡淡地均匀涂抹，以掩饰皱纹，并且要降低面部的亮度，进一步掩饰皱纹。

老年女士在化妆时应注意突出成熟美。由于老年女士的皱纹很深，所以应该选择接近自然肤色的粉底，非油质的、不带有闪光的眼影，颜色柔和的唇膏，并且在涂唇膏时不要画唇线。

3. 补妆

一般情况下，要求女士应该一个小时左右补一次妆，特别是在出汗、用餐之后应及时补妆。补妆应该遵循修饰避人的原则，选择无人的角落，最好在洗手间进行补妆，切不可在他人面前肆无忌惮地补妆，否则会有搔首弄姿之嫌。补妆以补为主，不必重新化妆。

（三）头发养护

与别人进行交往时，映入对方眼帘的首先就是头发，发质的好坏、发型的得当与否直接反映职业女性的审美品位、身份地位以及个人形象，直接关系到给别人的第一印象。

1. 鉴别发质

要想正确地对头发进行保养，首先要进行发质的鉴别。一般认为一个人的发质与皮质大体相同，大致可以分为以下三种。

（1）中性发质。中性发质的头发皮脂分泌正常，有光泽，有弹性，柔顺、易于梳理，不易分叉、打结。

（2）油性发质。油性发质的头发皮脂分泌过多，头部的表皮及毛发均有黏糊之感。

（3）干性发质。干性发质的头发皮脂分泌过少，头发没有光泽，有干枯之感。

2. 清洗头发

清洗头发要根据发质来选择合适的洗护发用品和洗发间隔期。中性发质的人在夏季应该3天左右洗一次头，在冬季应该4～5天洗一次头，油性发质和干性发质的人要比中性发质的人分别缩短或延长1～2天。

3. 保养头发

经常食用一些有益于增加头发营养的食品可以保养头发，例如，绿色蔬菜、鱼类、薯类、豆类、坚果类和海藻类等，尽量少食用糕点、快餐食品、碳酸饮料以及冰激凌等。

要做到保养头发不仅要注意饮食，还要经常正确梳发，梳发可以促进血液循环，使头发柔软而有光泽。梳发时先将散乱的发梢梳理好，从前额向后梳，再低头从脑后向前额梳理，最后让头发向头的四周披散开来梳理。

保养头发还应经常对头皮按摩，按摩可以调节和促进头皮的油脂分泌，改善发质。按摩的方法是用两手的手指按前额、发际、两鬓、头颈、头后部的顺序轻轻揉动。

（四）发型选择

职业女性应该根据不同场合、脸形来选择恰当的发型，突出个人的优点，展现个人魅力。在选择发型时应该注意以下几点。

1. 发型与脸形

不同的脸形适合不同的发型，倒三角形脸的女士适合选择掩饰上部、增宽下部的发型；三角形脸的女士可以选择能增宽上部的波浪形发卷；方形脸的女士适合卷曲的波浪发型，以改善方脸的形状；椭圆形脸的女士适合任何发型，以中分、左右均衡的发型为最佳；长形脸的女士适合蓬松的发型，以增宽面部；而圆脸形的女士恰恰相反，适合柔顺的长发，以拉长面部。

2. 发型与场合

职业女性在不同场合应该穿着不同的服装，选择不同的发型。出入一般社交场合时，需要穿着休闲系列的服装，头发应该自然披散或束发，给人以活泼、潇洒、柔美的感觉；出入正式的商务场合时，需要穿着比较正式的西装套裙，应选择端庄、大方、朴素典雅的发型，要简单、明快、少装饰；参加晚宴等庄重的场合时，需要穿着晚礼服，选择庄重、高雅的晚宴发型。

3. 发型与体型

体型高瘦的女士适合选择长发、直发，使头发显得厚重；体型矮小的女士适合选择短发或盘发，给人以秀气之感；体型高大的女士适合选择直发或大波浪卷发，给人以简洁、明快之感；体型短胖的女士适合选择运动式发型，给人以健康之感。

（五）香水使用

从职业女性身上的香水味道可以判断其品位的高低，如果是清新淡雅的香水，会被认为品位很高，交流者也会认为其身份地位很高；如果是廉价刺鼻的香水，会被认为品位不高，交流者不会把她和较高的身份地位相联系。使用香水应该注意以下几点。

1. 香水喷洒的位置

香水应该喷洒在手腕、颈部、耳后、太阳穴等处，香味会随着肢体的运动而自然散发。不要将香水喷洒在面部、毛衣、皮衣、首饰等处，否则会加速皮肤的老化，使毛衣、皮衣、首饰失去光泽。为避免香水刺激皮肤，可以将香水喷洒在衣领、手帕等处。

2. 香水喷洒的方法

在喷洒香水时，应将香水瓶放在距离身体20厘米处，喷洒的香水不宜过多、过于集中，喷洒的量以距离超过3米以外闻不到香水味为宜。一次只能使用一种香水，不能多种香型、多种品牌的香水混用。

三、男士仪容礼仪

男士商务仪容塑造

对于男士仪容的要求与女士相比要较宽松。男性公关与商务人员主要应该注意以下几点。

（一）简洁的发型

男士应该根据自己的脸形、身材、年龄、职业、气质选择一种适合自己的发型。男士的发型不要在意细部的修饰，只要造型简洁、粗犷、饱满即可。发型一定要能展现男士的阳刚之美，不可标新立异，染发、烫发均不可取。

（二）不宜蓄须

通常情况下，男士不宜蓄须。在出席各种商务场合和平时上班时要注意将胡须剃干净，否则会给人以懒散的感觉，影响人际交往和正常的商务往来。

（三）保证面部清洁

男士应该使用专用的洁面乳进行面部清洁，使用专用的护肤品进行皮肤保养，并且可以经常到男士美容院进行皮肤护理，使自己更加潇洒、更有魅力。

（四）健康的身体

在公关与商务交往中，身体健康、风度翩翩的男士是十分受欢迎的。男士要保证健康的身体就应该经常锻炼身体，制订一套适合自己的锻炼方案，还可以经常去健身房，在健身教练的指导下进行锻炼。

（五）适当增香

在公众场合，男士使用香水或者营养霜、剃须水等就如同出席正式场合前穿上西装一样自然。香水中挥发出来的淡淡香味，展示出了男人的阳刚之美，同时，也让周围的人感觉到了他身上所散发出来的绅士格调和彬彬有礼的气息。

任务实施

职业女性的整体造型应以大方、优雅、简约为主。质地较好的合体套装是必备的；发型应该清爽利落；妆容的风格是典雅加干练，打造职业形象的具体方案如下。

1. **选择与肤色接近的粉底色**

选择与肤色接近的粉底色，若粉底色太白，会有"浮"的感觉。粉底不可涂抹过厚，用拍打的手法薄薄施上一层，注意发际与颈部，要有自然的过渡，以免产生"面具"似的感觉。另外，应在营养霜完全吸收后再上粉，以保证均匀的效果。

2. **稍粗而眉峰稍锐的眉形，显得能干而精明**

高挑的细眉，很有女性柔媚的韵味，可是在办公室里，最好的选择应是稍粗而眉峰稍锐的眉形，显得能干而精明。如果眉毛比较杂乱或眉梢向下，可用眉钳拔除杂毛，再用小剪刀修剪出比较清晰的眉形，会使自己瞬间焕发清朗的神采。

3. **口红弥补憔悴脸色**

粉色、橙色系口红在办公室里很受欢迎，而各种哑光的红色与紫色以及亮光口红就不太适合办公室的工作气氛。不用唇线的自然唇妆可用口红细心勾画出圆润清晰唇形。

4. **色彩组合重在协调**

办公室妆容的色彩不能过分炫目和夸张，应给人一种和谐、悦目的美感。以暖调为主的色彩，如粉色及橙色系能使肤色显得健康而明快，很适合在办公室使用。妆容的色彩应是同色系的，如眼影与口红的色彩应该协调呼应。在办公室里眼线可以不用，特别应避免用深色的下眼线，因为那样会使妆容显得做作而生硬。

5. **睫毛膏让眼睛焕发清亮神采**

刷一层淡淡的睫毛膏往往可以让女性瞬间焕发光彩。现在有不少不用事先卷睫毛，刷上即卷的睫毛膏，很适合化妆时间有限的职业女性。

6. **漂亮表情，完美妆容的最后一步**

即使严肃的工作场合，也不要把表情固定化。精致合宜的妆容配上单调无变化的表情，总让人觉得有些遗憾。办公室的表情应该轻松、机敏而生动，当然夸张的神情是应该避免的，过多的眼部运动会显得有些神经质，缺乏稳定性和承受力。那种发自于内心的微笑，是不用花钱的最佳化妆品，因为微笑是一种令人愉悦、舒服的表情，它能打破工作中产生的僵局，消除双方的戒备心理。

任务1.3 仪态礼仪

【任务布置】

郑宇等一行四人参加商品洽谈会，他们应如何运用仪态礼仪表现出自己的良好修养呢？

【知识要点】

一、优雅的举止

举止是一种无声的"语言"，能体现一个人的基本素质和受教育的程度。公关与商务人员要塑造良好的社交形象，必须讲究礼貌礼节，注意行为举止，做到彬彬有礼、落落大方。

（一）挺拔的站姿

站姿是人体的静态造型动作，是其他人体动态造型的基础和起点。在出席各种商务场合时，站姿会首先引起别人的注意。优美挺拔的站姿能显示个人的自信、气质和风度，并给他人留下美好的印象。

1. 正确站姿的要点

正确站姿的要点是挺拔、直立。从站立者的正面观察，身体直立、抬头、下颌微收、双眼平视前方、面带微笑、嘴唇微闭、面部平和自然，两肩稍向后展、持平，挺胸、收腹、直腰，双臂在身体两侧自然下垂或相叠放在小腹位，双腿并拢、膝盖并拢、脚跟并拢，脚尖自然分开，使头、颈、身躯、双腿均与地面垂直，肌肉略有紧张感。从站立者的侧面观察，脊椎骨自然垂直，身体重心置于双脚的后部。如果站立过久，可以在保证上身挺直的前提下，将左脚或右脚交替后撤一步，但伸出的脚不要伸得太远，双腿不要叉开过大，变换也不能过于频繁。

男士站姿要体现出阳刚之气，脚尖可以自然分开，小于30°，保持正确标准站姿；也可以双脚分开以肩宽为限，单手或双手交叉相叠放于体后，充分展现男士的刚毅洒脱之美。

女士站姿要体现阴柔之美，身体侧向45°，目视正前方，双脚呈"丁"字步，即身体侧向左（右）侧时，右（左）脚放于左（右）脚的中后部，重心落于双脚之间，充分展现女士修长苗条的身材、优雅大方的气质。正确的站姿如图1-11所示。

图1-11　正确的站姿

2. 不正确的站姿

在公共场合中，公关与商务人员应注意避免以下不雅的站姿，时刻以正确的站姿示人。

(1) 身体东倒西歪，重心不稳。
(2) 倚墙靠壁，耸肩或歪肩，无精打采。
(3) 双腿交叉站立，随意抖动或晃动，双脚叉开过大或随意乱动。
(4) 双手叉在腰间或环抱在胸前，盛气凌人。
(5) 双手放于臀部或插入口袋，玩弄小物品。

（二）端庄的坐姿

坐姿也是人体的静态造型动作，端庄典雅的坐姿可以展现公关与商务人员的气质和良好教养。

1. 正确坐姿的要点

正确坐姿的要点是轻入座、雅落座、慢离座。轻入座是指入座要轻,入座前先将椅子轻轻地移到欲就座处,然后从椅子的左边入座。入座时声音要轻,动作要柔和,女士应用手把裙子向前拢一下。应注意在地位高者未坐定之前,不宜先就座。落座时要文雅,面带微笑,脊背要和椅背有一拳左右的距离。在正式场合,或有地位较高的人在座时,不能坐满座位,一般只占座位的 2/3。脊背要直,挺胸收腹,上身正直,抬头,目视前方,双肩略向后展,两肩持平,双手放于膝上或扶手上,双膝并拢,双脚并拢,双腿不能过于前伸,也不能过于后展,更不能腿脚摇晃。离座时要轻轻地起身,由椅子的左侧离座。

男士坐姿要体现阳刚之气。上身保持正确的坐姿,双脚可自然分开,以肩宽为限,双手呈掌型分别放于双腿之上,以显示男士的优雅和阳刚。

女士坐姿要体现端庄之美。上身保持正确的坐姿,身体可侧向 45°,膝盖并拢、大腿夹紧,目视正前方,双手交叉相叠放于体侧,手心向下,这样的坐姿显得女士娴静优雅。坐着与其他人交谈时,上体与两腿应同时转向对方,双目正视交谈对象。正确的坐姿如图 1-12 所示。

图 1-12 正确的坐姿

2. 不正确的坐姿

在商务场合中,商务人员应该注意避免以下不雅的坐姿,时刻以正确的坐姿示人。

(1) 上体不直,堆坐在椅子里,头随意向后仰,身体前俯后仰或歪向一侧,双腿前伸,摆弄手指,拉衣角,整理头发,趴在桌子上,半坐在桌子或椅背上,懒惰散漫。

(2) 入座和离座声音过大,就座时抖腿,两膝分开,两脚呈"八"字形。

(3) 双手放于脑后、背后、口袋中。

(4) 双腿交叉相叠而坐,上面的腿和脚向上翘起形成"二郎腿",悬空的脚尖向上,上下抖动或摆动。

(5) 双腿敞开过大。

(三)轻盈的步姿

步姿是人体的动态造型动作,公关与商务人员的步姿应从容稳健,这样可以增强自信,使交往对象产生信任感。

1. 正确步姿的要点

正确步姿的要点是轻盈、从容、稳健。在行进中,保持目视前方,上身正直不动,两肩持平不能随意晃动,两臂自然协调摆动,前后摆动的幅度约为 45°,切忌左右摆动。两腿伸直但不僵硬,膝关节与脚尖正对前进方向,双脚踏在一条或两条直线上,步幅均匀,

双手应该放在哪儿?

步度为一脚之长,节奏与着地的力度一致。多人一起行走时,不能排成横队、勾肩搭背,遇急事可加快步伐,但不可慌张奔跑。

男士步姿应显示出潇洒的气质。双脚各踏出一条直线,步伐快而不乱,脚尖朝向正前方,与女士同行时,男士步子应与女士保持一致。

女士步姿应显示出优雅的气质。双脚踏在一条直线上,形成"一字步",步度宜小不宜大。正确的步姿如图1-13所示。

图1-13　正确的步姿

2. 不正确的步姿

在公共场合中,公关与商务人员应该注意避免以下不雅的步姿,时刻以正确的步姿示人。

（1）走路时两脚尖向内或向外歪,形成"内八字"或"外八字",或者双脚距离过大。

（2）走路大摇大摆,摇头晃肩。

（3）步度过大,频率过高,双手或单手插兜。

（四）优美的蹲姿

在商务场合中,有时会出现俯首拾物的情况,这就需要了解正确的蹲姿,以优美的蹲姿展现个人魅力。

商务蹲姿礼仪

1. 正确蹲姿的要点

正确蹲姿的要点是首先以正确的站姿站好,上体保持直立,目视前方或所掉之物,膝盖并拢,弯下膝盖,臀部向下,双手放于双膝之上或自然垂于体侧。

女士蹲姿应展现优雅之美。一脚在前,一脚在后,前腿弯曲,后腿跪地,将掉在地上的物品从体侧拾起。

2. 不正确的蹲姿

在公共场合中,公关与商务人员应该注意避免以下不雅的蹲姿,以正确的蹲姿示人。

（1）当东西掉在地上时,双腿直立,弯腰翘臀拾物。

（2）下蹲时膝盖分开。

二、专注的目光

在公关与商务交往中,目光可以表达语言无法表达的含义,恰当地运用目光可以帮助提升个人形象,利于商务交往以及普通的人际交往。

（一）目光的种类

目光主要可以分为两种，一种是看向对方面部的上三角部位，适合在公事活动中使用；另一种是看向对方面部的下三角部位，适合在社交场合使用。上三角部位是指以双眼为下限，以前额为上限。如果看向对方的这个部位会显得严肃认真，诚意十足，很容易掌握谈话的主动权和控制权。下三角部位是指以双眼为上限，以嘴为下限。如果看向对方的这个部位会显得和蔼可亲，可以营造良好的社交气氛，容易使交往对象产生信任感并愿意接近。

（二）目光的许可范围

当公关与商务人员初次与别人相识或者不很熟悉时，特别是面对异性，应使自己的目光完全在许可的范围之内，否则会很失礼。目光的最大许可范围是以额头为上限，以对方上衣的第二颗纽扣为下限，左右以两肩为限，表示对对方的关注。

（三）目光的恰当运用

公关与商务人员在谈话时，目光要注视讲话者，注视时间大致是谈话时间的30%～60%，与对方初次见面或刚刚结识时，可以注视对方久一点以示尊重。要用积极的态度和温和的语气与对方谈话。当对方讲话时，要认真倾听，积极回应，眼睛看着对方，不断注意对方的神情，不能东张西望、经常看表、看天色。眼睛看向对方时转动速度不可太快或太慢，太快则给人不庄重的感觉，太慢则给人麻木的感觉。当讲话者停顿并眼睛看向你时，则表明可以打断他；当讲话者缄默不语或说错话时，要将目光转移，否则会很尴尬。

在社交场合遇到陌生人时，不要直盯着对方，也不要上下打量别人。在比较拥挤的场合不得不与对方直视时，可以使眼神显出茫然、若有所思的样子。恰当地运用目光还应区分注视对象，对方如果是长辈，目光应略微向下，以示恭敬；如果对方是晚辈，目光应略微向上，以示慈爱；如果对方是平辈，目光应平视，以示热情。

三、自信的微笑

面部表情是公关与商务交往中的一种信息表达形式，是由外部环境和内心机制的双重作用而引起的面部变化，包括面部的颜色、光泽、肌肉的收缩与舒展以及纹路的变化，从而表情达意，感染他人。人的面部表情主要是由眼睛、眉毛、嘴的变化所改变的，主要有直线条、硬线条、曲线条三种类型。直线条是指眼睛、眉毛和嘴的线条是平行的直线，给人以安静庄重的感觉；硬线条是指眼睛、眉毛和嘴的线条是僵硬的直线，给人以生气愤怒的感觉；曲线条是指眼睛、眉毛和嘴的线条是圆滑的曲线，给人以和蔼可亲的感觉，即常说的微笑，这种表情温馨、亲切、优美，是公关与商务人员最佳的面部表情。直线条和硬线条由于比较生硬，不易让人接近，所以不宜被公关与商务人员采用。

在商务交往过程中应该力戒憨笑、傻笑等不成熟的笑容，奸笑、冷笑、皮笑肉不笑等不诚恳的笑容，大笑、狂笑等不稳重的笑容，取而代之的应该是充满柔和、安静、文雅的微笑。微笑可以表现一个人的修养，是人际交往的"润滑剂"。

亲切、温馨的微笑能让不同文化、不同国度的人迅速缩短彼此的心理距离，创造一个良好的沟通氛围。在商务场合中，应讲究严肃与庄重，微笑但不可出声。公关与商务人员可以采用以下方法进行自信微笑的训练。

1. 情绪转移法

在商务场合，无论面对任何情况、任何困难，都要将自己的情绪转移到以往快乐的事情上，把它想象得很美好，以露出自信的微笑。

2. 自我训练法

公关与商务人员还可以面对镜子，眼角往下，嘴角往上，自信的笑容就会浮在脸上。练习者应面对镜子反复纠正自己的笑容，最标准的微笑是露出上面的六颗牙齿。

四、适当的距离

一位心理学家曾经做过这样一个实验：在一个刚刚开门的大阅览室里，里面只有一位读者，心理学家进去后直接坐在他的旁边，很快这位读者就起身走到别的地方去了。试验测试了80人次，试验的结果是：在一个空旷的阅览室里，没有一个人能够忍受一个陌生人紧挨自己坐下，大多数人会很快离开到别处就座，有的人会明确表示："你想干什么？"这个实验说明了人与人之间需要保持一定的空间和距离，当这个距离有人侵入时，就会感到不舒服、不安全，甚至恼怒起来。

心理学家发现，在拥挤的环境中，每个人的个人空间是0.6～0.8平方米；而在不拥挤的环境中，每个人的个人空间会扩大到1平方米。每个人都有属于自己的个人空间，在商务交往中，公关与商务人员应该与交往对象拉开适当的距离，以免造成尴尬的局面。

（一）私人距离

私人距离是指两人之间的距离小于0.5米，这个距离只允许情感上联系高度密切的人进入，其他人特别是陌生人进入则会令人恐慌，感觉受到侵犯，心跳加速，戒备心理增强。这个距离，同性朋友中往往仅限于知心朋友，彼此十分熟悉，无话不谈；在异性之间，仅限于关系比较亲密的人之间。在商务交往中，不小心进入别人的私人距离是很不礼貌的，会引起对方的反感。但是为了与被交往对象制造相识机会的跳舞除外。

私人距离的大小受到文化、性别、环境、个性的影响。不同的文化会有不同的私人距离，美国人、英国人等由于崇尚自由和绅士风度，往往私人距离较远，而阿拉伯人认为闻朋友的气味是对朋友的尊重，私人距离往往较近。女性之间的私人距离比男性之间的私人距离短，所以女士们经常喜欢靠得很近进行交谈。从个性上来说，外向的人较内向的人私人距离更短，容易让人近距离接触。在拥挤的环境中，人的私人距离会短一些。此外，当人与亲属朋友相处时，私人距离要比处于陌生环境短。

（二）常规距离

常规距离也称交际距离，是指0.5～1.5米之间的距离，在这个距离内交往一般彼此有安全感。由于这个距离正好可以进行交谈和握手、递送名片等，所以公关与商务人员在商务场合与交往对象进行交谈时，一般采取常规距离，利于交流。

（三）礼仪距离

礼仪距离也称尊重距离，是指1.5～3米之间的距离，在这个距离内交往表示对交往对象的尊重，比较适合长辈和晚辈、上级和下级之间的交往。如果空间不够，可以用桌子等来拉开距离。如企业或国家领导人之间的谈判、人员招聘时的面谈、教师组织学生论文答辩等，都要隔一张桌子或保持一定距离，这样就增加了一种庄重的气氛。在礼仪距离内，不能有直接的身体接触，需要交谈双方充分运用目光进行交流，如果一方感受不到对方的目光，就会认为被忽视、被拒绝了。

（四）公共距离

公共距离也称有距离的距离，是指3米以上的距离，在这个距离内交往，人们会感到非常陌生和安全，当事人可以对处于这个范围的任何人视而不见，不与之交往。公共距离比较适合公共场合中的陌生人、演讲者或授课者与听众等。

在商务活动中，为了达到不同的目的往往采用不同的距离，如当经理要训斥下属或分配工作时，一般会隔着办公桌与下属交流；但是当经理要和下属进行谈心时会并排坐在沙发上，以常规距离相处，以示平易近人，营造和谐的气氛。

五、标准的体语

语言是商务交往中必不可少的交流方式，但是仅仅有语言交流是不够的，人们还需要借助于体语来传情达意。体语就是运用某些肢体动作表达某种含义。当人们语言不同、运用语言不方便或需要加强语气时，往往使用体语。在公关与商务交往中，运用体语一定要注意其特定含义，由于文化背景不同，同样一个手势在不同国家或不同地区可能有不同的含义，所以公关与商务人员一定要了解并正确运用常见的体语，以便于交往。

（一）手势语

1. 握紧拳头，冲着空中伸出大拇指

（1）在中国，被普遍使用，表示夸奖和赞许，含有好、棒、了不起、高明、顶呱呱、登峰造极、妙等多种意思。

（2）在巴西，表示很好。

（3）在日本，表示男人、老爷子、您的父亲、最高。

（4）在韩国，表示首领、父亲、部长和队长。

（5）在斯里兰卡、澳大利亚、英国、墨西哥、荷兰等国，表示祈祷幸运。

（6）在法国、美国、印度，则在拦路搭车时横向伸出使用这个手势。

（7）在尼日利亚，表示对来自远方友人的问候。

（8）在孟加拉国，这个手势是十分令人讨厌的。

2. 握紧拳头，向下伸出大拇指

（1）在西方，表示坏或差。

（2）在中国，表示在下面、向下。

3. 向上伸食指

（1）在中国，表示数时，可以是指一个、一次、一份、一碗等，也可以在特定的场合表示十、一百、一千等整数。

（2）在日本、韩国、菲律宾、印度尼西亚、斯里兰卡、沙特阿拉伯、墨西哥，表示只有一次的意思。

（3）在美国，表示让人稍等或呼唤服务员时使用。

（4）在新加坡，表示最重要。

（5）在突尼斯，表示请求提出问题。

（6）在法国，学生只有使用这个手势，老师才会让他回答问题。

（7）在马来西亚，表示顺序上的第一。

（8）在缅甸，表示请求别人帮忙或摆脱别人、某件事情。
（9）在澳大利亚，在酒吧、饭店表示请来一杯啤酒。

4．伸出中指

在任何国家都表示不好的事情。

5．向上伸小指

（1）在中国，有很多含义，表示小、微不足道、最差的等级或名次，还可以表示轻蔑。
（2）在日本，表示女人、好孩子、恋人、情人。
（3）在韩国，表示妻子、女朋友。
（4）在菲律宾，表示小个子、年轻人或指对方是小人物。
（5）在泰国、沙特阿拉伯，表示朋友、交朋友。
（6）在缅甸、印度，表示想去厕所。
（7）在美国，表示懦弱的男人或打赌。
（8）在日本，伸出小拇指，并做出某种弯钩状，是想让你也用小拇指同他们拉钩，以表示某种许诺。

6．大拇指和食指接触形成一个圈，其他三个手指伸开，这是 OK 手势

（1）在美国、欧洲，这个手势普遍适用，表示很好，是赞扬和允诺的意思，在学生中更为流行；在中国，也经常使用这个手势。
（2）在法国南部、希腊、撒丁岛等地，这个手势表示"零"和"一钱不值"。
（3）在日本，表示钱。如果日本人做出这种手势，你若点头，对方会认为你将答应给他一笔现金。
（4）在巴西，这个动作被认为是下流低俗的。

7．伸出食指和中指，拇指与无名指和小指对接，形成 V 字形

（1）在中国，表示数目 2，若把手臂平放，表示剪刀。
（2）在英国，这一手势有两个含义，若手掌朝着对方是表示胜利，若手背朝着对方则表示侮辱、奚落或者在嘲笑对方，上下快速移动可以加强含义强度。
（3）在英国以外的所有国家，均表示胜利。

8．其他的手势语

俄罗斯人把手指贴在嘴上，表示别讲话。进餐时，把手指放在喉咙上，表示酒足饭饱了，不能再吃了；而希腊和意大利南部的人在表示这个意思时则用手指摸胡须。

在西班牙和法国，伸出三个手指贴在双唇上，并发出亲吻的声音，表示真漂亮、真精彩，常用来赞美女士。在美国，用食指轻拍额头表示妙不可言。

（二）与头部有关的体语

1．点头和摇头

（1）在大多数国家点头均表示是、同意、赞赏。左右摇头，一般表示不同意对方的意见，表情严肃地使劲摇头，则表示极大的不满和强烈的否定。
（2）希腊、土耳其的部分地区，南斯拉夫、意大利、马耳他、塞浦路斯和地中海沿岸的一些阿拉伯国家，表示否定的动作不是摇头，而是把头向后一仰，表示强调的否定，同时，用手指敲敲下巴来配合。
（3）在保加利亚、印度、尼泊尔、阿尔巴尼亚、伊朗、斯里兰卡等国家，是典型的

"点头不算摇头算",即点头和摇头的含义与其他国家正好相反。

2. 挑眉毛

(1) 在汤加,表示可以、我同意。

(2) 在秘鲁,表示钱、请付款。

(3) 在美国,表示见到漂亮女士。

(4) 在菲律宾,打招呼时用以相互问候。

3. 眨眼

(1) 在中国台湾地区,向别人眨眼是很不礼貌的。

(2) 在澳大利亚,即使是很友好地向妇女眨眼,也被认为是很失礼的行为。

4. 拉眼皮

(1) 在意大利,表示提醒别人警惕或表示自己警惕。

(2) 在英国,表示他们干的某件事被人看穿。

(3) 在拉美国家,表示殷勤、客气。

5. 揪耳朵

(1) 在印度,揪住自己的耳朵表示忏悔或真诚。

(2) 在巴西,用大拇指和食指揪住自己的耳朵,表示喜欢某样东西。

(3) 在中国,表示碰到什么难题或难事。

6. 敲鼻子

(1) 在英国,表示秘密。

(2) 在意大利,表示友好地提醒别人注意。

7. 摸腮

(1) 在意大利,用食指按腮并转动表示赞赏。

(2) 在希腊、西班牙,表示看到漂亮的东西。

(3) 在南斯拉夫,表示成功。

(4) 在中国,表示在思考问题。

8. 弹下巴

(1) 在意大利,表示没意思、走开。

(2) 在巴西、巴拉圭,表示我不知道。

9. 绕头部某个部位

(1) 在美国,用手指绕鼻子画圈表示很好。

(2) 在哥伦比亚,用手指绕鼻子画圈表示某人为同性恋者。

(3) 在大部分欧洲国家和一些拉美国家,用一个手指绕耳朵表示疯了。

(4) 在荷兰,用手指绕头表示有电话。

10. 挠头

(1) 在中国和一些亚洲国家,遇到伤脑筋和不顺心的事情,习惯举起右手抓自己的头皮。

(2) 在西方大多数国家,表示不懂或不理解,示意对方重新给以讲解。

(3) 在日本,表示愤怒和不满。

（三）手和胳膊的动作

1. 招呼他人过来

（1）在中国、日本，伸出右臂，手掌向下移动；而在英国表示去那边。

（2）在英国，手掌向上，食指来回勾动。

（3）在意大利、马耳他、突尼斯、拉丁美洲、亚洲和非洲部分地区，伸出前臂几乎呈水平状态，手背朝下，做招手状。

（4）在中欧、北欧及北美，伸出前臂几乎呈水平状态，手背朝上，做招手状。

2. 招呼侍者

（1）在日本，手臂向上伸，手掌朝下，并摆动手指。

（2）在非洲各国，敲打餐桌。

（3）在中东各国，轻轻拍手。

3. 其他

举手时掌心朝前在不同的国家也有不同的含义。

（1）在美国，表示停下。

（2）在希腊，表示推手，它是一种表示对抗的手势。

（3）在西非，是侮辱性最强的手势。

 任务实施

参加商品洽谈会期间，四人一直保持标准的站姿、坐姿、步态。

站姿：公司领导站在队伍最前方，双脚分开与肩同宽，收腹挺胸，后背挺直，下颚微微抬起，双手放在身体两侧自然下垂。郑宇站在领导的左后方，站姿与领导相同。女同事甲站在领导的正后方，双脚并拢，收腹挺胸，后背挺直，下颚抬起，双手于体前交叉相叠。女同事乙站在领导的右后方，站姿与女同事甲相同。

坐姿：公司领导坐满座椅，双脚分开与肩同宽，收腹挺胸，后背挺直，下颚微微抬起，双手放在双腿之上。郑宇坐在椅子的 2/3 处，姿势与领导相同。女同事甲坐在椅子的 2/3 处，双腿双脚并拢，身体正向，双手交叉相叠放于双腿之间。女同事乙坐在椅子的 2/3 处，身体斜向 45°，双腿双脚并拢，双手交叉相叠放于双腿之间。

步态：四人均昂首挺胸，步伐不紧不慢，女士步子比男士略小。

任务 1.4　言谈礼仪

【任务布置】

郑宇等一行四人通过商品洽谈会认识了义乌梁纯小商品公司的总经理梁纯先生，公司领导要与梁纯先生洽谈生意，请为公司领导拟定交谈要点。

【知识要点】

言谈礼仪是个人基本礼仪的重要组成部分，公关和商务人员与公众之间的交流主要是通过语言来完成的，在进行语言交流和沟通时应注重基本礼仪，并掌握一定的语言运用技巧。

一、语言类别

从现代交际学角度看,语言可以分为有声语言、无声语言、类语言、时空语言和书面语言(文字)五种类型。在实际商务与公关工作中这几种语言起着不同的作用。下面介绍前四种类型的语言。

(一)有声语言

有声语言,也被称为自然语言,是发出声音的口语,它以交流双方口头表达和即时倾听为沟通方式。有声语言一般分为会话和独白两种。

1. 会话

会话是指两个或两个以上的人之间进行交谈的一种沟通方式,如商讨、谈判等。它是商务与公关工作中进行信息沟通的最为常用的一种方式。会话过程中,双方是围绕中心话题表述己见的。

2. 独白

独白是指一个人讲众人听的一种单向语言信息传递形式。如推销员向顾客介绍产品,新产品发布会等,说话者的目的可以得到充分表达,具有目的明确、充分说明、层次性强的特点。

(二)无声语言

无声语言是指利用有声语言以外的其他方式来表达信息。它是参与信息交流过程中的一种不出声的伴随语言,说话者利用无声语言来加强有声语言的信息传递,或补充有声语言的不足。无声语言分为默语和体语两大类。

1. 默语

默语,是指说话过程中的短暂停顿,经常出现在高信息量的谈话内容中,也是一种语言形式。在特定语言环境中,默语的含义是非常明确的,它的使用便于信息的展开与加强。沉默是金,有时候沉默比说什么话都好,这就是"此时无声胜有声"。例如,在谈判中,如果不同意对方的观点,可以选择沉默以示反对,这种方式比语言反对效果更好,并且有助于保持双方的良好关系。沉默具有含义丰富、效率强的特点。沉默可以表示赞许,也可以表示无声的抗议;可以是欣然默认,也可以是保留己见;可以是威严的震慑,也可以是心虚的表现。

2. 体语

体语,是指由说话者的肢体动作、面部表情、空间距离来传送信息的一种无声语言,体语和有声语言相辅相成,大部分信息传递要借助于体语和有声语言的密切配合。

体语可分为动态体语和静态体语两种。

(1)动态体语。

动态体语是指通过头部、四肢肢体的动作、面部表情以及目光来表达某种含义,在特定的交流环境下,动态体语可以帮助有声语言传递信息,提高信息传递效率。动态体语包括手势语、举止行为等。

(2)静态体语。

静态体语是指在特定交流语境中,以身体的静态姿势所传递的信息。它主要可以分为两种形式:姿势语、空间距离。

说话者的姿势语有三种：躺卧、屈膝和直立。在商务往来和公关关系交往中，屈膝的坐姿是最常用的，男士一般在就座时两腿分开，以示"自信""开朗"；女性常用膝盖并拢的坐姿代替架腿，以示"庄重"。坐姿主要分为严肃式和随意式。严肃式仅在非常重大正式的场合使用，使用时间比较短暂，多数情况下人们采用的是随意式，随意并不等同于任意，跷起"二郎腿"或不停地抖动腿脚，在任何交际场合都是一种有失礼貌的行为。

空间距离也是一种静态体语。信息交流双方之间的距离也可以传递信息，在交流过程中每个人都有一定的私人空间，它不仅包括个人占有的物品（办公用品），还包括身体四周的空间，这是真实存在的感觉，一旦私人空间被挤占，就会感到不踏实、不安全、不自在，甚至中断信息交流。

空间距离的这种静态体语分为位置体语和空间长度体语。位置体语是指交往双方坐在不同的位置来传递信息。空间长度体语是信息交流双方以身体之间的不同长度距离来传递信息。

（三）类语言

类语言是指在交际过程中有声音但没有固定含义的语言。在工作或日常交际中，经常使用的形式有说话的重音、语调、笑声和掌声，这些都没有特定含义，但却能传递特定的信息。在信息交流过程中，它们的作用有时会大于有声语言。

1. 重音

在与对方交流过程中，有时为了加深或强调特定的部分，对其提高音量，表示它非常重要，提醒对方注意。如"明天我不来"，将重音放在"明天"，言下之意，其他时间会来；将重音放在"我"，就是告诉对方，我肯定不会来，而别人会来。可见不同重音落点，会传递不同信息，重音的使用完全依赖交际的需要。

2. 语调

语调也可以影响有声语言的含义，语调相当于书面文字中的标点符号。如果说话很单调，对方就很难获得重要线索，而且不被对方注意，这会降低信息传递效率。语调、语速及语气可以传递很多细节性东西，运用得好，可以达到良好的沟通效果。例如，"你来了"，用升调来说表示欢迎，用平调来说表示平淡，用降调来说表示不欢迎。

3. 笑声

笑声也是一种类语言，它含义丰富，形式多变，而且不固定，理解时必须结合当时具体的语境。只有在特定语言环境中，笑声的含义才是单一的、确定的。笑声在交际过程中，是必不可少的，它可以改善交际气氛，是其他方式很难达到的。

4. 掌声

掌声的含义在大多数情况下是"高兴""赞成""认可""欢迎"。在少数情况下，掌声则表达一种不认可、否定的含义，鼓掌的目的是打断信息交流的过程，不让信息交流持续较长时间。

（四）时空语言

时空语言是指"时间""环境"在信息沟通中所产生的含义。

现代社会中，生活和工作的节奏非常快，时间会对信息交流效果产生影响。同一种交流方式在不同的时间使用会产生不同的效果，所以时间也是一种类语言。

环境也会影响信息传递效率，一般表现在两个方面：一方面是交往环境中各种设施的安置，另一方面是整个环境的氛围。

在一般情况下，交往环境中都会有各种各样的设施，设施的不同安置方式会对交往双方产生不同的影响。比如，圆形会议桌会比方形会议桌开会的效果要好一些，因为圆形会议桌使参加会议的人不会产生"地位差异感"，避免不平等的气氛。

不同交往环境氛围会对交往双方产生不同的心理暗示作用，影响信息传递效果。在一个非常整洁的办公室或房间里，进行商务谈判或者召开会议，肯定会比在一个乱七八糟的房间进行同样的交流效果好得多。

> **点滴感悟**
>
> **谢谢夸赞**
>
> 肯特傍晚时来到一家酒店就餐，他尝着刚端上来的鱼肉，颇有感慨地说："早知道是这样的饭菜，提前几天来就好了。"酒店经理听了很高兴地说："先生真是一个美食家啊！我们酒店的饭菜确实是第一流的。"肯特接着说："谢谢夸赞！我的意思是如果早几天来，鱼和肉就该是新鲜的了。"
>
> 启示：肯特恰当地运用时空语言对酒店的饭菜给予了批评，幽默地表达出了自己的不满，并且不致使对方很难堪。
>
> （资料来源：http：//haha.httpcn.com/html/2002-7-5/28189871518.shtml）

二、言谈礼仪

言谈是运用语言进行信息传递的一种社会活动，主要通过一方口头表达而另一方倾听，来完成信息传递。言谈具有直接、生动和形象，便于对方理解和接受，时效性强等特点，是商务与公关工作中最常用的一种交际方式。

（一）言谈基本原则

1. 合作原则

商务往来和公关工作中的交际双方之间存在种种差异，为了双方的信息沟通与传递并达成共识，必须克服双方的差异，进行密切合作，合作原则是言谈礼仪中最基本的一个原则。运用合作原则必须做到以下四个方面。

（1）言谈内容要适量。

在言谈交际中，提供对方所需要的信息，不能多也不能少。通常情况下，礼节性的话语应该言简意赅。向老客户介绍新产品时，新增功能需要多介绍；向新客户介绍新产品，需要详细说明整个产品，并介绍重要功能。对方接受能力较强时，语言相对要简洁，而当对方理解能力相对较差时，说话详细一些比较合适。在一个受到外界影响比较大的环境下交际时，可能需要重复，或者提醒对方注意，言谈内容需要增多。

（2）言谈内容要符合客观实际。

在言谈交际过程中，不能夸夸其谈、言过其实，要提供客观信息。

（3）言谈内容要与交际主题有联系。

在进行语言交流时，不能天南海北、东拉西扯、不着边际地乱说一气，这样既浪费双方的时间，也不可能收到预期的效果。

（4）注意表达方式。

在言谈交际中为了让对方听得明白、听得快、听得准确，要做到用交际语言表达、用简洁的语言说明，内容陈述要有条不紊。

2. 遵守礼貌的原则

礼貌原则就是让对方感到自己被尊重，自己的利益得到认可。为了达到这一点，在进行言谈交际过程中，需要多提一些对对方有益的建议，多称赞对方，认可对方的观点，保持一致，不夸奖自己，理解对方，同情对方。这就要求在交谈的过程中，要经常使用礼貌用语。礼貌用语是指约定俗成的表示谦虚、恭敬的专门用语。

一字之差　气走外商

一海外客商到某地某公司商谈合资办厂事宜。公司经理在会客室专候，并准备了烟、茶、水果。客商走进公司大门后，迎候在门厅的公司经理秘书和客商握手后，说："我们经理在上面（指二楼会客室），他叫你去。"客商一听，当即一愣：他叫我去？我又不是他的下属，凭什么叫我？于是这位客商立即转身，说："贵公司如有合作诚意，叫你们经理到我住的宾馆去谈吧。"说完拂袖而去。

启示：如果那位秘书不说"叫"，而说"请"，情况又会如何呢？

（资料来源：http：//www.chinawmw.net/list.asp?stype=9&sortid=30&id=489）

常用口语化的礼貌语主要有"您好""请""谢谢""对不起""再见"等。常用书面化的礼貌语有：初次见面，说"久仰"；许久不见，说"久违"；等待客人，说"恭候"；客人到来，说"光临"；探望别人，说"拜访"；起身作别，说"告辞"；中途先走，说"失陪"；请人别送，说"留步"；请人批评，说"指教"；请人指点，说"赐教"；请人帮助，说"劳驾"；托人办事，说"拜托"；麻烦别人，说"打扰"；求人谅解，说"包涵"。

（二）言谈基本礼仪

言谈过程就是双方通过语言来交流思想的过程，语言运用可以体现言谈者的思维水平、认知程度、知识底蕴以及个人修养。公关与商务人员具备良好的口才，有助于提高企业形象。无论人与人之间的相互了解，还是客户关系的建立，都必须借助于语言沟通。言谈礼仪主要包括以下几个方面。

1. 言谈要文明、准确

言谈要文明，就是讲究语言文明，即言谈要体现出自身良好的个人修养、和蔼的态度，使对方解除戒备心理，产生愿意接近的愿望。公关与商务人员要使用文雅的词语，不讲脏话、粗话、怪话、气话。

作为有教养的人，在交谈中，一定要使用文明语言。语言要文明的含义，就是要杜绝有失身份的话"溜"出口。在交谈中，绝对不能采用以下用语。

（1）粗话：口中吐出"老头儿""小妞"等称呼，是很失身份的。

（2）脏话：讲起话来骂骂咧咧，非但不文明，而且自我贬低。

（3）黑话：一说话就显得匪气十足，令人反感、厌恶。

（4）荤话：把绯闻、色情、"荤段子"挂在口边，会显得趣味低级。

(5) 怪话：说话怪声怪气、黑白颠倒，让人难生好感。

(6) 气话：说话时意气用事、发牢骚或指桑骂槐，很容易伤害人、得罪人。

2. 语言要准确

在言谈交际过程中，避免词不达意，语义含糊不清，否则影响工作效率。在商务往来和公关工作中，使用普通话，不讲方言，用词恰当，内容简洁明了，才能保证语言准确。具体来说要注意以下几个问题。

(1) 发音准确。

在言谈交际过程中，要求发音标准。读错音、念错字，口齿不清，含含糊糊或者音量过大过小，都让人听起来费劲，而且有失身份。在公共场合交谈时，应用标准的普通话，不能用方言、土话；否则，就是不尊重对方。无外宾在场，最好慎用外语；否则，会有卖弄之嫌。

(2) 语速适中。

在言谈交际过程中，语速要快慢适中，语速过快、过慢或忽快忽慢，都会影响效果。

(3) 口气谦和。

在言谈交际过程中，说话的口气一定要做到亲切谦和，平等待人。切勿随便教训、指责别人，更不可以用手指一边指点别人一边说话，这样对方会感到受到指责，不愿意继续交谈下去。

(4) 内容简明。

在言谈交际过程中，应言简意赅，要点明确，少讲、最好不讲废话。啰唆、废话连篇，不仅会让对方感到无所适从，更会让对方抓不住重点，从而产生厌烦的情绪。

灭蚊剂

一位推销员在市场上推销灭蚊剂，他绘声绘色的演讲吸引了大批的顾客，突然有人向他提出一个问题："你敢保证这种灭蚊剂能把所有的蚊子都杀死吗？"这位推销员略微停顿了一下，说："不敢，在你没打药的地方，蚊子照样活得很好！"

启示：这位推销员的口气非常谦和、幽默，很好地回应了用户的刁难。

（资料来源：http://www.xiaoshuo.com/）

3. 选好话题

在言谈交际过程中，说话总应有一个共同的话题，即交谈过程中涉及的中心内容，它决定谈话的方向。通常情况下，每次交谈的话题或多或少，数目不定，但主要原则是宜少不宜多。如果话题过多，会让对方感到无所适从，不断调整，觉得很累。在商务往来和公关工作中，话题通常只有一个并且要事先确定好，由双方共同商定。

在选择话题时，必须明确哪些是可以选择的话题，哪些是不应该提出的话题。初步见面时，可以考虑选择下列话题。

(1) 有品位的话题。

这些话题的内容涉及文学、艺术、历史或者其他专业方向的知识，能体现双方的知识层次和教养，适用于讲究品位的正式谈话，但要选择双方共同感兴趣的话题。

（2）轻松愉快的话题。

轻松愉快的话题是那些让人觉得身心放松、很有意思、易于应付、易于参与、可以任意发挥、不觉疲劳、感到轻松愉快的话题。如近期流行的电视剧、电影、体育比赛、音乐歌曲、休闲娱乐、旅游观光、烹饪小吃、流行时装、天气状况及社会新闻等，都是人们所喜闻乐道的话题，在一般的场合中这类话题都适用。在选择轻松愉快的话题时，应该顺其自然，把握分寸，不能东拉西扯、低级趣味、庸俗无聊，有失体面。

（3）流行话题。

流行话题是指在交谈过程中，以时下正流行的事件、事物、正在引起人们关注的事情作为中心话题。

（4）对方擅长的话题。

在言谈交际过程中，如果找到对方擅长的话题，很容易让对方谈得开心，引起对方共鸣，但是自己也应该对该话题有所了解。

无论在日常生活中，还是在商务往来和公关工作中，有些话题是非常忌讳、不能提及的；否则，轻则礼失于人，重则产生纠纷。

① 个人隐私，即纯属于个人的私事，与他人没有任何关系，不希望他人知晓的事情。尊重对方隐私，就等同于尊重对方。在言谈交际过程中，总是谈对方的个人隐私，是很让人反感的行为。例如，交往对象的年龄、体重、婚姻情况、工资水平、居住条件等。

② 让对方尴尬的话题，指在言谈交际过程中有意难为对方、取笑对方的话题。在商务往来和公关工作中这是最失礼的一种行为，这样做会失去顾客，不利于建立良好的人际关系。

③ 非议他人的话题，指在私人谈话过程中，指责、非议、批评第三方的话题。这是一种不礼貌、不光彩的行为。

④ 令人反感的话题，即涉及让对方不愉快、伤心的话题。如对方伤心的往事、对方的缺陷，以及让人讨厌、反感、厌恶的事。

4. 双向交流

言谈交际是通过双方之间相互沟通和相互合作来实现的，信息交流具有双向性。在言谈交际过程中，公关与商务人员应牢记不能只顾自己长篇大论、滔滔不绝，而不留意对方的反应，应该给对方空出时间表达看法和观点，这就是双向交流。给对方留出时间，让对方表达，也可以了解对方的思想、意图和想法。在谈话过程中要有来有往，与对方合作，目光应看向对方，全神贯注，并不时和对方进行接触，或者做出其他回应。例如，自己接受对方的观点时，应以微笑、点头等动作表示同意；在听别人说话的过程中，不妨用"嗯"或"是"加以呼应，表示自己在认真倾听。在他人讲话时，不要插嘴打断，即使要发表个人意见或进行补充，也要等对方把话讲完，或征得对方同意后再说，对陌生人的谈话是绝对不允许打断或插话的。除此之外，还可以使谈话以交谈对象的述说为核心，以引起对方兴趣，让对方积极参与。

在言谈交际过程中还要注意不要冷场。不论交谈的主题与自己是否有关，自己是否有兴趣，都应热情投入，积极合作。如果交谈中出现冷场，则应设法打破僵局。常用的解决方法是转移旧话题，引出新话题。交谈中，与人争辩、固执己见、强词夺理的行为是不足取的。自以为是、无理辩三分、得理不让人的做法，有悖交谈的主旨。交谈应当求大同、存小异。如果对方的谈话没有违反伦理道德，辱及国格、人格等原则问题，就没有必要当面加以否定。与其他商务活动一样，交谈也受制于时间。因此，交谈要见好就收，适可而止。普通场合的谈话，最好在30分钟以内结束，最长不能超过1小时。交谈中每人的每次发言，在3~5分钟之间为宜。

5. 认真倾听

在言谈交际过程中，交际双方在任何时刻都是发言者处于支配地位，聆听者处于从属地位，双方地位不停地进行调换，即双方都具备了双重角色。认真倾听是一种礼貌的表现，是对发言者的尊重。

6. 用词委婉

在言谈交际过程中，应当力求言语含蓄、婉转、动听。如在谈话时要去洗手间，不便直接说"我去厕所"，应说"对不起，我出去一下"，或其他比较容易让对方接受的说法。用"吗""吧""啊""嘛"等软语气，使人感到讲话口气不那么生硬。灵活用词，如把"我觉得这样不好"改为"我并不觉得这样好"，就能把同样的意思表达得不那么咄咄逼人。

当自己的见解与对方产生分歧时，需要含蓄、委婉、点到为止、留有回旋余地地表达自己的不同意见，不能不讲究方法，伤害了对方的自尊心，让对方下不了台，感到难堪，可以先肯定对方观点中的合理部分，然后再引出更合理的观点。但委婉要有分寸地把握，不能委婉到对方不能理解的程度。在交谈过程中，可以不直接切入主题，而是通过"提醒"语言让对方"主动"提出或说出自己想要的。同时，要多使用设问句，尽量避免使用祈使句，因为祈使句让人感觉到是在发布命令，而设问句让人感觉是在商量问题，所以后者更容易让人接受。总之，交谈时不要把问题绝对化，从而使自己失去挽回的余地。

7. 以对方为谈话中心

以对方为谈话中心，表示对对方的尊重，同时也会得到对方的尊重。以对方为中心，但自己不能一言不发、寡言少语，让谈话冷场。当对方发言时，不要插嘴、干扰和打断对方；发表己见时，不要强词夺理，自以为是。要求同存异，善于倾听，礼让三分，适可而止，不要伤和气。

(三) 言谈技巧

言谈交际技巧可以树立个人形象，加强信息交流，提高信息传递效率。无论在什么情况下，公关和商务人员都应坦然地与工作对象进行交谈，取得对方的好感及合作，这不仅需要言谈礼貌，也需要言谈技巧。

1. 机智灵活

在言谈交际过程中，语言的组织是临场发挥，为了取得良好的交流效果，就需要具备高度的机智灵活性，尤其是在各种各样的谈判场合，公关与商务人员更应具有高度的机敏性以及应变能力。

年销售量有多少

在一次谈判中,买主很想了解卖主的实际销售量,突然问道:"请问贵厂年销量有多少?"在买卖合同尚未签订之前,这一类属于商业机密的问题,不宜过早向对方泄露,但不答话又未免失礼。于是供货方的首席代表灵活机智地开了腔:"我厂产品的年销量在全国同行业中多年一直名列前茅,去年是名列第三,货源充足、质量可靠、价格适中,完全可以满足你们的需要。如果市场上我们的产品脱销了,那就说明我们厂'破产'了……"

启示:供货方的首席代表这一番机智、风趣的即兴应答,既巧妙地回答了对方的问题,又保守了商业机密,同时还趁机宣传了己方的信誉、实力,真可谓一箭双雕。

(资料来源:《商务谈判:理论与实务》,孙绍年,清华大学出版社,2007)

2. 语言幽默

幽默是通过一种愉悦的方式让对方得到放松,它不仅能让对方高兴,更能润滑谈话双方的关系,减少隔阂,在笑声中不知不觉拉近彼此心理上的距离。当谈话出现尴尬时,幽默可以解脱困境;当谈话出现僵局时,幽默可以缓和气氛。

在交谈中,语言一旦具备了幽默的风格,不仅可以增强语言的感染力,还可以使对方感到轻松自如,心情轻松愉快地与自己进行合作。

我们在拔河呀

有一次中外双方就一笔买卖交易进行谈判,对其中一个问题讨价还价了两个星期仍没结果。这时中方的主谈人说:"瞧!我们双方至今还没有谈出结果,如果奥运会设立拔河比赛的话,我们肯定并列冠军,并载入吉尼斯世界纪录大全。我敢保证,谁也打破不了这一纪录。"此话一出,双方都开怀大笑,随即均做出让步并很快达成协议。

启示:试想一下,如果双方始终严肃地进行谈判,情形会如何?

(资料来源:《商务谈判:理论与实务》,孙绍年,清华大学出版社,2007)

3. 及时赞美

在交谈当中,及时发现对方的优点和长处,并且适时进行赞美,不仅是一种礼貌,更是一种鼓舞对方继续进行交流的方式,同时也可以加深双方的了解、融洽彼此之间的人际关系。

(1) 抓住时机、因人而异。

赞美他人的方式很多,要根据不同的场合、情况有所区别,选择适当的方式使赞美达到最好的效果,让对方感到心身愉快。在不同阶段,给予对方不同程度的赞美,让对方感到是实实在在、发自内心、出于真诚的赞美。

赞美要抓住时机、因人而异。赞美应区分对象选择不同的方式,若对方是一位公司的普通职员,就不应赞美对方事业有成,应说对方工作勤恳、认真;对已经成家的人可以赞美其家庭幸福。

（2）以事实为依据、措辞要恰到好处。

赞美应建立在客观事实的基础之上，出于真诚，使对方快乐，使谈话在良好的气氛中进行，旨在促进双方的感情交流。赞美不能过于夸张，不要过分，溢美的言语过多，会使对方怀疑赞美者的真实动机，产生防备心理。

点滴感悟

赞美的力量

一家公司要召开职工代表大会，筹备小组需要几盆花来布置会场，可是派了几个人都没有拿过来，于是支部书记亲自领着一名工作人员来到了花圃，支部书记笑呵呵地对园丁说："今天公司要开职工大会，各方面代表都有，还照相、录像，你这里的花这么漂亮，挑选几盆送去展览，让大家了解了解你们的成果，这个机会可不能错过啊！"

启示：一席话将园丁们说得开心地笑起来，马上挑选几盆最好的花送到了会场。

（资料来源：http://www.i3721.com/）

4. 巧妙地说服对方

说服也叫劝说，是在交际过程中向对方施加影响的直接形式。在商务往来和公关工作中，要说服别人接受自己的建议，考虑自己的利益，必须巧妙地说服对方。通过说服来操纵、支配别人，按照自己的意愿来办事，劝说别人帮助或理解自己。

说服者应不断强化自身影响的能力。在交谈过程中提高自身的可信度，以自己的名气、身份、工作、专长以及知识程度对说服对象产生影响，在说服对象的心理上树立自己的个人权威印象，表现自己的修养、学识、能力和经验，让说服对象信服。

说服者要增强自身对对方的吸引力，增强与说服对象的相似或相近性，事先了解对方的基本情况，在介绍自己的工作、爱好、经历、身份时，尽可能增加相似性，赢得对方的理解和认可，使对方认为自己的观点合情合理。

说服者在说服过程中应投入真挚情感。人们总是倾向于信任、听从说话坦诚、态度诚恳的人，真挚的情感一方面本身就具有动人的魅力，另一方面也很容易让对方相信自己的要求没有过分，的确是迫不得已。一般情况下，说服对象会从两个方面来判断说服者是否真挚。第一，判断说服者的动机；第二，关注说服者的面部表情。

 任务实施

为了能给义乌梁纯小商品公司的总经理梁纯先生留下良好的印象，公司领导在交谈时恰当地运用了语言礼仪，达成了初步的合作意向。

（1）双方刚见面时要尽量交谈中性话题。公司领导选择对方擅长的高尔夫球运动作为谈判的切入口，并约定时间进行切磋，双方找到了共同爱好，关系拉近。

（2）洽谈生意时要注意合作、友好。公司领导将己方公司的实力向对方进行展示，并描述了双方合作后能给对方带来的高额利润和美好的发展前景。

（3）运用技巧说服对方，达成合作意向。说服对方时拿出了大量的公司以前的业绩和其他公司的评价，让对方充分信服。

相关链接

"芬克斯"酒吧——两次将基辛格拒之门外

在宗教圣地耶路撒冷，有一个名叫"芬克斯"的酒吧，它曾连续3年被美国《每周新闻》杂志选入世界最佳酒吧的前15名。"芬克斯"酒吧一跃而成为世界著名酒吧，很大程度上与美国著名政治家、前国务卿基辛格有关。

"芬克斯"酒吧是由一个英国人创办的。至今，它的内部摆设，如桌子和椅子都保持着原样。它的面积虽然只有30平方米左右，里面只有1个柜台和5张桌子，但由于经营有方，它成了在耶路撒冷的记者们喜欢停留的地方。

1948年，一个名叫罗斯恰尔斯的德国犹太人买下了"芬克斯"酒吧。

20世纪70年代，为中东和平而四处奔走的基辛格，来到了耶路撒冷。听说"芬克斯"酒吧名声不错，也想去造访。他亲自打电话到"芬克斯"酒吧预约，接电话的正好是店主罗斯恰尔斯先生。

基辛格作了自我介绍。那时，在约旦和巴勒斯坦地区，无人不知基辛格的大名。然而，罗斯恰尔斯没有接受基辛格的预约，因为基辛格提出的额外要求深深刺痛了他那根职业道德的敏感神经。基辛格这样说："我有10个随从，他们将和我一起前往贵店，到时希望贵店谢绝其他顾客。"基辛格认为这个要求肯定能被接受，因为自己是有名的政治家，光顾那家酒店，会提升它的形象。不料，罗斯恰尔斯给了他一个意想不到的回答。他非常客气地说："您能光顾本店，我感到莫大的荣幸。但因此而谢绝其他客人，我实在做不到，他们都是我的老顾客，也是支撑我这个店的人，我无论如何也不会将他们拒之门外。"

听到这一回答，基辛格很不高兴地挂断了电话。

第二天傍晚，基辛格又一次打来电话。基辛格真不愧是外交家，他首先对自己前一天的失礼表示歉意，接着，他告诉店主人，这一次他只带3个随从，只订一张桌子，店方也不必谢绝其他客人。这对基辛格来说算是最大的让步了，但结果还是让他失望。

"非常感谢您的诚意，基辛格先生，但我还是不能接受您明天的预约。"罗斯恰尔斯回答。

"为什么？"基辛格大惑不解。

"因为明天是星期六，本店的例休日。"

"但我后天就要离开此地，你不能为我破一次例吗？"

"那不行，对我们犹太人来说，星期六是一个神圣的日子，在星期六营业，是对神的亵渎。"

基辛格听后什么也没说，就挂断了电话。

这则轶闻被美国记者知道后，写成了《基辛格和"芬克斯"》的新闻，在美国报纸上大加炒作，这无意中提高了"芬克斯"的知名度。

（资料来源：http://news.sina.com.cn/cul/2004-11-18/795.html）

> 礼仪小测试

1. 穿着西服时，你的表现是（　　）。
   A. 如果是三粒的，扣最下面一粒扣
   B. 如果是两排扣的，全扣上
   C. 保留西服袖子上的商标
   D. 让衬衫的袖子短于西服的袖子
   E. 如果是一粒扣的西服，不扣扣子

2. 穿着套装时，你的表现是（　　）。
   A. 上衣短到露出腰部
   B. 选择质地上乘的面料
   C. 在正式场合，随意解开一粒扣子
   D. 在正式场合，穿着皮裙
   E. 选择高跟皮鞋

3. 在站立时，你的表现是（　　）。
   A. 挺胸、抬头、目视前方
   B. 双手环于胸前，斜靠在墙壁上
   C. 脊柱从侧面看要与地面垂直
   D. 双脚分开宽于两肩
   E. 收腹、膝盖夹紧

4. 与交往对象进行言谈交际时，你的表现是（　　）。
   A. 尽量恭维对方，多说好话
   B. 不选择流言蜚语作为话题
   C. 注意双向交流，少谈自己
   D. 长篇大论、夸夸其谈
   E. 语言幽默

5. 在落座时，你的表现是（　　）。
   A. 从椅子的右侧入座
   B. 待职位高者、年长者、客人落座后再入座
   C. 坐满座位
   D. 双手放于脑后
   E. 跷起"二郎腿"

（以上各题正确答案为：1. B　2. BE　3. ACE　4. BCE　5. B）

思 考 题

1. 简述职场着装的基本要求。
2. 为西装搭配衬衫时应注意哪些问题？
3. 西装纽扣的扣法要求有哪些？
4. 简述如何正确穿着套装。

5. 简述仪容礼仪的主要规则。
6. 说明站姿、坐姿、步姿、蹲姿的礼仪要点。
7. 言谈交际的基本原则是什么？
8. 简述言谈的基本礼仪。

项目二

商务交际礼仪

知识目标

☞ 了解握手的不同方式、名片的用途、礼品选择的原则。
☞ 理解名片缩略语的含义、鲜花的寓意。
☞ 掌握握手、致意、接打电话、接待、迎送、礼品赠送、宴会安排和赴宴、乘车的礼仪要求。
☞ 学会正确运用日常交际礼仪,达到交际的目的。

能力目标

☞ 学会运用问候、握手、介绍、交谈、接待、拜访、宴请、乘车等日常交际礼仪,展示个人交际魅力,提升个人形象,赢得良好的人际关系。

 **导入案例**

真诚的握手融化坚冰

1972年2月17日,美国总统尼克松访华,为了此行他之前做了很多的准备,看了很多关于中国的书,并且学习了几句简单的中国话。飞机抵达北京机场时,对于这样一个具有伟大历史意义的时刻,作为一个相当成熟的政治家,尼克松早就想好了该如何做好自己所扮演的角色。他刻意要在这举世瞩目之时,纠正第一次日内瓦会议期间福斯特·杜勒斯下令不同周恩来率领的中国代表团握手的傲慢失礼的行为,并修补美国过去对中国造成的伤害,同时突出他本人在此时非同凡响的举止,故特意安排在他同周恩来握手前,随行人员暂缓下机。此事虽已再三叮嘱,但我(指基辛格)还是不放心,临时又派一名高大的警卫把守机舱口,以防其他人员紧随其后。当尼克松和他的夫人快步走到舷梯尽头时,在掌声中他急忙伸手向周恩来走去,主动同周恩来热情握手。摄影师抓住这一重要的时刻,快速摄下了尼克松和周恩来将要握手的瞬间。这一历史性的握手动作被许许多多的摄像机摄下了。尼克松为这一时刻做出了许多努力,终于在这一具有历史意义的握手中得以完美地勾出了绝妙的一笔。他在回忆录里是这么记述这一历史时刻的:"周恩来站在舷梯脚前,在寒风中不戴帽子,厚厚的大衣也掩盖不住他的瘦弱,我们下梯走到快一半时他开始鼓掌,我略停一下,也按中国的习惯鼓掌相报。我知道,1954年在日内瓦会议时福斯特·杜勒斯拒绝同周恩来握手,使他深受侮辱。因此,我走完梯级时决心伸出我的手向他走去。当我们的手相握时,一个时代结束了,另一个时代开始了。我被介绍给所有的中国官员,然后站在周恩来的左边,然后军乐队演奏两国国歌。在中国'心脏'刮风的跑道上,《星条旗歌》在我听来从来没有这么激动人心。"

(资料来源:《基辛格回忆录》,亨利·基辛格,世界知识出版社,2003。有改动)

问题与思考

尼克松为什么要做这么仔细的准备?如果他等到周恩来总理伸手后,再伸手握手,双方的关系还能这么快就有所发展,健康地向前推进吗?

社交是人们交往作用的产物,没有人际交往就不成为社会。一个企业要生存发展,同样不能没有社会交际与商务交际。企业进行公关和商务活动的过程实际上是一个组织与公众之间交流信息的过程,这种信息交流很大程度上又是依靠公关与商务人员的直接参与而进行的。公关与商务人员要通过各种各样的社会交往活动,营造融洽的人际关系氛围,扩大组织的知名度,增进公众对组织的了解,这就要求他们除了与人为善、讲信重义之外,必须遵守日常交际中的礼仪规范,这是顺利地进行社会交往、促进事业成功的重要条件。社交礼仪具有相对的稳定性、一定范围的通用性、明显的效益性和一定的强制性,因而它也是商务礼仪的基础。公关与商务人员必须掌握一些基本的商务交际礼仪知识。

任务 2.1 见面礼仪

【任务布置】

经过一段时间的考察,深圳临天通信有限公司欲与黑龙江省恒大有限公司进行业务合作,双方前期就一些细节问题在电话沟通中初步达成合作的意向,约定在 2015 年 11 月 14 日双方进行会面,地点在黑龙江省恒大有限公司总部,来宾包括临天通信有限公司业务经理李想,员工李红、王明在内的 3 人,预计 3 天内返回。黑龙江省恒大有限公司接到通知后,派业务经理王芳、员工王萌负责接待和洽谈。

(1) 正确对来宾进行称呼。
(2) 把己方工作人员得体地介绍给对方。
(3) 正确行使握手礼。
(4) 交换名片进行初步认识。

【知识要点】

见面是交往的第一步。见面及见面时的礼节是公关与商务人员留给公众第一印象的重要组成部分。心理学的研究成果表明:人们初次见面对他人形成的印象往往最为深刻,而且对以后的人际交往起着指导性作用。因此,公关与商务人员对见面的礼仪规范应予以特别的重视。

一、称呼礼仪

称呼也叫作称谓,即人们交谈时所使用的用以表示彼此身份与关系的名称。在人际交往中,选择正确、适当的称呼,反映着自身的教养、对对方尊敬的程度,甚至还体现着双方关系发展所达到的程度和一定的社会风尚。在我国,深厚的礼仪底蕴决定了对称呼的严格要求。不称呼或乱称呼对方,都会给对方带来不快,因此不能随便乱用称呼。

(一)正式称呼

依照惯例,在公关与商务活动会面中,最正式的称呼有三个,即应当称呼交往对象的行政职务、技术职称或是其泛尊称("先生""小姐""夫人"一类是可广泛使用的尊称)。如表 2-1 所示。

表 2-1 公关与商务活动见面中的正式称呼

行政职务	只称呼职务。如:"董事长""总经理""主任"
	职务前加上姓氏。如:"陈董事长""张总经理""李主任"
	职务前加上姓名。如:"×××总经理",常用于介绍的场合
技术职称	只称呼职称。如:"教授""律师"
	在职称前加上姓氏。如:"李教授""王律师"
	在职称前加上姓名。如:"×××教授""×××律师"
泛尊称	"先生""小姐""女士"。在公司、宾馆、商店、餐馆、歌厅、酒吧、交通行业或其他公共场合,这种称呼较通用

与多人见面打招呼时,称呼对方应遵循先上级后下级、先长辈后晚辈、先女士后男

士、先疏后亲的礼仪顺序进行。

(二) 不当称呼

在跨国公司中，无论中国人还是外国人都有英文名字，在平时的工作、生活中，大家已经习惯了称呼对方英文名字。大家都认为，既然在一起共事，如果不是上下级关系，都是同事，有名字叫名字，有职位就叫职位。在国际交往中，许多拟亲称呼是不可以使用的，例如，不能叫"哥哥""姐姐"，像 Lisa 姐、Anna 前辈、John 哥，就不合时宜。

在公关会面中，不适当的称呼主要有4个，即无称呼、不适当的俗称、不适当的简称、地方性称呼。具体如表2-2所示。

表2-2　公关与商务活动中的不当称呼

无称呼	在公关与商务活动中不称呼对方，直接开始谈话是非常失礼的行为
不适当的俗称	有些称呼不适于正式场合，切勿使用。如"兄弟""哥们儿""姐们儿"等称呼，会显得使用这种称呼的人素质不高，缺乏修养
不适当的简称	比如"南航"，令人莫辨其为南方航空公司还是南京航空航天大学
地方性称呼	有些称呼，具有很强的地方色彩。如北京人爱称人为"师傅"，山东人爱称人为"伙计"。但在南方，"师傅"是指"出家人"，"伙计"就是"打工仔"

二、介绍礼仪

介绍是人们在社交活动中的重要环节，是人与人相识的最基本形式。由于人际接触的广泛，在公关与商务活动中就会经常结识一些新的公众、新的朋友。这就离不开自我介绍、为他人介绍等。无论哪一种介绍都必须遵守相应的礼节规范。

介绍礼仪

(一) 自我介绍

自我介绍指的是主动向他人介绍自己，或是应他人的请求而对自己的情况作一定程度的介绍，其特点是单向性和不对称性。从交际心理看，人们都有一种了解对方，并渴望得到对方尊重的心理需要。这时，如果你能及时、简明地进行自我介绍，不仅满足了对方的需求，而且对方也会以礼相待，向你作自我介绍。双方以诚相见，就为进一步交往奠定了良好的基础。

自我介绍的内容比较简单，在公关与商务活动中，应首先问候对方，然后介绍自己所在的企业名称、自己的姓名和身份。例如，"您好！很高兴见到您！我是宏达集团公关部经理，我叫方鸣。"切记在介绍完自己后，不要向对方询问对方的身份和姓名，如果对方有意与你相识，就会主动告知。

自我介绍时要注意细小环节。如甲和乙二人正在谈话中，如果你想加入，而你们彼此又不认识，你应选择他们谈话中停顿的时候再去自我介绍，并应向对方表示歉意："对不起，打扰一下，我是×××。""很抱歉，可以打扰一下吗？我是×××。""两位好，请允许我自我介绍一下，我是×××。"

如果参加一个集体性质的活动迟到了，又想让大家对自己有所了解，就应当说："女士们，先生们，你们好！对不起，我来晚了，我是×××，是××公司销售部经理，很高兴和大家在此见面。请多多关照！"等。

> **点滴感悟**
>
> ### 失败的自我介绍
>
> 　　某年的广州商品交易会上，各方厂家云集，企业家们济济一堂。华新公司的徐总经理在交易会上听说伟业集团的崔董事长也来了，想利用这个机会认识这位素未谋面又久仰大名的商界名人。午餐会上他们终于见面了，徐总看见崔董事长正在和别人热烈交谈，马上彬彬有礼地走上前去说："崔董事长，您好，我是华新公司的总经理，很高兴认识您。"崔董事长被别人打断了谈话，非常不高兴，简单地应付一句"你好"，就又转过头继续他的谈话了。徐总在一旁等了一会儿，并未见这位崔董事长有进一步交往的表示，便失望地走开了。
>
> 　　启示：打断别人的谈话是非常不礼貌的，如果确想加入，可以选择他们谈话中停顿的时候去作自我介绍，并向对方表示歉意。
>
> （资料来源：http://www.bugubirds.com/html/? 9655.html）

（二）为他人介绍

　　为他人介绍，通常指的是由某人为彼此素不相识的双方相互介绍、引见，主要特点是双向性和对称性。在公关与商务活动中，人人都有可能需要承担介绍他人的义务，当需要由你负责介绍陌生人相识时，应担当起介绍人的责任。如果你是活动的组织者，你就应当主动为客人作介绍。当有人请你作介绍时，你应热情表示愿意承担此任。

　　在为他人作介绍时，必须首先了解被介绍双方的地位、身份等，并遵循尊者有优先知情权的原则进行介绍。目前，国际公认的介绍顺序是：将男性介绍给女性，将年轻者介绍给年长者，将职位低的介绍给职位高的，将客人介绍给主人，将晚到者介绍给早到者，将亲者介绍给疏者。

　　在这六个顺序中，如果被介绍者之间符合其中的两个以上的顺序，则要区分场合。在公务场合只讲职位高低；在社交场合，一般淡化职位高低，按其他顺序介绍。介绍时，先称呼女士、年长者、职位高者、主人、先到场者、疏者，再一一介绍对方。比如，在公务场合，将一位年轻的女士介绍给一位大企业的负责人，则应不论性别，先称呼这位企业家，如："张总，这位是我的大学同学王虹。"作为聚会场合的介绍人，应牢记介绍双方的姓名和单位。说错姓名、职务、单位是最大的失礼行为。

　　介绍时，多用敬语、谦辞、尊称。例如："请允许我向您介绍……""请让我来介绍一下……"在半正式或非正式场合，还可以使用一些较不正式但属于正确的介绍词。例如："××小姐，您认识××先生吗？""小赵，来见见××先生好吗？"朋友之间可以用轻松、活泼的方式，比如："老王，这就是我常提到的我们单位的才子吴××。这位是大名鼎鼎的王××。"

　　在作具体介绍时，手势动作应文雅，仪态应端庄，表情应自然。无论介绍哪一位，应有礼貌地平举右手掌示意，并且眼神要随手势指向被介绍者，向对方点头微笑。介绍时，除长者、女士外，一般应起立，但在宴会桌、会谈桌上，视情况介绍人和被介绍人可不必起立，被介绍双方可点头微笑致意；如果被介绍双方相隔较远，中间又有障碍物，可举起右手致意，或点头微笑致意。当介绍人介绍完以后，尊者应首先反应，选择合适的交际礼仪与对方打招呼，地位低者则应耐心等待，并作出相应反应。

三、握手礼仪

人际交往中的礼节方式多种多样，最常见、使用最普遍的见面礼就是握手礼。握手是用以表达见面、告别、祝贺、安慰、鼓励等感情的礼节方式。

握手礼仪

握手的由来

握手最早产生于人类还处于刀耕火种的年代。那时的人们在狩猎和打仗的时候，如遇见熟人，双方为了表示均无恶意，就放下手中的武器，伸开手掌，让对方抚摸手掌心，表明手中未带武器。这种简单的做法渐渐演变成今天人们最常用的"握手"礼节，成为世界各地通用的见面礼节方式。人们把它作为相互致意、联络、沟通的一种手段。

启示：由此可见，握手在远古时代就表示友好、希望交往，作为人们相互致意的方式，为进一步交往起到良好的铺垫作用。

（资料来源：http://tool.xdf.cn/youlai/woshou.html）

握手，是交际的一部分。握手的力量、姿势与时间的长短往往能够表达握手人对对方的不同礼仪与态度，显露自己的个性，给人留下不同印象；也可以通过握手来了解对方的个性，从而赢得交际的主动。美国著名盲女作家海伦·凯勒曾以自己独特的感受描写自己与人握手的经验："我接触过的手，虽然无言，却极有表现性。有的人握手能拒人千里……我握着冷冰冰的手指，就像和凛冽的北风握手一样。而有些人的手却充满阳光，他们握住你的手，使你感到温暖……"因此，公关与商务人员应学会正确运用握手的礼节规范，表达对对方的友好态度，展示自我良好的教养，并通过握手了解对方的心态和性格特点。

（一）握手的礼规

在人们问候之后或互致问候之时，双方各自伸出自己的右手，彼此之间保持一步（75厘米左右）的距离，手掌略向前下方伸直，四指并拢，拇指张开，与受礼者相握。时间不宜超过三秒钟，用力适度，上下抖动，但不要左右摇晃。同时，还应特别注意上身稍向前倾，头略低一些，和颜悦色地看着对方的眼睛，以示毕恭毕敬。

各种场合的握手一般讲究"尊者决定"，即由身份尊贵的人决定双方有无握手的必要。握手时让上级、长辈、女士先伸出手，是对他们的尊重，即把是否握手的主动权给他们，以避免将自己的意愿强加给对方；男士、晚辈、学生、下级，见到女士、长辈、老师、上级应先问候，等到后者伸出手后，再趋前握手。当客人抵达时，主人为了表示欢迎应先伸手握手；当客人离开时，为了表示让主人留步则由客人先伸手握手。

女士假如不打算与向自己打招呼的人握手，可以欠身致意，不要视而不见，或者扭身就走，无缘无故拒绝与他人握手是失礼的。

（二）握手的几种形式

握手握出世态人情，也握出了待人接物的态度和礼貌修养。因此，公关与商务人员在人际交往中应根据不同的场合、不同的对象去自觉地运用各种具体的握手样式。

1. 平等式握手

平等式握手是标准的握手形式。手掌垂直向下，双方掌心相对（如图 2-1 所示），同事之间、朋友之间、社会地位相等的人之间，往往会采用这种形式的握手。

2. 支配式握手

支配式握手也称命令式握手或压制式握手。将手掌心向下或左下方，握住对方的手，最大的特点是以"支配"他人的气势为核心，这种握手行为，表现出握手人的优势、主动、傲慢或支配的地位。在交际活动中，社会地位较高的一方易采用这种方式与对方握手，如图2-2所示。

3. 谦恭式握手

谦恭式握手也称乞讨式握手，与支配式握手相对。将手掌心朝上或向左上方同他人握手，虽然有坦诚表白的显示信号，但其中也有"求"的意思，这种手势能传达给对方一种顺从的态度。在某些场合表示愿意从属对方，并乐意受对方的支配，以示自己的谦虚和毕恭毕敬，采用这种方式握手，往往会产生良好的交际效果，如图2-3所示。

图2-1 平等式握手

图2-2 支配式握手

图2-3 谦恭式握手

4. 双握式握手

双握式握手也称手套式握手。即主动握手者用右手握住对方的右手，再用左手握住对方的手背，这样对方的手就被握在主动握手者的双手掌中间，这种形式的握手，在西方国家被称为"政治家的握手"，如图2-4（a）所示。

用双手握手的人，是想向对方传达自己热烈、深厚的感情，显示自己对对方的依赖和友谊。若左手握住对方的胳膊或臂膀，而进入对方亲密区，则显得更加亲切、温暖，如图2-4（b）所示。

(a)

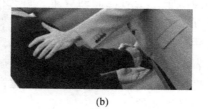
(b)

图2-4 双握式握手

图2-5 捏手指式握手

5. 捏手指式握手

握手时，不是两手的虎口对握，而是有意或无意地只捏住对方的几根手指或手指尖部。女性与男性握手时，为表示自己的矜持与稳重，常采用这种样式，隐含保持一定距离的意思，如图 2-5 所示。

6. 死鱼式握手

握手时，伸出一只无任何力度、无质感、不显示任何信息的手。给人的感觉就像是握住一条死鱼。采用这种握手形式的人不是性格懦弱，就是对人冷漠无情，待人消极傲慢。

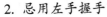

我在打蚊子

李扬是某单位的经理，有一天，他被邀请参加一场晚宴，此次晚宴规模巨大，聚集了职场上的成功人士。在宴会上，李扬被朋友介绍给一位曹女士。为了表示自己的友好，他先把手伸出去了，可是那位曹女士居然没有反应，还在与一旁的朋友说说笑笑。李扬非常的尴尬，觉得手不能再缩回去了，撑了大概20多秒，那位女士还是不配合，后来他一着急说："蚊子！"转手去打莫须有的蚊子。这种场面让周围的人都不禁捏了把冷汗。李扬也是满脸通红地离开了。

启示：这是不懂得握手礼仪常识造成的尴尬，不明白男士和女士握手时是要女士先伸手，男士再与之握手，如果女士不主动出手，男士也不要冒昧地伸手。同时，在长辈和领导面前也一样，只要长辈和领导不伸手就不要提前伸手；如果女士、长辈或者领导伸出手，则要立刻伸出右手与之握手。

（资料来源：http：//www.cnfw100.com/product/17/1077.html）

（三）握手的注意事项

1. 忌握手时左顾右盼或眼看第三者

握手时应双目注视对方，两手相握时，通过双方的目光传递出内心的愉快和情感，并用语言配合动作和眼神。边握手边说："您好！""见到您很高兴！""欢迎您！"等。

握手的禁忌

2. 忌用左手握手

尤其是与阿拉伯人、印度人打交道时要牢记此点，因为在他们看来左手是不洁的。

3. 忌坐着握手

在正常情况下，握手时应站起来表示礼貌，坐着与人握手是不礼貌的，除非是老年人和残疾人。

4. 忌手不干净

与他人握手时，手应该是干净的，否则会给对方以不舒服、不愉快的感觉。

5. 忌交叉握手

多人握手时，切忌交叉握手。当自己伸手时发现别人已伸手，应主动收回，并说声："对不起。"待别人握完后再伸手相握。特别要记住，与基督教信徒交往时，要避免两人握手时与另外两人相握的手形成交叉状，这种形状类似十字架，在基督教信徒眼中是很不吉利的。同样的道理，他们也忌讳在门槛处与他人握手。

6. 忌戴帽子和手套

男士戴帽子和手套同他人握手是不礼貌的，握手前一定要摘下帽子和手套。若女士身着礼服、礼帽戴手套时，与他人握手可以不摘下手套。军人与他人握手时也不必摘下军帽，应先行军礼然后再握手。

7. 忌握手前后擦手

握手前后擦手，是对对方的不尊重，会让对方不满。

点滴感悟

一次尴尬的握手

某贸易公司的江芃，是一位睿智能干的经理，公司在他的领导下蒸蒸日上，取得非凡的业绩。但江芃有个不太好的习惯，总认为自己的手洗不干净，经常去卫生间洗手。某次公司举行一次规模隆重的庆功会，对那些在一年中做出过突出贡献的销售人员进行表彰。在被邀请参加庆典的人员中，不仅有股东代表、员工代表、社会名流，还有那些做出了突出贡献的销售人员的家属和亲友。

在庆典活动中，一位销售人员热情地上前与江芃握手，握完手后江芃习惯性地用口袋里的手帕擦了擦手，这名销售人员目瞪口呆，十分难堪。

启示：在握手之前擦手会给对方留下己方过分紧张的印象，不利于继续交往。握手之后擦手则是对对方的不尊重，会招来对方的反抗，造成双方关系紧张的后果。

（资料来源：http://www.360doc.com/content/14/0715/21/9076298_394660445.shtml）

其他会面礼仪

四、致意礼仪

致意是用语言或行为向别人问好，表示自己的慰问。致意是社交活动中最简单、最常用的礼仪。例如：见面时问好、点头、微笑、举手、欠身、脱帽等。

从礼源上看，挥手致意与军人举手敬礼的动作同出一源。在欧洲中世纪，骑士们常常在王公大臣、公主、贵妇面前比武扬威，在高唱赞歌经过公主的座席时，要同时举手齐眉做"遮住阳光"的动作，意思是把公主比作光芒四射的太阳。后来，这个动作成了军人接受检阅、遇见长官时的礼节。现在人们见面或告别时的举手、脱帽等动作也是这一动作的变体。

（一）致意的形式

1. 起立致意

起立致意通常用在各种公关或商务活动进行时领导、来宾到场；坐着的晚辈、下级见到长辈、上级到来或离去时；坐着的男子看到站立的女子时。一般站立时间不长，只要对方表示你可以就座，即可坐下。

2. 举手致意

右手臂向前上方伸出，手上举约至头高位置，掌心向着对方，轻轻摆下手即可，不要反复摇动，向远距离的人打招呼伸直手臂。

3. 点头致意

适合同一场合多次见面或仅有一面之交的人相遇时使用，也可用于不便与对方直接交谈的场合。如在会议会谈的进行当中，可以点头为礼。有时同事之间常见面，上下班时，也可以用点头表示打招呼。点头的正确做法是向下微微一动，幅度不可以过大，也不必点个没完。

4. 欠身致意

表示对他人的尊敬。适用范围比较广。比如别人将你介绍给对方，或是主人向你献茶时，可以用欠身礼节，一方面表示自谦，同时也表示向对方致敬。欠身要求上身稍向前倾，但不低头，眼睛视线投向对方脸部。如果是坐姿，欠身时只需稍微起立，不必站直。

5. 脱帽致意

用于朋友、熟人见面时的礼节方式。脱帽的方法是稍稍欠身，用离对方稍远的那只手（或右手）脱帽。有帽檐的帽子，用右手拇指和食指捏住帽檐中间脱帽；如果是礼帽用右手三个手指捏住帽顶中间部位，并将其置于与肩齐平的位置，脱帽礼毕离去时再戴上帽子；若是戴着无檐帽则可以不脱帽，只欠身致意就可以了。

点滴感悟

经理生气了

王红是某家公司的白领，由于她性格活泼，待人热情，公司的同事都喜欢她，领导也很重视她。有一次在电梯口，她看见部门经理向她打招呼，由于有工作着急要做，她点头致意一下就马上离开了，接下来几天她发现那位经理对自己不冷不热的。

启示：点头致意适用于同级别的人或者距离较远不方便打招呼时使用。

（二）致意的礼规

在各种场合，男士、年轻者、学生、下级应向女士、年长者、老师、上级致意。致意的方法，往往同时使用两种：点头与微笑并用，欠身与脱帽并用。在使用非语言符号致意礼节时，则伴之以"你好！""早上好！"等简捷的问候语，这样会使致意显得生动，更具活力。遇到对方向自己致意时，应以同样的方式向对方致意，毫无反应是无礼的。致意的动作简单，但也不可以马虎，必须认真按礼节方式施用，以充分显示对对方的尊重。

五、鞠躬礼仪

鞠躬礼源于中国，先秦时期就有"鞠躬"一词，当时是指弯曲身体之意，代表一个人谦虚恭谨的姿态，后来逐渐形成的弯身的礼节，称为鞠躬。西方也有这种礼节。据说16世纪前，西方礼仪以拥抱亲吻为主，16世纪发生一场大瘟疫，为避免传染，鞠躬礼、屈膝礼就发展起来。日本、朝鲜更为盛行。现在鞠躬已成为一种比较常见的礼仪。在初见的朋友之间，熟人、同事之间，主人、客人之间，上级、下级之间，晚辈、长辈之间，为了表达对对方的尊重，都可以行鞠躬礼。

鞠躬礼仪

鞠躬礼分为两种，一种是三鞠躬：敬礼之前，应脱帽或摘下围巾，身体肃立，目光平视，身体上部向前下弯约90度，然后恢复原样，如此连续三次。另一种是深鞠一躬（15度~90度），几乎适用于一切社交和商务活动场合。一般情况下，行鞠躬礼的基本要求是：身体立正，行礼者和受礼者互相注目，不得斜视和环顾，手在身前搭好或手放在腿的两侧；以腰为轴，眼睛向前下方看、行礼时不可戴帽，如需脱帽，脱帽所用之手应与行礼相反，即向左边的人行礼时，应用右手脱帽，向右边的人行礼时就用左手脱帽；行礼者在距受礼者 2 米左右行鞠躬礼；行礼时，身体上部向前倾约 15°～90°，具体的前倾幅度视行礼者对受礼者的尊重程度而定，尊重程度越大，鞠躬度数越大；同时问候"你好""早上好"。施礼时，目光不得斜视和环顾，不得嘻嘻哈哈，口里不得叼烟卷或吃东西，动作不能过快，要稳重、端庄，并带有对对方的崇敬感情，如图 2-6 所示。

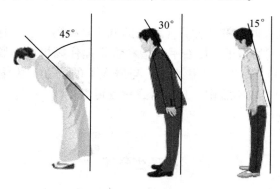

图 2-6　鞠躬礼

现在世界上对鞠躬礼应用最多的是日本人。日本人由于特殊的历史背景和地缘文化，形成了进出房门低头俯身，日常交际低姿势待人的民族习惯。对日本人来说弯腰已习惯成自然。日本人见面时行 30°鞠躬礼，叫"见面礼"；分手时行 45°鞠躬礼，叫告别礼；对长辈、上级及其他尊者行 90°最高鞠躬礼时，腰应弯到脸部几乎与膝盖平行的程度。通常，受礼者应以与施礼者的上体前倾幅度大致相同的鞠躬还礼，但是上级或长者还礼时，不必以鞠躬还礼，可以欠身点头或握手答礼。

点滴感悟

背后的鞠躬

日本人讲礼貌，行鞠躬礼是司空见惯的，可是我国某留学生在日本期间看到的一次日本人鞠躬礼却在脑海中留下了深深的印象。

一天，这位留学生来到了日航大阪饭店的前厅。那时，正是日本国内旅游旺季，大厅里宾客进进出处，络绎不绝。一位手提皮箱的客人走进大厅，行李员立即微笑着迎上前去，鞠躬问候，并跟在客人身后问客人是否需要帮助提皮箱。这位客人也许有急事，嘴里说了声："不用，谢谢。"头也没回径直朝电梯走去，那位行李员朝着那匆匆离去的背影深深地鞠了一躬，嘴里还不断地说："欢迎，欢迎！"这位留学生看到此情景困惑不解，便问身旁的日本经理："当面给客人鞠躬是为了礼貌服务，可那位行李员朝客人的后背深鞠躬又是为什么呢？""既是为了这位客人，也是为了其他客人。"经理说，"如果此时那位客人突然回头，他会对我们的热情欢迎留下印象。同时，这也是给大堂里的其他客人看的，他们会想，当我转过身去，饭店的员工肯定对我一样礼貌。"

启示：当面的鞠躬是一种礼仪形式，背后的鞠躬是一种服务理念，正因为这种理念才使得日本的服务质量享誉海外。

（资料来源：http://www.docin.com/p-90116058.html）

六、拱手礼仪

拱手礼或称抱拳礼，也称"作揖礼"，是我国的一种传统的见面礼节方式，它始于先秦。亲友相见，特别是在春节团拜、登门拜访、致以祝贺、开会发言时，均可以行拱手礼。

施礼时，行礼者首先立正，右手握空拳，左手抱右手，两臂曲肘抬至胸前，目视前方。或者，在双目注视对方的同时，拱手齐眉，弯腰自上而下，双手向前朝对方方向轻轻摇动。行礼时，可向受礼者致以祝福或祈求，如"恭喜发财"等。特别适用于个人对集体施礼时，意为自己抱住自己的手，代替握住别人的手在摇，有握手之意。

七、名片礼仪

名片，是当代社会私人交往和公务交往中一种最为经济实用的介绍性媒介。互换名片已经成为现代人相互介绍并建立联系，以使信息活动多元化的一个重要步骤。名片的使用是公关交往的一种重要手段。名片，是一个人身份、地位的象征，是一个人尊严、价值的一种外显方式，也是使用者要求社会认同、获得社会理解与尊重的一种方式。

> **相关链接**
>
> ### 名片的由来
>
> 名片在我国西汉时就流行了，不过当时没有纸，只是削竹、木为片，上面写上姓名，供拜访者通报姓名使用，此竹、木片西汉时称"谒"，东汉时改称"刺"，又称"名刺"，以后改用纸，称"名纸"，相当于现在的名片。

名片上一般印有公司名称、头衔、联络电话、地址等，有的还印有个人的照片。公关与商务人员使用的名片，除了具有个人意义外，还当视为其所在组织形象的一个缩影。现在，越来越多的社会组织对其成员使用的名片十分重视，尽量使之具有特色和魅力。

（一）名片的用途

1. 方便介绍

公关与商务活动中使用的名片内容和形式虽然各异，但大多印有姓名、单位、职务、职称、通信地址和电话等。初次见面借助名片可以避免口头介绍时容易出现的误解与遗忘等现象；同时，加深初次见面的印象，有益于日后的继续交往联系。

2. 替代便函

在人际交往中，有许多时候必须对友人做出礼节性的友好表示。方法之一是在名片的左下角，以铅笔写下几行字或短语，寄交或转交他人，如同一封长信一样正式。若内容较多，也可写在名片背面。目前，流行以法文缩略语写在名片左下角，以慰问、鼓励、感谢、祝贺他人的做法。正面是几种常用的法文及其缩写，如 p.f. 意即"祝贺"；p.c. 意即"谨唁"；p.p. 意即"介绍"；p.p.c. 意即"辞行"；n.b. 意即"提请注意"；p.f.n.a. 意即"贺年"。

3. 业务介绍

公关与商务人员的名片上多列有归属单位等项内容，因此利用名片亦可为本人及所在单位进行业务宣传、扩大交际面，争取潜在的合作伙伴。

4. 通报和留言

在拜访名人、长辈、职位高者或不熟悉的人时，可先请人递上自己的一张名片，并在名片的姓名下写上"未见"字样，转行顶格起写上对方姓名称谓，作为通报和自我介绍，让对方考虑一下，以便对方确认"来系何人"，并决定见与不见。这种做法比较正规，可避免冒昧造访。

拜访他人不遇，或者需要请人转达某件事情时，可在名片上写下几行字，或一字不写，然后将它留下，或托人转交。这样做，会使对方"如闻其声，如见其人"，不至于误事。

5. 替代礼单

向他人赠送礼品时，可将本人名片放入其中，或将之装入一个不封口的信封中，再将该信封固定于礼品外包装的上方。后者是说明"此乃何人所赠"的标准做法。

6. 替人介绍

介绍某人去见另外一人时，可将本人名片左下角写上"介绍"的法文缩写"p. p."，用回形针将本人名片（居上）与被介绍人名片（居下）固定在一起，必要时还可将其装入信封，再交予被介绍人。这是一封非常正规的介绍信，是会受到高度重视的。

7. 通知变更

如果自己一旦调任、迁居或更换电话号码，要及时给亲朋好友一张注明上述变动情况的名片，礼貌地通知对方，便于对方与自己联系。

（二）名片的制作

1. 名片的规格

国内通用的名片规格为9×5.5，即长为9厘米，宽为5.5厘米。境外人士多使用10×6的规格，女士则多使用8×4.5的规格。最好选择白色、米色、淡蓝色、灰色等庄重朴素的色彩。宜选用简体汉字，不要把两种文字交替印在名片的同一面上。

2. 名片内容

名片被称作人的第二脸面，所以对名片的样式、制作及印刷都应十分讲究。无论是横式，还是竖式，一张标准的名片都应包括三个方面的内容，如图2-7所示。

一是本人所属单位、徽记及具体部门，印在名片的上方或左方；

二是本人的姓名、学位、职务或职称，印在名片的中间；

三是与本人联系的方法，包括单位所在的地址、电话号码和邮政编码等，印在名片的下方或右方。

通达贸易有限公司销售部

王 佳 经理

地址：牡丹江市太平路200号
邮编：157000
电话：（0453）6480000
电子邮件：wangjia@163.com

图2-7 名片样式

点滴感悟

你不尊重我

张力是一个公司的业务员,有一天,他去拜访一位美国的国际跨国公司的总经理。张力进入办公室与总经理恰当寒暄之后,拿出了自己的名片,双手递上,总经理很高兴地拿出了自己的名片递给对方,没想到张力看也没看一眼,就放在了桌面上,谈话期间,还时不时地拿在手里把玩,临走时,衣角把名片弄掉在了地上,又不慎在上面踩了一脚。当他走到门口的时候,总经理叫住他,非常生气地对他说:"张,你可以不来见我,但是不能不尊重我。"张力百思不得其解。

启示: 在国际交往中,名片是一个人的象征,尊重名片,就是尊重交往对象,接受名片时应仔细看看,然后放置在上衣口袋中,不可在手中把玩。

(三) 递接名片

(1) 名片应放在随身携带的精致名片夹中,穿西装时,名片夹只能放在左胸的口袋里。左胸是人的心脏所在地,将名片放在靠近心脏的地方,其含义无疑是对对方的一种礼貌和尊重。在不穿西装时,名片夹可放置于自己随身携带的小提包里。将名片放在其他口袋里,是一种很不雅的行为。由于公关与商务人员在一次活动中需要接受的名片很多,因此,最好将他人名片和自己的名片分开放,否则一旦慌乱会误将他人名片递出,那就失礼了。

递接名片的礼仪

(2) 递名片给他人时,应郑重其事,面带微笑。最好是起身站立,走上前去,用双手的拇指和食指分别持握名片上端的两角,将名片正面朝向对方,交予对方,如图 2-8 所示。将名片递给他人时,口头应有所表示。可以说:"请多指教""多多关照""今后保持联系""我们认识一下吧",或是先作一下自我介绍。名片就是你的身份,它表明你是谁,是干什么的,以及你为谁工作,名片就是你的外表。

图 2-8 递名片的动作规范

交换名片的顺序一般是:先客后主,先低后高。当与多人交换名片时,应依照职位高低的顺序,或是由近及远,顺时针依次进行,切勿跳跃式地进行,以免对方有厚此薄彼之感。如果在场人很多,一定要全部递送到。递送名片时也要遵守"同性优先"的原则,即先赠送给在场的同性,然后再递送给异性。

(3) 接受他人名片时,应立即停止手上所做的一切事情,起身站立,面含微笑,目视对方,并视情况口头道谢,或重复对方所使用的谦辞敬语,如"请您多关照","请您多指教",不可一言不发。若需要当场将自己名片递过去,最好在收好对方名片后再给,不要左右开弓,一来一往同时进行。

接受名片时宜双手捧接,接过名片。首先,一般要用半分钟左右的时间看名片,从头至尾将其认真默读一遍,表示对对方的尊重;其次,阅读时可将对方的姓名职衔念出声来,并抬头看看对方的脸,使对方产生一种受重视的满足感。最后,回敬一张本人的名片,如身上未带名片,应向对方表示歉意。可以说:"非常抱歉,我的名片刚好发完了,下次我一定给您补上!"若接过他人名片后看也不看,或放在手头把玩,或弃之桌上,或装入衣袋，或交予他人，则是失礼行为。尽量不要在别人的名片上做记号或标注。

> **点滴感悟**
>
> **礼仪细化的重要**
>
> 　　一位作家访日，他本是文雅之士，但日本之行，许多细小礼节上的反差，令他汗颜。这位作家给拜访的人送名片时，日本人双手接住，端详片刻，口中念念有词，然后微笑着放入公文包中，再向他致谢。而这位作家接住名片后，随即放入包中。在广岛，终于酿成大错，这位作家把一位企业课长的名片忘在桌上，告别时，接待员过来转达了课长的一句忠告："也许你在轻视我，但无论如何这都是不礼貌的。"
>
> 　　启示：我们自称是礼仪之邦，但许多礼节却经不住推敲，不少礼节可能还只停留于书面的道德层次上，并没有细化到具体的行动中。
>
> （资料来源：《思维与智慧》，2004 年第 6 期）

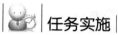 **任务实施**

　　黑龙江省恒大有限公司业务经理王芳带领同事王萌负责接待深圳临天通信有限公司李想经理以及李红和王明一行，他们在车站见面。

第一项　得体称呼

　　公司派业务经理王芳提前到达车站，等候迎接，见面时，王芳经理迎上去对李想进行称呼："李经理您好！很高兴见到您！我是黑龙江省恒大有限公司业务经理，我叫王芳。"李想也很快回应"王经理你好，谢谢你们能够来接待我"。

第二项　握手礼

　　因为是迎接客人，王芳摘下手套后伸出右手，先与对方李想经理握手，然后又与对方的员工李红握手，最后与王明握手，黑龙江省恒大有限公司王萌也先与李想经理握手打招呼，顺次与李红和王明握手。

第三项　互相介绍

　　王芳经理与李想握手之后，马上做自我介绍"李经理你好，我是黑龙江省恒大有限公司业务经理王芳，这是我的同事王萌。"王萌马上微笑点头致意，李想经理也马上做出回应："王经理你好，这是我们公司同事，这位是李红，这位是王明。"李红和王明也分别给予回应和致意。

第四项　交换名片

　　王芳从名片夹里拿出事先准备好的名片，用双手的拇指和食指分别持握名片上端的两角微微欠身，郑重其事，面带微笑，走上前去，将名片正面朝向李想。将名片递给李想同时说："请多指教"，李想面含微笑地说道："请您多关照"，然后大家都互相交换了名片。

项目二 商务交际礼仪

任务 2.2　电话礼仪

【任务布置】

经过一段时间的考察，深圳临天通信有限公司欲与黑龙江省恒大有限公司进行合作，双方前期就一些细节问题在电话沟通中初步达成合作的意向，约定双方在 2015 年 11 月 14 日见面，地点在黑龙江省恒大有限公司总部，来宾包括深圳临天通信有限公司业务经理李想在内三人，3 天内返回。黑龙江省恒大有限公司接到通知，公司派业务经理王芳负责接待和洽谈。

（1）黑龙江省恒大有限公司业务经理王芳致电深圳临天通信有限公司，邀请对方来访洽谈合作，电话沟通。

（2）深圳临天通信有限公司电话回访接受邀请。

【知识要点】

使用电话传递信息时通话双方之间不见面，直接影响通话效果的是通话者的声音、态度和使用的言辞。这三者一般被称作"电话三要素"。它们既与通话内容相关又直接影响通话者之间的相互关系。电话是现代社会组织对外展现自己形象的窗口，在社会组织赢得公众美誉方面发挥着独到的作用。

一、打电话礼仪

正确地利用电话，并不是每一个打电话的人都能做到的。要正确利用电话，不只是要熟练地掌握使用电话的技巧，更重要的是要自觉维护自己的"电话形象"。

打电话时要保持良好的心情，欢快的语调能够给对方留下极佳的印象。由于面部表情会影响声音的变化，所以即使在电话中，也要抱着"对方看着我"的心态去应对，尽可能注意自己的姿势。打电话过程中绝对不能吸烟、喝茶、吃零食，即使是懒散的姿势对方也能够"听"得出来。如果你打电话的时候，躺在椅子上，对方听你的声音就是懒散的、无精打采的；若坐姿端正，所发出的声音就会亲切悦耳、充满活力。

打电话时应注意以下几个方面。

（一）慎选时间

使用电话的时间，应该包括选择打电话的时间和电话交谈所持续的时间。如果不是特别紧急的事情，打电话时间一般不选择在早上 7：00 以前、就餐时间、晚上 10：00 以后，这几个时间打电话有可能会打扰对方休息或用餐。

电话交谈时间以 3～5 分钟为宜，即应遵守通话"三分钟原则"，不宜过长。如果打电话的时间须 5 分钟以上，而又没有提前预约，应该向对方说明要办的事，征询对方是否方便，如果对方不便就请对方另约时间。

拨打电话的时间

> **点滴感悟**
>
> **一次失败的电话沟通**
>
> 　　毕业生小徐前几天在学校"大学生就业网"上看到了一则烟台市某单位的招聘信息，小徐觉得单位的基本条件不错，为了获得更大的录取机会，小徐决定直接与单位人事部门通一次电话，进行一次电话自荐。小徐在下午5点多向用人单位打去了电话，接电话的工作人员告诉他主管领导不在。小徐为了稳妥，第二天早上8点就往单位打去了电话，不巧的是主管领导正在开会，他便向接电话的工作人员介绍了自己的情况。经过15分钟的谈话，小徐觉得自己还没有能完整地向单位展示自己，可接电话的工作人员却打断他的谈话，说自己已经清楚了，会向主管领导汇报情况。
>
> 　　启示：下午5点以后不是打电话的合适时间，因为公司已经下班了，小徐打电话耽误了接话员下班；而早上8点往往是对方开会的时间，不方便接听电话；谈话时间不应超过3分钟。由于电话礼仪运用不恰当，小徐给对方留下了很差的印象。

（二）充分准备

任何人打电话，总是有一定目的的，或是表示问候，或是洽谈业务，或是通知事情，或是有求于人。电话作为现代化的联络工具，具有方便、快捷的特点，因此，在打电话前要考虑清楚打电话的目的。无论要谈的事情是复杂还是简单，都应当在拿起电话前，认真思考，充分准备，最好用纸笔先写下通话要点，以便流利通话，给对方留下良好的印象。

（三）礼貌待人

打电话时，对他人应以礼相待，首先要问候对方，再自报家门。一般打电话时所用的规范的"前言"有两种。

一种适用于正式的商务交往中，要求用礼貌用语把双方的单位、职衔、姓名一一道来，比如："你好，我是×××公司××部经理×××，我想找贵公司××部副经理×××先生"。

另一种适用于一般性的人际交往，在使用礼貌的问候以后准确地说出双方完整的姓名。如"你好，我是×××，请找×××"。

如果你找的人不在，可以请接电话的人转告。这时应先说一句："对不起，麻烦你转告×××……"最后，别忘了向对方道谢，并且问清对方的姓名。切不要"咔嚓"一声就把电话给挂了，这样做是不礼貌的。即使你不要求对方转告，但他为你接了这个电话，你也应说一声："谢谢，打扰您了。"

二、接电话礼仪

接听电话时，也有许多具体要求。在整个通话过程中，接听电话的人虽然是被动的一方，也必须在接听电话时，专心致志、彬彬有礼。当你拿起电话听筒的时候，一定要面带笑容。笑容不仅表现在脸上，它也会藏在声音里。亲切、温情的声音会使对方马上产生良好的第一印象。如果绷着脸，声音会变得冷冰冰。

（一）接听及时

当听到电话铃声响起时，应迅速起身去接，最好在三声之内接听。电话铃声响一声大约3秒钟，若长时间无人接电话，或让对方久等是很不礼貌的，会给人留下不好的印

接听电话的礼仪1

接听电话的礼仪2

象。即便电话离自己很远，听到电话铃声后，附近没有其他人，也应该用最快的速度拿起听筒，如果电话铃响了四声以上才拿起话筒，应该先向对方道歉："对不起，让你久等了。"

（二）自报家门

拿起听筒，先自报一下家门："您好！这里是×××公司公关部"，这样做，一是可以用节省对方的时间表达对对方的尊重，二是让对方明白是否拨对了电话。作为接话人，通话过程中，要仔细聆听对方的讲话，并及时作答，给对方积极的反馈。接听电话时，应注意使嘴和话筒保持4厘米左右的距离；要把耳朵贴近话筒，仔细倾听对方的讲话。

如果对方请你代传电话，应弄明白对方是谁，要找什么人，以便与接电话人联系。转接电话时，请告知对方"稍等片刻"，并迅速找人。如果不放下听筒呼喊距离较远的人，可用手轻捂话筒或保留按钮，然后再喊接话人。

如果对方找的人不在，您应该告诉对方，并且问："需要留言吗？我一定转告！"如果对方需要留言，则应认真记录。

当我们接到一个拨错的电话时，应礼貌温和地告诉对方"您打错了"，而不要粗暴地挂上电话。对方若说"对不起"时，应礼貌回答"没关系，再见！"

（三）认真记录

在办公室工作的人们，通常每天要接很多个电话，还要处理许多其他的事情，因此要随时准备好专用的电话记录簿，养成记录电话的良好习惯。

记录完毕后，应将主要内容向对方复述一遍，确保准确无误。通常，办公室电话记录还应包括来话人姓名、单位、电话号码、来话时间等内容。

通话结束时，作为接话人，一般来说，应等对方先挂上电话后再放下话筒。若双方身份地位有差别，也可以请地位高的一方先挂。

点滴感悟

一次失败的沟通

有一次，一家台资公司的老总邀请杨女士到自己的公司进行一次公关策划，时间已经定好了。临行之前，杨女士先给这家公司的办公室打了一个电话。对方接电话的第一句就是"喂，你是谁呀？"非常不礼貌，杨女士不悦地说："我是杨青，请你转告你们老总我一会儿就去见他。"对方却粗声大气地说："他不在"，接着"啪"的一声挂了电话。杨女士很气愤，但毕竟有约在先，出于礼貌又打了第二个电话。这一次还没等她说话，对方就很不耐烦地说："已经告诉你了，他不在。烦人！""啪"的一声又挂了电话。这一次杨女士真的生气了，从此以后，这家公司老总的邀请都被她婉言谢绝。

启示：电话礼仪对一个企业来说很重要，它是一个单位的形象窗口，关系到企业利益，甚至关系到企业的生存与发展。

手机使用礼仪

三、手机

在使用手机时，除了要遵从接打电话的礼仪外，还应注意以下几点，以免失礼。

（一）注意场合

工作中，使用手机的场合多有讲究。一般而言，在写字间工作时，应尽量少使用手机，多用座机。在接待客户、向领导汇报时，也不宜使用手机，可以在对方的面前将手机关机。在宾馆大堂、会议室、洽谈室使用，也会打扰他人。如急需在公共场合、正式活动过程中使用，应找一个不影响他人的地方。如不得不当众使用，应向周围的人致歉。公共场合特别是楼梯、电梯、路口、人行道等地方，不可以旁若无人地使用手机，应该把自己的声音尽可能地压低一下，而绝不能大声说话。

使用手机时，应充分考虑自己与他人的安全问题。按照有关规定，驾驶汽车、乘坐飞机或者置身病房、油库时，禁止使用手机，否则就可能发生重大事故。除此之外，在军事要地、博物馆内以及新产品发布会、新技术研讨会上，为了安全或保密等方面的原因，手机也通常禁用。为了个人信息的安全，私人手机号码不宜公布于众。

（二）放置到位

在较为正式的场合，手机不宜乱拿、乱放。不论是直接握在手里，还是将其挂在胸前、腰间，看起来都不甚美观。一般还是放入公文包或手袋内为宜。有时，如不影响服装的外观，也可把它放在上衣口袋之内。

（三）通话适当

拨打手机时，首先想到的是，这个时间对方方便接听吗？尤其当知道对方是身居要职的忙人时，要有对方不方便接听的准备。在给对方打手机时，可以从听筒里听到的回音来鉴别对方所处的环境。例如：电话里很静，对方可能在会议上，比较大的会场能感到一种空阔的回声；电话里有噪声，对方就很可能在室外；电话里有隆隆声，对方可能在开车。有了初步的鉴别，对能否顺利通话就有了准备。但不论在什么情况下，是否通话还是由对方来定为好，所以"现在通话方便吗？"通常是拨打手机的第一句问话。其实，在没有事先约定和不熟悉对方的前提下，我们很难知道对方什么时候方便接听电话。所以，在有其他联络方式时，还是尽量不打手机。

 任务实施

黑龙江省恒大有限公司业务经理王芳致电深圳临天通信有限公司邀请对方来访洽谈合作，致电过程中注意了电话礼仪的应用。

第一项　准备工作

王芳早上上班后，来到办公室，看了看表，决定在 9 点的时候打电话，她准备好纸和笔，把要说的语言重新组织了一下，打了个草稿，在 9 点的时候她拿起电话。

第二项　打电话

王芳："您好，是深圳临天通信有限公司吗？我是黑龙江省恒大有限公司业务经理王芳，我想找业务经理李想，请问他在吗？"

第三项　接听电话

深圳临天通信有限公司李想在铃声响起的第二声接听了电话："您好，临天通信有限公司，我是李想。"

第四项　电话交流

王芳："李经理您好！我们想邀请你 11 月 14 日来我们公司洽谈合作意向，不知道你们有没有时间？"

李想："很高兴接受你们的邀请，我们决定前往洽谈，在 11 月 14 日准时到达。"

王芳："欢迎你们的到来，到时我们会去车站接你们。"

李想："谢谢你们，我们一定准时到达。"

王芳："祝你们一路顺风，再见！"

李想："好的，谢谢，再见！"

任务 2.3　拜访与接待礼仪

【任务布置】

经过一段时间的考察，深圳临天通信有限公司欲与黑龙江省恒大有限公司进行合作，双方前期就一些细节问题在电话沟通中初步达成合作的意向，约定在 2015 年 11 月 14 日双方进行见面，地点在黑龙江省恒大有限公司总部，来宾包括深圳临天通信有限公司业务经理李想在内 3 人，3 天内返回。黑龙江省恒大有限公司接到通知，公司派业务经理王芳负责接待和洽谈。

（1）深圳临天通信有限公司做好拜访准备。

（2）做好深圳临天通信有限公司业务经理的接待准备。

（3）落实好深圳临天通信有限公司业务住宿、用餐、谈判、游览、送客等各方面事宜。

【知识要点】

拜访与接待是常见的社交形式，是人们联络感情、扩大信息来源，增进友谊和沟通关系的有效方法。在公关与商务活动中，由于个人礼仪修养之差异，有的人处处受欢迎，有些人却让人唯恐避之不及。因此，要达到交际的目的，公关与商务人员必须掌握拜访与接待的礼仪。

一、拜访礼仪

拜访作为交往的重要方式，已越来越多地受到人们的重视。拜访是指个人或单位代表以客人的身份去探望有关人员，以达到某种目的的社会交往方式。拜访实质上是拜会、会见、访问、探访等的统称。

（一）拜访的类型

1. 按目的划分

（1）政治拜访。

国家首脑或党政要员为达到政治目的而进行的拜访。

（2）事务拜访。

为了加强业务联系、推销产品、购进产品而进行的具体事务性拜访。

（3）情感拜访。

为交流感情、增进友谊而进行的拜访。

（4）礼节拜访。

为表达对对方的尊重、关心而进行的拜访。

2. 按公私性质划分

（1）公务拜访。

机关团体、工商企业为达到团体的目的而进行的拜访。

（2）私人拜访。

个人、家庭之间为促进感情交流、加强联系而进行的拜访。

3. 按拜访方式划分

（1）应邀拜访。

拜访者接到有关团体或个人发出的正式邀请后进行的拜访。

（2）主动拜访。

团体或个人为了一定的目的而主动联系的拜访。

公关与商务活动中常见的拜访有三种：一是事务拜访，二是礼节拜访，三是私人拜访。

（二）拜访的准备

1. 事先约定

拜访前应事先与被访对象约定，事先相约是首要的礼貌准则。事先不打招呼，贸然造访，一是可能扑空，二是会扰乱主人的计划，是不礼貌的行为。

如果事先已约好，就应遵守时间，准时到达。如确有意外情况发生而不能赴约或需要改期，也要事先通知对方，并表示歉意。因为失约或迟到都是不礼貌的行为。

（1）时间选择。

这是对方是否接受拜访的首要条件。拜访时间选择以不妨碍对方为原则，选择对方方便的时候，若是公务拜访应选择对方上班的时间；若是私人拜访，应尽量避免在吃饭时间、午休时间，或者晚上10点之后登门。一般说来，上午9—10点，下午2—4点或晚上7—8点是最适宜的时间。

（2）地点的选择。

拜访地点要视拜访的具体目的而定。若是公务拜访，则应选择在办公室；若是私人拜访，则应选择家里或者娱乐场所。

（3）预约的形式。

拜访的预约方式都可大致分为电话预约、当面预约或信函预约。日常交往中，除熟人用电话联系外，信函约会是主要形式。约见信函行文语气必须婉转、恳切和有礼貌，内容不要太详细、具体。只简单说明约会的理由，并提出一个合适的时间和地点请示对方同意即可。

2. 赴约的准备

双方约定后，为了能更好地达成拜访目的，拜访者要认真做好赴约准备。

（1）仪表修饰得体。

如果是正式的公务拜访，穿着打扮要整齐大方，干净整洁，符合职业的特点和要求。如果是朋友之间的拜访，虽不必太讲究，但也要整洁大方，修饰得体。

（2）内容准备充分。

一般来说，拜访他人都有一定的目的性，例如，有事情需要商量，拟请对方帮忙做一些工作等。因此，拜访前应准备好相关内容的材料，以免措手不及，影响拜访目的的实现。此外，还应考虑怎样与对方交谈更为妥当，特别是拜访身份高者或年长者，更要注意谈话的内容，选择对方最能接受的方式进行谈话。

（3）准备赠送礼物。

赠送礼物是社交应酬、拜访的需要，也是交际活动的重要举措。恰当地选送一些礼物，往往有助于联络感情、密切关系、加深友谊。因此，礼尚往来也是拜访活动的一项内容。礼物选送应轻重得当、合乎时宜、不落俗套。好的礼物使受礼者倍感珍贵，达到增进感情的目的。

女老板变成女秘书

有一个由国内企业家组成的代表团出国考察，其中有一位女企业家，虽然穿的也是一身西服套裙，但外方人员竟一直误以为她是位秘书。原来这位女企业家穿的套裙的面料质地不好，做工也不考究，款式又过于花哨，与其身份不符，给对方造成误会。

启示：涉外拜访时，必须注重自身的穿着打扮，符合身份、符合拜访要求。

（三）拜访的礼节

1. 遵时守约

这是社会交往活动中的重要交际原则，也是一个人应有的礼貌修养。一般情况下，国外习惯准时或略迟二三分钟，国内习惯准时或提前3～5分钟到达。这样，一方面可以避免到得太早，主人没有做好迎客的准备，出现令主人难堪的场面；另一方面也不会因到得晚而让主人焦急等待。如果确因故迟到、失约，则要详细说明原因，郑重致歉。

拜访客户的注意事项

2. 礼貌登门

到朋友家或拜访对象的办公室，事先都要敲门或按门铃，等到有人应声允许进入或出来迎接时方可进去，不可不打招呼擅自闯入。即使门敞开着，也要以其他方式告知主人有客来访。后到的客人到达时，先到的客人应该站起来，等待介绍。

3. 放好物品

拜访者有时携带物品或礼品，或随身带有外衣和雨具等，进门后，应按主人指定的位置放好，不可乱扔乱放。

4. 言行适当

无论是公务拜访还是朋友之间的拜访，进门后，首先要和拜访对象握手、问候，遵循见面的礼节方式。待主人坐下或招呼坐下后方可坐下。注意坐姿端正，即使在十分熟悉的朋友家也要注意。主人的卧室若非主人邀请，不可擅自进入。主人室内的摆放均可以欣赏并赞美，但不可拿到手中把玩。

拜访过程中，主人倒的茶水要双手接住，不能推让，应从座位上欠身，双手接过，并表示感谢；主人端上的用品或点心要等年长者先取之后自己再取。

在交谈中，拜访者须语言适度，表达准确，不夸大其词，亦不要过于谦卑，自信而不自大。交谈时，除了表达自己的思想观点外，还要注意倾听对方谈话的内容、对方的情绪和周围环境的变化，并注意适时做出反应。谈话内容不要涉及主人不愿提及的话题和个人隐私。

> **点滴感悟**
>
> ### 尴尬的拜访
>
> 　　有一个非常著名的外国幽默短剧,剧情是这样的:有一位先生去朋友家拜访,女佣把他请进会客室,然后去请主人。这位先生自己坐在会客室里,开始时,坐的非常端正等待主人的到来。可是,女佣进来说主人让他再等一会儿,这位先生便开始打量会客室,发现墙上的一幅画是歪的,于是他走上前去打算把画扶正,没想到刚碰到画框,旁边的画就掉了下来。他去扶那幅画时,有一个东西掉进了沙发的后面,为了取那个东西,他蹲下身用力地推沙发,结果把沙发旁边的花弄倒了。当他要站起来时,把身后的茶几弄翻了,好不容易把茶几摆好了,脚又刮到了地毯。为了摆脱地毯,他用力地甩脚,结果把茶几都弄翻了。最终,由于他的一系列动作,把屋子里面所有的东西都弄得一团糟。
>
> 　　启示:到别人家里或办公室里拜访,应该遵守拜访礼仪,不可乱挪乱动。

　　5. 适时告辞

　　当话题谈完,拜访的目的已达到时,就应起身告辞。告辞之前要稳重,不要显得急不可待。最好是自己讲一段带有告别之意的话之后,或者是在双方对话告一段落,新的话题没有开始之前提出告辞,或者被拜访者有了新的客人而自己又不认识时提出告辞。

　　如果来访的客人很多,自己有事需要提前离开,应悄悄地向主人告辞,并表示歉意,以免惊动其他客人。如被其他客人发现,则应礼貌地致歉和告辞。

　　告辞应该坚决,不要告而不辞,只说不动。应该说走就走,不要拖泥带水。告辞时应对主人,尤其是女主人的热情招待表示感谢:"谢谢您的盛情招待""给您添麻烦了",这是应有的礼貌。

　　告辞时要同主人和其他客人一一告别,应主动与主人或其他客人握手,并使用礼貌用语:"请留步""您请回""再见"。

二、接待礼仪

　　接待和拜访一样,同样可以起到增进联系、提高工作效率,交流感情、沟通信息的作用,同样是个人和单位经常运用的社会交往方式。接待包括迎客、待客、送客三个环节。

(一) 接待的原则

　　无论是单位还是个人在接待来访者时,都希望客人能乘兴而来,满意而归。因此在接待中都应遵循平等、热情、礼貌、友好的原则。

(二) 接待准备

　　1. 心理准备

　　对于来访者,无论是有约还是无约、生人还是熟人,无论是业务关系还是友人关系,随时都要有一视同仁的心理准备。同时调整好自己的心境,做好情绪准备,用满腔的热情接待来访客人。

　　2. 物质准备

　　(1) 接待环境应该清洁、整齐、明亮、美观,无异味。因此,要提前打扫房间、庭院，布置迎客的花卉、绿色植物，表现出"欢迎您"的气氛。各种物品摆放要整齐。

（2）整洁的仪表服饰表现出对来访者的尊重。接待人员应注意仪表清爽，男性应刮胡子，头发整齐干净；女性应适当化妆。

（3）根据来客的特点适当准备一点待客的水果、烟具、茶叶之类的物品，以免手忙脚乱。

（4）根据来访者的目的，准备好客人需要的相关材料。

（5）根据实际需要，适当准备饭菜，预定旅馆客房，以及客人返程的车、船、机票等。

（三）接待规格

在事务性工作的接待中，要根据来访者的身份确定接待规格。

1. 对等接待

对等接待是指主要陪同人员与主要来宾的职位相当的接待。这是最常用的接待规格。

2. 高规格接待

高规格接待是指主要陪同人员比来宾的职位要高的接待。表示对来访对象特别的重视和友好。

3. 低规格接待

低规格接待是指主要陪同人员比来宾的职位要低的接待。在工作中采用低规格接待，往往是由于所在单位的级别造成的，比如，公司董事长到分公司视察，分公司经理出面接待，只能是低规格接待。

（四）了解客人

作为接待者必须对来访者的情况有详尽的了解，才能做到心中有数，搞好接待工作。要了解清楚来宾的目的和来宾的基本情况，姓名、性别、职务、级别及一行人数，以及到达的时间和地点等，以便有针对性地做好接待前的准备，便于安排交通工具和住宿，以及确定适宜的接待规格。

> **点滴感悟**
>
> #### 漂亮礼品受冷落
>
> 一位西欧颇有身份的女士到中国访问，下榻北京一家豪华大酒店。酒店以贵宾的规格隆重接待：总经理在酒店门口亲自迎接，从大堂入口处到电梯走廊，都有漂亮的服务员夹道欢迎，问候，贵宾入住的豪华套房里摆放着鲜花、水果……西欧女士十分满意。陪同入房的总经理见女士兴致很高，为了表达酒店对她的心意，主动提出送一件中国旗袍，她欣然同意，并随即让酒店裁缝给她量了尺寸。总经理很高兴能送给尊敬的女士这样一件有意义的礼品。
>
> 几天后，总经理将赶制好的鲜艳、漂亮的丝绸旗袍送来时，不料这位女士却面露愠色，勉强收下，后来离店时却把这件珍贵的旗袍当作垃圾扔在酒店客房的角落里。总经理大感不解，经多方打听才了解到，原来这位女士在酒店餐厅里看到女服务员都穿旗袍，误以为那是女侍者特定的服装款式，主人赠送旗袍，是对自己的不尊敬，故生怒气，将旗袍丢弃一边。总经理听说后啼笑皆非，为自己当初想出这么一个"高明"的点子而懊悔不已。
>
> 启示：对于要接待的来宾应该了解他们的喜好，为了体现对对方的尊重，赠送礼品时应该有针对性地做好说明和介绍，为对方当好参谋，以免闹出笑话。

接待客户的注意事项

（五）接待的礼节

1. 迎客礼节

（1）迎接。

对前来访问、洽谈业务、参加会议的外国、外地客人，应首先了解对方到达的车次、航班，安排与客人身份、职务相当的人员前去迎接。若因某种原因，相应身份的主人不能前往，前去迎接的主人应向客人做出礼貌的解释。主人到车站、机场去迎接客人，应提前到达，恭候客人的到来，决不能迟到让客人久等。否则事后无论怎样解释，都无法消除这种失职和不守信誉的印象。

若是在家中会客，则应在约定时间提前去迎接。"出迎三步，身送七步"是我国迎送客人的传统礼仪。

见到客人后，应首先问候"一路辛苦了""欢迎您来到我们这个美丽的城市""欢迎您来到我们公司""欢迎光临""您好"等。

（2）住宿。

主人应提前为客人准备好住宿，帮客人办理好一切手续并将客人领进房间，同时向客人介绍住处的服务、设施，将活动的计划、日程安排交代给客人，并把准备好的地图或旅游图、名胜古迹等介绍材料送给客人。将客人送到住地后，主人不要立即离去，应陪客人稍作停留，热情交谈，谈话内容要让客人感到满意，比如，客人参与活动的背景材料、当地风土人情、有特点的自然景观、特产、物价等。考虑到客人一路旅途劳累，主人不宜久留，让客人早些休息。分手时，将下次联系的时间、地点、方式等告诉客人。

2. 待客礼节

（1）茶点。

招待客人时，茶水饮料最好放在客人的右前方，点心水果最好放在客人的左前方。

我国人民习惯以茶水招待客人，在招待尊贵客人时，茶具要特别讲究，倒茶、递茶都有许多讲究。奉茶时，应在客人入座后，取出杯子，当着客人的面将杯盖揭开，先烫洗杯子，再放入适量茶叶，沏茶。从客人的右边为客人奉茶。

请客人吃水果前，应将洗净消毒的水果和水果刀交给客人削皮。如代客人削皮，一般只应削到你的手指即将碰到的果肉为止，以保持水果的清洁卫生。

（2）谈话。

谈话是待客过程中的一项重要内容，是关系到接待是否成功的重要一环。首先，要紧扣主题，如果是朋友间的交流，应找双方都感兴趣的话题、共同关心的问题交谈。其次，要注意谈话的态度和语气。谈话时要尊重他人，不要恶语伤人，语气要温和适中。最后，应认真倾听别人讲话，并以相应动作和面部表情予以配合，让对方感觉很受重视。

（3）陪访。

陪同客人参观、访问、游览时，要事先熟悉情况，安排好交通工具及相关物品；游览时要注意照顾客人，热情、礼貌，门票、车票费用尽量由主人支付。

3. 送客礼节

送客是接待中的最后一环，处理不好将影响到整个接待工作的效果。俗话说：编筐编篓，全在收口。送客环节的礼仪表现，既是对一次交往活动的总结，又是为以后的交往活动打基础。

（1）婉言相留。

无论接待什么样的客人，当客人准备告辞时，一般都应婉言相留。送客时，应在客人起身后再起身相送或相留，以免有逐客之嫌。送客时应等客人伸出手后再与客人握手道别，并送到门外或楼下，用热情友好的语言欢迎客人下次再来。

（2）安排交通。

送别客人时应按接待时的规格对等送别，做好交通方面的安排，帮助购买车船票或机票并将客人送至车站、码头或机场，待客人远离视线后方可离开。如客人来访时带有一些礼品，那么在送别时也要准备一些礼品回赠客人。

时逢圣诞巧接待

集团公司汪总经理的日程表上清晰地写着："12月23日接待英国的威廉姆斯先生。" 22日下午，汪总经理在着手安排具体接待工作时，案头的电话铃响了，打电话的正是威廉姆斯先生，他说因在某市的业务遇到了麻烦，要推迟到25日才能抵达贵公司，问汪总经理是否可以，并再三因改期表示歉意。尽管汪总经理25日需到省城参加一个会议，时间已经做了安排，但他还是很干脆地答复对方，25日一定安排专人接待，26日同威廉姆斯会面。汪总经理了解到威廉姆斯先生在海外有很多关系客户，与他合作对本公司大有帮助，他指派焦小姐负责接待威廉姆斯。接受任务后，毕业于文秘专业的焦小姐立即着手收集有关资料，并制订了详尽的接待方案。

25日下午4时，威廉姆斯乘坐的班机准时降落，当威廉姆斯走出出口后，焦小姐便热情地迎了上去，并用一口纯熟的英语做了自我介绍，使正在茫然四顾的威廉姆斯先生立即有了一种踏实的感觉。

焦小姐陪同威廉姆斯先生乘轿车离开机场向城市中心的宾馆驶去。一路上，焦小姐不时向威廉姆斯介绍沿途的风光及特色建筑，威廉姆斯对焦小姐的介绍很感兴趣。

天色渐暗，华灯初上，望着窗外的景色，威廉姆斯富有感情地说："在我们国家，今天是个非常快乐的日子，亲人团聚，尽情享受生活的乐趣。"话语中透着几分自傲，又似乎有几分遗憾，焦小姐认真地倾听并不断地点头。

车子抵达宾馆，由服务人员将威廉姆斯先生引入房间稍事整理后，焦小姐请威廉姆斯先生一同共进晚餐。走入餐厅，威廉姆斯先生被眼前的景色惊呆了：圣诞树被五彩缤纷的灯饰装饰得格外绚丽，圣诞老人在异国慈祥地注视着远方的游子。餐桌上布满了丰盛的圣诞食品，威廉姆斯先生非常兴奋。进餐中，服务人员手捧鲜花和生日贺卡走进来呈给威廉姆斯先生，这更让他激动不已。原来，这天正是威廉姆斯先生55岁生日。焦小姐举起手中的酒杯，对他说："我代表我们公司及汪总经理，祝您圣诞节欢乐、生日快乐！"威廉姆斯兴奋地说道："谢谢你们为我举行这么隆重的圣诞晚宴及生日宴会，你们珍贵的友情和良好的祝愿，我将终生难忘。"

26日，汪总经理由省城返回，双方有关合作业务洽谈得非常顺利。客人回国时，再三向焦小姐及公司对他的接待表示感谢。

启示：焦小姐对威廉姆斯先生的接待工作是考虑很周到、细致入微的，提前到达接待地点，甚至将客人想要了解的当地的风光等都做了充分的准备。而且还事先了解到客人的生日，让客人感觉很好，这些准备都为下一步合作奠定了基础。

（资料来源：杨眉主编，《现代商务礼仪》，东北财经出版社，2000年）

任务实施 1

深圳临天通信有限公司将在 2015 年 11 月 14 日到达牡丹江市去拜访黑龙江省恒大有限公司,具体安排如下。

第一项 电话沟通,提前预约

深圳临天通信有限公司与黑龙江省恒大有限公司之前进行了电话沟通,确认好了要去的时间和车次,时间是在 11 月 14 日到达,人员包括经理李想在内 3 人。

第二项 日程安排计划

11 月 14 日乘火车到达牡丹江市。

11 月 15 日谈判。

11 月 16 日中午 12:10 的火车离开牡丹江市。

第三项 仪表准备

包括经理李想在内大家出发前都精心打扮了一番,职业装整齐大方,干净整洁,没有一丝拖沓,看上去各个意气风发。

第四项 准备材料

大家准备好了此行用到的材料,对黑龙江省恒大有限公司有了比较全面的了解,这样方便大家在谈判的时候沟通和协商;同时,也准备好了己方要用到的全部材料。

第五项 准备赠品

为了增进与黑龙江省恒大有限公司的情谊,深圳临天通信有限公司为恒大有限公司准备了礼品。因为此行路途较远,不方便携带较重的物品,所以大家只携带了印有公司标志的小礼品。

任务实施 2

针对深圳临天通信有限公司的到来,黑龙江省恒大有限公司行政经理让业务经理王芳制订一个接待计划。王芳根据对方在本市活动的内容,初步制订了如下日程安排计划。

第一项 日程安排计划

11 月 14 日上午由公司业务经理到火车站接李想到饭店下榻。客人稍事休息,下午举行欢迎宴会。

11 月 15 日上午考察生产企业,中午便餐,下午双方开始会谈。

11 月 16 日上午继续会议,并准备签协议书。下午视情况而定,如果上午会谈顺利,下午安排参观镜泊湖。晚上我方公司经理到饭店话别送行。

11 月 17 日中午 12:10 的火车离开本市。我方负责将深圳临天通信有限公司人员送到火车站。

这一计划经领导同意后,当天传真给深圳临天通信有限公司,下午收到 E-mail 回复,提出到达当天下午就开始初步会谈,如果进展顺利 11 月 16 日就返回。

第二项 预订饭店

夏威夷饭店是五星级饭店,设施比较齐全,服务水平较高,位于太平路,距火车站百货大楼不远,交通便利。公司在江边,相距不远,要考察的企业也在附近,来去都经过公司，比较方便。

对方计划来3人，每人都独自一间房，时间从11月14日至15日。

第三项　预订欢迎宴会

考虑对方是第一次来牡丹江，为了体现当地特色，欢迎宴会安排在国贸大厦，以东北菜为特色，费用控制在2000元左右。

我方参加人员是公司经理、业务经理、办公室接待人员、司机2人，共5人。

第四项　会谈地点和人员

会谈就在本公司会议室。

经领导确定，参加会谈的人员是：公司经理、业务副经理、总会计师（财务经理）。

根据双方人数布置会谈室，要求整洁、大方、清洗桌布，桌子上摆好人名牌。

第五项　赠送礼品

根据国际礼仪的一般原则，初步确定为茶杯，用精美包装纸包好。

第六项　接待人员及车辆

日常接待陪同人员：王芳、两名业务员。

车辆安排：一辆奥迪A6，专职司机2人待命。

第七项　参观游览

考察生产企业：由王芳和生产企业负责人随行。

第八项　经费预算

住宿费用：500元×3人×2天＝3000元

宴会费用：1000元

参观企业的中午便餐费用：50元×9人＝450元

购买礼品费用：100元×4＝400元

总计：4850元。

任务2.4　宴请礼仪

宴请礼仪概述

【任务布置】

经过一段时间的考察，深圳临天通信有限公司欲与黑龙江省恒大有限公司进行合作，双方前期就一些细节问题在电话沟通中初步达成合作的意向，约定双方在2015年11月14日进行见面，地点在黑龙江省恒大有限公司总部，来宾包括临天通信有限公司业务经理李想在内三人，3天内返回。黑龙江省恒大有限公司接到通知，公司派业务经理王芳负责接待和洽谈。

（1）根据宴会的目的、内容、经费和人数确定宴会的规模和规格。

（2）确定菜单。

（3）注意宴会主人礼仪。

（4）注意宴会客人礼仪。

【知识要点】

宴会是组织在社会交往中比较常见的待客方式。宴会的参加者往往由宴请者（主办方）和赴宴者组成。宴请者根据活动的目的、内容、经费、人员数量等确定宴会规模和规格。

"夫礼之初，始于饮食"。餐桌也是人们社交与联谊的形式，在各种公关与商务活动中，往往要利用宴请这种形式，密切人际关系，增强情感。因此要充分利用宴会形式，开展交际活动，就必须了解和掌握宴请的有关礼仪。

一、宴会的种类和形式

宴会的形式种类繁多，包括正式宴会、便宴、家宴、招待会和茶会等多种形式。

1. 正式宴会

正式宴会通常是指各类社会组织为欢迎来访的宾客、召开各种专题活动答谢合作者和支持者，或是来访宾客为答谢主人而举行的宴会。正式宴会规模可大可小，规格可高可低。

2. 便宴

便宴即便餐宴会，用于非正式宴请。通常是组织为招待小批客人、个别采访者、合作者等而举行的宴会。一般规模较小，规格要求不高，不拘于严格的礼仪程序，可以不排座次，不做正式讲话，菜品多少不限，宾主可随意交谈，气氛亲切、融洽。

3. 家宴

家宴是在家中为招待客人而举行的宴请形式。一般人数较少，不拘形式，客随主便，气氛亲切，比较轻松、自由。

4. 招待会

招待会是指不备正餐的宴请形式。规模可大可小、经济实惠。规模较大的用于隆重的宴请，如国庆招待会。规模较小的一般用于公关与商务宴请活动，如各地方政府、行业组织、各企业公司等举办的招待会。招待会期间不排座位，宾客自由活动。常见的有冷餐会、酒会两种形式。

（1）冷餐会。

冷餐会，是西方国家较为流行的宴会形式，主要以冷菜、酒水、点心、水果招待客人。餐具、餐点分别摆在菜台上，由宾客随意取用。酒会进行期间，宾主可自由活动、敬酒、交谈。我国举行大型冷餐招待会，往往用大圆桌，设座椅，主桌安排座位，其余各席并不固定座位。食品和饮料均事先放置于桌上，招待会开始后，自行进餐。时间一般安排在中午12时至下午2时，或下午5时至晚上7时。

（2）酒会。

酒会，也称鸡尾酒会。主要以酒水为主，略备小吃。请柬上一般均注明酒会起止时间，客人可在此间任何时候入席、退席，来去自由，不受约束。鸡尾酒是用多种酒配成的混合饮料，酒会上不一定都用鸡尾酒。通常酒的种类较多，并配有各种小吃，一般不用或少用烈性酒。饮料和食品由招待员用托盘端送，或部分放置在小桌上由人们自行取用。举行的时间比较灵活，中午、下午、晚上均可。这种招待会形式活泼，便于与会者广泛交谈接触。

5. 茶会

茶会又称为茶话会，是一种比较简单的招待方式。举行的时间多在下午4时左右茶会通常设在客厅，厅内设茶几、座椅，不排座次。如为贵宾举行的茶会，入座时应有意识地安排主宾与主人坐在一起，其他出席者随意就座。茶会以茶为主，也配有点心、小吃。

二、宴会的组织安排

1. 确定宴请的目的与对象

宴会的目的多种多样，根据工作、生活、交往的需要确定。如节庆聚会、工作交流、重要来访等等。可以为某件事，也可以为某个人而举行。宴会可以以个人名义，也可以以单位名义发出邀请。

根据宴请目的、规格、活动内容、人数多少确定宴请对象。要考虑宴请的性质，主、客双方身份，惯例及习俗等多方面因素。

2. 确定宴会的时间

根据宴请的目的和主宾的情况选择双方都合适的时间。主要考虑不与宾客的工作、生活安排发生冲突。另外，宴请时间一般不选择在重大节日、假日，尽量避开对方的禁忌日。尤其是涉外宴请时，更要注意。如欧美人忌讳"13"，更不要选13号、星期五等。

3. 确定宴请的地点

首先，考虑宴请的规格与档次，规格高的安排在高级饭店或酒店进行，一般规格的则根据情况安排在适当的饭店举行。其次，宴请时应选择环境优雅、卫生良好、设施完备、交通便利的饭店，要与宴请对象的文化素质、身份相适应。餐厅已不再是一个单纯的用餐空间，用餐地点的选择直接影响着宴会的效果。

4. 发出邀请

正式宴请一般均发请柬，这既是礼貌，也可起到提醒的作用。请柬一般要提前3～7天发出。已经口头约妥的活动，仍应补送请柬，在请柬右上方或下方注上"To remind"（备忘）字样。需安排座位的宴请活动，为确切掌握出席情况，往往要求被邀者答复能否出席，请柬上一般用法文缩写注上 R. S. V. P. （请答复）字样。如果只需要不出席者答复，则可注上 Regrets only（因故不能出席请答复），并注明电话号码；也可以在请柬发出后，用电话询问能否出席。

5. 拟定菜单

根据宴请的目的、规格、季节、时间，本着节俭的原则，在一定标准内安排。拟定菜单要考虑宾客的喜好和禁忌。

三、中餐的礼仪

中华饮食文化就其深层内涵来讲，可以概括成四个字：精、美、情、礼。这四个字，反映了饮食活动过程中饮食品质、审美体验、情感活动、社会功能等所包含的独特文化意蕴，也反映了饮食文化与中华优秀传统文化的密切联系。

中餐宴请礼仪（上）

（一）中餐的菜序

中餐一般讲究先凉后热，先炒后烧，咸鲜、清淡的先上，甜的、味浓、味厚的后上。点菜时要考虑中餐的菜序。中餐菜序为：

冷菜—热炒—大菜—汤菜—点心—汤—水果

中餐宴请礼仪（中）

（二）中餐选菜

（1）宜选菜肴。

具体点菜时不要以贵为好，特别是涉外宴请时，宜选择具有中餐特色的典型菜肴。如狮子头、宫保鸡丁、鱼香肉丝、麻婆豆腐、蒸饺等，既为百姓之食，又具中餐特色。具有地方特色的菜肴和餐馆的看家菜也是宜选之列。此外，点菜时考虑到季节，冬季宜选红烧、红焖、红扒和砂锅、火锅等；夏季则以清蒸、白灼、清炒和凉拌为上。

（2）忌选菜肴。

安排菜单时，特别要注意避开宗教禁忌、地方禁忌、职业禁忌和个人禁忌。如佛教徒在饮食上禁食荤腥；英美人通常不吃宠物、稀有动物、动物内脏、动物的头部和脚爪；国家公务员执行公务时国家有规定的用餐标准；每个人饮食特点、饮食限制不同，也要照顾到个人习惯和禁忌。

（三）中餐桌次和座次的安排

正式宴会，一般需要安排好桌次和座次，一是表示隆重，二是避免混乱，三是可以更好地达到宴请的目的。也可以只安排部分客人的座次，其他人只排桌次或自由入座。无论采用哪种做法，都要在入席前通知每位出席者，使大家心中有数，现场要有人引导。

（1）桌次安排。

宴会桌次安排最为讲究。中餐宴会习惯使用圆桌，桌次安排可根据宴会厅的形状来确定。无论多少桌，其排列原则大致相同，即主桌排定后，其余桌次的高低以离主桌位置远近而定，远低近高；平行桌次，右高左低，要摆桌次牌。常见桌次排列方法如图2-9所示。

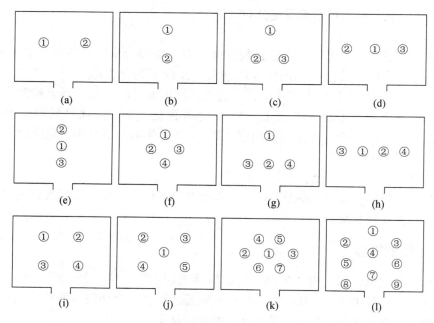

图2-9 桌次安排

中餐入座礼仪

（2）座次安排。

礼宾次序是排座次的主要依据。排位时，以主人为中心，如女主人参加宴会时，则以主人和女主人为基准。按国际惯例，主桌应位于厅堂正中，或正对门口处，主人应就座于餐桌面门、正中的位置，其他客人的座次高低以离主人的座位远近而定。我国习惯按出席宴会人的本身职务排列，以便于谈话，通常把女方排在一起，即主宾坐男主人右上方，其夫人坐女主人右上方。两桌以上的宴会，其他各桌第一主人的位置可以与主桌主人位置同向，也可以以面对主桌的位置为主位。涉外宴请时，如有译员，一般安排在主宾右侧。座次排妥后设置座位卡。便宴、家宴可以不放座位卡，但主人对客人的座次也要有大致安排。图2-10是几种座次安排示意图。

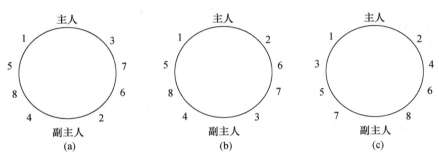

图2-10　座次安排

尴尬的聚餐

王明是某公司白领，工作很努力，深受领导和同事的赞誉。由于今年公司经营较好，营业额也直线上升，公司老板决定年底会餐奖励大家。公司在当地特有名气的一家酒店订了两桌的宴席，王明由于有事去晚了，发现同事都已就座完毕，只剩下对着门口的那桌没人坐，他想既然那桌满了，那我就坐这空桌吧。王明刚坐下，就看公司老板和各部门领导出现了，大家看他坐在那都愣住了。

启示：面门的桌子是主桌，主桌应该是为领导或者贵宾准备的。

（四）中餐宴请的程序

（1）迎客。

主人一般在大门口迎接客人。如果是重要的活动，则可以有少数主要人员陪同主人排列成行迎接客人。握手后，由工作人员引进休息厅。如果无休息厅，则直接进入宴会厅，但不入座。主宾到达后，由主人陪同进入休息厅与其他客人见面。如果其他客人尚未到齐，则由迎宾组其他成员代表主人在门口迎接。

（2）入席。

主人陪同主宾进入宴会厅，全体客人就座，宴会即开始。如果休息厅较小，或宴会规模大，则可以请主桌以外的客人先入座，贵宾席最后入座。

（3）敬酒。

入席后，主人招呼客人进餐，并率先给客人敬酒。敬酒时，通常要讲一些祝愿、祝福之言。在正式的宴会上，主人与主宾还会郑重其事地发表一篇专门的祝酒词。因此，敬酒往往是酒宴必不可少的一项程序。敬酒时应依座序逐一敬遍全席。

有时，主人为了表示对来宾的敬重、友好，还会亲自为其斟酒。来宾应端起酒杯致谢，必要时，还须起身站立，或欠身点头为礼。有时，亦可向其回敬以"叩指礼"，即以右手拇指、食指、中指捏在一起，指尖向下，轻叩几下桌面，表示向对方致敬。

（4）致辞。

涉外宴请时，如有讲话，双方通常事先交换讲稿，由主办方先提供，答谢宴会则由主宾先提供。一般西方国家习惯将宾、主致辞安排在热菜之后、甜点之前，我国的做法是一入席先讲话、后用餐。冷餐、酒会安排讲话可以更灵活。

在他人敬酒或致辞时，其他在场者应一律停止用餐或饮酒。应坐在自己的座位上，面向对方认真地洗耳恭听。

（5）散席。

吃完水果后，主人与主宾起立，宴会即可结束。主宾告辞时，主人送主宾至门口，主宾离去后，原迎接人员顺序排列与其他客人握别。

（五）赴宴者礼仪

（1）接受邀请。

接到宴会邀请后，能否出席均应尽早给对方以明确答复，以便主人妥善安排。万一临时因故无法出席，须尽早对主人做出必要的解释，并深表歉意，以取得主人谅解。

中餐赴宴礼仪

（2）准时赴宴。

一般按规定时间提前或延后不超过 5 分钟到达。过早、过晚出席都会被视为失礼。

（3）仪表整洁。

赴宴者要注意服装的整洁和个人卫生。

（4）抵达致意。

到达宴会地点后，应主动向主人或其他来宾问候、致意。然后随主人或迎宾人员的引领，步入休息厅或宴会厅。

（5）按位落座。

了解自己的桌次和座位，如果无座位卡，则听从主人的安排，不可随意乱坐。入座时，应从座椅的左侧入座。若同桌中有领导、长辈和女士，则应待其落座后自己再坐下。坐下后，注意坐姿端正，脚踏在本人座位下，不可任意伸直，不要紧靠在椅背上，也不要用手托腮或双臂放在桌上，更不能趴在桌上。

宴会位次礼仪

（6）席间交谈。

席间应礼貌地与左邻右舍或熟人交流，切记不要一语不发。如互不相识，可先自我介绍。席间宜选择大家共同感兴趣的或是比较轻松、愉快的话题。但是，口内有食物，应避免说话。

（7）表现文明。

用餐时的表现反映一个人的修养。用餐时须温文尔雅，从容安静。不宜吃得响声大作，"电闪雷鸣"；不宜乱吐废物，唾液飞溅；不宜张口剔牙，捅来捅去；不宜宽衣解带，脱鞋脱袜；不宜挑三拣四，挑肥拣瘦；不宜替人布菜，热情过头；不宜以酒灌人，出人洋相。避免在餐桌上咳嗽、打喷嚏，万一不禁，应说声"对不起"。

用餐姿态

点滴感悟

令人反胃的牙签

李先生受邀去朋友家做客，朋友夫妻两人在家中设宴，女主人烧得一手好菜，清蒸鱼、排骨虾、红烧鸡翅……李先生吃得津津有味。这时有一条肉丝卡在了牙缝里，于是李先生三下五除二用牙签剔除了肉丝，并且把牙签和肉丝扔在了烟灰缸里。看了这一幕，朋友一点胃口也没了……

启示：牙签虽然实用，却是礼仪的致命伤。提醒各位不到万不得已时不要当众出丑，借故离席一下是非常好的选择。

(8) 祝酒碰杯。

主人祝酒致辞时，应停止一切活动，认真聆听，不可做无关小动作。主人前来碰杯或相互碰杯时，应目视对方，面带微笑，点头致意。人多时，可同时举杯共祝，不必一一碰杯。

(9) 礼貌告别。

如果宴会没有结束，但你已用好餐，不要随意离席，要等主人和主宾餐毕先起身离席，其他客人才能依次离席。宴会结束，赴宴者起身离席时，男宾应先起身，为年长者或女士移开座椅；主宾先向主人告辞，随后是一般来宾向主人告辞；男宾先向男主人后向女主人告辞，女宾则相反。

(10) 宴会后致谢。

宴会结束后，应礼貌主动地向主人握手道谢。西方人一般参加正式宴会后的2～3天内，向主人书面致谢。

(六) 用筷礼仪

筷子是中餐中最主要的进餐用具，掌握用筷礼仪对于恰当参加中餐宴会来讲是十分重要的。在用餐过程中，主人为表示盛情，一般可说"请用筷"等筵语。握筷姿势应规范，进餐需要使用其他餐具时，应先将筷子放下。暂时停餐，可以把筷子竖放在碟子或者调羹上。将筷子横放在碟子上，表示酒醉饭饱不再进食的意思。

筷子的起源

用筷有以下几种忌讳。

(1) 忌敲筷：在等待就餐时，不能用筷子敲打碗盏或茶杯。

(2) 忌掷筷：在餐前发放筷子时，要把筷子一双双理顺，然后轻轻地放在每个人的餐桌前；距离较远时，可以请人递过去，不能随手掷在桌上。

筷子使用的禁忌

(3) 忌叉筷：筷子不能一横一竖交叉摆放，不能一根是大头，一根是小头。筷子要摆放在碗的旁边，不能搁在碗上。

(4) 忌插筷：在用餐中途因故需暂时离开时，要把筷子轻轻搁在桌子上或餐碟边，不能插在饭碗里。

用筷礼仪

(5) 忌挥筷：在夹菜时，不能把筷子在菜盘里挥来挥去，上下乱翻，遇到别人也来夹菜时，要有意避让，谨防"筷子打架"。

(6) 忌舞筷：在说话时，不要把筷子当作刀具，在餐桌上乱舞；也不要在请别人用菜时，把筷子戳到别人面前，这样做是失礼的。

(7) 忌舔筷：就餐时，不能用舌头舔筷子。

(8) 忌指筷：就餐过程中，忌讳用筷尖指人的动作。

(9) 忌剔筷：就餐完毕，不能用筷子尖替代牙签剔牙。

点滴感悟

"高规格"的款待

国外某投资集团十分看好国内某县的旅游资源，在有关部门的努力下，国外投资公司决定实地考察，并有意向斥巨资开发当地独特、优美的旅游资源。眼看"会下金蛋的鹅"要在村里安家落户，当地政府对这次接待任务极其重视，接待规格之高也是史无前例。代表团到达当天的宴会上，出席宴会的外方代表成员8人，县政府派出了60位陪同人员，菜肴极其丰富，有龙虾、鲍鱼、烤鸭，甚至还有当地特有的山龟等野生美味。

然而，席间我方虽热情洋溢，对方却冷若冰霜，虽然在第二天参观过程中对当地旅游资源赞不绝口却只字未提签订意向书的事，对此，县政府百思不得其解。

启示：高规格的接待，是要客人认可才算数；而有些人在餐桌上的陋习难改，也给投资集团留下了"深刻印象"。

四、西餐的礼仪

西餐宴请礼仪

西餐以法式、英式、美式、俄式为代表菜式。受民族习俗的影响，西餐的餐具、摆台、酒水菜点、用餐方式、礼仪规范等都与中餐有较大差别。

（一）列出宾客名单，发请柬

根据宴会规模的大小和主宾的情况，列出陪同客人的名单，发出宴会请柬。

（二）饭店预约和接受邀请

在西方，请人去饭店吃饭，要提前预约。特别要说清楚就餐的人数和时间，对座位的要求，是吸烟区还是非吸烟区，是否要视野良好的位置。如果是生日或其他特别的日子，可以告知宴会的目的和预算。

接到请柬后应尽快答复，这是最起码的礼节。可采用电话答复，简单快捷。也可用书信的形式，比较正式。如果不能出席，则要及早告知主办方，婉转地说明不能出席的理由。

西餐赴宴礼仪（上）

（三）讲究仪表

被邀者赴宴前，应根据请柬要求着便装或礼服。再昂贵的休闲服，也不能随意穿着，上餐厅吃饭时，穿着得体是欧美人的常识。正式宴会要求赴宴者要特别注意修饰仪表形象，男士在隆重的宴会上要求穿礼服即燕尾服，女士要求穿晚礼服，带跟的鞋子；正式宴会男士要求穿深色西装套服，女士穿套裙，带跟的鞋子；一般性的聚餐，男士可选浅色西装，女士可选各种时装。此外，用餐者要注意卫生、整洁。手一定要保持干净，指甲修剪整齐。

（四）入席落座

在预定时间到达，是基本的礼貌。一般由男主人带领女主宾首先入席，女主人最后进入餐厅。入座时应听从主人安排，一般应从椅子的左侧入座。男客人应帮助其右边的女宾挪动一下椅子，待女宾入席站好后，再帮助她将椅子往前稍推，使其身体离桌边半尺左右为合适。男士待女士坐下后才就座。男士可将外衣脱下搭在椅背上，女士可将手包放在身体与椅子中间,不要将外衣或随身携带的物品放在餐台上。用餐过程中,不要解开纽扣或当众脱衣。

> **点滴感悟**
>
> ### 客人买单
>
> 两年前,孙先生初到北京,一次公司约请营业额超过1亿元的主要客户参与一年一度的庆功宴。孙先生一心想表达对一位客户的注重,于是再三要求他坐在主座上。客户脸上显露一副不情愿的样子,但最终还是坐在了上面。等到结账时,孙先生才发现坐在主座的客户把账结了。
>
> 启示:面门的位置是主人应该坐的,只能与主宾谦让一下,否则会把买单的任务落在主宾身上。

(五)西餐的摆台

了解西餐的摆台,可以掌握菜点的数量、酒水的种类。西餐摆台时,将用餐时所用的刀、叉、杯、勺、盘、佐料全部放在餐桌上(如图2-11所示),所以吃饭前根据刀叉多少就可以知道有几道菜要吃。根据杯的数量、形状便可以知道主人要提供几种酒和饮料供饮用。

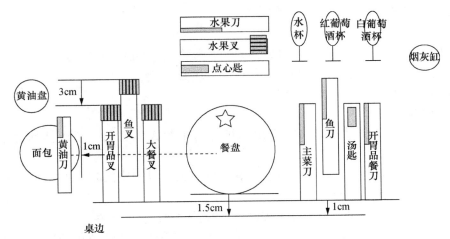

图2-11 西餐摆台

(六)西餐的菜序

西餐在菜单的安排上与中餐有很大不同。正式宴请的菜序较多,主要有以下几道。
开胃菜—面包—汤—主菜—点心—甜品—果品—热饮。

1. 开胃菜

开胃菜也称头盘。一般有冷头盘或热头盘之分,常见的有鱼子酱、鹅肝酱、熏鲑鱼、鸡尾杯、奶油鸡酥盒等。味道以咸和酸为主。

2. 面包

西餐中所吃的面包,主要有鲜面包、烤面包等两种。通常切成片,根据个人嗜好,可涂上各种果酱、黄油或奶酪享用。

3. 汤

西餐的汤大致可分为清汤、奶油汤、蔬菜汤和冷汤等 4 类。品种有牛尾清汤、各式奶油汤、海鲜汤、美式和意式蔬菜汤、俄式罗宋汤、法式焗葱头汤等。

4. 主菜

在正式的宴会中，主菜主要包括鱼类、肉类两个热菜。也有称鱼类为副主菜、肉禽类菜肴为主菜，因此肉菜必不可少，而且代表着用餐的档次。

肉类菜肴的原料取自牛、羊、猪等各个部位的肉，其中最有代表性的是牛肉或牛排。牛排按其部位又可分为沙朗牛排（也称西冷牛排）、菲利牛排、T 骨型牛排、薄牛排等。肉类菜肴配用的调味汁主要有西班牙汁、浓烧汁精、蘑菇汁、白尼斯汁等。

禽类菜肴的原料取自鸡、鸭、鹅，通常将兔肉和鹿肉等野味也归入禽类菜肴，禽类菜肴品种最多的是鸡，有山鸡、火鸡、竹鸡，主要的调味汁有黄肉汁、咖喱汁、奶油汁等。

5. 点心

主菜后一般上一些蛋糕、饼干、吐司、馅饼、三明治之类的小点心。

6. 甜品

甜品主要有布丁、冰激淋、奶酪等。

7. 果品

果品主要是各种水果，供用餐者享用。

8. 热饮

西餐的最后一道是上饮料，咖啡或茶。二者选其一，不能同时选用。

一般的便餐菜序没有这么复杂，主要有以下几道：

开胃菜—菜汤—主菜—甜品—咖啡

（七）西餐的座次

西餐桌多为长桌，多桌宴请时桌次的排列与中餐大体相同。座次排列与中餐区别较大。

（1）在西式宴会中，女主人是宴会中真正的主人，排定座次时，主位为女主人就座。按右为尊的原则，其右手为男主宾。

（2）西餐座次排列时，男女交叉排位，用餐者的两边多为异性。

（3）西餐排位依然遵循"右为尊""面门为上""距离定位"的原则，依次安排客人座位。详细的座次安排如图 2-12 所示。

（八）餐具的使用

1. 餐巾的使用

当女主人拿起餐巾时，表明用餐开始。用餐者可以拿起餐巾，铺在双腿上，餐巾很大时，可以折叠起来使用。千万别将餐巾别在领上或背心上，也不要在手中乱揉。有时餐巾中包有一只小面包，可以取出放在旁边的小碟上。可以用餐巾的一角擦去嘴上或手上的油渍或脏物，但不能用它来擦刀叉或碗碟。如果席间起身，餐巾应放在座椅上或搭放在椅背上，表示暂时离开，回来继续用餐。如放在桌上，表示用餐完毕。

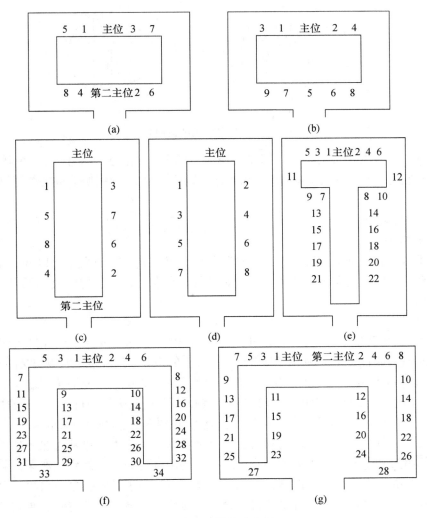

图 2-12 西餐座次安排

2. 餐具的使用

西餐的餐具主要为刀叉，吃西餐时，一道菜用一副刀叉，但桌子上一般最多不能超过三副，三道菜以上的套餐，必须在摆放的刀叉用完后随上菜再放置新的刀叉，人们按刀叉摆放的顺序从外往里依次取用。使用时，一般右手用刀，左手持叉。如只用叉子，也可用右手拿。切肉应避免刀切在瓷盘上发出响声。吃面条，可以用叉卷起来吃，不要挑。中途放下刀叉，应将刀叉呈三角形分开放在盘子上。一道菜享用完毕时，则将刀叉并拢一起放在盘子里，如图 2-13 所示。在准许添加饭菜的宴会上或在食用有可能添加的那道菜时，可以将刀叉大约呈八字形分开放在盘子上，表示需要添加饭菜。如果得知客人中有人是用左手握刀的话，可以在摆台时就把刀叉放置在对他合适的地方，这样不但体现了对他的尊重，而且也显示了服务的周到和细致。

洗指盘的使用

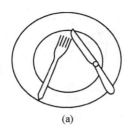 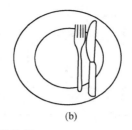

图 2-13　刀叉的使用

吃肉时,不管是否要用刀切,都要使用大号的刀。吃沙拉、甜食或一些开胃小菜时,要用中号叉或勺,与刀的大小相适应。喝汤时,要用大号勺,而喝咖啡和吃冰激凌时,则宜用小号。

(九) 用餐礼仪

1. 开始用餐

当全体客人面前都上了菜,女主人拿起勺或叉时,表示其他人也可以开始用餐了。每一道菜上来时,亦要经女主人让菜,才开始进餐。在女主人拿起勺子或叉子以前,客人不要自行用餐。

2. 姿势端正

不雅的用餐行为

用餐时,身体要坐正,不要前俯后仰,也不要把两臂横放在桌上,以免妨碍两边的客人。上臂和背部要靠到椅背,腹部和桌子保持约一个拳头的距离。最好避免两脚交叉的坐姿。进食时,男子可以略向前靠,应用叉子和勺子取用食物,细嚼慢咽。不要把碗碟端起来吃。吃饭、喝汤不要发出响声,咀嚼应当闭嘴,不能发出声响,否则就是失礼的行为,会被看成是没有教养的表现。咀嚼食物不要说话,即使有人同你讲话,也要等咽下食物后再回答。

吃西餐时,每个人都有自己的餐具,如果是合餐,每个人都可从大盘里取用的话,那么一定有备用的公用叉或勺供大家使用,所以不要用自己的刀叉给别人布菜。就餐的过程中,应与身边的人进行交谈,但是,不能手里拿着刀叉指手画脚,也不可将刀叉竖起来握在手中,应将刀叉放在盘上才合乎礼仪。交谈切勿放肆大笑或大声喧哗,否则会被认为很失礼。另外,叉子和勺子可入口,但为了安全考虑,刀子不能放入口中。

点滴感悟

一次啼笑皆非的西餐

一位美籍华人刘小姐归国,朋友张先生选择在当地最高档的西餐厅就餐,张先生点了海鲜大餐,刘小姐点了烤羊排。主菜上桌,两人的话匣子也打开了,两人越说越投机,谈笑声像波浪般扩散开去,惹得周围用餐的顾客频频侧目。

正当张先生听得入神,一根鱼刺不偏不倚卡在了喉咙里,用手抠得直恶心也没能拔出来,只得不断干呕,最后刘小姐向服务生要了一点醋让他喝下,才终于不那么难受了,可是两人却不好意思再待下去,只好走出了餐厅。

启示:用餐礼节,不仅仅体现人们的修养,更是每个人不同性格的体现。像这二位,吃得忘乎所以、笑得旁若无人,简直令人叹为观止。

3. 饭菜取用

正式宴请时，每位宾客面前均放有一份菜单。来宾可以根据自己的食量，决定进食的多少。从礼节上讲，每道菜上来时宾客都不可拒绝，如果确实不喜欢某道菜，尽量少取，食盘里不要剩菜，否则不礼貌。招待会上自取食品要文明谦让，轮流去取。不要一次取食过多，盘子放得太满，既不雅观，食用也不方便，可分次取食。

4. 食物享用

享用面包应用手去拿，取黄油应用奶油刀，不要整片涂抹，每次掰一小块面包，吃一块涂一块。西餐吃鱼，通常是在烹调制作时把鱼刺和骨头剔干净才上桌。如遇到仍有带刺的鱼，可用刀将刺轻轻拨出。如鱼刺或骨头已经入口，要用叉接住，或以餐巾掩口用手取出，或轻轻地吐在叉上放在盘内。吃剩的菜、用过的刀叉、牙签都应放在盘内，勿放在桌上。吃水果时，不要整个咬着吃，应削皮后切成小块，用叉取食。柠檬是用来除去某些肉类，如鱼的腥味的，要用手将其汁挤在鱼、虾上吃。吃体积较大的蔬菜时，可用刀叉来折叠、分切。较软的食物可放在叉子平面上，用刀子整理一下。

5. 在饭桌上不要剔牙

如果有东西塞了牙非取出不可，应用餐巾将嘴遮住，最好等别人不注意时再取出。

6. 纪念物品

有时主人为每位出席者备有一朵鲜花或一件小纪念品，请客人带上。也有的客人愿意将菜单留作纪念，有的还请主人在菜单上签名。赴宴时，根据与主人的关系，客人也可随身带些小礼品赠送给主人。

7. 离席告退

客人应等女主人从座位上站起后，一起随着离席。离席时，男宾应帮助女宾把椅子放归原处，餐巾放置在桌上即可。宴会结束后，可视情况与主人和其他来宾再聚谈一会儿，然后相机告辞。

一般来说，主宾应在用完点心之后，到客厅交谈，再过20到40分钟后告辞。一般客人则不要先于主宾告辞，否则对主人和主宾均不礼貌。如有事情，则应向他们说清楚，求得谅解。

8. 表示感谢

在出席私人宴请活动后，可以致函或送名片表示感谢，也可打电话感谢。

点滴感悟

不懂礼仪闹笑话

老张的儿子留学归国，还带了位洋媳妇回来。这位洋媳妇一回国就张罗着请老张一家到当地最好的四星级饭店吃西餐。

用餐开始了，老张为在洋媳妇面前显示出自己也很讲究，就用桌上一块"很精致的布"仔细地擦了自己的刀叉。吃的时候，学着他们的样子使用刀叉，既费劲又辛苦，但他觉得自己挺得体的，总算没丢脸。用餐快结束了，吃饭时喝惯了汤的老张盛了几勺精致小盆里的"汤"放到自己碗里，然后喝下。洋媳妇先一愣，紧跟着也盛着喝了，而他的儿子早已是满脸通红。

启示：老张闹了两个笑话，一个是他不应该用"很精致的布"（餐巾）擦餐具，那只是用来擦嘴或手的；二是精致小盆里的"汤"是洗手的，而不是喝的。

（资料来源：http://ly.weleve.com/sj/740/6078.shtml）

酒水礼仪

五、酒水礼仪

俗话说：无酒不成席。在各种各样的宴请活动中，酒水是必不可少的佐餐和助兴的饮品，而且在各种聚会中，发挥着重要作用。到今天，酒水的使用已形成一整套约定俗成的做法。

（一）酒水的搭配

酒水的种类繁多，数不胜数。要发挥酒水开胃助兴的作用，就必须懂得酒菜搭配之道。

1. 中餐酒水的搭配

正式中餐宴会通常要使用白酒和葡萄酒。根据传统饮食习惯，葡萄酒多半选择甜红葡萄酒。在搭配菜肴方面，中餐所选的酒水讲究不多，可根据用餐者的喜好任意选择。

白酒，是用谷物等粮食或某些果品发酵、蒸馏制成的，没有任何颜色，酒精含量比较高。著名的品牌有茅台、五粮液等。白酒饮用时，使用专用的瓷杯或玻璃杯盛酒。

正规的中餐宴会一般不上啤酒。在便餐、非正式宴请中较多使用。啤酒是用大麦和啤酒花为主要原料发酵制成的酒类。酒精含量较低，一般在4度左右。知名的啤酒品牌有德国的贝克，荷兰的喜力，丹麦的嘉士伯，美国的百威，中国的青岛等。饮用啤酒时，使用倒三角形啤酒杯或带把的啤酒杯。

2. 西餐酒菜的搭配

在正式的西餐宴会里，酒水是重要角色，必须与菜肴相搭配。一般来讲，吃西餐时，每道不同的菜肴要配不同的酒水，吃一道菜便要换上一种新的酒水。西餐宴会中所用的酒水，可以分为餐前酒、佐餐酒、餐后酒三种。

（1）餐前酒。

餐前酒又称开胃酒，是在正式用餐前饮用，或在吃开胃菜时相搭配的酒水。人们喜欢在餐前饮用的酒水有：鸡尾酒、味美思酒和香槟酒。

① 鸡尾酒，是现代社交活动中经常使用的酒水，它是一种混合型的酒，主要以一种蒸馏酒为酒基，再配以果汁、汽水、矿泉水、利口酒等辅助酒水，水果、奶油、冰淇淋、果冻、布丁及其他装饰材料配制而成的色、香、味、形俱佳的艺术酒。

鸡尾酒的口味有浓有淡，酒精的含量有多有少，但都有一个共同特点，即层次分明，色彩明艳，闪烁不定，好似雄鸡之尾，故被叫作鸡尾酒。国际知名的鸡尾酒有马提尼、曼哈顿、红粉佳人、血腥玛丽、亚历山大、天使之吻等。饮用鸡尾酒时，应使用高脚广口的玻璃杯，如图2-14所示。不同身份的人要选择不同种类的鸡尾酒，例如，城市白领女士可以选择红粉佳人，而血腥玛丽则比较适合男士，因为它的烈度较高，不要因为选错了酒而被人侧目以待。

图 2-14　鸡尾酒杯

图 2-15　郁金香型香槟酒杯

②　味美思酒，是"Vermouth"的音译，意思是"苦艾酒"的意思。它是以葡萄酒为酒基，用一种苦艾叶作为基础香料的葡萄酒。这种酒的代表风味是甜味中略带点苦，气味芳香、迷人，口味醇厚、柔和爽适。苦艾酒的酒精含量多在10%～20%。它的储存时间不宜过久，是餐前的主要开胃酒。生产味美思酒最有名的国家为意大利和法国。在饮用味美思酒时，国外习惯上要加冰块或杜松子酒，我国则不拘形式。

③　香槟酒，是法国举世闻名的特产之一，是西方喜庆宴会上最上等的饮料。它是一种以特种工艺制成的、富含二氧化碳的、起泡沫的白葡萄酒。因其以法国香槟地区所产最为有名，故有此称。它的酒精含量约在10度左右，口感清凉、酸涩，且有水果香味。香槟酒开瓶时，可稍事摇晃，然后再起去瓶塞。届时，它就会连泡带酒一同奔涌而出，为人平添欢快的气氛。饮用香槟酒时，须用郁金香型的高脚玻璃杯（如图2-15所示），由于香槟酒最佳饮用温度是4摄氏度，需冷藏，所以应用手捏住杯脚饮用。在签字仪式和宴会上也可以使用半球形的酒杯装香槟酒。

（2）佐餐酒。

佐餐酒又叫餐酒。西餐里的佐餐酒均为葡萄酒，而且大多数是干葡萄酒或半干葡萄酒。并且佐餐酒讲究"白酒配白肉，红酒配红肉"。"白肉"指鱼肉、海鲜、鸡肉，吃这些肉类时，须以白葡萄酒搭配；"红肉"，即牛肉、羊肉、猪肉，吃这些肉类时，则应配以红葡萄酒。

葡萄酒，是以葡萄为主要原料，经过发酵酿制而成的一种酒类。根据其色彩的不同，葡萄酒有白葡萄酒、红葡萄酒、桃红葡萄酒之分。根据其糖分含量的不同，葡萄酒又可分为干、半干、微干、微甜、半甜、甜等几种。这里的"干"，意即基本不含糖分。葡萄酒的酒精含量在12度左右。世界上最有名气的葡萄酒产地是法国的波尔多地区。

饮用白葡萄酒，宜在摄氏13度左右喝，故应当加冰块。而红葡萄酒则在摄氏18度左右饮用最佳，故不宜加冰块。喝葡萄酒时，要用专门的高脚玻璃杯。但饮用不同的葡萄酒所握的部位不同，喝白葡萄酒时，要捏着杯脚；而喝红葡萄酒时，则讲究握住杯身，如图2-16所示。桃红葡萄酒，又叫玫瑰红葡萄酒，色泽柔美，其口味、喝法与白葡萄酒略同。

（3）餐后酒。

餐后酒指的是在用餐后，用来助消化的酒水。最常见的餐后酒是利口酒、白兰地、威士忌。

①　利口酒，又称甜酒，是一种以食用酒精和其他蒸馏酒为主酒，配以各种调香材料，

并经过甜化处理的含酒精饮品。利口酒按配制时所用调香材料的不同，可以分为果实利口酒、药草利口酒和种子利口酒三种。

② 白兰地酒，是洋酒中最为名贵的酒，一度与威士忌酒和茅台酒并称为"世界三大名酒"。它是一种烈酒，由葡萄干发酵之后蒸馏精制而成，它的酒精含量约为 40 度，色泽金黄，香甜醇美。世界上知名的白兰地酒的品牌有马爹利、轩尼诗、人头马、拿破仑等。在法国白兰酒地酒中，干邑白兰地酒世界有名。

饮用白兰地酒时，最佳饮用温度为摄氏 18 度，应使专用的大肚、收口、矮脚杯，如图 2-17 所示。拿法是用中指和无名指夹住杯腿，让杯子肚坐在手掌之上。饮用时，先观其色，并以手掌为其加温，后闻其味，再慢慢小口品味。

图 2-16　葡萄酒杯拿法

图 2-17　白兰地酒杯

（二）敬酒干杯

正式宴请中，酒水饮用应按程序进行，以免失礼。敬酒，亦称祝酒。在敬酒时，通常要讲一些祝愿、祝福之言。在正式宴会上，由男主人向来宾提议，为了某种事由而饮酒、干杯。

提议干杯时，应起身站立，右手端起酒杯，或者用右手拿起酒杯后，再以左手托扶其杯底，面含笑意，目视自己的祝福对象，述祝颂之词，如祝对方身体健康、生活幸福、节日快乐、工作顺利、事业成功以及双方合作成功等。

敬酒，可以随时在饮酒的过程中进行。频频举杯祝酒，会使现场氛围热烈而欢快。不过，致正式的祝酒词时，则应在特定的时间进行，并以不影响来宾用餐为首要考虑。

点滴感悟

喝酒为何要碰杯

第一种说法：传说古希腊人注意到这样一个事实，在举杯饮酒之时，人的五官都可以分享到酒的乐趣：鼻子能嗅到酒的香味，眼睛能看到酒的颜色，舌头能够辨别酒味，而只有耳朵被排除在这一享受之外。希腊人想出一个办法，在喝酒之前，互相碰一下杯子，杯子发出的清脆的响声传到耳朵中。这样，耳朵就和其他器官一样，也能享受到喝酒的乐趣了。

第二种说法：源于古罗马。古代的罗马崇尚武功，常常开展"角力"竞技。竞技前选手们习惯于饮酒，以示相互勉励之意。由于酒是事先准备的，为了防止心术不正的人在给对方喝的酒中放毒药，人们想出一种防范的方法，即在角力前，双方各将自己的酒向对方的酒杯中倾注一些。以后，这样碰杯便逐渐发展成为一种礼仪。

启示：国际礼仪中部分规则来源于生活和涉外交往，融合了各国、各民族的风俗文化，是一门充满乐趣的文化。

(三) 酒量适度

酒水饮用，要量力而行，自尊自爱，同时讲究善待他人，关心他人。具体而言，应体现在以下两个方面。

1. 装杯定量

根据宴请的形式、酒类的不同，斟酒也要注意定量要求。中餐宴会饮酒讲究"酒满敬人"；西餐宴会则忌满杯，以"七分满"为限。

2. 饮用适当

宴请时，注意适当控制，切莫贪杯，甚至饮酒误事。对他人应"祝酒而不劝酒"，更不要强灌他人喝酒，在西餐中，这是非常失礼的行为。在西方，工作餐不喝酒，欢迎宴会、告别宴会可以喝酒，在社交场合一般到酒吧喝酒。

六、茶艺

往来迎送活动中，茶水已经成为一项不能缺少的待客礼节。以茶待客可以活跃交际气氛，增加宾主交谈的兴致。因此，在公关与商务活动中，不论是自饮还是待客，都要讲究茶水的饮用礼仪。

(一) 茶叶的品种

茶叶的品种繁多，加上种植地区和采摘的时间不同，茶的色、香、味也各异。根据加工、制作方法的不同，茶叶可分为绿茶、红茶、乌龙茶、花茶、砖茶等几个品种。

1. 绿茶

绿茶是完全没有经过任何发酵的茶，茶叶的全部天然矿物质都能保存。高品质的绿茶以"色绿、香郁、味甘、形美"四绝著称。绿茶适合在夏天饮用，可以消暑降温。我国著名的绿茶有杭州龙井的龙井茶、江苏太湖洞庭山的碧螺春、安徽黄山的黄山毛峰、湖南洞庭湖青螺岛的君山银针、安徽的六安瓜片、河南信阳大别山区的信阳毛尖、贵州黔南都匀山区的都匀毛尖等。

2. 红茶

红茶是使茶叶完全发酵之后制成的。红茶具有独特的浓香和爽口的滋味，还能暖胃补气，提神益智。红茶性温热，适合在冬天里饮用。我国著名的红茶有安徽祁门县的祁门红茶、云南西双版纳的滇红茶等。

3. 乌龙茶

乌龙茶的制作加工方法介于绿茶和红茶之间，是一种半发酵的茶叶。外形肥大、松散，茶叶边缘发酵，中间不发酵，整体外观上呈黑褐色。冲泡后的乌龙茶色泽凝重鲜亮，芳香宜人，不仅可以化解油腻，而且健胃提神。我国的乌龙茶多产于福建，著名的有福建安溪县的铁观音、福建武夷山的武夷岩茶等。

4. 花茶

花茶是以绿茶经过各种香花熏制而成的茶叶。其最大特点是冲泡沏水后芳香扑鼻、口感浓郁、味道鲜嫩，一年四季都可以饮用。花茶可以分为茉莉花花茶、桂花花茶、玫瑰花花茶、白兰花花茶、珠兰花花茶、米兰花花茶等多个品种，其中，以茉莉花花茶最受欢迎。

5. 砖茶

砖茶又叫茶砖，是特意将茶叶压紧后，制作成的一种类似砖块形状的茶叶品种。它很受一些少数民族的喜爱，特别是添加奶、糖等之后煮着喝味道更美。

在用茶招待客人时，应该选择客人比较喜欢的茶叶，以示尊重。例如，北京人喜欢花茶，江浙人喜欢绿茶，台湾福建广东一带喜欢乌龙茶，西藏人喜欢酥油茶，牧区的人喜欢砖茶，云南人喜欢普洱茶，上海人喜欢碧螺春、黄山毛尖、西湖龙井等。

（二）茶具的选择

1. 储存用具

茶叶疏松多孔，易吸潮、易吸收异味，储茶的用具应选择防潮、避光、隔热、无味的特制铝罐、锡罐、竹罐等。

2. 泡茶用具

我国泡茶用具多种多样，驰名中外，一般使用茶壶，质地以陶器、瓷器为好，如宜兴紫砂陶茶具、景德镇瓷茶具。

3. 喝茶用具

一般招待客人多用茶杯，与泡茶用具同质、配套。无论使用哪种茶具，都要求干净、清洁、完好。

（三）奉茶的程序

以茶待客是交际活动不可缺少的礼节。在泡茶、奉茶、续水等环节应注意符合礼俗要求。

1. 泡茶

冲泡茶叶时，不要直接用手抓取茶叶，要用专用勺子或直接用茶罐倒入适量茶叶。一般不要当着客人的面冲泡。

2. 奉茶

为客人斟茶时，注意倒入水杯的茶水不可太满。民间有"茶满欺人""酒要满、茶要浅"的说法。

奉茶时，如果客人多，可以遵循先客后主、先主宾后次宾、先女后男、先长辈后晚辈的原则；也可以以进入客厅为起点，按顺时针方向依次奉茶；还可以按客人的先来后到的顺序。奉茶时，应右手在上握住杯身、左手在下托住杯底，双手奉上，客人应站起或欠身表示感谢，以同样的手势接茶。

3. 续水

招待客人应勤续水，表示对客人的欢迎、殷勤与友好。一般不应等到客人的水杯已经见底时才续水，应在客人的杯中水已少于三分之一时续水。过去，待客有"奉茶不过三杯"之说。第一杯叫作敬客茶，第二杯叫作续水茶，第三杯则叫作送客茶。如果一再劝人用茶，而又不说话，往往意味着提醒来宾"应该打道回府了"。所以，在用茶招待老年人或海外华人的时候，不要再三斟茶。

（四）喝茶的礼仪

喝茶时神态要谦恭，在别人为你奉茶时，应还礼表示感谢；姿态要优雅，喝茶时应该用茶盖撇一下茶叶再喝，小口慢饮，且不宜发出声音。

> **点滴感悟**
>
> ### 他怎么走了
>
> 北京人李龙与几个外地朋友到人民公园喝茶聊天。见一朋友一仰脖把碗里的茶喝干,把喝在嘴里的茶叶吐在了地上,李龙一下子就不高兴了,转身就走,弄得在场的人一头雾水。
>
> 启示:因为在北京,喝茶讲究"茶语"。茶水只能倒七分,一仰脖把碗里的茶喝干是对人不敬的,如果客人让你感到厌烦时,只要把碗里的剩茶往地上一倒,对方就会明白你是什么意思了。
>
> (资料来源:http://club.china.alibaba.com/)

七、咖啡

咖啡是西餐宴请中最后一道饮品,应与红茶二者选其一。在国内日常交往中,也越来越受到人们的欢迎。人们常借咖啡会友,增进人与人之间的友谊,展现自身的教养和素质。饮用咖啡应注意以下几点。

(一)时间适宜

在咖啡厅会客时一般选择在傍晚或午后。在餐厅里用餐时,人们往往会选用咖啡佐餐助兴。不过,咖啡饮用过度会刺激神经兴奋,注意不要过量饮用,饮用时间也不宜过晚。

(二)表现得体

1. 握杯

在正式场合,咖啡都是被盛进杯子,放在碟子上一起端上桌。碟子的作用,主要是用来放置咖啡匙,并接收溢出杯子的咖啡。饮用时,握咖啡杯手势要正确,一般咖啡杯杯耳较小,手指不易穿插进去。应用右手拇指和食指握住杯耳后,轻缓地端起杯子。如距桌子较远、站立、走动时喝咖啡,应用左手把杯碟一起端到齐胸高度,再用右手拿着杯子饮用。

2. 入口

咖啡应轻啜,入口要少,大口吞咽、发出很大响声都是失礼行为。在正式场合中,咖啡是人们进行交际的手段,饮用时最好不超过三杯。

3. 配料

喝咖啡时,根据需要可以添加像牛奶、方糖之类的配料。加糖或牛奶时,动作要轻缓,要用专用糖夹或糖匙。

4. 咖啡匙

咖啡匙(如图2-18所示)主要是加入牛奶、奶油或方糖后,用以轻轻搅拌的工具。搅动后,应将其平放在咖啡碟里,切忌不要用咖啡匙去舀咖啡来喝。

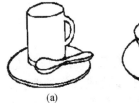

(a)　　　　　(b)

图2-18　咖啡杯匙

此外，在喝过咖啡讲话前，最好先用纸巾擦擦嘴，防止让咖啡弄脏嘴角。

深圳临天通信有限公司欲与黑龙江省恒大有限公司进行合作，黑龙江省恒大有限公司的业务经理王芳安排欢迎宴会，并对宴会过程进行了策划。

第一项　宴会的组织安排

（1）王芳提前就宴请规格与领导进行了商讨，决定以公司名义宴请，宴请的主题为迎接深圳临天通信有限公司业务经理李想一行人，为大家接风为主要目的。

（2）由于对方的人数不是很多，所以王芳把宴会的地址选在了距离市中心不远的国贸大厦，国贸大厦是一家当地档次较高的饭店，并且菜种多样，味道纯正，全国各式菜系都囊括在内，方便大家的选择，尤其是它的包间环境优美，服务员素质较高。

（3）对于时间的安排，考虑到开会的时间，完成后大概在14点左右，所以王芳提前预订了饭店，把时间定在了14点30分，这时饭店客人不是很多，上菜及时，比较安静，大家可以温馨地吃饭。

（4）对于菜单的安排，考虑到北方此时的季节，应该以热菜为主，大家也会觉得很温暖，同时兼顾荤素搭配的原则，也要色彩相宜，王芳事先了解到李想不能吃麻辣口味，所以在点菜的时候她特意关照饭店不要麻辣味。

（5）王芳提前到达饭店，布置好之后，在门口迎接大家，把大家领进包间，定的是圆形的餐桌，请公司经理坐在主位，李想经理坐在其右手边。

第二项　宴会礼仪运用

（1）宴席开始，公司经理为了表示对来宾的敬重，亲自为李想斟酒。李想也端起酒杯致谢，起身站立，公司经理代表公司表达了对李想一行人的欢迎之意，祝大家用餐愉快，大家也都停下筷子，认真地倾听致辞。

（2）席间大家都礼貌地与其他人交流，有的互不相识，也自我介绍彼此熟识。席间话题也大都是大家共同感兴趣的或是比较轻松、愉快的。用餐时都温文尔雅，从容安静。

（3）当有人对大家敬酒碰杯，大家都停止一切活动，认真聆听，目视对方，面带微笑，点头致意。最后，大家同时举杯共祝。

（4）宴会结束后，李想与公司经理和王芳亲切握手，表达了自己对公司的感谢，王芳把大家送回酒店结束宴请。

任务2.5　乘车礼仪

【任务布置】

经过一段时间的考察，深圳临天通信有限公司欲与黑龙江省恒大有限公司进行合作，双方前期就一些细节问题在电话沟通中初步达成合作的意向，约定在2016年1月14日双方进行见面，地点在黑龙江省恒大有限公司总部，来宾包括深圳临天通信有限公司业务经理李想在内的 3 人，3 天内返回。黑龙江省恒大有限公司接到通知后，派业务经理王芳负责接待和洽谈。

（1）黑龙江省恒大有限公司准备好接待临天通信有限公司业务经理李想的车辆。

（2）做好临天通信有限公司业务经理李想的接送任务。

【知识要点】

人们每天的活动都离不开各种各样的交通工具，尤其是各种机动车辆。机动车辆具有方便、省时、较为安全等特点，是人们经常选用的交通工具。掌握乘车礼仪，是对公关与商务人员的基本礼仪要求。

一、乘火车礼仪

目前，火车仍然是长途旅行常用的交通工具之一，因此应注意乘坐火车的相关礼仪，友好、礼貌地与其他乘客相处，愉快地到达目的地。

（一）上车有序

乘火车需提前预订车票，上车时需出示车票。因乘坐火车的人多，停车有时间限定，故应提前到站，按顺序上车。火车对乘客携带物品内容、数量均有规定，应按要求携带行李。上车后，应按车票标明的车厢、座位号就座。

（二）表现文明

火车车厢内是公共场所，乘坐时，应约束自我行为，讲文明、讲礼貌，遵守秩序。具体来讲，应注意以下几方面。

1. 服装、举止得体

乘坐火车时服装忌过于短小、束缚过紧。也不应宽衣解带、赤膊、露怀，着装应宽松舒适。在座位上休息时，注意姿态雅观，不应东倒西歪。

2. 礼貌交际

在车上，应主动向邻座人打招呼，一一点头示意即可，待时机成熟再交谈。交谈时，注意选择轻松愉快的话题，交谈尽量不要涉及个人问题。不要冒失地要求对方留地址。

3. 尊重体贴他人

乘车时，应互相照顾，看到别人需要帮助时，应主动伸手帮忙。对别人的帮助，应表示感谢。还要配合乘务员的工作，尊重他们的劳动，保持车厢内的整洁。

（三）下车

下车应提前收拾好行李物品，不要临时手忙脚乱。下车前，应与邻座人礼貌道别，自觉排队下车。

二、乘汽车礼仪

（一）轿车乘车礼仪

轿车具有快捷、方便的特点，成为人们出行的主要交通工具，所以，掌握乘车的礼仪、分清车中的座次、了解上下车的举止和顺序要求非常重要。

1. 座次

乘坐轿车时，正式场合要分清座次。座次安排因专职司机驾车和主人驾车而有所不同。

点滴感悟

一次晋升的机会被错过

某公司的何先生年轻能干，点子又多，很快引起了总经理的注意，拟提拔他为营销部经理。为了慎重起见，总经理决定再进行一次考查。恰巧总经理要去省城参加一个商品交易会，需要带两名助手，总经理选择了公关部杜经理和何先生。何先生也很珍惜这次机会，想好好表现一下。

出发前，由于司机小王乘火车先行到省城安排一些事务，尚未回来，所以他们临时改为搭乘董事长驾驶的轿车一同前往。上车时，何先生很麻利地打开了前车门，坐在驾车的董事长旁边的位置上，董事长看了他一眼，但何先生并没在意。

上路后，董事长驾车很少说话，总经理好像也没有兴致，似乎在闭目养神。为活跃气氛，何先生寻了一个话题："董事长驾车的技术不错，有机会也教教我们，如果都自己会开车，办事效率肯定会更高。"董事长专注地开车，不置可否，其他人均无反应，何先生感到没趣，便也不再说话。一路上，除董事长向总经理询问了几件事，总经理简单地作回答后，车内再也无人说话。到达省城后，何先生悄悄问杜经理："董事长和总经理好像都有点不太高兴？"杜经理告诉他原委，他才恍然大悟，"噢，原来如此"。

会后从省城返回，车子改由司机小王驾驶，杜经理由于还有些事要处理，需在省城多住一天，同车返回的还是四人。这次不能再犯类似的错误了，何先生想。于是，他打开前车门，请总经理上车，总经理坚持要与董事长一起坐在后排，何先生诚恳地说："总经理您如果不坐前面，就是不肯原谅来的时候我的失礼之处。"并坚持让总经理坐在前排才肯上车。回到公司，同事们知道何先生这次是同董事长、总经理一道出行，猜测着肯定要提拔他，都纷纷向他祝贺，然而，提拔之事却一直没有人提及。

启示：何先生在来的时候坐错了车位，虽然经提醒，醒悟过来，但是回去的时候又犯了相同的错误，没有分清坐车的位次。

（资料来源：http：//wenku.baidu.com/link?url=nuFRLKeOJfGlehFF2kd1Q2GKqkXgJp8CNUxVIrcXQLbE9pDrzH9yF4hcyafhWBhkz5cbbgJ0hLp4oW0vyJKr3-Hf7UflAtA1GVlrFziGuW_）

（1）小轿车。

乘坐双排五座轿车时，如果由专职司机驾车，以后排右侧座位①为首位，左侧座位②次之，中间座位③再次之，前排副驾驶座④为最末位，如图2-19（a）所示。此时，副驾驶位最不安全，被称为随员坐。如果由主人驾车，以前排副驾驶座①为首位，宾客中地位最高者就座，或在宾客中推选一人就座，以示对主人的尊重。后排右侧座位②次之，左侧座位③再次之，中间座位④为最末位，如图2-19（b）所示。

在乘车时还可掌握安全原则，即让最尊贵的客人在最安全的位子就座——司机后面的座位，这个座位安全系数最高。如果客人已经就座，就没有必要进行调整，按照客人的喜好即可。

主人驾车，夫人陪车时，则主人夫妇坐前座，客人夫妇坐后座，如图2-19（c）所示。如果主人一人驾车时，则应邀请同性主宾坐前座，来宾夫人（先生）坐后座，或夫妇均坐后座。若来宾只有一人，则来宾应坐于前座。

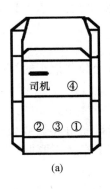 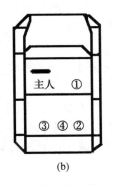 

图2-19　小轿车乘车礼仪

（2）旅行车。

旅行车一般以九人座者为多，其座位之尊卑，以司机之后第一排座位为尊，后排座位次之，与司机同排座位为最末。每排座位之尊卑自右至左递减，尊卑顺序如图2-20所示。

（3）大轿车。

九人以上乘坐大轿车时，以司机座后第一排，即前排为尊，后排依次次之。每排座位之尊卑亦是自右至左递减，尊卑顺序如图2-21所示。

 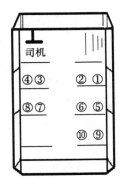

图2-20　旅行车　　　　图2-21　大轿车

（4）吉普车。

对于吉普车，无论是主人驾驶还是司机驾驶，都应以前排右坐为尊，后排右侧次之，后排左侧为末席。上车时，后排位低者先上车，前排尊者后上。下车时前排客人先下，后排客人再下车。

（5）面包车。

对于面包车，多人乘坐面包车时，以司机座后第一排即前排为尊，后排依次次之。其座位的尊卑，从每排右侧往左侧递减。

2. 上下车

上下车时，应为客人打开车门，以手指示车顶高度，以免客人碰头。上车时，男士应主动为女士服务，打开车门后让女士先上车。下车时，应自己先下车，并为女士打开车门。

上车时，女士登车不要一只脚先踏入车内，也不要爬进车里。需先站在座位边上，把身体降低，让臀部坐到位子上，再将双腿一起收进车里，双膝一定保持合并的姿势。下车时，女士应先将双腿挪至车门外，再站起下车，保持优雅的姿态。

（二）公共汽车乘车礼仪

因乘坐公共汽车的人较多，需注意维护公共秩序，掌握乘坐公共汽车的礼仪规范。

1. 遵守秩序

上车时，应注意排队按序上车，对于老人、孕妇、儿童或身体不方便的人应给予方便和照顾。公共汽车很多是自动投币售票或刷卡，所以上车前应准备好零钱或公交卡，以免拥挤。下车时，提前走到下车的门口或靠近门口的位置，按序下车，不要拥挤。

2. 表现大方

上车后，不要抢坐、占座。坐车时，注意不妨碍他人。与恋人、配偶一起乘坐时，不要勾肩搭背，表现得过于亲密，有碍观瞻。在车内站立时，注意侧身站立，不要横向站立，以免堵塞通道，也不要背靠在别人坐着的椅背上。

黑龙江省恒大有限公司的业务经理王芳为了让深圳临天通信有限公司业务经理李想一行3人能够出行方便，安排专车接送，并依据商务礼仪要求对座次做了精心安排。

第一项　准备工作

（1）考虑到深圳临天通信有限公司李想一行人三天后回程，王芳提前落实李想回程的火车票，并都购买了最好的车次而且是最为舒适的下铺的铺位。

（2）王芳做好"欢迎深圳临天通信有限公司李想一行人"的站牌，咨询了车站工作人员火车抵达的准确时间，并且提前15分钟在站口最显眼的位置站好。

（3）考虑到对方人数为3人，行李不多，公司内有三台车，一辆商务车，一辆面包车，一辆轿车，公司决定派轿车接送客人，由王芳亲自开车。

第二项　乘车礼仪

（1）15分钟后，深圳临天通信有限公司一行人到达，大家简单介绍认识，王芳亲自为客人打开车门，并进行护顶，因为由她自己亲自驾车，所以把李想经理让到了轿车前排副驾驶的座位，然后她从车的后部绕过去，一行人驾车离去。

（2）途中王芳仔细询问了大家是否开空调的意见，得到允许后才打开空调。中间过了两个红灯，虽然没有车辆等候，但是王芳都坚持遵守交通秩序，保障大家的安全。

（3）到公司后，王芳先下车，亲自为李想打开车门，同样做了护顶的保护，然后在车位停好车。

（4）中午午餐大家出去吃饭，因为人数较多，这次公司派出的是大轿车，王芳把李想经理让到了司机座后第一排的座位，其他人自右至左递减。

第三项　送行

谈判结束，李想一行人返程，王芳亲自送站，找好车位，送给对方事先买好的火车票，大家告别后离开，王芳回公司汇报。

任务 2.6 馈赠礼仪

【任务布置】

经过一段时间的考察,深圳临天通信有限公司欲与黑龙江省恒大有限公司进行合作,双方前期就一些细节问题在电话沟通中初步达成合作的意向,约定在 2016 年 1 月 14 日双方进行见面,地点在黑龙江省恒大有限公司总部,来宾包括深圳临天通信有限公司业务经理李想在内的 3 人,3 天内返回。黑龙江省恒大有限公司接到通知后,公司派业务经理王芳负责接待和洽谈,并在临别时赠送礼品。

(1) 黑龙江省恒大有限公司准备好赠送给深圳临天通信有限公司员工的礼品。
(2) 黑龙江省恒大有限公司选择好馈赠的方式,得体送出准备的礼品。
(3) 深圳临天通信有限公司李想做好收礼时的礼仪。

【知识要点】

馈赠是指组织与组织、组织与个人、个人与个人之间为了达到交流感情、沟通信息的目的而互赠礼品的活动。公关与商务人员常借用馈赠的形式来表达组织对内外公众的敬意、谢意,与公众建立良好的沟通渠道。成功的馈赠行为,能够恰到好处地向受礼者表达自己的友好、敬重或其他某种特殊的情感,同时,还能够给受礼者以某种深刻的印象,加深彼此之间的情感交流。

一、礼品的选择

每个人都有自己的兴趣、爱好,每个民族、每个国家都有各自的风俗习惯,选择礼品时要弄清楚赠礼对象的有关情况。馈赠单位与馈赠个人,应有所差别。如果是馈赠单位,就应考虑单位的性质、经营项目、经济规模、设施状况等;如果是馈赠个人,就应搞清被赠者的性格特点、身份地位、民族习惯、身体状况等。

(一) 礼品选择的原则

1. 投其所好

馈赠者可以通过仔细观察或打听了解受礼者的兴趣、爱好,精心选择合适的礼品,尽量让受礼者感觉到馈赠者在礼品选择上是花了一番心思的,是真诚的。

点滴感悟

尊重客人的信仰

云南省的一家外贸公司与印度某商贸公司新近做成一笔生意。为使合作愉快,加强两公司今后的联系,努力成为密切的商业伙伴,中方决定向印方赠送一批具有地方特色的工艺品——皮质的相框。中方向当地的一家工艺品厂订制了这批货,这家工艺品厂也如期保质保量地完成了。当赠送的日子快要临近时，这家外贸公司的一位曾经去过印度的职员突然发现这批皮质相框是用牛皮做的，这在奉牛为神明的印度是绝对不允许的，很难想象如果将这批礼品赠送给印方会产生什么样的后果。幸好及时发现，才使这家外贸公司没有犯下错误，造成损失。他们又让工艺品厂赶制了一批新的相框，这回在原材料的选择上特地考察了一番。最后在将礼品送给印度某商贸公司的客人时，对方相当满意。

启示：对外交往中，双方互赠礼品是常见的事。礼品可以表达彼此的敬意和良好祝愿。要使赠送礼品达到最好的效果，就必须遵守有关的礼仪规范以及信仰、禁忌，否则，可能会事与愿违。赠送礼品首先考虑的是礼品的选择。

2. 贵在适宜

礼品的选择，要针对不同的受赠对象区别对待，贵在适宜。首先要符合对方的某种实际需要，或是有助于对方的工作、学习或生活，或是可以满足对方的兴趣、爱好。一般说来，对家庭条件差的，以实惠为好；对家庭条件优越者，以精巧为佳；对孩子，以启智为好；对老年人，以实用为佳；对外宾，则以民族特色为上。

3. 礼轻情重

礼物是言情寄意表礼的，礼物有价而人情无价。因此交往中提倡"礼轻情义重""君子之交淡如水"。大多数情况下，送人的礼品要着重突出其纪念意义，无须过分强调其价值、价格。

4. 独创时尚

选择礼品，应当精心构思，匠心独运，富于创意。赠送具有独创性的礼品，可以令人耳目一新。送人的礼品，还须注意符合时尚，因个人能力所限，不一定十分前卫，但一定不要脱离时尚。否则，不但不会达到增进友谊的目的，反倒会让人产生不被重视之感。

5. 禁忌回避

在努力选择上佳礼品时，应当有意识地做到不送受礼者不欢迎的礼品。特别是要自觉避开对方受礼的禁忌。例如，在我国的大部分地区，老年人忌讳发音为"终"的钟，恋人们反感于发音为"散"的伞。在阿拉伯地区，酒不适合作为礼物；在西方，药品不宜送人。

香烟、烈酒、赌具以及庸俗低级的书刊、音像制品，对人们工作、学习、生活以及身体健康、家庭幸福不但无益，而且有害，这些是选择礼品时应回避的。

点滴感悟

可惜的《八骏图》

有一家中国公司和一家英国公司进行商务合作，合作谈判成功后，中方了解到英方代表对中国的瓷器和《八骏图》非常感兴趣，于是，向瓷器公司订购了按照《八骏图》中八匹马的形象，用瓷器制作的八匹马。做好后，送给了英方代表，听了中方对礼物的介绍，英方代表很开心，马上打开欣赏，但是一打开，双方都傻眼了，原来包装中没有做任何的防震措施，导致八匹马都有破损，没有一匹是完整的，中方代表非常尴尬。

启示：对礼物进行恰当包装是涉外交往中非常重要的礼仪，如果礼物易碎，必须进行必要的防震包装；否则，出现案例中的情况，送礼人会非常尴尬的。

（二）礼品的种类

1. 从礼品保存的时限来考虑

（1）可以长期保存的礼品。

例如，工艺品、书画、照片等，礼重情深。

（2）短期适用的礼品。

例如，挂历、电影票和一次性消费品等，经济实用。

2. 从馈赠的目的和意义角度来考虑

（1）能引起美好回忆的礼品。

对曾经有过共同经历的人，赠送与其经历有关的礼品能起到见物如见景的作用，把人带回往事的美好回忆中，使之感到慰藉。

（2）具有特殊意义的礼品。

逢朋友特殊的纪念日，例如，生日、婚礼等，选择赠送带有美好祝愿和象征意义的礼品，增加情意。

（3）慰问对方的礼品。

亲朋好友生病或年长者身体欠安时，送去营养品或一些对方喜欢而难以买到的食品，都可以表达问候与关心。

（4）援助性礼品。

至亲朋友遇到困难，既可以赠送其急需的物品，亦可以直接馈赠现金，帮助其渡过难关。

（5）喜庆祝贺类的礼品。

企业开张、馆所落成及乔迁、竣工活动、个人升迁等，相关单位或个人奉赠花篮、匾额、壁画及其他日常用品，都可以起到庆贺的作用。

二、馈赠方式

要使对方愉快地接受馈赠并不是件容易的事情，因为即便是精心选择的礼品，如果不讲究赠礼的艺术和礼仪，也难以达到预期的效果，甚至会适得其反。

（一）精心包装

精美的包装不仅使礼品的外观更具艺术性和高雅的情调，而且显示出赠礼人的文化素养和艺术品位，避免给人以俗气的感觉，同时也使受礼者感到自己备受重视。

在进行包装时，要讲究其材料、色彩、图案及其捆扎、包裹的具体方式。包装完毕后再贴上写有祝词和签名的缎带或彩色卡片，以表达自己的情感和诚意。

（二）注意场合

当众只给一群人中的某一人赠送礼品是不合适的，这样会使受礼人有受贿之感，而且没有受礼的人会感到受冷落和受轻视。给关系密切的人送礼也不宜在公开场合进行。只有象征着精神方面的礼品才适宜在众人面前赠送，如锦旗、牌匾、花篮等。

（三）举止大方

赠送礼品是为了表达自己的心意，应当光明正大、神态自然，举止大方，表现适当。将赠品送给受礼者，一般应在见面或道别时进行。届时，应当郑重其事地起身站立，走近受礼者，双手将礼品递给对方。

若礼品过大，可由他人帮助一起递交，但赠送者本人要参与其事，并援之以手。

若同时向多人赠送礼品，最好先长辈后晚辈、先女士后男士、先上级后下级，或按照先来后到次序，有条不紊地进行。

当面赠送礼品时应适时说明礼品的特性，有意识地向受礼人传递选择礼品时独具匠心的考虑，从而激发受礼人真心的感激和喜悦之情。注意不要自我贬低，应当实事求是地说明自己的态度。

三、受礼时的礼节

接受赠送礼仪

作为受礼者，在接受礼品时，也应遵循一定的礼节规范，表现出对送礼者的尊重和谢意。

（一）坦然接受

在一般情况下，对于他人诚心相赠的礼品，却之不恭。受礼者应在对礼品的赞美和夸奖声中收下礼品，一般可赞美礼品的精致、优雅或实用，夸奖赠礼者的周到和细致，并致感谢之辞。

（二）双手接过礼品

不要一只手去接礼品，特别是不要单用左手去接礼品。在接受礼物时，应面带微笑，双目注视对方，并要表示对对方的感谢。

（三）尽量当面拆封

在我国，传统做法是客人走后才拆封，但随着国际交往的增多，越来越多的人开始使用国际普遍做法，即在接过他人相赠的礼品之后，当着对方的面，将礼品包装启封，以表示自己看重对方，也表示很看重获赠的礼品。启封时，动作要井然有序，舒缓文明，不要乱扯、乱撕、乱丢包装用品。

（四）拒绝礼物讲究方式

有时出于种种原因，确实不能接受他人赠送的礼品。拒绝时要讲究方式、方法，得到对方的理解和谅解。

为避免赠送者尴尬，不宜当着他人的面拒绝所送的礼品，可采用事后退还法加以处理。即接下礼品但不拆启包装。事后，尽快地单独将礼品物归原主。退还礼品的时间最好不超过 24 小时。

（五）礼尚往来

"来而不往，非礼也。"在人际交往中，接受他人馈赠后，应注意以适当的方式和适合的时间，向对方回赠礼品，即俗称"还礼"。

四、送花

按照我国对色彩的民族传统心理，凡花色为红、粉、橙、紫的暖色花和花名中含有喜庆吉祥意义的花，均可用于喜庆事宜；而白、黑、蓝等冷色调的花，大多用于伤感事宜。因此，在通常情况下，喜庆节日送花要注意选择艳丽多彩、热情奔放的；致哀悼念时应选择淡雅肃穆的；探视病人要注意挑选悦目恬静的。因此，花有"花语"，送花的时机，送花的方式都有一定的讲究，赠送鲜花时必须了解送花的礼仪及鲜花中蕴涵的文化内涵。

（一）送花种类

依照鲜花种类的不同或者组合形式的不同，送花可以分为送束花、篮花、盆花、插花、饰花、花环等。送花以鲜花为佳，尽可能不要以干花送人，尤其不要将凋零、衰败、发蔫的花送人。

1. 束花

送花束多是在探望朋友、告别亲友、和恋人约会、结婚纪念、亲友生日、看望病人时采用。束花可选择寓意不同的花组合而成，外加包装纸和丝带。具体送什么花束，要根据不同的场合和表达的不同意义来决定。花束是适用面最广、应用最多的一种形式。

2. 篮花

在结婚典礼、寿庆或一些企事业单位的庆典活动中，为了表示祝贺，关系单位或亲朋好友常送篮花，即在形状各异的精编草篮中，盛放一定数量的代表美好、希望、友谊、祝愿的鲜花。花篮的左右两边还常系上条幅，也称为礼笺。与赠送束花相比较，赠送篮花显得更隆重、更高档。

3. 盆花

在登门拜年、祝贺乔迁，以及至交互访交往活动中，可以选择适宜的盆花赠送，以示友好或庆贺。送人的盆花，可以是自养的心爱之物，也可以是特意买来的珍稀品种。

（二）送花时机

不同场合，不同的送花时机应选择不同的花卉，可参考表 2-3。

表 2-3　送花时机及宜选花卉

送花时机	选择的花语
结婚庆典	颜色鲜艳且富含花语者最佳，可增进罗曼蒂克气氛，表示甜蜜。可选用玫瑰、百合、天堂鸟、郁金香、香雪兰、非洲菊等，象征百年好合、吉祥如意、早得贵子
喜得贵子	选择色泽淡雅且富含清香者为宜，表示温暖、清新，如蔷薇、雏菊、星形花等，也可选送康乃馨、玫瑰、火鹤、孔雀草、仙客来等，以祝愿孩子健康成长、聪明伶俐
祝贺生日	可选择玫瑰、菊花、康乃馨和剑兰为生日花，象征真心祝福、前程似锦、步步高升；盆栽花亦可，表示永远祝福。给老人祝寿可选长寿花、万年青、大丽花、迎春花、兰花等，寓意福如东海、寿比南山，健康长寿，永葆青春
迎接亲友	可选紫藤、月季、马蹄莲组成的束花，表示热情好客
送别朋友	可选芍药花、满天星、白掌，表示一帆风顺、思念之情
探望病人	可选素净淡雅的马蹄莲、素色苍兰、剑兰、康乃馨、玫瑰、兰花表示问候，并祝愿早日康复。避免送白色、蓝色、黄色的花和香味过浓的花。送花的数量忌：4、9、13
悼念逝者	白玫瑰、栀子花、白莲花、黄白菊花或素花均可，象征惋惜、怀念之情
乔迁之喜	赠送稳重高贵花木，如剑兰、玫瑰，或盆栽、盆景，以示隆重之意
新春佳节	选择带有喜庆与欢乐气氛的剑兰、玫瑰、香石竹、兰花、水仙、红掌、金橘、鹤望兰、大丽花、牡丹花、桃花、吉庆果、状元红、吉祥果等，表示节日吉祥、大吉大利、红红火火、步步高升。松枝、梅花、菊花、盆栽均宜，象征坚贞、富贵、胜利
开张大吉	采用颜色艳丽的花环、篮花，表示飞黄腾达。可选花朵硕大华丽的花，如大丽花、美人蕉、洋兰、玫瑰、康乃馨等。花期长、花朵繁茂，寓意兴旺发达、财源茂盛

（三）巧用鲜花

适当的时候选送适宜的鲜花，可以促进人际关系的发展，加深双方之间的情感，巧用鲜花还可以弥补语言的不足。

（1）迎送之时，可以用鲜花表示出对友人的感情。如古人送别时常折柳相赠，含义有三：一是用"柳"与"留"谐音，表达挽留之情；二是借用柳条的婆娑表示依依惜别之情；三是用柳支插地就活的特性，祝愿客人随遇而安。此外还可以选芍药花来赠别，因为芍药不仅花朵鲜艳，且含有思念、难舍难分之意。

（2）友人遇到挫折之时，巧用鲜花，劝人奋进，给人鼓励。像飘香藤、国兰、石斛兰，香气淡雅，繁殖力也强，从根部分株，很快就能长出新枝条，可以用来祝福亲友鼓足气力向新生活迈进。

（3）每逢重要的私人纪念日，鲜花可略表寸心。选用寓意美好的鲜花，将深情厚谊传递给对方。

（4）借花示爱。向意中人吐露自己的爱慕之意，以花为媒，借花开道，通过向对方献花，袒露自己的心扉。

（5）用花拒爱。以大家都明白的花语拒绝别人，彼此心知肚明，可以使双方都避免难堪的局面，渡过难关。

（四）鲜花的寓意

鲜花的寓意，是人们在长期的生活中，约定俗成的依照鲜花的颜色、品种、数目、搭配，赋予一定的含义。因此以鲜花为礼，必须清楚知道鲜花的寓意。通用的寓意，也称花语，指借用花卉来表达人类某种情感、愿望或象征的语言。常见的花语如表2-4所示。

表2-4　常见的花语

花　名		寓　意
玫瑰	红	热恋、真心实意、相爱、爱情
	黄	歉意、失恋、褪去的爱
	白	纯洁与高贵
	粉	初恋、特别的关怀、永远的爱
康乃馨	红	母亲我爱您、热情、真情、亲情、思念
	黄	长久的友谊
	白	纯洁的友谊、吾爱永在、真情
	条纹	拒绝
百合花	香水百合	纯洁、富贵、婚礼的祝福、百年好合、心心相印
	白	纯洁、庄严、心心相印、顺利、心想事成、祝福、高尚
	黄	衷心祝福

续表

花　名	寓　意	
郁金香	白	幸福、美人、热爱
	红	爱的告白、喜悦
	黄	拒绝、无望的爱、高贵、珍重、财富
	黑	神秘、高贵
风信子	胜利、喜悦、爱意、浓情蜜意、荣誉、祝福、永恒	
金盏花	离别	
桃花	避邪	
红掌	大展宏图、新婚、祝福、幸运、快乐	
满天星	关心、纯洁、真心喜欢、爱怜	
石斛兰	慈爱、祝福、喜悦	
菊花	长寿、清静、高洁、真爱	
非洲菊	神秘、坚固、兴奋、有毅力	
剑兰	用心、长寿、福禄、康宁	
向日葵	爱慕、光辉、忠诚、崇拜、富贵	
水仙	尊敬、高雅、清逸、芬芳脱俗	
紫罗兰	永恒之美	
马蹄莲	永结同心、吉祥如意	
勿忘我	浓情厚谊、永恒的友谊	

（五）民俗寓意

鲜花种类繁多，同一品种的鲜花，由于风俗习惯的不同，在不同的国家和地区，往往会被赋予不同的含意。因此在涉外交往活动中使用鲜花或跨地区使用鲜花，必须慎重考虑其不同的寓意，以免出现难堪的局面。

不同民族对鲜花的色彩有着不同讲究。在我国，红色鲜花是最受欢迎的喜庆之花，红色象征大吉大利，兴旺发达。白色鲜花则常用于丧礼。但在西方人眼里，白色鲜花象征着纯洁无瑕，将其送予新娘，最为得当。

中国人颇为欣赏的黄色鲜花，却不宜送给西方人为礼，因为他们认为黄色暗含断交之意。在拉丁美洲，人们将菊花看成一种"妖花"，只有人死了才会送一束菊花。意大利、西班牙、德国、法国、比利时等国，也不能送菊花，因为菊花象征着悲哀和痛苦。

巴西人认为紫色是死亡的征兆，故紫色鲜花成其忌讳。

百合花在我国象征百年好合；而在印度人、英国人和加拿大人眼中则代表着死亡，白色百合花和玫瑰，是送给死者的虔诚悼念品。

日本人讨厌莲花，认为莲花是人死后的那个世界用的花。送菊花给日本人，只能送有15片花瓣的品种，16瓣的菊花为皇室徽章用花。

在我国的广东、海南、香港、澳门地区，宜送金橘、桃花，金橘有"吉"之意，桃花有"红火"之意，会令对方笑逐颜开。而梅花、茉莉则音同"霉""没利"，故而令人避之不及。

中国人习惯送礼送双数，如6和8意寓"顺顺利利""兴旺发达"。在喜庆活动中送花要送双数，意即"好事成双"。在西方国家，送花则讲究单数。

有些数字，由于读音或其他原因，在送花时也是忌讳出现。在日本、韩国、朝鲜以及中国的广东、海南、香港、澳门、台湾地区，送"4"枝花给人，会招人白眼，因为其发音与"死"相近。

相关链接

相互馈赠，促进友好关系

不同国家主要领导人之间赠送礼品，被人们称之为"国礼"。这种礼物当然要经过精心选择，具有相当的意义和一定的特色，能反映双方当时的友好关系，烘托出热情友好的气氛。具有民族风格、地方特色的礼品，往往受到人们的喜爱。造型奇巧、做工精致、晶莹剔透的欧洲玻璃器皿，美丽动人的中国刺绣和丝绸，各国具有民族特色的手工艺品，描写各国风情的绘画作品等，都常常被人们选来作为珍贵的礼物互相赠送。1989年，当时的美国总统布什访华时，送给中国领导人的是得克萨斯州人穿的黑色长筒皮靴。而李鹏总理赠给布什夫妇的是中国的飞鸽牌自行车。

启示：有时候，赠送一些应时的土特果品，花费不多，却很亲切。周恩来总理在世时，知道柬埔寨王后（西哈努克之母）和西哈努克亲王喜食我国京郊特产大盖柿，每年大盖柿收获时，周总理都会送一些，供柬王后等品尝，十分有益于增进友谊。

（资料来源：http：//www.glr.cn/resources/shangwuziyuan/200503/17471.html）

 任务实施

深圳临天通信有限公司欲与黑龙江省恒大有限公司合作成功，在临别之际，按照礼仪要求，黑龙江省恒大有限公司要向对方赠送礼物，业务经理王芳在充分了解双方的合作意向及对方的喜好后，对礼品选择及赠送程序做了如下安排。

第一项 礼品选择

黑龙江省恒大有限公司业务经理王芳经过几天的考虑，针对双方的合作意向，她决定送给对方公司本地著名画家所画的象征友谊的一幅画。在赠送之前王芳将画做了精美装裱，同时，为所有客人都准备了印有本公司标志和介绍的高级水杯，一并做好包装，准备送出。

第二项 礼品赠送礼仪

晚饭过后，王芳拿出事先准备好的画，双手提起说："李经理，这几天和你相处得很愉快，这是我们公司专程请本地最著名的画家画的一幅画，希望我们两个公司友谊长存，也庆祝我们合作成功。"

第三项 礼品接受礼仪

李想微笑着，双手接过礼品，感谢道："王经理，你们太客气了，我很感动于你们的细心，能够达成双方的合作我也很高兴，谢谢你们的礼物，你们有时间和机会一定要到我们那里去看一看。"

第四项　集体赠送礼物

第二天早上，大家集中在宾馆为李想经理一行送行，王芳拿出事先准备好的杯子，给每人都准备了一份，说："公司为大家准备了印有我们公司标志的杯子，希望大家都能记住我们的友谊，像这杯子一样牢固，祝福大家一路顺风。"

大家都微笑着接过礼物，表示谢意，也邀请大家有机会一定要去深圳，也祝福大家生活美满。

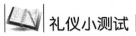

1. 在商务与公关活动中，与人相见握手时，你的表现是（　　　）。
   A. 连忙先伸出右手
   B. 稍用力握住对方右手，上下抖动几下
   C. 面带微笑，眼睛环顾左右
   D. 握手后，用手绢擦手
   E. 握手人较多，与他人交叉握手

2. 在接电话时，你的表现是（　　　）。
   A. 手中正有件事在处理，等会儿有空再接
   B. 拿起电话时，先问对方找谁
   C. 得知对方打错电话，直接挂断
   D. 如代人接听电话时，做好电话记录，以免传达时出错
   E. 工作太忙，边用头和肩夹着电话，边处理事情

3. 在工作中接待来访者时，你的表现是（　　　）。
   A. 不用事先准备，来了看情况再说
   B. 告诉客人接待室位置，在会客室等待
   C. 客人到来后，请客人随意就座
   D. 为表示对客人重视，一律高规格接待
   E. 参观、访问期间，安排好交通用车及相关事项，照顾好客人

4. 安排宴请时，你的表现是（　　　）。
   A. 电话通知客人宴请的时间、地点
   B. 就近选择饭店用餐
   C. 根据主宾的喜好安排菜单
   D. 在餐桌前等候客人到来
   E. 按先后到达顺序就座

5. 去朋友家拜访赠送礼品时，你的表现是（　　　）。
   A. 了解对方喜好，选择适合对方的礼物
   B. 不进行精心包装，只用塑料袋装礼品
   C. 到主人家时，将礼品放在不显眼的地方
   D. 主人家中有其他客人，当着大家的面给主人礼物
   E. 递给主人时，不好意思地说：没有准备，临时买的东西

（以上各题正确答案为：1. B　2. D　3. E　4. C　5. A）

思 考 题

1. 握手有哪几种形式？握手时应注意哪些事项？
2. 致意礼的主要形式有哪几种？应如何施用？
3. 交际活动中应如何递接名片？
4. 简述打电话、接电话的礼仪规范。
5. 接待前的准备工作有哪些？如何礼貌待客？
6. 简述中餐宴会的组织与安排。
7. 用轿车迎送宾客时，应如何安排座次？
8. 如何为客人选择适宜的礼品？应如何礼貌地赠送和接受礼物？
9. 怎样选择送花的时机？

项目三

商务文书礼仪

知识目标

☞ 了解礼仪文书的特点、种类。
☞ 理解礼仪文书的基本内涵。
☞ 掌握各类礼仪文书的基本构成要素、基本格式和运用时应把握的礼仪原则。

能力目标

☞ 学会运用书信类文书、致辞类文书、对外商务信函礼仪,借助礼仪文书传递信息,表达友好、尊敬之意。

导入案例

英国首相贺信不当遭骂

扬子晚报据英媒体12日报道，英国一名超级大胖子数周前因狂减体重190千克，获首相布莱尔亲自写信恭贺。但一名英军士兵今年7月在阿富汗阵亡为国捐躯成为英雄后，其44岁的母亲卡伦·卡尔加苦等4个月竟没收到布莱尔一句慰问！11日，虽然布莱尔已为此道歉并补发慰问信，但卡伦·卡尔加仍愤怒地说："太迟了！"

据报道，这名母亲现年44岁。卡伦·卡尔加的儿子彼得·索普27岁，是一位在阿富汗服役的英军第三伞兵作战部队的下士。儿子的惨死令卡伦·卡尔加几近崩溃，4个月来，卡伦·卡尔加终日以泪洗面。这期间英国首相布莱尔始终没有向她写来任何慰问信，或者哪怕致电对她说一句问候的话。卡伦·卡尔加想到首相整天公务繁忙，也就并未太在意。但数周前，和卡伦·卡尔加同住在瓦尔尼市的一名超级大胖子查里·瓦德克竟收到了布莱尔首相的"减肥贺信"！据悉，查里·瓦德克本来体重为280千克，但2年来他通过各种方法成功地将体重减少到了90千克，并在报纸上发表他的减肥秘诀。当布莱尔首相读到这个报道后，立即给瓦德克写信对他"减肥成功"表示祝贺，信中布莱尔表示全国人民都应以瓦德克为榜样，和肥胖斗争到底。当得知这一消息后，卡伦·卡尔加当即被气得目瞪口呆。卡伦·卡尔加悲愤地说："也许我儿子的生命，对政府来说只是一个数字。"

（资料来源：www.sina.com.cn）

问题与思考

交际文书看似简单，实际上是人们交际过程中必不可少的工具，运用得当会促进交际的成功；否则，会带来负面影响，甚至对自身形象有所损害。如果英国首相能在第一时间给这位母亲发一封慰问信，那情形将会怎样呢？

现代社会，电话、短信、传真、E-mail、语音和视频等联络方式的出现使人们之间的沟通更加方便快捷，但书面交往仍然扮演着不可替代的角色。在正式交际与商务往来中，对重要事务的处理，也只有通过文书的往来才能做出最终决定。因此，公关与商务人员掌握书面表达的礼仪，即礼仪文书的基本写作特点与要求，明确各种礼仪文体写作的语言表达方法与技巧，熟悉各种礼仪文本，对公关和商务活动的顺利开展具有重要意义。

任务3.1　书信类文书礼仪

【任务布置】

小张是恒利珠宝有限公司总经理秘书，该公司拟于2015年11月8日8:00—18:00在蓝天大酒店举办珠宝展示会，拟邀请著名影星范明明参加，小张要以该公司的名义，制作一张请柬。

11月7日，有四名歹徒夜间闯入酒店，想盗取珠宝，酒店的保安人员不顾生命危险与歹徒搏斗，期间保安刘亮由于勇斗歹徒而负伤住院，珠宝完好无损，歹徒悉数被抓。小张要以公司的名义向刘亮发一封慰问信，并向酒店发一封感谢信。

【知识要点】

一、礼仪文书

（一）礼仪文书的含义

1. 文书概念

"文书"一词在我国出现甚早。《史记·秦始皇本纪》载：秦始皇"禁文书而酷刑法，先诈力而后仁义。"

文书是指组织或个人在社会生活中进行管理、联络事项、记载情况、表达意图所形成的体式完整、内容系统的文字材料。

2. 礼仪文书概念

礼仪文书是指在社会交往、礼仪活动中用来调整、改善、发展人与人之间、人与组织群体之间、组织与组织之间相互关系的书面材料与文字。

礼仪文书是现代社交礼仪的基本方式之一。在现代社会中，个人之间，机关、企事业单位及社会团体之间时常发生各种交往，有时要用书面形式进行沟通、联络，如邀请客人出席招待会、开业典礼、座谈会、宴会、交易会、沙龙、学术讨论会的柬帖；欢送告别时以及喜庆场合的欢迎词、答谢词、欢送词、祝酒词；向有关单位及公众宣布事项的启事；还有书信、名片、题词及婚丧寿诞方面的文书等。

（二）礼仪文书的种类与写作要求

1. 礼仪文书的种类

礼仪文书作为一种实用性文书，可以从多角度进行分类。

（1）礼仪文书的文体种类。

根据文体写作的基本要求，礼仪文书大致可分为礼仪函电类（包括一般函电和专用函电）、柬帖类、名片与贺卡类、题词与启事类、讣告与悼词类及碑文、对联、诗词类等多种类型。

（2）礼仪文书的适用种类。

礼仪活动涉及广泛的社会交往，礼仪文书据此可分为日常交际应酬类（如问候、拜访、请谒、邀约、宴请、馈赠、请托、论事、介绍、推荐、建议、辞行、感谢、道歉、声明等）、庆典礼仪类（节日、事务），人生礼仪类（如生辰、寿诞、婚嫁、丧葬）等几种类别。

2. 礼仪文书写作的基本要求

（1）表达方式灵活多样，不拘一格。

在语言表达方式上，礼仪文书没有公文那样正规，但也要注意在称呼、语气、祝颂语方面的礼貌、礼节，具体写作中可用多种手法来表达，可自由发挥，叙事、明理、抒情、描写、评赞、议论任意使用，只要能准确、真诚地表达自己的感情即可。

（2）使用语体自由多样，心到笔随。

礼仪文书的语体不受公文语体的束缚，白话、文言、文白相间均可。礼仪文书是一种最能体现和反映作者个性与才情的文书。

（3）运用语言简洁精练，顺畅得体。

礼仪文书的用语比公文丰富，讲究语言的技巧。用词应精练、准确，词意应通顺流畅、明快得体。无论是称谓、敬语，还是文内用语，都必须能以礼相待、文雅得当、彬彬有礼，不能放任、太随便。要适合所述对象、所表之情、所达之意，起到相互沟通、相互交流、相互理解与体谅的作用。

（4）反映情感真挚恳切，情溢文中。

礼仪文书大多是从心底深入进行交谈，加深情谊，处处体现出相互之间的感情。"无情不是好文章"。动之以情才能使交往变得真诚、恳切。因此，礼仪文书的字里行间应处处洋溢着作者的真挚情感。常常一篇好的礼仪函电或致辞，欢快时喜形于色，悲恸时催人泪下，庄重时令人肃然。情溢文中是礼仪文书的根本要求。

二、文书礼仪

文书礼仪的运用不仅关系到交际效果，也关系到个人的工作效率，乃至事业上的成败。因而，公关与商务人员必须掌握文书运用的基本礼仪。

（一）文书礼仪的含义

文书礼仪是指人们在运用文书进行交往中所应遵守的礼仪规范。作为社会交往、礼仪活动的文体，礼仪文书主要体现交际双方的愿望、喜好、情感，反映的是一种"双边"关系，只不过它是用书面的形式来进行互相接触、互通信息、交流情感，以便能达到相互了解、增进友谊、加强合作的作用。掌握文书的礼仪要求，主要是格式及语言的运用要求，对于成功交际及商务合作具有重要意义。

（二）文书礼仪的基本特点

1. 礼节性

礼仪文书注重"以礼相待"，强调因人、因事、因地、因时地待人接物。在对人生的各种美好祝愿上，多以全社会通行的人生重大礼仪方式进行，像婚嫁礼仪、寿辰礼仪、丧祭礼仪、节日庆典礼仪。在日常交际应酬中的小礼，如迎来送往、寻求访见、宴请聚会、答谢辞行、邀约请托、问候抚慰、致谢道歉、勉励规劝等，大多是用书面的文字材料加上礼仪活动，以此来充分地展示丰富的礼仪内容。

2. 规范性

礼仪文书一般都具有比较固定的格式和用语，是一种比较规范化的文体。比如书信，不仅称谓语、开头结尾的问候祝颂语有很多讲究，而且也要注意行文书写的款式。当然，礼仪文书的写作要求，并非像机关正式公文一样有法规的规定，它是民间约定俗成的惯用格式。

三、书信类文书礼仪

（一）书信的种类

书信是一种向特定对象传递信息、交流思想感情的应用文书。它是社会交往中最古老、最实用的媒介和手段。现代社会，人们的交流习惯在逐渐改变，虽然书信的使用范围和使用频率有所降低，但以其经济性、可证性、易藏性和纪念性，在社交活动中仍起着无法替代的作用。书信有以下五种分类方式。

1. 按性质划分

按性质划分，书信可分为公函和私函。

2. 按内容划分

按内容划分，书信可分为祝贺慰吊类、请托邀约类、迎送往来类、聘请辞职类、推荐介绍类、表扬感谢类、请求建议类、交际应酬类、请示汇报类、申请决心类等。

3. 按写作形式划分

按写作形式划分，书信可分为笺函、邮简、明信片。

4. 按投递方式划分

按投递方式划分，书信分为平信、挂号信、特快专递信和混合信函。

国家邮政局于 2001 年 11 月 1 日起，在北京等 18 个省市试开办了混合信函电脑寄信业务，用户寄信不用再去邮局，在电脑上就可以完成。邮政混合信函业务是用户在邮政局所购买邮资卡、专用电脑寄信软件后，利用计算机发信，将信息通过互联网传输到指定地点，由专用设备全自动打印、封装，按平常信函进行投递的信函业务。也就是寄信人以电子方式寄信，而收信人以纸质方式收信。

5. 按交际手段划分

按交际手段划分，书信可分为用于私人交际的一般书信和用于公事交际的专用书信。

注意：专用书信和一般书信有以下区别。

（1）专用书信常有标明性质的标题，有的还在标题前加上标题内容的修饰语。一般书信没有标题。

（2）专用书信的收信人的称谓可写在开头第一行，也有的写在正文之后另起一行顶格，还有的写在正文中。一般书信的收信人的称谓均写在开头第一行。

（3）不少专用书信，为表示慎重，要在署名处加盖公章。而一般书信不必盖章。

（二）一般书信的构成

一般书信是指在日常生活中，亲友、同学、同事之间通过书面形式进行交流思想、互通信息、商讨问题的一种应用文体。

一般书信由信笺和封文两部分组成。

1. 信笺的格式

笺文一般由称谓、问候语、正文、祝颂语、署名和日期六部分构成。如样例 3-1 所示。

[样例 3-1] 一般书信的笺文格式。

```
××先生：
  你好！
    □□□□□□□□□□□□□□□□□
  □□□□□□□□□□□□□□□□□□
  □□□□□。
    □□□□□□□□□□□□□□□□□
  □□□□□。
  此致
  敬礼！
                            ××上
                  ××××年××月××日
```

（1）称谓。

在信纸的第一行顶格写，后面加冒号，表示下面有话要说，单独占一行。如何称呼要由写信人和收信人之间的关系而定。亲属关系，写给长辈的，可不写姓名只写称呼；写给平辈的，可直呼其姓名；写给晚辈的，可只写辈分称呼或在姓名后加辈分。非亲属关系，写给长辈的，在称呼前加姓，如"刘伯伯""张老师"；写给平辈或晚辈的，可直呼其姓名，也可在姓名之后加称呼，如"王玲""曾洪同学""君胜同志"。有时在称呼之前加修饰语，如"敬爱的""尊敬的""亲爱的"，以表示对收信人的尊敬和亲密之情。

（2）问候语。

问候语写在称谓的下一行空两格处，一般应独立成段。因收信对象的不同而使用不同的问候语，通常用"您好""近好"等。遇到节日，可致以节日问候，如"新年好"，还可以从工作、生活、身体等方面对收信人进行问候。

（3）正文。

这是书信的主体部分，这部分内容可根据情况适当分段。正文部分一般从对方写起，先询问对方的情况，然后再介绍自己的情况，谈自己的事情。若是复信，应先答复对方来信提出的问题，然后再谈自己的事情。

（4）祝颂语。

祝颂语是表示祝愿或敬意的话。此内容可分两段来写，如"此致""敬礼"，写法是另起一行空两格写"此致"，再另起一行顶格写"敬礼"；也可用一段表述，如"祝您身体健康"，在正文之下另起一行空两格处写起。敬语可根据收信人身份的不同、写信目的的不同而有所区别。

（5）署名。

署名一般包括两部分：自称和姓名。自称在前，姓名在后。如何署名，也要由写信人与收信人的关系来决定。对自己的亲属或者熟识的朋友，可以只写名，不写姓；写给父母的信，要在名字前加上"儿子""女儿"等字；父母写给子女的信，可以不写姓名，只写"父字""母字"；写给不大熟识的人，要用全名，名字的前面加自称，如"学生""晚辈"等；写给平辈的信，可以只写名字，不用自称。但多数情况下，对比较熟悉的平辈，无论比自己大还是小，都可以加上"弟"的自称，以表示敬重；对长辈或平辈，还可在署名的后面加上"敬上""谨上""拜启"或只写一个"上"字，以表示尊重。

署名通常写在书信的右下方，与书信的正文相距两三行。

（6）日期。

署名之后，还要注明写信的日期。写信的日期通常越详细越好，可以完整地写出年、月、日，甚至可以写到几时几分。在中文书信中，日期可以用数字简写。

此外，若写信人在书信写完之后，感觉还有需要补充的内容，可在附言中言明。附言通常写在全部信文的最后，开头顶格写上"另""另外"或"还有"等字样，或者在附言的后面写上"又及"或"又启"两个字。附言应尽量简短，并在"另"等字的下一行空两格书写。

有专家指出，在社交书信中最好不要出现附言，越是正式的书信越要尽量避免，以显示写信人在写信时的三思而行。而商务信函和公函往往需要附带一些合同、发票、表格之类的票据，因此出现附言是正常现象。

2. 封文的款式

封文结构与内容要求。封文是指写信人按照规定在信封上所书写的文字。封文有横式和竖式两种，横式信封的书写顺序是从上到下，竖式信封的书写顺序是从右到左。

封文内容主要由五部分组成，即收信人的邮政编码、收信人的地址、收信人的姓名、寄信人的地址和寄信人的邮政编码。如样例3-2所示。

［样例3-2］ 邮发中国内地的信件封文。

```
┌─────────────────────────────────────────┐
│ １００08３                                │
│                              ┌────────┐ │
│ ××省××市××区×××街××××号        │  邮票  │ │
│                              │        │ │
│         李××   先生 收          └────────┘ │
│                                         │
│    ××省××市××县××乡××××村××组×缄      │
│                              ┌────────┐ │
│                              │２０００8３│ │
│                              └────────┘ │
└─────────────────────────────────────────┘
```

（1）收信人/寄信人的邮政编码。

我国的邮政编码由6位阿拉伯数字组成：第一、第二位数字表示邮区；第三、第四位数字表示县、市；第五、第六位数字表示投递局、所。

左上角用来书写收信人的邮政编码，在信件的机器分拣中，收信人的邮政编码是非常重要的；右下角用来书写发信人的邮政编码，一是备收信人回信用，二是在信件无法准确投递时，邮政部门将信退回寄信人使用。

（2）收信人的地址。

紧靠左上角邮政编码下一行书写收信人的地址，地址要求准确、详细。地址从左向右写，开头不要太靠近边缘，留一点空隙，以免在信件的邮递过程中字迹磨损不易辨认；也不要太靠近右上角，要留出贴邮票的地方。

发往城市的信件，地址的次序是：省、市（县）、区、街道、门牌号码；发往农村的信件，地址的次序是：省、县、乡、村；发往本市的信，可以不写省份名。

对托人捎带的信可以不写地址，只写"请面交""请带交""请送交""请面呈"等即可。

（3）收信人的姓名。

收信人的姓名写在信封中间，字体可稍大些。姓名的后面可加称呼，如"先生""校长"等。在其后空一格处写"收""启""鉴""亲启"等。

如果是托人转交的书信，可先写转交人的姓名，字体稍小些，接着用"转"或"转交"一词，然后再写收信人的姓名，字体稍大些，使转交人看清信不是写给自己的。

（4）寄信人的地址。

寄信人的地址一般写在信封的下方、寄信人邮政编码的上一行或上二行，地址开头地方留的空隙要比收信人的地址开头留得多一些。写寄信人地址的时候也不要太靠近信封的下端，以备地址一行写不完时换行；更不能覆盖寄信人的邮政编码。

在寄信人地址的最后，署上寄信人的姓名，或者只署上姓，万一信件因某种原因无法邮寄到收信人的手中，退回时也容易找到写信之人。

在姓名或姓之后，还可以写一个"缄"字，即"封闭"的意思。写给父母、长辈等的信，可以用"谨缄"。在"缄"字的后面也可以注明发信日期。

(三) 专用函电

1. 贺信、贺电

贺信、贺电是对机关、团体、单位或个人喜庆之事，如各类庆典、开业、成功召开重大会议、升迁、取得重大成就等表示祝贺的信件和电报。

（1）格式要求。

贺信、贺电的格式一般包括标题、称谓、正文和落款等部分。

① 标题。

一般只需在版面第一行的中间写上"贺信"或"贺电"两字，字可较正文偏大一些。

② 称谓。

顶格写接受贺信的单位或个人名称，后面加冒号。

③ 正文。

即贺信、贺电的具体内容，紧接称呼之后，另起一行，空两格写。

④ 落款。

落款包括署名及标明写信日期。

（2）贺信、贺电样例。

贺信、贺电例子如样例 3-3～样例 3-8 所示。

[样例 3-3] 写给单位的贺信。

贺　信

××大学：

　　欣悉贵校即将迎来建校百周年庆典，谨向全体师生员工表示热烈祝贺，并致以亲切问候！多年来，贵校为祖国的社会主义建设事业培养和输送了大批合格人才，学校的各项事业取得了可喜的成绩和令人瞩目的成就，赢得了社会各界的好评。

　　在新的时期，希望贵校继续保持和发扬学校长期形成的良好办学特色与办学传统，为祖国的社会主义现代化事业做出新的贡献。

　　我们相信，贵校在新世纪中，一定会迎来更大的发展，取得更加辉煌的成就！

　　祝愿××大学欣欣向荣、蓬勃昌盛！

××大学

××××年××月××日

[样例3-4] 写给个人的贺信。

贺 信

尊敬的王总工程师：

　　欣闻你研制的高效无毒无污染"××洗洁剂"目前正式投产，特表示由衷的祝贺！这一产品向赶超世界名牌洗洁剂产品迈出了可喜的一步，必将对我国洗洁剂生产产生促进作用。让我们携起手来，共创佳绩！

×××化学制剂公司

××××年××月××日

[样例3-5] 开业贺信。

贺 信

万友都成汽车销售服务有限公司：

　　获悉你公司于9月12日正式开业并获授长安汽车及长安铃木4S店专营牌，在此，向你公司致以衷心的祝贺。

　　万州素有"渝东门户"之称，你公司在万州的成立，将对万友汽车销售服务的网络建设和拓展起到骨干作用，将使长安汽车在三峡库区的营销网络布局更加完善和合理，将带动万州地区汽车消费市场的发展。希望你们在这样一个优质的平台上再接再厉，充分利用各种有效资源，使整个营销网络运营得更加规范和高效，把公司打造成为一流的汽车营销服务企业。

×××公司

××××年××月××日

[样例3-6] 节日贺电。

贺 电

××公司董事长××先生：

　　元旦佳节即将来临，借此机会致以热烈祝贺，希望新的一年给您带来健康和吉祥。祝您宏图大展，事业昌盛。

××实业公司

××××年××月××日

［样例3-7］成立贺电。

贺　电

湖北省四川商会：

　　欣闻贵商会于××××年××月××日正式成立，我们表示最热烈的祝贺！

　　湖北省四川商会的成立是四川在湖北投资企业的一件大事、喜事和盛事，是川鄂两省经贸合作向纵深发展的一个重要标志。商会的成立必将带动两省政治、经济等多领域、全方位的发展。

　　我们真诚地希望与贵商会加强联系、相互合作、互通有无、共谋发展！

　　祝贵商会事业鹏程万里、蒸蒸日上！

×××商会
××××年××月××日

［样例3-8］晋升贺电。

贺　电

博文先生：

　　欣闻阁下荣任亚洲总公司中国分公司总经理，不胜快慰。我们相信贵公司在您的领导下，必将精诚团结，再创佳绩。

　　祝贵公司繁荣昌盛，兴旺发达。

北京讯声公司经理
章子月
××××年××月××日

（3）礼仪说明。

写贺信、贺电，要感情真挚、浓烈，给人以鼓舞；评价要适当而有新意，避免陈词滥调；行文应规范，称谓要合体；文字简练，语言朴素，不堆砌华丽辞藻，不言过其实，不空喊口号。

贺电、贺信的篇幅不易太长，力求短小精悍，行文流畅。但相对来讲，贺信较长，内容较为全面，而有些贺电只是礼仪般的祝贺。贺信、贺电要及时发出。以个人名义发出的贺信一般用手写，以表亲切之意。以单位名义发出的贺信一般打印在红色的质地厚一些的纸上，以示郑重之意。

2. 感谢信

当得到某人或某个组织的帮助时，除了口头感谢之外，有时还应该写封感谢信。感谢信一般寄给帮助者，也可以公开张贴和发表。用于张贴的感谢信可写在或打印在纸上，信上要说明感谢对象的帮助行为过程、所起的作用以及这一帮助行为的社会意义。感谢信的格式与普通书信基本相同。

感谢信按内容可分为两类。一类是普发性感谢信，即对与本单位有过交往的众多单位表示谢意，内容要求概括，使之适合所有的感谢对象；另一类是专用感谢信，即专为某事向某单位或某人表示感谢，内容应写得具体些，使之适合个别感谢对象。一般所说的感谢信多为专用感谢信。

（1）格式和内容要求。

感谢信的格式和内容如下。

① 标题。

在第一行的中间写上"感谢信"，有时也可写"致×××的感谢信"或"×××致×××的感谢信"，字体大一些。

② 称谓。

要顶格写被感谢者的姓名或被感谢者的单位全称，后面加冒号。

③ 正文。

要精练概括地介绍自己遇到什么困难，对方如何解决的，并表示感谢，然后写自己准备以怎样的实际行动来答谢对方。在结尾时多用祝愿工作取得成绩等一些语句。

④ 敬语。

文末用"此致，敬礼"或"致以最诚挚的敬礼"等结束语。

⑤ 落款。

在文末署名并标明日期。

（2）感谢信样例

感谢信的例子如样例3-9、3-10所示。

[样例3-9] 单位之间的感谢信。

感 谢 信

××农科所：

　　在今年5月我乡玉米发生大面积虫害，严重影响生长的紧急时刻，贵所派出全部农业技术人员来我乡根治病虫害，避免了上千亩玉米绝收。目前，作物长势良好，丰收在望。谨向你们表示衷心感谢！

　　我们决心在党的十八大精神指引下，继续努力生产，以实际行动答谢你们的帮助和关怀。

　　此致

敬礼！

××乡人民政府（公章）
××××年××月××日

[样例3-10] 个人之间的感谢信。

> # 感 谢 信
>
> ××医生大鉴：
> 　　别来未久，但很想念。祝您生活安好，医术精进。
> 　　我患腰部疼痛多年，一直医治不好，非常苦恼！幸而遇到您这位良医，几针就减少了痛楚，又通过服药把痼疾治好。
> 　　我近来感到精力倍增，身体也比以前强健，见到我的人都觉得我不老，还说我越来越精神！这全是您的再生之德，良医救人有如华佗再世！谨此申谢，祝你安好！
>
> 　　　　　　　　　　　　　　　　　　　　　　××谨上
> 　　　　　　　　　　　　　　　　　　　××××年××月××日

（3）礼仪说明。

写感谢信时，要充分反映出对方的可贵品质、动人事迹，做到见人、见事、见精神。不能以空泛的大道理代替突出的动人事迹。重点叙述人物事迹的发生、发展、结果及其意义。叙述要清楚，要突出最本质的方面。事实本身就具有很大的说服力，因此，要让事实说话，少讲空道理。

在感谢和赞颂时，要恰如其分，实事求是，不要以偏概全。哪件事好，便表扬哪件事，既不夸大，又不缩小。感谢信的语气要热情恳切，情尽文畅。文字要朴素，篇幅要短小。

3. 慰问信（电）

慰问信（电）是机关、团体、企事业单位以组织名义向有关组织、人员表示安慰、问候、关怀、支持而写的书信（或电报）。

慰问信（电）是一种使用广泛的文体，其作用在于充分体现组织或集体的温暖和关怀、社会的关心，以及组织或集体与个人之间、同志之间的真挚感情，给人以继续奋发向上的信心、克服困难的勇气、勤奋学习和努力工作的力量。

慰问信（电）可以公开登载于媒体或张贴于布告栏中，而单位内部的某些慰问信，可直接寄到被慰问者的家中。用于公开张贴的慰问信用可写在或打印在大一些的红纸上。

（1）格式与内容要求。

慰问信（电）的格式与感谢信基本一致，只是缺少敬语部分。

慰问信（电）从内容上看，一般可分为三种类型：一是对先进的慰问；二是对受难者的慰问；三是节日慰问。

① 慰问先进。

首先，写成绩是怎样取得的及具有怎样的意义；其次，进行赞扬和鼓励；最后，提出希望，如样例3-11所示。开头可用"欣闻……非常高兴，特表示祝贺并致以亲切的慰问"等语。

② 慰问受难者。

主要对受难者表示同情和安慰，鼓励他们克服困难，勇往直前，夺取胜利。开头可用"惊悉……深表同情，并致以深切的慰问"等语；中心段着重写克服困难、战胜灾难的有利因素，如社会主义制度的优越性、安定团结的大环境、人民的大力支持等，鼓励他们努力奋斗，战胜眼前的困难；最后写自己（发信单位或个人）将为他们做贡献的决心及行动（如捐款捐物等），并表示良好祝愿，如样例 3-12 所示。在国际交往中，慰问信可相对简短些，表示出慰问的心情和诚意即可。

③ 节日慰问。

开头概述节日意义及提出问候语；中心段赞扬有关人员所取得的成绩或所做的贡献，同时，联系当前的形势阐述责任和今后的任务；最后提出希望。

（2）慰问信（电）样例。

［样例 3-11］ 先进慰问信。

慰 问 信[①]

全县见义勇为先进个人：

　　农历马年将至，在此，我们谨向全县所有在维护社会稳定中勇于同各种违法犯罪做斗争的人民群众特别是在国家、集体和他人利益遭受不法侵害的紧要关头挺身而出的见义勇为的义士们，表示衷心的感谢、崇高的敬意和亲切的慰问！

　　见义勇为、匡扶正义、扶危济困，是中华民族的传统美德，是时代精神的具体体现，是构建和谐社会的必然要求。多年来，县委、县政府高度重视、积极推进见义勇为工作，适时地成立了全椒县"见义勇为协会（理事会）"。当前，社会各界广泛支持见义勇为事业，全县上下大力弘扬见义勇为精神，随着"平安全椒""法治全椒""美好全椒"建设的不断深化，见义勇为的英雄群体和先进个人也层出不穷，并且涌现出了许多先人后己、舍生取义的见义勇为勇士，对此，县委、县政府及时地召开大会，多名见义勇为公民受到表彰奖励。他们中间有赤手勇斗制服持刀抢劫犯罪分子的周平、靠打工养活老人和孩子并自掏腰包多次赴武汉和合肥等地为他人无偿献血的徐佐泉、冒着生命危险勇救落水群众的陈志和等。这些见义勇为的杰出代表，用正义和良知、鲜血和生命奏响了一曲曲震撼人心的正义之歌，举起了一面面引领时代潮流的旗帜，体现了无私奉献、舍己为人、无私无畏的高尚风范和大义凛然、惩恶扬善的浩然正气。他们的先进事迹感人至深，他们的英雄壮举令人敬佩，他们的信念、追求催人奋进。他们是"平安全椒""法治全椒""美好全椒"的忠诚卫士，是和平年代的战斗英雄，是全县人民的骄傲和全社会学习的楷模！

　　党的十八大确定了全面建成小康社会和全面深化改革开放的目标。互爱互助、见义勇为作为建设社会主义核心价值体系业已深入人心，建设和谐文化、培育文明风尚、要求用社会主义荣辱观引领风尚，加强思想道德建设，发挥道德模范榜样作用逐步成为时代主旋律，深入开展群众性精神文明创建活动，男女平等、尊老爱幼、互

---

① 资料来源：http：//www.qjxw.cn/2014-01/27/content_534409.htm

爱互助、见义勇为的文明风尚蔚然成风，公民文明素质和社会文明程度明显提高。而大力弘扬见义勇为精神，是建设社会主义和谐社会的必然要求。让我们在县委、县政府的坚强领导下，认真学习见义勇为者的先进模范事迹，大力弘扬见义勇为的民族精神。希望广大见义勇为先进分子保持荣誉、发扬光荣，为党和人民再立新功。希望全社会一如既往地关心支持见义勇为事业，为建设平安全椒、和谐全椒做出新的贡献。

　　祝你们身体健康，工作顺利，家庭幸福！

全椒县社会管理综合治理委员会
全椒县见义勇为协会
2014 年 1 月 26 日

[样例 3-12] 灾情慰问信。

慰 问 信①

五华的广大干部群众：

　　8 月 16 日以来，受"尤特"台风影响，家乡五华遭受特大暴雨袭击，人民群众生命财产安全遭受严重损失。灾害发生后，县委、县政府快速反应，立即组织县、镇、村三级干部深入灾区，抗洪救灾，安置灾民，开展生产自救。全县救灾工作正在有序、有力、有效地进行。在此，五华商会全体会员向参加抗洪救灾的广大干部群众致以崇高的敬意和亲切的慰问！

　　家乡的灾情牵动着外出游子的心！广东省五华商会的所有会员，时时刻刻牵挂着家乡受灾的亲人。到 8 月 19 日下午 3 时为止，商会会员自觉募集赈灾资金 500 万元，希望为家乡赈灾略尽绵薄之力。目前，商会募集赈灾资金的工作仍在继续进行。我们一定会尽全力支持家乡的救灾复产工作，以至诚之心帮助受灾的家乡人民早日恢复正常的生产生活。

　　我们相信，在家乡各级党委和政府的坚强领导下，在父老乡亲们的奋力自救和四面八方的大力援助下，短暂的停水停电、交通和通信中断等困难将会很快解决，倒塌的房屋将会重新建起，失去的家园将会重新拥有，家乡的明天一定会更加美好！

广东省五华商会
2013 年 8 月 19 日

（3）礼仪说明。

写慰问信（电）首先要明确对象，根据不同的对象确定慰问内容和重点。表述感情要

---

① 资料来源：http://www.wuhua.gov.cn/zwgk/zxdt/2013－08－19/1376913775d45329.html

真挚。应以高度的政治热情，赞颂或慰勉对方，使人受到鼓舞。慰问信（电）的主旨是向对方表示慰问，语言要精练、朴实、亲切、诚恳。可适当运用抒情式表达方式，忌用公式化、概念化的词语，也不宜套用刻板的公文语言，而且要有殷切的期待。

真诚致歉　转危为安

英国航空公司的一架飞往华盛顿的飞机因为机械故障，在纽约被迫降落后禁飞。乘客对此极为不满，对英国航空公司怨声载道。该公司立即调度班机，将63名旅客送到了目的地。当旅客下机时，英国航空公司的职员向他们呈递了一份言辞恳切的致歉信，并为他们办理退款手续。尽管英国航空公司因此损失了一大笔钱，但却起到了力挽狂澜的功效，大大弱化了乘客的不满情绪。英国航空公司的这一举措被人们广为流传，这不仅未损害，反而大大提高了英国航空公司的声誉。此后，英国航空公司的乘客一直源源不断。

启示：英国航空公司在危机面前得以化被动为主动，这得益于英国航空公司面对危机的一种快速反应能力。任何一个企业，都不可避免地会遇到一些危机事件，危机并不可怕，关键是要正确面对，积极采取有效措施。

（资料来源：http://www.bidejob.com/book/jdysr99/0000433.asp，有改动）

4. 致歉信

在公关与商务活动中，有时需要通过致歉信消除不满、化解矛盾。写致歉信的关键在于真诚。在信纸、信封和邮寄方式的选择上也要特别用心，务必让对方体会到写信人的郑重和诚恳。致歉信在格式上一般也包括标题、称谓、正文和落款四部分，如样例3-13所示。

［样例3-13］××汽车有限公司致歉信。

致　歉　信

尊贵的消费者：

　　自15款"×××"系列轿车上市以来在全国范围内出现了热销、脱销的景象，致使大部分的消费者不能及时提到现车，给您的生活和工作造成了很多的不便。在此，我们××汽车有限公司的全体员工，向广大消费者表示最诚挚的歉意；同时，也衷心地感谢你们多年来对我公司销售的"×××"系列轿车的关注与支持。我们将竭尽所能，尽快地解决这一现象，为您提供更加优质的服务。由此，我们隆重推出了从"2015年3月8—31日期间，预交订金而未能及时提到现车的用户，返1000元汽车精品装饰"的活动，用以补贴其间您的各项交通费用。

××汽车有限公司
2015年3月1日

5. 邀请书、请柬

请柬、邀请书（也称邀请信或邀请函）也叫请帖，是邀请客人时所写的文书。它是单位在邀请上级领导、兄弟单位的有关同志前来参加重要的纪念、庆祝、联谊或商务活动时，为表示庄重而使用的一种告知性礼仪文书。其使用范围广泛，召开庆祝会、纪念会、联欢会、洽谈会、订货会、研究会、交流会以及举行招待会、宴会、茶话会等都可发请柬或邀请书。对于一些重要活动，主办单位要把邀请书送到被邀请人的手中，以表示邀请的诚意和郑重态度。

（1）邀请书。

按用途分类，邀请书有会议类邀请书，专为庆祝会、纪念会、座谈会等发出；活动类邀请书，专为仪式、宴请招待等发出；工作类邀请书，专为成果的评审、鉴定、决策的论证而发出。

邀请书的款式可以是单面的，也可以是对折的。

邀请书的结构一般由以下五个部分组成。

① 标题。

单面款式的邀请书，可以在第二行居中用较小的字写上邀请单位（一般不要在一张纸的顶头写，要留出"天头"），在邀请单位的下一行中间用较大较粗的字体写"邀请书"三个字；也可以直接在第二行只写"邀请书"三个字；邀请书也可采用公文标题，如样例3-14 所示。

［样例3-14］ 单面款式的邀请书。

首届中国河套葵花节邀请函

尊敬的×××先生/女士：

由五原县人民政府主办的首届"中国河套葵花节"将于2002年9月28日至10月2日在内蒙古自治区五原县隆兴昌镇隆重举行。

五原县是中国最大的葵花产区和集散地。本届"葵花节"以"扩大开放、合作双赢"为宗旨，全方位、多角度地提升五原的对外开放水平。加强与国内外的交流与合作，促进经济文化的全面发展。"葵花节"将广邀海内外知名企业和人士来五原展示各类产品、考察投资环境、洽谈合作项目、交流文化艺术。

金秋9月，正是"塞外古郡"五原沉甸甸的收获季节，也是商贾云集、交易红火的季节。古老历史文化与现代文明交相辉映的古郡五原，正以丰富的物产资源和优越的投资环境等待着您，全县30万诚实、热情、好客的各族人民真诚地欢迎您的光临。

我们诚恳地邀请各级领导和国内外寻求投资和贸易合作的企业家、投资商及各类经济组织、中介机构来五原参加"葵花节"，热切盼望曾为五原奉献青春的下乡知青及五原籍的海内外赤子回家乡共庆节日。

我们将以各项优质的服务为大家营造良好的参会环境，如蒙同意，请于2002年9月20日前将报名回执函复或电告首届"中国河套葵花节"组委会办公室。

首届中国河套葵花节组委会
2002年8月28日谨邀

对折款式的邀请书，可以直接在封面的上1/4处横式写上"邀请书"三个字，在封面下端的4/5处横式写上邀请单位；或在封面的上1/4处竖式写上"邀请书"三个字，在封面下端的4/5处横式写上邀请单位，如样例3-15所示。

［样例3-15］ 对折款式的邀请书标题。

邀 请 书

理光××科技发展有限公司

邀
请
书

理光××科技发展有限公司

② 称谓。

单面款式的邀请书，在标题之下空一行顶格写被邀请者的姓名和称谓（或单位名称），如"×××先生""×××经理""×××学校"等；对折款式的邀请书，则可直接在内页的第一行书写被邀请者的姓名和称谓。

③ 正文。

先向对方致以简短的寒暄或问候，说明邀请对方参加什么活动及邀请原因，然后说明活动安排的细节。如果有必要，则请被邀请一方给予回复。

④ 敬语。

在文末用"敬请光临！""顺致节日问候！"等敬语。

⑤ 落款。

写明发邀请书的单位名称或个人姓名，在邀请单位、个人之后可加上"谨邀"两字以示恭敬。以单位名义发出的邀请书需加盖公章,下一行注明邀请时间。

(2)请柬。

请柬比一般书信和邀请书更讲究款式装帧设计。一张请柬,常常也是一件漂亮的艺术品,美观、精致、大方,既可以用作入场券或报到的凭证,又极具收藏价值。

请柬一般不用信纸,多用硬纸卡片。款式有单面(如样例3-16所示)和对折(如样例3-17所示)之分;书写方式,有横式的,也有纵式的;有手写的,更多的则是印刷的。

请柬一般由标题、称谓、正文、结语、署名和日期六个部分组成。

[样例3-16] 单面请柬。

请　柬

××先生:

　　为欢迎××贸易代表团访问利克公司,谨订于2015年2月9日(星期一)下午6时在×市×区×路×号举行晚宴。

　　敬请

光临!

利克公司总经理:×××
××××年××月××日

[样例3-17] 对折式请柬。

(封面)

请　柬

(内页)

××先生:

　　谨定于二〇〇〇年八月十六日(星期三)上午九时整,在四川省运动技术学院(成都市一环路南三段十六号)俱乐部一楼大厅,举行"可口可乐,临门一脚"足球教练员培训班及"可口可乐杯"全国奥林匹克青年足球赛新闻发布会,恭请拨冗光临!

成都可口可乐饮料有限公司(盖章)
二〇〇〇年八月七日

---

① 标题。

对折式请柬,要在封面上标出"请柬"或"请帖"字样;单面请柬,则应在第一行的正中间位置标出。"请柬"或"请帖"两字要做些艺术加工,文字用美术字体或手写体,多数烫金,以示庄重。标题的字体要大于正文。

② 称谓。

开头顶格写被邀请者（单位或个人）的名称或姓名及恰当的称谓；也有的请柬把名称或姓名写在中间。如果被邀请的不是个人而是单位，为表示礼貌，则应写单位的全称，不能用简称，并在称谓的后面加冒号，表示后面还有内容要写。

有些正规的请柬，行文中常常不写被邀请者的姓名，而是将被邀请者的姓名写在信封上。

③ 正文。

正文用以交代活动内容（如婚礼、寿庆、生日、宴会、庆典等）和时间、地点。如果是观看演出等活动，还应把入场券等凭证附上，并予以说明。

交代活动日期时，最好同时注明星期几，必要时应注明农历的日期。

④ 结语。

正文的结尾应用表示邀请的礼貌敬语如"恭请光临""敬请莅临""敬请参加""请届时出席""欢迎指导"等。

⑤ 署名。

如果是横式书写，在正文的右下方注明邀请者的名称或单位名称。如果是竖式书写，在正文的左下方注明邀请者的名称或单位名称。

⑥ 日期。

横式书写，在署名的下方稍偏右写上请柬发出的时间。竖式书写，在署名的左边稍偏下写上请柬发出的时间。

此外，邀请参加正式的宴会，一般是在请柬发出之前就要排好座次。还可以根据需要在请柬的下方（或左边）加上一些附启语，如"请就座于第×桌第×座""如能光临，请回电""电话：×××××××""联系人：×××""地址：××市××路×××号"等；如果场所太大，有多个出入口，还必须说明从哪个门入场等。

（3）礼仪说明。

邀请书的细节必须交代清楚，邀请的内容、时间、地点，邀请对象的姓名、头衔必须准确无误。

邀请书的内容一般较简单，除注重礼节外，还要热情诚恳，措辞讲究。用语要简短、热情、文雅，宜用期盼性语言表达。突出"请"意，避免使用"务必""必须"之类带强制性词语，不能有强求之意。对特殊的邀请书，措辞必须与所邀请参与的活动性质相适应。

规格较高的邀请一般可用印刷精美的请柬，也可用专门印制的邀请信，以示礼貌和庄重。

文种选择需根据使用的场合和情况而定。

时间上，要求从被邀请者接到请柬的日期到活动举行的日期之间有一定的提前量，以给被邀请者留下一定的准备时间并提前安排好其他工作；但也不宜提前过多，时间相隔太长容易使客人遗忘；一般以3～7天为宜。

（四）电子邮件

电子邮件（E-mail）又称电子信函或电子函件，它是通过电脑网络向交往对象发出的一种无纸化电子信件，可以作为信件，也可以用附件的方式传递文件和信息。电子邮件的长度不受传统书信邮寄的时空限制，方便快捷，已逐渐成为人们远程通信的重要方式。

1. 格式要求

电子邮件的内容与格式与一般书信一样,称呼、敬语不可少。称呼用敬称,写在第一行顶格,正文从第二行开始,先问候对方,再说明自己的意图,内容要简洁明了。结束时要有敬语、落款,时间可用"月/日/年"的格式。

电子邮件要有明确的主题,让收信人一目了然,如果不便将信件内容的主题写明,则可用"来自××的问候"等标题。邮件中的附件也要明确的文档名称。

电子邮件的正文要简明扼要,行文通顺。正文应简明扼要地说清楚事情;每个段落表述一个内容;如果具体内容确实很多,正文应只作摘要介绍,然后单独写个文件作为附件进行详细描述。

如果电子邮件带有附件,应在正文里面提示收件人查看附件;附件文件应按有意义的名字命名;正文中应对附件内容做简要说明,特别是带有多个附件时;附件的数目不宜超过4个,数目较多时应打包压缩成一个文件;如果附件是特殊格式文件,应在正文中说明打开方式,以免影响使用;如果附件过大,应分割成几个小文件分别发送。

2. 礼仪说明

(1) 注意使用场合。

正式的商务信函不宜使用电子邮件。一是电子邮件不正式,它没有正式文书那样的特定格式,也没有公章和私人签名,所以重大问题不可以用电子邮件,即便使用也仅限于开始联系阶段,正式的交易确认、协议的签订等还是需要用信函、正式文书。二是电子邮件缺乏人情味,在表达感谢、慰问、祝贺等情感或是向对方发出正式邀请时,最好用信函、正式的邀请书。三是电子邮件不能引起对方足够的重视,紧急的事情在发电子邮件的基础上,还需要及时进行电话补充联系。

(2) 注意电子邮件的论述语气。

根据收件人与发件人的熟络程度、等级关系,邮件是对内还是对外性质的不同,选择恰当的语气进行论述,以免引起对方不适。

(3) 认真检查。

在发电子邮件前要进行仔细检查,避免由于键盘输入的错误使信文语句不通或发生歧义。格式上整齐、美观,表明发件人对收件人的尊重。

(4) 讲究"网德"。

发信前要对系统进行病毒扫描,以免不小心把病毒带给他人。特别是使用从其他系统接收或下载的文档时,更要防止病毒的扩散。不要发轻狂、污秽、放肆之言,不转发垃圾邮件,不充当"黑客"侵入别人的网站。

(5) 注意保密。

多址同步传递时,要用"秘密附件方式"传递,这样可使收件人看不见其他收件人以及他们的邮箱代号。没有他人的同意将信件转发是一种侵权。

(6) 及时回复。

收件人收到要求回复的电子邮件,最好在24小时内回复。如果来不及,则可以先告诉对方已收到来信,稍后再予以答复。

此外,在使用中国内地的编码系统向港澳台地区或海外的中国人发送电子邮件时,由于编码不同,电子邮件会出现乱码。因此,应注意用英文注明自己所使用的中文编码系统,以保证对方可以查阅所发的电子邮件。

任务实施

恒利珠宝有限公司总经理秘书小张就该公司2015年11月8日8：00—18：00在蓝天大酒店举办的珠宝展示会向著名影星范明明制作一个请柬。针对酒店保安刘亮等4人不顾生命危险与歹徒搏斗的英勇行为向刘亮发了一封慰问信，同时向酒店发了一封感谢信。

邀　请　函

范明明女士：

  谨定于二〇一五年十一月八日（星期五）上八时整，在蓝天大酒店举办珠宝展示会，恭请拨冗光临！

恒利珠宝有限公司（盖章）
二〇一五年十一月一日

慰　问　信

刘亮先生：

  今年十一月七日，您在保护我公司珠宝展示会现场与歹徒搏斗的过程中，您的英勇让我公司非常钦佩。在此，我公司向您表示亲切的慰问！向您的英勇行为致以崇高的敬意！见义勇为、匡扶正义、尽职尽责，是中华民族的传统美德，是时代精神的具体体现，是构建和谐社会的必然要求。我公司要号召全公司上下向您学习，大力弘扬见义勇为精神，以公司为家，将公司的利益放在首位，您是我公司全体员工学习的楷模！特向您颁发荣誉奖章和现金五万元作为奖励和慰问。

  祝您早日康复，工作顺利，家庭幸福！

恒利珠宝有限公司（盖章）
二〇一五年十一月九日

感　谢　信

蓝天大酒店：

　　今年十一月七日，我公司在贵酒店布置珠宝展示会现场完毕，准备第二天召开珠宝展示会。当晚四名歹徒闯入酒店，企图盗取珠宝，酒店的保安人员不顾生命危险与歹徒搏斗，期间刘亮由于勇斗歹徒而负伤住院，珠宝完好无损，歹徒悉数被抓。谨向你们表示衷心感谢！

　　我公司决定将贵酒店作为定点酒店，以实际行动答谢你们的帮助，并向贵酒店致以崇高的敬意。

　　此致

敬礼！

恒利珠宝有限公司（盖章）
二〇一五年十一月九日

任务 3.2　致辞类文书礼仪

【任务布置】

小张是恒利珠宝有限公司总经理秘书，该公司于 2015 年 11 月 8 日 8：00—18：00 在蓝天大酒店举办珠宝展示会，要为总经理准备一篇开幕词和在展示会后举办的酒会上的祝酒词。

【知识要点】

致辞是党政机关、企事业单位、人民团体为迎送宾客或同学、朋友相聚时发表的热情友好的讲话稿。在社会交往中，致辞的使用范围越来越广泛，大至国务活动，小至私人聚会，都可以使用致辞。

一、礼仪致辞的种类和特点

（一）礼仪致辞的种类

常见的礼仪致辞有开幕词、闭幕词、祝酒词和答谢词等。

（二）礼仪致辞的特点

1. 尊敬感

礼仪致辞建立在双方互相尊重的基础上，一般在称谓前要有表示尊敬之意、亲切之感的修饰词，如"尊敬的""敬爱的""亲爱的"等词语，再在姓名之后加上头衔，或加上"女士""先生"等字样。

2. 真挚感

在迎来送往、感谢致敬时,应在字里行间反映出真情实意,这种情感要出于真诚,是一种自然流露的感情,不是虚假地做给宾客看。使用客套话时要恰到好处,不能过分或过滥。

3. 简洁性

致辞类文体一般应短小精悍,不作长篇大论。其文风要求简明扼要,得体有力,以表现出致辞者的精明、干脆与果断。

4. 委婉性

致辞各方在致辞时一般都只讲对相关事物的原则和基本点,不涉及或不直接涉及双方有争议的观点与看法,所以必须用委婉的语气和词语来阐明各自的见解,以便与对方达成共识,继而进行合作与交流。

二、开幕词与闭幕词

开幕词和闭幕词是在隆重的会议上,由会议主持人或主要领导人向大会所做的重要讲话。开幕词是会议的序曲,可给会议制造隆重气氛,为会议定下总的基调,具有宣告、提示和指导的作用,对弘扬会议或活动的精神具有积极意义。闭幕词具有总结性、评估性和号召性。

(一)格式与内容要求

1. 开幕词的格式与内容要求

开幕词的结构包括标题、称谓、正文和结束语四部分。

(1)标题。

标题通常有三种写法:一是用会议名称加上"开幕词"作标题;二是前边再加上领导人的姓名;三是用提示中心内容或主旨的标题,在后面通常加上副标题。致辞者的名字和致辞时间可放在标题下面。

(2)称谓。

称谓在标题下行顶格写,称呼通常用"同志们""朋友们""各位代表""各位来宾"等,有时前面加上"尊敬的"等词作定语。

(3)正文。

正文一般包括开头、主体和结尾。开头是宣布开幕;主体部分一般包括会议的筹备和出席会议的人员情况,会议召开的背景和意义,会议的性质、目的及主要任务,会议的奋斗目标及深远影响等;结尾一般是发出倡议、提出要求和希望。

(4)结束语。

开幕词的结尾一般是"祝大会圆满成功"之类的祝贺语。

2. 闭幕词的格式与内容要求

闭幕词与开幕词的结构基本一致,在标题和称谓之后,正文首先说明会议已经完成预定任务,现在就要闭幕了;然后概述会议的进行情况,恰当地评价会议的收获、意义及影响。核心部分要写明会议通过的主要事项和基本精神,会议的重要性和深远意义,向与会人员提出贯彻会议精神的基本要求等。一般来说,这几方面内容都不能少,而且顺序是基本不变的。结尾部分一般先以坚定的语气发出号召、提出希望、表示祝愿等,最后郑重宣布会议闭幕。

（二）开幕词与闭幕词样例

开幕词与闭幕词例子如样例3-18、3-19所示。

[样例3-18] 开幕词。

××学院首届科技与产业大会开幕词

各位老师、同志们：

××学院首届科技与产业大会今天正式开幕了，这是我院科技产业工作的一件大事。我们这次会议得到全院广大教职员工的高度重视和积极参与，更得到了省教育厅等上级部门的大力支持与关心。在此，我谨代表学院党委、行政向莅临大会的各位领导、各位来宾表示热烈的欢迎和衷心的感谢！

高等院校是科学技术的重要方面军，充分利用高校的人才、信息等资源优势，积极进行高新技术的研究开发，推动科技进步，发展先进生产力是我们义不容辞的责任。××学院组建两年来，按照院党委"稳定、融合、改革、创新"的工作方针，广大师生员工团结一致、奋力拼搏，在较短的时期内顺利完成了"五统一"的各项工作，学院各项事业走上了稳定、健康、快速发展的良性轨道。在此期间，学院科技产业工作也取得了显著的成绩，科技与产业已经成为我院办学的鲜明特色和亮点。今天，我们在这里隆重召开学院首届科技与产业大会，就是要及时总结一段时期以来我院科技与产业工作的经验，广泛听取意见，分析当前形势与任务，落实全省教育工作会议有关高校科技与产业工作的精神与要求，明确今后一段时期的奋斗目标；同时，通过这次大会，我们要进一步解放思想、更新观念，加强政策导向，提高全体教职员工对高校科技与产业工作在办学中的地位与重要性的认识，在校园内大力营造积极钻研业务、努力攀登科学高峰的学术氛围，形成尊重人才的良好风尚。充分调动广大教师、科技与产业工作者的积极性和创造性，促进产学研结合与科技成果转化，进而推动学院科技与产业工作再上新台阶。

各位老师、同学们，今年是贯彻落实学院发展规划，实现跨越式发展的关键之年，本次科技与产业大会的召开，对于开创我院科技与产业工作的新局面，进而推动和促进学院各项事业发展，具有十分重要的意义。我们相信，在省教育厅等上级领导部门的关心和支持下，经过广大教职员工的共同努力，我院科技与产业工作一定能够百尺竿头，更进一步，再创新的辉煌！让我们团结一致，奋发向前，为把我院建设成为现代化、开放型、特色鲜明的学院而努力奋斗！

最后，预祝大会取得圆满成功！

党委书记：李阳
××××年××月××日

[样例3-19] 闭幕词。

××××××公司田径运动会闭幕词①

各位来宾、女士们、先生们：

一年美景六月天，良辰盛会喜空前，在这花木竞秀，生机盎然的美好时节里，我们共同迎来了××××××公司第××届田径运动会的盛大召开。在此，我谨代表公司党组向在百忙之中，抽出时间莅临大会的各位公司领导和同人们表示最热烈的欢迎和最由衷的感谢；代表领导班子和全体职工向为本次运动会提供赞助的红云××集团表示诚挚的谢意；向全体运动员、裁判员、工作人员表示深切的敬意，对多年来辛勤工作在××各个岗位、各条战线上的员工表示亲切的慰问，你们辛苦啦！

这次田径运动会，是一个锻炼体魄、争创一流，充分展现公司风采和经营成果的大会；是一个凝聚人心、团结拼搏，胸怀"跨越大发展，共奔新小康"的壮志，为早日实现"双过半"、誓夺全年"满堂红"鼓劲加油的大会。大会开得隆重、热烈，富有成效，达到了预期目的。在此，我代表分公司和分公司党委对大会的圆满成功表示热烈的祝贺！

在这次田径运动会中，公司共有××人次打破××项公司运动记录。整个大会佳绩不断、新人辈出，提高了公司体育运动水平，对公司的两个文明建设必将起到积极的推动作用。本届田径运动会，各基层单位充分发挥战斗堡垒作用，高度重视、精心组织、充分准备，为大会的圆满成功奠定了基础；比赛中，运动员文明参赛、努力拼搏、奋勇争先，赛出了水平，赛出了风格；裁判员文明执法、严肃认真、客观公正，体现了良好的文明素质和职业道德风尚；工作人员认真负责、辛勤工作；全体观众遵守纪律、文明观赛，为整个运动会营造了团结祥和的气氛，保证了各项赛事按预定程序顺利进行。

我们将乘这次大会的东风，持续开展好公司各项文体活动，不断增进干部职工的团结和友谊，增强公司的凝聚力、向心力和战斗力，为公司的跨越式大发展提供强大的精神动力和智力支持，将公司的两个文明建设不断深入。

现在，我宣布：××××××公司第××届员工田径运动会胜利闭幕！

工会主席：郑向阳
××××年××月××日

（三）礼仪说明

开幕词和闭幕词的感情须亲切、真挚、诚恳，要符合当时的情况，能适当引导出席者的情绪，以创造一种友好的气氛，密切关系，推动合作。注意礼貌，有礼有节，既尊重对方，又不卑不亢。篇幅较短，语言简洁明了、朗朗上口。

---

① http://www.tkpao.com/a/liyifanwen/bimuci/174125.html

三、祝酒词与答谢词

（一）格式与内容要求

1. 祝酒词的格式与内容要求

祝酒词是主人在隆重的宴会、酒会开始时的致辞，用敬酒的方式来表达情意、联络感情、活跃气氛。一般的宴请，只是说几句简短的祝愿性的话，不需要写成书面的祝酒词。

祝酒词的结构包括标题、称谓和正文三部分，写法比较固定，如样例3-20所示。

（1）标题。

标题一般要写明宴会名称和致辞人，也可以只写"祝酒词"。

（2）称谓。

一般首先称呼主要宾客，兼顾其他客人，如"尊敬的×××市长，女士们，先生们""尊敬的×××，各位来宾，各位朋友"。

（3）正文。

首先，对宾客的光临表示欢迎；其次，对以往所受到的帮助、关怀表示感谢，对以往的交往、合作表示肯定，对未来的协作进行展望；最后，提议为了健康、友谊、合作等干杯。

2. 答谢词的格式与内容要求

答谢词是对所得到的帮助、受到的礼遇、获得的奖励表示感谢的一种礼仪文书。一般是主要宾客在主人一方举行的欢送、饯行的会议或宴席上，表示答礼、道谢和感激之情的讲话。

答谢词的结构和祝酒词大体相同，包括标题、称谓、正文和结束语。

（1）标题。

标题一般有三种写法：一是只写文种名"答谢词"；二是写致辞场合和文种名，如"在×××上的答谢词"；三是写致辞人、致辞场合和文种名，如"×××在×××上的答谢词"。姓名和日期可以写在标题下方，也可以写在文末。

（2）称谓。

在正文前一行顶格写称谓，后加冒号。称谓一般要写主人、主办国或主办单位的领导人的姓名、职务和尊称，而且一般还要用敬语，以突出被答谢的主人。如"尊敬的×××国×××总理阁下"。一般不使用泛称，只是在突出被答谢的主人之后，根据当时场合，适当使用泛称以概括其余人。

（3）正文。

首先，具体写出受到盛情欢迎、接待的情况，用热情的话语向主方或主要送别人员表示衷心的感谢、诚挚的问候和良好的祝愿。其次，要用简洁、明白的语言阐述本次参观访问和接受馈赠、奖励的意义、作用和影响。出访他国，可叙述所见所闻，所受到的深切鼓舞，可叙述两国间的友好历史和现状，所取得的辉煌成就；强调加深了两国政府、政党、人民之间的友谊，加强了今后双方合作的诚意和愿望。总之，感谢之词要热情洋溢，表达出对主人、主办方国和主办单位的诚挚、亲切的谢意。

（4）结束语。

结尾再次表示衷心感谢和良好的祝愿，尽量使所举行的仪式充满祥和友好的气氛。

（二）祝酒词与答谢词样例

祝酒词与答谢词的例子如样例3-20、3-21所示。

[样例3-20] 祝酒词。

周恩来总理在欢迎尼克松总统宴会上的祝酒词[①]

总统先生，尼克松夫人，女士们，先生们，同志们，朋友们：

首先，我高兴地代表毛泽东主席和中国政府向尼克松总统和夫人，以及其他的美国客人们，表示欢迎。

同时，我也想利用这个机会代表中国人民向远在大洋彼岸的美国人民致以亲切的问候。尼克松总统应中国政府的邀请，前来我国访问，使两国领导人有机会直接会晤，谋求两国关系正常化，并就共同关心的问题交换意见，这是符合中美两国人民愿望的积极行动，这在中美两国关系史上是一个创举。

美国人民是伟大的人民。中国人民是伟大的人民。我们两国人民一向是友好的。由于大家都知道的原因，两国人民之间的来往中断了二十多年。现在，经过中美双方的共同努力，友好来往的大门终于打开了。目前，促使两国关系正常化，争取和缓紧张局势，已成为中美两国人民强烈的愿望。人民，只有人民，才是创造世界历史的动力。我们相信，我们两国人民这种共同愿望，总有一天是要实现的。

中美两国的社会制度根本不同，在中美两国政府之间存在着巨大的分歧。但是，这种分歧不应当妨碍中美两国在互相尊重主权和领土完整、互不侵犯、互不干涉内政、平等互利和和平共处五项原则的基础上建立正常的国家关系，更不应该导致战争。中国政府早在一九五五年就公开声明，中国人民不要同美国打仗，中国政府愿意坐下来同美国政府谈判，这是我们一贯奉行的方针。我们注意到尼克松总统在来华前的讲话中也谈到，"我们必须做的事情是寻找某种办法使我们可以有分歧而又不成为战争中的敌人"。我们希望，通过双方坦率地交换意见，弄清楚彼此之间的分歧，努力寻找共同点，使我们两国的关系能够有一个新的开始。

最后，我提议：

为尼克松总统和夫人的健康，

为其他美国客人们的健康，

为在座的所有朋友们和同志们的健康，

为中美两国人民之间的友谊，

干杯！

[①] 资料来源：《人民日报》，1972年2月22日。

[样例3-21] 答谢词。

××先生在××欢送会上的答谢词

尊敬的董事长彼特先生及夫人，女士们、先生们：

晚上好！此次中国××有限公司赴×国考察代表团一行七人来到贵公司进行业务考察和商洽合作事宜，受到贵公司的热情接待和友好款待，我谨代表中方代表团向董事长彼特先生及夫人，以及有关接待人员表示衷心的感谢。

通过这次参观考察和业务谈判，我们对×国同行一流的生产技术、先进的工艺设备和管理水平感到由衷的敬佩，特别是对贵公司开诚布公、真诚协商、友好合作的谈判态度和作风留下了深刻印象，使我们最终确立了合作的初步意向。我们回去后，将进一步认真研究合作方案，尽快与贵公司达成合作协议，实现双方的友好合作。明天，我们即将结束此次考察行程，启程回国，在此，我谨代表我的同事，并以我个人的名义，对贵公司在我们访问期间所给予的热情款待再次感谢。最后，祝董事长彼特先生与夫人，以及在座各位朋身体健康！

祝贵公司兴旺发达！

祝中国××有限公司与×国××有限公司合作成功！

祝中×两国人民的友谊万古长青！

××先生
××××年××月××日

（三）礼仪说明

祝酒词与答谢词的用语不仅要雅致、准确、生动、贴切，而且要通俗易懂，语音不会出现理解上的混淆。篇幅要短，主题集中鲜明，客套语适量，语言精练明确。要以礼貌而真诚的感情来体现双方的关系，以促进合作与交往。全文要条理清楚、结构紧凑。

祝酒词不讨论一些严肃的重大问题，只涉及出席宴会、酒会各方面的友谊性话题。如果在祝酒词中说严肃的话题会冲淡宴会、酒会愉快的气氛，显得不合时宜；答谢词的写法可以因不同的场合而不同，有些可以写得活泼些，有些则要庄重些。

  任务实施

恒利珠宝有限公司于2015年11月8日8：00—18：00在蓝天大酒店举办珠宝展示会，恒利珠宝有限公司总经理秘书小张为总经理准备了一篇开幕词和一篇祝酒词。

1. 开幕词

恒利珠宝有限公司珠宝展示会开幕词

女士们、先生们：

早上好！由恒利珠宝有限公司举办的珠宝展示会开幕了。我谨代表恒利珠宝有限公司对中外厂商的到来表示热烈的欢迎和诚挚的感谢！

本次展示会将展出我公司今年最新款的珠宝，其中有钻石、黄金、宝石等精美制品，均由世界著名的珠宝设计师设计，容艺术性、审美性、现代性于一身。本次展示会力争办成一个集珠宝首饰新品展示、商业交易、科技创新、品牌推广、文化传播、信息交流和学术研讨等为一体的国际化、综合性的平台，为提升我市珠宝产业水准、扩大终端零售发挥深远影响……

最后，预祝恒利珠宝展示会圆满成功！谢谢大家！

总经理：张扬

2015 年 11 月 8 日

2. 祝酒词

酒会祝酒词

各位来宾，女士们、先生们：

大家晚上好！

首先，请允许我代表我们公司全体员工，对今晚出席酒会的嘉宾表示诚挚的感谢和问候。今天，整个蓝天大酒店焕然一新，充满了喜庆的气氛来欢迎八方宾朋。各位在百忙之中抽出时间来参加今晚的晚宴，不仅是对今天展会的肯定，更是对我公司未来发展的支持。我谨代表恒利珠宝有限公司并以我个人的名义，祝大家身体健康，工作顺利，家庭幸福，万事如意！

恒利珠宝有限公司自成立以来，在社会各界的关注和帮助下，在各位合作伙伴的关心和支持下，已经走过了光辉而曲折的 10 年。10 年来，我们和社会上的各界朋友，特别是在座的各位建立了深厚的友谊。今天举办这个酒会，一方面是庆祝展示会的圆满成功；另一方面也要借助这个机会，使大家欢聚在一起，感谢你们这么多年的支持和鼓励。在今后的日子里，我们公司会百尺竿头，更进一步，一如既往地用我们的真诚和努力，为各位制造出最美的珠宝。

最后，让我们举起酒杯，为了美好的明天和更好的合作而干杯！

总经理：张扬

2015 年 11 月 8 日

任务 3.3　商务信函礼仪

【任务布置】

恒利珠宝有限公司召开展示会后，业务量增加激增，需要聘用 4 名销售助理，小张要写一则商业招聘启事。销售助理负责公司的销售合同及其他营销文件资料的管理、归类、整理、建档和保管工作；负责各类销售指标的月度、季度、年度统计报表和报告的制作；客户资料的管理工作，包括数据的收集整理分析及信息反馈工作；负责上门客户的接待和电话来访工作；登记好客户的投诉记录，协助有关部门妥善处理；完成上级临时交办的其他任务。应聘条件如下：

（1）管理/营销相关专业优先，经验丰富者优先，年龄 35 周岁以下，品行端正，身体健康；

（2）具备良好的沟通、协作能力及团队工作精神；

（3）熟练使用计算机办公软件；

（4）性格热情开朗、工作积极主动、处事稳重细腻、认真负责；

（5）有分析整理客户资料的能力；

（6）一年以上销售或行业工作经验。待遇：工资、福利、保险等按合同制人员相关规定执行，具体面议。

公司地址：立新路罗湖商业大厦六楼。

联系电话：21852166。

联系人：张先生。

【知识要点】

商务信函是指在商务交往中为处理各种商务事务和日常性商务工作而制作和使用的一系列文书。在现代商务活动中，商务信函仍然是普遍使用的具有法律效力的经济交往工具，它既可以作为资料存档备查，又可作为凭据促使各经济主体在商务活动中重信守诺，保障经济活动的正常进行，遇到经济纠纷时，还是重要的法律凭据。

一、商务信函的分类、功能及外观要求

（一）商务信函的分类

商务实用文体种类繁多，性质与作用各异，其文种类别的划分正处于初创阶段，还没有形成统一的意见，分类标准也众说纷纭。这里介绍四种主要的分类方法。

1. 按文书产生的效力划分

一是具有法律效力的文书，即在法律上具有一定效力的文书，能够引起法律关系的产生、变更和消灭，如商务合同文书、审计文书、税务文书等。二是具有法律意义的文书，即在法律上具有一定的意义，对于法律关系的成立、变更、终止有一定的影响，如仲裁文书、诉讼文书和代理词等。三是既不具有法律效力，又不具有法律意义的文书，如广告、经济研究文章等。

2. 按文书的制作形式划分

一是表格式，通常按规定的表格样式进行填写，如企业登记文书、商务保险文书等。二是表述式，以文字表述为主的文书，如事务文书、商务论文、商务调研文书等。

3. 按文书的形成方式划分

一是规定性文书，即国家机关或部门规定了样式的文书，如行政公文。二是习惯性文书，即人们在长期生产生活实践中形成的、样式相对稳定的文书。三是实用性文书，即根据需要可不断创新的文书，如商务传真文书等。

4. 按文书的使用范围划分

可分为通用信函、事务信函、企业基建文书、土地使用文书、商务调研信函、商务谈判信函等。

（二）商务信函的功能

商务信函有如下功能。

（1）建立商务关系，如建立贸易关系函。

（2）销售产品和提供服务，如推销信、业务拓展信。

（3）建立信贷和收款，如催款书。

（4）调解抱怨和解除误解，如投诉处理函。

（5）录存凭证和积累资料，如经济合同、审计文书和司法文书。

正是由于商务信函在经济活动中起着十分重要的作用，因此，准确掌握商务信函的写作格式和商务信函礼仪是确保商业成功的不可忽视的因素。

（三）商务信函的外观要求

商务信函的外观会影响到收信人的第一直观感觉，因此当发信给客户、供应商、雇员或其他人时，应认真考虑并合理地设计信函的外观。

1. 信函信封的选择

应该尽可能地选择质量上好的信封，给收信人一种精致的印象。在信封正面的中心位置打上或印上收信人的姓名、头衔、地址和邮编。公司的名称、徽标或标语的印章可以印在信封正面左上方或中心的某个部位。要选择精美的邮票贴在信封的右上角，使用次等邮票会给收信人造成漠不关心、不诚恳的印象。

2. 信纸的选择

商务信函最好使用印有公司抬头的专用信纸。书写商业长信最理想的是选择带有水印的 A4 信纸。短信和私人的致谢信、慰问函等则可选用一半大小的 A5 信纸。所用的信纸和信封应相互匹配，以给读信人留下和谐的印象。为了减少书信的折痕，可以把 A4 的信纸折成三分之一大小，而不是对折再对折。

3. 抬头

经过精心设计的抬头一般应置于信纸上端的左边、中部或右边的某一个位置上。抬头应包含公司的名称、地址、电话和传真号码、网址或电子邮件地址，更正规一些的还应有公司的徽标或标语等，如样例 3-22 所示。也可将联系方式印在信纸的底部，如样例 3-23 所示。

［样例 3-22］抬头格式 1。

山东省星锐科教有限公司

济南市高新区天怡大厦 14 楼　　邮编：230088　　电话：2818992　　E－mail：xingrui@ vip. 163. com

[样例3-23] 抬头格式2

山东省星锐科教有限公司

To:　　　　　　　　　　　　　　　　　Date:

济南市高新区天怡大厦14楼　邮编：230088　电话：2818992　E-mail：xingrui@vip.163.com

4. 正文

在许多正式的场合，公司订购商品或与客户打交道时，可用打印的信件。然而，在书写私人信件或代表公司处理一些微妙事件时，诸如对某人伴侣的逝世表示慰问，手写的信则更能表示诚意。

二、商务信函的格式和写作要求

（一）商务信函格式要求

商务信函的结构包括标题、称呼、正文、签署四部分。

1. 标题

商务信函一般都是在特定的背景下，针对各种具体情况而写的，所以标题一般都很直接点出函件的内容和要旨，如"关于催要××贷款的函"等。

2. 称呼

称呼在正文开头左上方，顶格写。称呼对象可以是单位或个人。称呼个人时应加称对方的身份或职务，如"××经理""××女士"等；必要时，可加上"尊敬的"等敬语。

3. 正文

正文是书信的主体，用于说明和讨论问题的细节，即写信人要说的话，要交代的事情。正文一般从信的第二行前面空两格开始。

4. 签署

签名及盖章，位置在正文的右下方。签名应用钢笔，并应为手写体，不能用图章代替。在下面应注明签名人的职务，加印公司印章或部门印章，最后还要标明时间。

（二）商务信函的具体写作要求

1. 称谓要得体

信函的称谓要准确，符合寄信人与收信人的特定关系，要正确表现收信人的身份、性别等。称谓使用不当，会使人感到不愉快，也会影响收件人往下看信件的具体内容。正确使用对方的姓名与头衔，这是一个重要的礼节问题。具体称谓可参照任务2.1的称呼礼仪。

2. 语气要亲切、直接、自然

即便使用传真或语音信箱，也应通过恰当的语言和语气使对方有一种亲近感。尽管信函的格式比较正式，但行文应尽量规范化、口语化。

3. 内容要丰富、具体、准确

商务信函写作应以具体、准确为原则。要字迹工整、言之有物、语句通顺，还要措辞得体，根据收信人的特点和写信人与收信人的关系来进行措辞。应避免写错字或打字错误。要清晰易懂、开门见山、直截了当，以便收信人很快领会信函的内容。内容要丰富，但应尽量简练，避免重复。

4. 语言要恰当

含有性别歧视或易产生歧义的词语均不宜使用。避免使用生僻、晦涩的词语，也要避免使用对方不懂的行话。书信中要尽量使用正面、肯定的词语。正确使用过渡词语，正确运用语法和标点。

5. 礼貌地结束信函

信函的结尾部分一般要有结束语、致敬语、署名或签名以及日期。结束语如"特此函告""特此说明"等，致敬语如"此致敬礼""工作顺利"等。署名、签名可并用，也可单独使用签名，函件一般还需要加盖公章。

（三）商务信函样例

商务信函的例子如样例3-24、3-25所示。

[样例3-24] 业务往来商务信函。

订货函

（××××年）×字第×号

××公司经理先生大鉴：

本月××日c-1407大函奉悉，承示CIF国内最低价目、付款办法及订单1万元以上照八五折优惠条件，均甚合适。并随函付±H-4061号正式订单及不可撤销之信用证各一纸，请为尽速付货，以应市场急需，付货后并希以电报示知，同时汇下保险单、提单、发票等一应文件，为荷。专此，即颂。

特此函告。

××公司第一业务部经理×××谨启

××××年××月××日

[样例3-25] 处理问题的商务信函。

××××集团公司销售部王××经理：

我们遗憾地通知贵方：你方于××××年××月××日运到的首批40台××牌冰柜，经检验，质量远远低于合约规定的标准。主要问题：一是不制冷，其中编号为×××（略）等6台，启动200分钟后尚未结霜，另外有20台也远远不合质量标准的规定；二是噪音大，开机后，机体震动强烈，到货首日卖出两台，但都于次日退货；三是外观损伤严重，31台存在着硬伤和掉漆现象。为此，我方提出如下要求：

1. 请贵方速派员来京，调查核实此事，并协商解决办法。

2. 40台冰柜由我方暂租仓库储存，所需运费、仓储费等费用，均由贵方负责。

这批冰柜的质量问题，给我们的经营信誉带来了不良影响。但由于我方只是代销，所以并未造成直接的经济损失。望贵方从市场大局出发，考虑我们之间今后的合作，早就此事做出妥善解决。

×××公司业务部　刘××

××××年××月××日

三、英文商务信函

随着对外开放和贸易全球化进程的加快,各行各业的对外交往也日益增多,运用外文商务信函与国际贸易伙伴进行书信往来成为商务工作者的一项必备能力。写好对外商务信函,除了外文写作的基本功外,还要注意一些特定的要求与格式。英文是外文中常用的语种,这里以英文为例,简要介绍对外商务信函的写作与格式要求。

(一)商务信函的写作要求

商务文书讲究7C原则,也就是要求做到Completeness(完整)、Concreteness(具体)、Clearness(清楚)、Conciseness(简洁)、Correctness(正确)、Courtesy(礼貌)和Consideration(体谅)。

1. Completeness

Completeness是指文书内容要将意思表达完整,不要用省略的表达方式。"ditto"(同前)之类易引起歧义的词尽量不要用。

2. Concreteness

Concreteness是指所指内容不能含糊、抽象,如发出的电报、信件、货物等的时间,最好具体说明××月××日,尽量避免使用yesterday(昨日)、today(今日)一类笼统的词汇;"短距离""长距离"之类的词最好直接写清楚距离长短。

3. Clearness

Clearness是要求写得清晰易懂,避免使用可能产生不同理解或意义不明确的词汇。句子不要太长,同时必须按照内容仔细而恰当地划分段落。一般的划分段落原则是一个段落一层意思。

4. Conciseness

Conciseness是指要以尽可能少的文字表达清楚自己的意思,而又无碍完整与礼貌。如用"Please"取代"will you be good enough to",用"because"取代"for the reason that"等。开门见山,长话短说,直接切题;将不必要的形容词去掉,用单词代替短语等,都可使信函内容简洁化。

5. Correctness

Correctness是指不能在行文中有误,尤其是商业信函。因为它涉及买卖双方的权利、义务、利害关系,是各种商业单据(如合同)的根据。一般说来,正确性包括正确运用语言,叙述要得体,数字要准确,要正确理解和运用术语,正确运用合适的写作技巧或方法,以及正确运用其他的6个C。

6. Courtesy

Courtesy是指要礼貌、客气,避免(或力争避免)使用语气强硬或容易引起不快的词汇。在语句的表达上,可以把命令变成请求的形式,用虚拟语气,如"Would you compare our sample with the goods of other firms?"还常用"We are afraid""We may say"等表达法来缓和语气;运用被动语气可以显得比主动语气更客气,如"A very careless mistake was made…"

7. Consideration

Consideration是指要从对方的角度考虑问题,设身处地替对方着想,顾及他人的要求、愿望、感情等等。

（二）英文商务信函的格式

英文书信有几个必备项：信头（Letter Head）、日期（Date）、信内地址（Inside Address）、称呼（Salutation）、正文（Body of Letter）、结语（Complimentary Close）、签名（Signature），有的信件还有附件与附笔（Enclosure or Postscript，Encl. or P. S.），如样例3-26所示。每一项在书信中都有相对固定的位置。

1. 信头

位于信笺的右上角，写明发信人的单位、地址和发信日期，用以表明信的来处和时间。写地址时先写门牌号、路名、邮政信箱，后写城市名、省郡名、国名，最后写发信日期，如样例3-27所示。大多数商务信函的信头是事先印好的或者用电脑做好的，以便写信人拿来就用。其内容包括发信人的单位名称和地址。有时候写信人的地址印在写信页面的顶部或底部，类似于中文书信的抬头。

2. 日期

日期一般注明于信笺的右上角，采用平头式格式时则置于左上角。日期的写法，英国人常按日、月、年的顺序，如 3rd December（Dec.），2015；美国人习惯月、日、年的顺序，如 December（Dec.）3rd，2015。因英美日月书写顺序相反，为避免造成误解，3/12/2015 的写法宜少用。此外，在正式的书信中，月份名称应该完整地写出来，不宜缩写。

[样例3-26] 英文商务信函的格式。

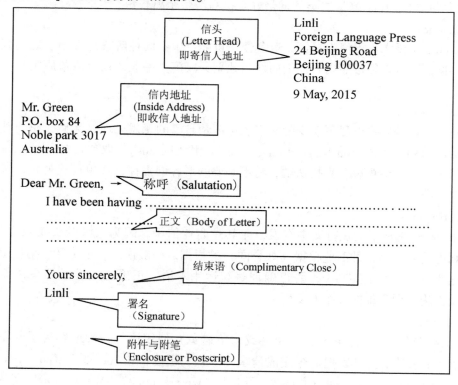

[样例3-27] 信头格式。

| No. 102 |
| Trumpington Road |
| GL7 6JS |
| Cirencester |
| Gloucestershire |
| England |
| 3rd July, 2004 |

平头式信头

```
            No. 102
        Trumpington Road
           GL7 6JS
          Cirencester
         Gloucestershire
            England
         3rd July, 2004
```

锯齿式信头

3. 信内地址

信内地址是指收件人的姓名、单位名称和地址，位于信笺的左上角，在日期以下，相距两行左右，每行顶格书写。先写姓名，并加上敬称，接着写单位名称，最后写收信人地址。如样例3-28所示。

[样例3-28] 信内地址格式。

Mr. Jason Goodman	收信人
Senior Shipping Clerk	职位/头衔
Northgranary Cereals, Inc.	收信人所在的单位/组织/学校或公司名称
616 Taiyangdao Street,	门牌号及其所属的街道（路）名
Harbin 150001,	县、市、州或省名及邮政编码
China	国名

4. 称呼

与信内地址隔开一至两行，靠左顶格书写。用尊称，一般加上"Dear"以示尊敬、客气。商务信函的称呼下面（两行左右）有时还加上信函的事由标题或称主题，用"Re:"或"Subject:"表示。如样例3-29所示。

[样例3-29] 印好信头的英文信函举例（仅作格式上的示范）。

Shandong Xingrui International Co., Ltd

To:
Rabaf (Pvt) Ltd.
16L, Mini Market, Gulberg-2, Lahore-54660,
Pakistan
Date: Dec.27, 2015
Dear Mr.Akram,

Re: Pakistan WAPDA Tender No. ADB-110 for Procurement of Power Transformers

Your letter No.RBF203 dated Dec.12.2015 together with the bidding documents regarding the mentioned tender has been received with many thanks.

  After careful study of the documents, we find it a valuable tender with interest. With your strong support in this regard as well as our rich experience in supply of such transformers and our good relations already established with WAPDA, we feel confident in the participation of this tender.

  Anyhow, we have some technical queries to please be clarified from WAPDA as soon as possible for our promt preparation. The technical specification does not make it clear the details of the bushings and OLTC's as well as routine and type tests to be performed. The required test equipment are available with us and meet the world-class requirements like those of KEMA in Netherlands.

  We look forward to more details from you enbaling us to submit a most competitive offer.

Yours sincerely,

[signature]

69#, West Changjiang Rd., Jinan-230088, China.P.C.: 230088， Tel: 0086-551-2818992 ,2824857

---

5. 正文

  正文是书信的实质内容部分，标题下方空出一到两行处写正文。每一段的第一行要缩进4～5个字符，第二行顶格写，如样例3-29所示；如果顶格写，段落之间需空一行。

6. 结语

  结语是说明自己对对方的态度和与对方的关系，可用"Yours truly""Very truly yours""Very sincerely yours""Yours cordially""Respectfully yours"等。位置在正文下面隔开两三行，在信纸的中间偏右（但现在为了打印方便，很多人将结语放在信纸左端），要加逗号。

7. 签名

  位于结语的下方，在信纸的中间偏右（但现在为了打印方便，很多人将结语放在信纸左端）一般签全名。如果强调单位，则先写单位全称，再写个人姓名；强调签名人，则个人签名在前，单位全称在后。无论是手写还是打印，英文文书在盖章之外，必须有亲笔签名才生效。

8. 附件与附笔

  除了以上7个基本部分外，在信件末尾，有时还可能出现其他部分，其位置就在签名下面两三行的左边顶格处。如附件与附笔。

  附件是需要补充说明的事项和资料等，位置在最末，顶格写，需注明"Encl:"（Enclosure 缩写成 Encl. 或 Enc.），并说明附件的内容或份数。附件格式如样例3-30所示。

[样例3-30] 附件格式。

> Enclosure: Doctor's certificate （附：医生证明）
> Enc: Annual catalogue （附：全年目录）
> Encl: (3) （附：附件三份）

  附笔 Postscript（缩写成 P.S.），是在正文中忘记写的内容，如同中文书信中的"又及"，在正式的文书中一般不用。附笔可紧接着附件的下一行顶格写。

  在正式英文文书中有时还会有"Sender and Typist（寄件人与打字员）"一项。寄件人与打字员并列打在签名的下面，只需打印姓名的第一个字母，如寄件人 Charles Alison、打字员 Lucy White，就可写成 CA-LW。

此外，邮寄的信件信封必不可少。信封书写应做到正确、易读及美观。邮票应贴在信封正面右上角，寄信人的姓名、地址写在正面左上角，收信人的姓名、地址写在正面的中央或右下 1/4 处，如样例 3-31 所示。也有人将寄信人的姓名、地址写在信封背面，收信人的姓名、地址写在信封正面的中央。

[样例 3-31] 英文信封格式。

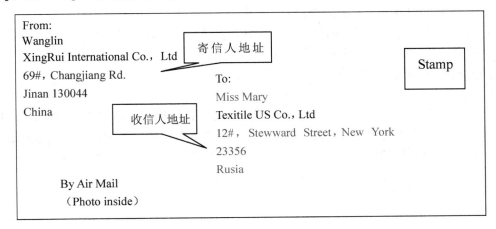

四、商业启事

商业启事是企业向公众说明事项或请求帮助时所使用的一种文体。商业启事一般包括招商启事、招聘启事、订货会启事、技术转让启事等。

（一）商业启事制作的原则

（1）商业启事和信封都能反映公司的形象，因此，两者都要纸质精良，设计出特色。

（2）商业启事的大小要适当，以不小气为准。

（3）信封上的名字和地址要用打字，也可用手写，但不可用标签贴。

（4）如果允许，在商业启事上写下内容摘要，收件人会乐意阅读。

（5）如果你希望商业启事获得很好的效果，就使用烫金印刷或雕版印刷，但成本较高。

（6）商业启事上不能出现错别字。

（二）商业启事的格式及写作要求

商业启事一般由标题、正文、落款三部分构成。

1. 标题

（1）标题应尽量简单。

一般只以启事的各类名称作为标题，如"招聘启事"或"供货会启事"，有时可在标题中加入公司名称，如"××公司更换商标启事"。

（2）标题要特别醒目。

为满足"醒目"的要求，一般可做以下形式处理：字号要大些、可用特殊字体进行书写，但一般不用美术字或较为鲜艳的颜色来书写标题。

（3）标题的位置。

标题应写在正上方、中间位置。

2. 正文

（1）事项明确，条理清晰。

正文部分是启事的核心部分,首要任务是将启事的事项交代清楚,条理不清可能会引起人们的反感。

(2) 语言要尽量简洁。

无论是求助性的启事还是说明事项性的启事,都是"对人有所求"的事情,不应过多浪费他人时间。

(3) 求助性的启事中不能提出过分的要求。

人们对求助性启事中所提出的要求进行负责,是一种崇高人格的反映,即使是招工启事,也不应使用"应该""必须"这类词汇。

(4) 有些必要的注意事项,一定要说清楚。

3. 落款

对于说明事项的启事,只要写清发文单位和发文日期即可。但对于一般的启事来说,都必须写清其联系地址、邮政编码、联系电话、联系人等内容,否则让人无法尽其责。

(三)商业启事样例

商业启事的例子如样例 3-32、3-33 所示。

[**样例 3-32**] 招聘启事。

海尔集团资产运营事业部招聘启事

根据海尔的国际化发展战略和资本运营规划,海尔集团资产运营事业部迫切需要招聘四名具有较高学历、较强业务技能和相当工作经验的金融人员。

一、具体要求如下

(1) 专业:经济管理类专业毕业,金融专业优先。

(2) 学历:本科及以上学历,硕士优先。

(3) 资历:专业大公司工作经验三年以上,在行业内有显著成绩。

(4) 英语水平:国家六级以上,具备流利的听、说、写能力。

(5) 政治素质:具有较强的责任心和敬业精神,党员优先。

(6) 其他素质:头脑灵活,思路清晰,能迅速接受新事物。

二、主要岗位和工作职责

1. 境外资本运作

(1) 境外上市目标分解、策划推进,提出多种对策解决金融问题。

(2) 协调、联络监管机构、中介机构、专业机构之间工作,对项目效果监控。

2. 境内资本运作

(1) 上市公司的规范化管理和运作。

(2) 国内资本市场运作。

3. 海尔保险代理公司业务开展

开拓保险市场,发展业务品种,树立海尔在保险市场的个性化地位。

三、招聘组织

1. 报名时间:2014 年 11 月 6—15 日

2. 考试时间:电话通知

3. 联系方式：

　　联系电话：0532-8938320，8938185

　　联系人：邵泽营

　　电子邮件：shaozy@haier.com

海尔集团资产运营事业部
2014 年 11 月

（资料来源：http：//www.haier.com/chinese/career/opening.asp）

[样例3-33] 迁址启事。

北京虹丰公司迁址启事

各位新老客户、朋友及各界同仁们：

北京虹丰技术发展有限公司将于 2015 年 3 月 15 日迁移办公地点及生产地址。迁移后的新办公地址、生产地址及办公电话如下，希望大家一如既往地支持我公司的发展。

办公地址：北京市海淀区成府路 205 号 E201 室　　邮编：100871

办公电话：010-82641486/57　　传真：010-82641460

生产地址：北京市大兴区二间房经济开发区　　电话：010-61619843

北京虹丰技术发展有限公司
2015-2-10

任务实施

恒利珠宝有限公司总经理秘书小张为招聘 4 名销售助理写作了一则商业招聘启事。

恒利珠宝有限公司招聘启事

恒利珠宝有限公司因业务发展，需要聘用四名销售助理。

一、应聘要求

1. 管理/营销相关专业优先，经验丰富者优先，年龄 35 岁以下，品行端正，身体健康；

2. 具备良好的沟通、协作能力及团队工作精神；

3. 熟练使用计算机办公软件；

4. 性格热情开朗、工作积极主动、处事稳重细腻、认真负责；

5. 有分析整理客户资料的能力；

6. 一年以上销售或行业工作经验。

二、主要岗位和工作职责

1. 公司销售合同及其他营销文件资料的管理、归类、整理、建档和保管工作；
2. 负责各类销售指标的月度、季度、年度统计报表和报告的制作；
3. 客户资料的管理工作，包括数据的收集整理分析及信息反馈工作；
4. 负责上门客户的接待和电话来访工作；
5. 登记好客户的投诉记录，协助有关部门妥善处理；
6. 完成上级临时交办的其他任务。

三、待遇

工资、福利、保险等按合同制人员相关规定执行，具体面议。

四、招聘组织

1. 报名时间：2015年12月1—5日
2. 考试时间：电话通知
3. 联系方式：

公司地址：立新路罗湖商业大厦六楼

联系电话：21852166

联系人：张先生

恒利珠宝有限公司
2015年11月30日

相关链接

从2005年6月1日起，我国邮政信件收寄执行新的信封国家标准GB/T 1416—2003，这是中国自1978年以来第三次修订信封国家标准。与原标准相比，新标准的最大变化是调整了信封品种规格，采用了国际标准的命名和尺寸。原标准有4个品种，即普通信封、航空信封、大型信封和国际信封，新标准改为国内、国际两个品种。国内信封品种由原来的10种，调整为现在的5种，取消了原1、2、4、8、10号信封，同时变更了规格代号。国际信封品种由原来的3种，调整为现在的4种。另外，国际信封的"贴邮票处"及"航空"字样应有中英文对照词。新标准规定国内信封两个品种（牛皮和白皮）都是B等纸，国际信封用A等纸，提高了信封的纸质。按新规定，信封正面左上角收件人邮政编码框格的颜色为金红色，凡需在信封上印制寄信单位名称和地址的，也可同时印企业标识，而信封的任何地方不得印广告。

（资料来源：http://www.cpd.com.cn/gb/szyl/200-05/20/content.297469.htm）

> 礼仪小测试

1. 按交际手段，书信的种类可以分为（　　）。
   A. 一般书信和专用书信
   B. 道歉信和祝贺信
   C. 表扬信和道歉信
   D. 平信和快递信
2. 一般书信由哪几部分组成（　　）。
   A. 称谓、问候语、正文、祝颂语、署名、日期、附言
   B. 信封和信笺
   C. 信头、正文和结尾
   D. 收信人地址、收信人姓名、寄信人地址
3. 关于贺信，下列说法正确的有（　　）。
   A. 一般由标题、称谓和正文三部分构成
   B. 一般由标题、称谓、正文和落款四部分构成
   C. 以个人名义发出的贺信一般用手写
   D. 贺信应及早发出
4. 关于祝酒词，下列说法正确的有（　　）。
   A. 一般由标题、称谓和正文三部分构成
   B. 称谓可以是"各位来宾，尊敬的××先生"
   C. 称谓可以是"尊敬的××先生，各位来宾"
   D. 祝酒词不讨论一些严肃的重大问题
5. 关于商务信函，下列说法正确的有（　　）。
   A. 经济合同属于商务信函
   B. 一般由标题、称呼、正文和签署四部分构成
   C. 英文商务信函收信人的姓名、地址一般写在正面左上角
   D. 英文商务信函称谓下面可以有主题

（以上各题正确答案为：1. A　2. B　3. BCD　4. ACD　5. ABD）

思　考　题

1. 何谓文书？如何理解礼仪文书的基本内涵？
2. 简述礼仪文书的特点和种类。
3. 一般书信的笺文封文是由哪些部分构成的？
4. 感谢信所写的感谢内容一般包括哪些？写作时应注意哪些事项？
5. 从内容上看，慰问信可分几种类型？各种类型的正文如何写？
6. 试述邀请书的结构和写法？邀请书的写作应注意哪些事项？
7. 礼仪致辞的种类有哪些？礼仪致辞的特点是什么？
8. 何谓商务信函？结合实际谈谈遵守商务信函礼仪的重要性。
9. 写英文商务函件要注意哪些问题？

项目四

商务谈判礼仪

知识目标

☞ 了解商务谈判礼仪的作用和原则。
☞ 掌握商务谈判过程礼仪。
☞ 熟悉商务谈判准备礼仪。
☞ 理解商务谈判签约礼仪。

能力目标

☞ 能够根据谈判的具体内容,恰当应用商务谈判礼仪。

项目四　商务谈判礼仪

**导入案例**

"有备而来"的谈判

　　广东一家乐器制造厂邹经理惴惴不安地走进会议室，谈判桌前坐着的是4位沃尔玛的谈判代表，他们中有中国人也有外国人。邹经理的需求很简单，他手下有6000人的工厂，他需要沃尔玛20万把吉他的订单，以维持工厂的运转和盈利。但是谈判对手显然有备而来。"他们已经掌握了足够多的信息。"邹经理一开始便被沃尔玛"大鳄"的气势所压倒——沃尔玛的谈判代表侃侃而谈，中国现在有多少家乐器厂，规模多大，各自生产哪些产品和半成品。"他们是非常职业化的商人。"邹经理开始深呼吸，"虽然沃尔玛的谈判队伍中没有乐器圈的人，但显然，他们对这一行业的市场足够了解。"更重要的是，沃尔玛的谈判队伍透露给邹经理一个重要信息——同行的企业都在争做这笔订单。

　　由于沃尔玛的采购量大，邹经理还是接受了沃尔玛开出的条件。沃尔玛开出的价位，让邹经理每把吉他获得的利润只有之前普通订单的一半。但这不是沃尔玛所要求的全部条件。让邹经理不可思议的是"沃尔玛提出，要把电吉他的音箱部分订单交给另一家工厂生产，而我们只是生产吉他机身和负责组装。"这让邹经理的利润再次被剥夺5%。最后，邹经理了解到沃尔玛的"良苦用心"，"一家香港注册公司以来料加工的名义，找到上海一家工厂生产音箱，由于电吉他是销往美国的，所以沃尔玛直接和这家香港注册公司签订采购协议，可以免除进口关税。如果我们直接向上海工厂采购则需要加增进口关税。"邹经理认为自己和沃尔玛谈判团队的交手中，对方确实是有备而来！没想到他们的谈判队伍对谈判专业知识如此了解！利用产品的特点分解了订单，获得了更大的利润空间。

（资料来源：http：//3y.uu456.com/bp－8q71c02bdd36a32d737s81dd－1.html）

问题与思考
1. 沃尔玛超市在本次谈判中做了哪些充分的准备？
2. 谈谈双方在谈判中是如何分析环境因素的，这场谈判对双方有何利弊？
3. 达成一次成功谈判的关键因素有哪些？

任务4.1　商务谈判准备礼仪

【任务布置】

　　浙江省通南电子设备公司计划向黑龙江碧天机器厂购买一个大型的机器设备，双方约定由通南电子设备公司派出生产部门经理、秘书、采购员一行3人到碧天机器厂进行考察和谈判，乘坐火车于2015年11月6日抵达哈尔滨。黑龙江碧天机器厂销售部门开会讨论在本次谈判中，如何应用礼仪，使对方高兴而来，满意而归，并做好谈判准备工作。

（1）确定本次谈判的基调。
（2）就如何具体应用商务谈判礼仪做好部署。
（3）拟定好谈判所需的人员，并设计谈判者形象。
（4）拟定谈判日程和议程，做出迎送计划。
（5）准备谈判场所并恰当布置。

【知识要点】

商务谈判，是人们为了协调彼此之间的商务关系，满足各自的需求，通过协商对话以争取达成某项商务交易的行为和过程，是谈判各方基于经济利益的交流与合作。影响商务谈判成功的因素很多，礼仪贯穿于谈判的整个过程，具有十分重要的位置。它不仅体现着谈判人员自身的教养与素质，还会对谈判对手的思想、情感产生一定程度的影响。懂得把握和运用礼仪，能为商务谈判的成功奠定基础，在某些情况下，会影响谈判对手是否愿意继续进行谈判，甚至可以决定商务谈判的成功与失败。

一、商务谈判礼仪的作用

随着现代经济竞争的日益激烈，各个经济体之间的交流和竞争更加频繁，谈判因其能促进双方或多方之间的共赢越来越为商务人士所推崇。要取得商务谈判的成功，除了准备充分策略和技巧运用得当之外，还要正确运用礼仪。礼仪是谈判人员的素质修养和个人素质的表现，有助于建立良好的人际关系，给对方留下良好的、深刻的印象，推动交易成功。商务谈判礼仪是谈判人员在商务谈判过程中必须遵守的，用来维护组织形象和对谈判对手表示尊重与友好的惯例及形式。自觉遵守谈判礼仪有利于形成和维护良好的谈判气氛，使谈判活动顺利进行，具体体现在以下几个方面。

1. 营造氛围，拉近距离

谈判主方如果能够恰当地运用礼仪，热情周到、大方得体地接待客户，及时帮助对方解决困难，以对方的立场和角度想问题、办事情，时时刻刻尊重对方，就会使客户感受到真诚和合作的诚意，会自然地缩短双方的距离，比较容易找到一个双方均能接受、彼此都可受益的结合点，谈判自然会非常顺利和成功。

2. 塑造形象，促成交易

在商务谈判中，双方可能并不了解，谈判人员个人的形象代表了企业的形象。谈判一方往往会通过对方的仪容仪表、举止言谈来判断对方，并借此来分析其企业的可信程度，进而决定是否与其进一步洽谈。所以，在商务谈判中，谈判人员高尚的道德情操、彬彬有礼的言谈举止、渊博的知识、得体的拜访迎送，都会给对方留下深刻的印象，塑造良好形象，使对方产生好感，减少谈判阻力，推动交易成功。谈判时留下的良好第一印象，往往会影响到双方日后的关系，有助于长期合作的建立。

3. 加深理解，促进友谊

谈判双方由于要维护各自的经济利益，冲突在所难免，谈判人员能否时刻注重礼仪，即使在双方陷入僵局的情况下，也保持良好的风度和适当的礼仪规范，关系到谈判能否出现转机，能否通过理解和沟通，找出双方都能接受的方案。通过交易，双方建立友谊，加深理解，成为长期的合作伙伴。即使谈判不成功，恰当的礼仪应用也会便于双方沟通感情，建立友谊，便于日后寻找其他途径进行合作。

商务谈判是在人与人之间进行的,因此谈判的过程又是一个人际交往的过程。道德水平低、礼仪修养差的人和企业是无信誉可言的,在商场上很难取得成功。相反,如果能够以诚相待,尊重对方,礼仪有加,感情融洽,谈判就可能取得理想的效果。因此,礼仪在商务谈判中是非常重要的。

二、商务谈判礼仪的原则

商务谈判因其较强的目的性和一定的对立性,区别于一般的商业活动,因为谈判双方要为各自争取尽可能大的利益空间,必然会产生对立与交锋。在对立和交锋时,非常容易忽视商务礼仪,出现不符合礼仪的言语和行为,影响谈判的进行。然而,商务谈判的最终目的是要实现双赢,促进双方的合作。所以,无论在什么情况下都应掌握礼仪,礼貌对待对方。一般来说,在商务谈判时,应遵循以下基本礼仪原则。

1. 尊重原则

对人尊重和友善是谈判时的一项重要礼仪原则,谈判双方是平等的,尊重是礼仪的感情基础,只有相互尊重、自重,才能使谈判顺利进行。尊重体现在很多方面,包括言行举止、交际礼仪等。尊重不等于一味地迁就、恭顺对方,而是不卑不亢,互谅互敬。

2. 真诚原则

商务谈判应注重长期利益,谈判双方均应让对方感觉到真诚,以诚相待,着眼于未来,讲究礼仪,最终获得更多的利益。谈判人员不仅要追求礼仪外在形式的完美,更应让对方感到是自己的真情流露与表现。

3. 谦和原则

谦和是指在谈判时表现得平易近人、热情大方、善于与人相处、乐于听取他人的意见,显示出虚怀若谷的胸襟,可以体现谈判人员较高的礼仪素质,增强人格魅力,更好地征服谈判对手。但是,谦和并不是无原则的妥协和退让,更不是妄自菲薄,应注意把握度。

4. 宽容原则

在商务谈判过程中,由于双方的基本利益是对立的,经常会发生冲突,甚至会出现僵局,这时就需要谈判者以宽容的态度面对对方,谅解对方的过失,有很强的容纳意识和自控能力。这样才能正确对待和处理好各种关系与纷争,争取到更长远的利益。

总之,掌握并遵行商务谈判礼仪原则,就有可能成为待人诚恳、彬彬有礼的谈判者,受到对手的尊敬和尊重,为商务谈判的成功奠定基础,促进商务谈判的成功。

三、谈判组织机构准备

(一)谈判小组人员准备

挑选谈判小组人员应参考对方的团队情况,要与对方谈判代表的身份、职务相当。谈判小组的整体素质并不是各成员素质的简单个体累加,合理确定谈判小组的人员规模、内部结构、分工与合作,尽量使谈判小组的整体素质达到最大化。

1. 谈判小组人员构成的原则

(1)根据谈判业务量大小和重要程度确定人员规模,坚持少而精。按管理幅度的要求,谈判小组的人员数量一般为2～7人,为便于决策,人员总数最好为单数。

(2) 根据业务的性质、重要程度对谈判团队授予相应的法人代表权。

(3) 人员各自地位、层次、分工必须明确。参加谈判团队的成员依据各自的特长,确定在团队中的地位,居于哪一层次,担任什么职务,应起什么作用,相互之间应有什么样的协调配合,这些都必须有明确的规范。

2. 谈判小组人员内部组织结构

(1) 人员结构。

商务谈判所需的专业知识主要有以下几个方面:有关工程技术方面的知识;有关商务方面的知识,如商品的价格、品质、性能、交货方式、付款条件、风险规避等;有关经济法律方面的知识等。由此,谈判小组主要由管理人员、高级技术人员、高级法律人员、高级财务人员、记录人员等组成。

依据谈判规模的大小和复杂程度,上述人员可多可少,尤其是尽量选用那些复合型人才,可以身兼数职,但是,要防止谈判权力的过分集中,也要防止团队人员过多,致使商务成本过高,也可能出现相互过分掣肘的现象。

如此谈判团

某县一饮料厂欲购买南方固体橘汁饮料的生产技术与设备。派往南方的谈判小组包括以下四名核心人员:该厂厂长、该县主管工业的副县长、县经委主任和县财办主任。

启示:这样的谈判团构成在国内非常常见,往往使谈判变成了参观考察,没有实际意义。

(2) 团队成员的常规分工与合作。

通过分工可以发挥各自的专长,各司其职,同时,为了共同的目标,又要彼此相互呼应,形成合力。犹如戏台上的不同角色,既主次分明又浑然一体。谈判小组人员的分工一般可分为领导人或首席代表、行业内的专家及专业技术人员、必需的工作人员等。

(3) 谈判过程中的实际配合。

这是团队精神的集中体现,是能否体现谈判群体搭配得当、素质优良,导致"一加一大于二"的效果的最终评分板,如同一个球队在竞技场上的状态发挥一样。谈判中的相互配合主要是成员之间的语言及动作的相互协调、默契、呼应得当。

① 谈判小组的领导人是灵魂,起主导作用。其首脑,必须气质高雅、虚怀若谷、沉着冷静、遇事不惊,必须知识渊博、思维敏捷、语言犀利、潇洒自如。试想一下,当作为主谈人的领导者表现出慌乱如麻,语无伦次时,谈判的形势该是如何,作为辅谈人无论怎样优秀恐怕也难有回天之力了。另一方面,作为领导人,如何发挥成员的作用亦至关重要。

项目四　商务谈判礼仪

点滴感悟

对随员介绍的角度不同地位则不同

一位谈判团长在一个场合向对方介绍自己的一个随员：这位是我们的会计张丽女士。对方的态度平静，留下的印象不深。而在另一个场合，则介绍说：这位是张丽女士，具有在上市公司主管财务工作十几年的丰富经验，有权审核1000万元的投资项目，是我的得力助手。对方立时眼睛发亮。

启示：显然，两种介绍方式相比，后一种方式就会给对方深刻的印象。

（资料来源：孙绍年：《商务谈判理论与实务》，清华大学出版社，2007年版）

② 谈判桌前相互配合的方式。主要通过口头语言和肢体语言进行配合，具体形式可以多种多样。比如对己方主谈人员的支持，口头语言一般多采用附和语，"是这样""绝对正确""只能如此""是的，我们再也不能让步了"等；肢体语言方面，在主谈人发言时，要用眼睛时刻关注，并时时附以点头、微笑、凝眉、叹息等。如果在己方主谈人发言时，自己表现得漫不经心，眼睛盯着天花板发呆，哈欠连连，就会影响主谈人的自信心，从而可能削减他的讲话效果。

（二）谈判服务接待小组准备

谈判服务接待小组的职责主要是做好对客方人员的接待、迎送，以及为谈判活动提供通信、交通、安全、食宿等方面的服务。服务接待小组要及时了解客方谈判代表的人员构成，了解客方谈判人员的国别、民族、个人习惯，了解他们到达和离开的时间、所乘交通工具，以及在食宿、参观、游览等方面的要求，以便做好相应的服务工作。

四、谈判人员个人形象准备

个人形象是商务谈判成败的基石之一，每一名商务谈判人员均必须掌握必备的个人基本礼仪规范，使自己的举手投足更具魅力，可以从容应对各种对手以及各种社交场合。个人基本礼仪以修养为基础，只有"诚于中"方能"行于外"，以尊敬他人为原则，只有"敬人者"方能"人恒敬之"。商务谈判人员必须通过得体的仪表、整洁的仪容、大方的仪态、高雅的言谈，塑造个人的良好形象，增强自信，进而提升职业化程度，赢得对手的信赖和认可。

点滴感悟

草草结束的谈判

黑龙江马道公司与浙江成功公司洽谈某种产品的出口业务。按照礼节，黑龙江马道公司提前10分钟到达会议室。浙江成功公司客人到达后，黑龙江马道公司人员全体起立，鼓掌欢迎。浙江成功公司谈判人员男士个个西装革履，女士个个都身穿职业装；反观黑龙江马道公司人员，只有经理身穿西装，其他人员有穿夹克衫的，有穿牛

仔服的,更有甚者穿着工作服。现场没有见到浙江成功公司人员脸上出现期待的笑容,反而显示出一丝的不快。更令人不解的是,预定一上午的谈判日程,在半个小时内就草草结束,浙江成功公司人员匆匆而去。

启示: 商务谈判时,谈判人员的服装选择非常重要,是自尊和尊重对手的体现。

(资料来源:http://www.docin.com/p-1225596158.html)

(一)服装

谈判人员的仪表不仅可以体现出个人的文化修养,也可以反映出他的审美趣味。商务谈判是正式商务场合,谈判人员要有良好的综合素质,谈判前应整理好自己的仪表,穿着要整洁正式、庄重。男士必须穿西装、打领带;女士穿着不宜太性感,不宜穿细高跟鞋,必须穿着套装,并按照商务礼仪要求进行穿着。

点滴感悟

一双丝袜丢了一百万美金

张女士是公司的业务员,在一次与日商的洽谈过程中表现得十分出色。谈判接近尾声,双方马上就要签约了,这时日方代表说日方公司的董事长对这项生意十分看重,要亲自来签约。当日,张女士兴高采烈地去机场接机。日方公司的董事长一下飞机就发现张女士的丝袜破了一个洞,他的脸色就有些难看了;随着走的路越远,张女士丝袜上的洞越来越大,董事长终于忍不住了,对张女士说:"贵公司是生产服装的大企业,但是你却对自己的形象如此不在意,我很难相信贵公司产品的质量。"还没等到公司,董事长就返回日本了。

启示: 张女士只是因为穿了一双破了洞的丝袜就将一百万美金的生意搞砸了,所以商务与公关人员一定要注意自己的服饰。

(资料来源:孙绍年:《商务谈判理论与实务》,清华大学出版社,2007年版)

在商务谈判活动中,谈判人员除了要注意服装的选择外,还要注意佩戴戒指、耳环、项链等饰品的礼仪。男士只宜戴戒指,女士不宜佩戴胸针、手镯、脚链等夸张性饰品,要求佩戴的所有饰品同色、同款、同质,每款饰品不得多于三件,全身的饰品不得多于三款。

(二)仪容

仪容礼仪是谈判人员个人基本礼仪的重要组成部分。谈判人员应该对自己的仪容进行精心的修饰打扮,做到干净、整洁,给人以良好的第一印象,便于以后的商务交往。男士应刮净胡须,女士应化淡妆。

> **点滴感悟**
>
> ### 一口痰吐掉一项合作
>
> 　　某医疗器械厂与美国客商达成了引进"大输液管"生产线的协议，第二天就要签字了。可是，当该厂厂长陪同外商参观车间的时候，向墙角吐了一口痰，然后用鞋底去擦。这一幕让外商彻夜难眠，他让翻译给那位厂长送去一封信："恕我直言，一个厂长的卫生习惯可以反映一个工厂的管理素质。况且，我们今后要生产的是用来治病的输液皮管。贵国有句谚语：人命关天！请原谅我的不辞而别……"
>
> 　　启示：这位厂长吐痰这种动作应该在洗手间进行，由于他没有做到"修饰避人"，从而使一项已基本谈成的项目，就这样"吹"了。
>
> 　　（资料来源：孙绍年，《商务谈判理论与实务》，清华大学出版社，2007 年版）

五、谈判活动日程准备

（一）拟定谈判活动的日程表

　　谈判之前，主办方要拟定详细的谈判活动日程表。日程表应包括接待、谈判、参观、宴请、娱乐活动、迎送等具体项目的活动内容和时间。在拟定日程表时，主办方方应和客方进行协商和沟通。

　　谈判日程表安排好后，谈判小组成员还要安排谈判议程。谈判议程的安排对谈判双方非常重要，谈判议程安排的本身就是一种谈判策略，必须高度重视这项工作。谈判议程一般要说明谈判时间的安排和谈判议题的确定。谈判议程可由一方准备，也可由双方协商确定。议程包括通则议程和细则议程，通则议程由谈判双方使用，细则议程供己方使用。

　　1. 时间安排

　　时间安排包括谈判在什么时间举行、时间的长短、各个阶段时间如何分配、议题出现的时间顺序等。

　　2. 确定谈判议题

　　确定谈判议题首先须明确己方要提出哪些问题，要讨论哪些问题。要把所涉及的所有问题进行全面比较和分析：哪些问题是主要议题，必须列入重点讨论范围；哪些问题是非重要问题；哪些问题可以忽略；这些问题之间是什么关系，在逻辑上有什么联系。还要预测对方会提出什么问题，哪些问题是己方必须认真对待、全力以赴去解决的；哪些问题可以根据情况做出让步；哪些问题可以不予讨论等。关于谈判议题的顺序有先易后难、先难后易和混合型等几种安排方式，可根据具体情况加以选择。

　　有经验的谈判者在谈判前便能估计到，哪些问题双方不会产生分歧意见，比较容易达成协议，哪些问题可能有争议。有争议的问题最好不要放到开头，这会影响以后的谈判，可能要占用较多的时间，也可能会影响双方的情绪。争议的问题也不要放到最后，放到最后可能时间不充裕，而且谈判结束前可能会给双方都留下一个不好的印象。最好是将这样的问题放在谈成几个问题之后或在谈最后一两个问题之前，也就是说在谈判的中间阶段谈较难的问题。谈判结束之前最好谈一两个双方都满意的问题，以便在谈判结束时创造良好的气氛，给对方留下一个好印象。

3. 拟定通则议程和细则议程

（1）通则议程。

通则议程是谈判双方共同遵守的日程安排，一般要经过双方协商同意后方能生效。通则议程通常包括：谈判总体时间及分段时间安排；双方谈判讨论的中心议题、问题讨论的顺序；谈判中各种人员的安排；谈判地点及招待事宜等。

（2）细则议程。

细则议程是己方参加谈判有关策略的具体安排，只供己方人员使用，具有保密性。细则议程一般包括，谈判中统一口径，如发言的观点、文件资料的说明等；对谈判过程中可能出现的各种情况的对策安排；己方发言的策略，何时提出问题，提什么问题，向何人提出，谁来提出问题，谁来补充，谁来回答对方的问题，谁来反驳对方提问，什么情况下要求暂时停止谈判等；谈判人员更换的预先安排；己方谈判时间的策略安排、谈判时间期限等。

（二）做好迎送工作

迎来送往，是社会交往接待活动中最基本的形式和重要环节，是表达主人情谊、体现礼貌素养的重要方面。尤其迎接，是给客人留下良好的第一印象的最重要工作。给对方留下好的第一印象，可以为形成良好的谈判气氛创造条件，也为下一步深入接触奠定基础。所以，各类谈判活动都十分重视对客人的迎送工作。迎送客人时要主动、热情、周到、守信，并应注意以下事项。

1. 对等接待

接待规格一般分为高规格接待、低规格接待和对等接待。对等接待是常见的接待规格，根据对等接待的原则，主方应确定与客方谈判代表团的身份和职位对等、人数相等的接待陪同人员参加接待。

2. 按时接待

主方应准确掌握对方抵达的时间，确保所有迎送人员先于客方到指定场所迎候。如客方是远道而来的，主方应主动到机场、车站、码头迎接，一般要在班机、火车、轮船到达前15分钟赶到。主方在接站前应提前准备好接待所用的车辆、鲜花、横幅，如"欢迎××商务代表团""×××同志，欢迎您"。

3. 献花

在接待身份特殊人士或尊贵的领导时需要安排献花。献花必须用鲜花，可以扎成花束或编成花环。通常，由年轻女职员在参加迎送的主要领导人与客方主要领导握手后将鲜花献上。

4. 尊重对方风俗习惯

不同国家和民族具有不同的风俗习惯。在谈判接待中，接待人员要考虑客方的风俗习惯，避免触犯对方的禁忌。

5. 列队迎接，互致问候

迎接的客人较多时，主方迎接人员一般按身份职位的高低顺序列队迎接，并由主方领导人先将前来迎接的人员介绍给客方人员，再由客方领导介绍其随行人员，双方人员互相握手致意，相互问候。

客方抵达时，由机场（车站、码头）前往下榻宾馆或离开时由宾馆前往机场（车站、码头）时，主方应由迎送人员陪同乘车，关照好客方的人员和行李安全。

如果主方主要领导陪同乘车，则应该请客方主要领导坐在其右侧。车内的座席一般是面向车前方，最右边为上席，上车时，最好客人从右侧门上车，主人从左侧门上车，避免从客人座前穿过。如遇客人先上车，坐到了主人的位置上，则不必请客人挪动位置。如果人数较多，乘坐大中型客车，则可由客人随意就座。

将客方送到住地后，主办方方的陪同人员不要立即离去，应陪客方人员稍作停留，热情交谈，谈话内容要让客人感到满意，比如客人参与活动的背景材料、当地风土人情、有特点的自然景观等。考虑到客人一路旅途劳累，主人不宜久留，让客人早些休息。分手时将下次联系的时间、地点、方式等告诉客人。

6. 送行礼仪

送客人离开时，要掌握好对方离开的时间、所乘交通工具的班次和车次。主人在送客人离开时，要提前一天到客人所住的酒店进行话别。首先打电话进行预约，与对方商量话别的起止时间。然后准时到达，与客人在酒店的大厅或咖啡厅进行话别。话别时间一般是半个小时左右，可以就本次谈判作一个简单的回顾，并对对方的工作予以肯定和表扬。最后，还应在客人离开时派车相送，直到客人上车或通过安检之后方可离开。

点滴感悟

你在诅咒我！

王先生是公司的销售经理，一次他精心挑选了自己最爱的黄菊花去迎接一位法国客户。当法国客户一下飞机，他就迎上去将鲜花送给了这位客户，这位客户立即铁青着脸转头就走，王先生莫名其妙地站在那里。

启示：王先生选择了错误的花束，菊花虽然是中国人比较喜欢的花束，但是，在法国人眼里则被认为是一种诅咒，法国客户当然生气了。

六、谈判场所准备

（一）谈判室的选择与布置

谈判场所的选择和布置对谈判也有很大的影响。选择环境优美、条件优越的具体谈判地点，并巧妙地布置会谈场所，使谈判人员有一种安全舒适、温暖可亲的心理感受，不仅能显示出己方热情、友好的诚恳态度，也能使对方对主人的用心深表感谢，从而营造出和谐的谈判气氛。

点滴感悟

一片冰心在茅台

1945年7月1日，黄炎培等6位国民参政员应邀访问延安。"我们20多年不见了。"这是毛泽东和黄炎培握手时说的第一句话。黄炎培愕然，从来也没记得见过毛泽东，这应当是第一次见面呀！毛泽东笑着回忆道，1920年5月某日在上海，先生主持会议欢迎杜威博士，演讲内容如何如何，那一大群听众中就有一个毛泽东。黄炎培深感意外，想不到当年在一群听众之中，竟有这样一位盖世英豪。他盛赞毛泽东的好记性，原先的陌生感一扫而空。次日，黄炎培等6人又应邀到杨家岭。他走进毛泽东的会客室，蓦然发现当中有一幅画极为熟悉，画面是一把酒壶，上书"茅台"二字，壶边有几只杯子。此乃出自沈钧儒次子叔羊之手，画上还有一诗：

    喧传有客过茅台，酿酒池中洗脚来。
    是假是真我不管，天寒且饮两三杯。

  黄炎培看罢一种怀旧之感不禁油然而生，这不正是自己的题诗吗？不错，这幅画原是叔羊为沈钧儒画的，作于1943年国民党掀起第三次反共高潮时期，在请自己题诗时，因忽然想起了长征中共产党人在茅台酒池里洗脚的谣传，针对这个谣传，题写了这首七绝以讽喻之。万没想到，这幅画竟挂在中共领袖的客厅里。

  顿时，一股知遇之情似暖流流遍了黄炎培的周身。他深感与毛泽东等共产党人的一见如故，可以推心置腹。

  启示：事实证明，延安会谈坚定了黄炎培先生以后的政治方向，而毛泽东精心创设的会谈气氛和环境，又为会谈的成功奠定了基础。

（资料来源：http://www.docin.com/p-1063032495.html）

1. 谈判场所的选择

谈判场所的选择应该满足以下几方面的要求。

（1）交通通信便利。应安排在交通、通信便利，便于有关人员来往，便于双方通信要求的地方。

（2）环境舒适安静。谈判场所应宽敞、整洁、舒适，具有良好的通风和采光条件，相对比较安静，避免外界的干扰。

（3）必要时要备密室。如有必要，应在举行谈判的会议室旁边备有一两间小房间，以便谈判人员协商机密事情。

（4）必要的办公设备。谈判场所应配备必要的办公设施，如计算机、复印机、投影仪等，便于双方人员处理文件。除非对方同意，否则不要配有录音录像的设备。实践证明，录音录像设备有时对双方都会起到副作用，使人难以畅所欲言。

谈判室可选择本单位或租用宾馆、酒店的会议室，小规模谈判可安排在会客室。通常情况下，安排两三个房间，除一间作为主要谈判室外，另一间作为双方单独进行内部协商的密谈室，有条件的单位可准备一个休息室。

2. 谈判会场的布置

谈判会场的布置也很重要，如选择什么样的谈判桌、怎样安排谈判人员的座位以及如何装饰会场等。谈判会场布置以高雅、宁静、和谐为宜，应具有较高的文化品位，环境安静，没有外人和电话干扰，光线充足，室温适宜，装饰陈设简洁、实用、美观。

谈判会场的布置及座位的安排是否得当，往往是给客人的第一印象，是检验谈判人员素质的标准之一。有些谈判人员会根据谈判会场的布置状况去判断主方对本次谈判的重视程度和诚意。

（二）谈判座次安排

一般来说，商务谈判时，双方应面对面而坐，各自的组员应坐在主谈者的两侧，以便互相交换意见，加强团结的力量。谈判桌的形状多种多样，一般有长方桌、圆形桌、椭圆形桌、马蹄形桌。

谈判位次礼仪

1. 长方形或椭圆形谈判桌

双边谈判一般采用长方形或椭圆形谈判桌，显得比较正规，通常主客各坐一边。其座位安排通常如图4-1和图4-2所示。

根据图4-1所示，若以正门为准，谈判桌横放，正面对门为上座，应属于客方；背面对门为下座，属于主方，主谈人或负责人居中；其他人按照地位高低先就座于主谈判人的右面，再坐于主谈人的左面，依此类推。

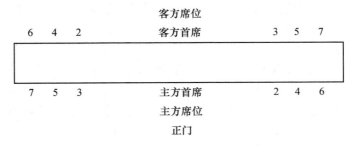

图4-1 横放谈判桌的谈判座位安排

若谈判桌竖放（如图4-2所示），则应以进门方向为准，右侧为上，属客方，左侧为下，属主方。双方主谈人（首席代表）各在己方一边的中间就座，译员安排在主谈人右侧，其余人员则遵循右高左低的原则，依照职位高低自近而远地分别在主谈人两侧就座。具体操作时，可用放置姓名牌的方法（涉外时用双语）标明座位，这样更加简明方便。

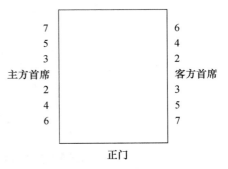

图4-2 竖放谈判桌的谈判座位安排

点滴感悟

谈判前的拂袖而去

张先生是位市场营销专业本科毕业生，就职于某大公司销售部，工作积极努力，成绩显著，三年后升职任销售部经理。一次，公司要与上海某公司就开发新产品问题进行谈判，公司将接待安排的重任交给张先生负责，张先生为此也做了大量的、细致的准备工作。开始谈判的第一天，客方代表团一进入谈判厅就转身拂袖而去，这是什么原因呢？原来在布置谈判厅时，张先生错将天津代表团的座位安排在了竖放谈判桌的左侧。项目告吹，张先生也因此被调离岗位。

启示：中国传统的礼宾位次是以左为上，右为下，而商务礼仪的座次位序则是以右为上,左为下;在商务谈判时,应按商务礼仪的要求来做,否则,哪怕是一个细节的疏忽,也可能会导致前功尽弃。

(资料来源:http://wenku.baidu.com/link?url=UhAZQCBIj6kYh7aTlz7FPNAXppACukHFQP9yppCr8qYernlZdAGZXrNe-o_IoRtOaVsrK_KpRYLSDa-rN5U-_W3DRPZtZQ-g16MrdN3LBEG)

2. 圆形谈判桌

多边谈判一般采用圆形谈判桌(如图4-3所示),国际惯例称为"圆桌会议"。采用圆桌谈判,谈判各方围桌交叉而坐,尊卑界线被淡化了,彼此感到气氛较为和谐、融洽,容易达成共识。还有一种排位方式是随意就座,适合于小规模的、双方都比较熟悉的谈判。有些谈判还可以不设谈判桌。

3. 马蹄形谈判桌

小型的谈判,也可不设谈判桌,直接在会议室沙发上进行。双方主谈人在中间长沙发就座,客人坐在主人的右边,记录员和译员在主谈人后面,双方其余人员分坐两边(如图4-4所示),呈马蹄形,这样双方交谈比较随和友好。但较正式的谈判,不宜采用这种方式。

图4-3 圆桌谈判座位安排

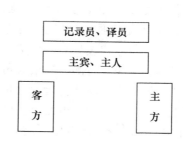

图4-4 马蹄形

各方谈判代表如此重视谈判桌的形状,绝不是吹毛求疵的行为,因为这涉及谈判各方的地位次序问题,是一个比较突出敏感的界域问题。一般来说,谈判座位的设置围成圆形,不分首席,适合多方谈判;围成长方形,则适合于双方平等谈判。许多有经验的谈判专家认为,选择圆形桌比选择方形桌要好一些。因为桌子方方正正,双方谈判人员对面坐定后往往会有过于正规,不太活泼的感觉,有时甚至会产生相互对立的情绪。如果运用圆形谈判桌,效果就大不一样了。双方谈判人员团团坐定,围成一个圆圈,便于交换意见,沟通彼此的思想感情。

谈判桌相匹配的还有椅子。椅子要舒适,不舒适使人坐不住;但是,也不能过于舒适,那样会使人容易产生困意,精神不振。此外,会议所需的其他设备和服务也要周到,如烟缸、纸篓、记事本、文件夹、各种饮料、水果等。

总之,谈判场所的选择和布置要服从谈判的需要,要根据谈判的性质、特点,根据双方之间的关系、谈判策略而决定。

七、客座谈判的礼仪

1. 入乡随俗、客随主便

客座谈判时要主动配合对方接待，对一些非原则性问题采取宽容的态度，以保证谈判的顺利进行。

2. 通报情况、及时沟通

客方应主动向对方通报己方的情况，明确告诉主方自己代表团的来意目的、成员人数、成员组成、抵离的具体时间、航班车次、食宿标准等，以方便主方的接待安排。其间如有人员变动、时间更改等情况也应及时告知主方。

3. 提前预约、遵守时间

谈判期间，对主方安排的各项活动要准时参加，客方通常应在约定时间的五分钟之前到达约定地点。到主方公司做公务拜访或私人访问要事先预约，不做不速之客。

4. 真诚感谢、随机应变

对主方的接待，客方应在适当的时间以适当的方式表示感谢，通常是在谈判或活动结束时进行。客座谈判有时可视双方的情况，除谈判的日程外，自行安排食宿、交通、访问、游览等活动。

此外，谈判前应对谈判主题、内容、议程作好充分准备，做好相关的调查工作，制订好计划、目标及谈判策略。

任务实施1

黑龙江碧天机器厂在2015年10月26日召开了谈判预备会议，主要讨论本次谈判活动礼仪应用方面的问题。会议由厂长亲自主持，销售经理、财务经理、厂长办公室主任、法律顾问、生产经理、销售部全体人员参加了本次会议。

第一项

厂长强调本次谈判的重要性：浙江省通南电子设备公司是南方第二大电子设备公司，本次来是要采购我厂的新设备，供生产电子设备所用。我厂目前还没有开发南方市场，与该公司的合作是进军南方市场的第一步。本次谈判如果能够成功，将会使南方市场开发非常顺利，所以，本次谈判必须对对方以礼相待，处处按照谈判礼仪要求行事，确保浙江省通南电子设备公司的谈判人员高兴而来，满意而归。

第二项

销售经理介绍浙江省通南电子设备公司来谈判的人员，分析每个人的特点。

（1）生产部门经理，张宇，男，42岁，在该公司工作15年，属元老级人物。该公司总经理对其非常信任，对生产方面有独立决定权，为人沉稳，不苟言笑，原则性强，对机械非常熟悉。上海人，回族人，不信奉伊斯兰教，但不吃猪肉，非常喜欢绿色。

（2）秘书，李丽，女，26岁，2012年7月毕业于黑龙江大学文秘专业，哈尔滨人，汉族。热情开朗，喜欢时尚。不吃姜，不喜欢黄色。

（3）采购员，赵红，女，35岁，在该公司工作10年，具有多次大型设备采购经验，具有会计师资格证。为人严谨、内向，朝鲜族，出生于吉林省吉林市，不喜欢红色。

第三项

办公室主任讲解接待规格及礼仪应用原则，供大家讨论。

（1）接待规格。本次采取对等接待，由销售经理带队接待，办公室主任辅助。第一次宴会厂长亲自出席，其余的均由销售经理带队的谈判团和办公室主任带队的接待团共同接待。

（2）本次礼仪应用原则为尊重原则、真诚原则、谦和原则、宽容原则。

由大家讨论、补充、决议，最后全票通过。

第四项

确定办公室主任为谈判礼仪应用负责人，负责整个谈判活动的礼仪策划、应用、督查。

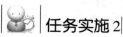

黑龙江碧天机器厂针对本次谈判对人员构成、谈判者形象、谈判日程和议程、谈判场所做出了相应的安排，并恰当布置了谈判场所，制定出了迎送计划。

第一项　谈判人员准备

黑龙江碧天机器厂遵循对等原则，将本次谈判的主谈人定为销售经理马斌，由其负责整个谈判活动的把握及财务、法律问题；他的秘书张玲也作为谈判人员加入谈判小组，主要负责资料的准备和记录；为了更好地介绍产品，技术员杨洋也参与谈判，主要负责技术方面的问题。接待小组的负责人是办公室主任周瑾，由办公室的钱枫和李明协助。

第二项　谈判人员个人形象准备

马斌为自己挑选了一套深蓝色的西装套装，浅蓝色的硬领衬衫，深蓝白条纹领带，黑色皮鞋，黑色袜子，黑色腰带，黑色小包。张玲为自己挑选了一套浅绿色的套裙，乳白色高跟鞋，乳白色小包，白金耳钉，白金项链。杨洋为自己挑选了一套深蓝色的西装，白色硬领衬衫，蓝色白圆点领带，黑色皮鞋，黑色袜子，黑色腰带，黑色小包，整体价值比销售经理的低。马斌经理亲自为张玲和杨洋做了礼仪培训，包括言谈举止。

第三项　谈判活动接待计划

针对浙江省通南电子设备公司的到来，办公室主任周瑾制订了一个接待计划，日程安排如下。

（1）接待日程安排计划。

10月30日　预定哈尔滨假日酒店，四星级，单间一个，标间一个。

11月6日　上午由销售经理和秘书到火车站接客人到饭店下榻。下午休息，晚上安排欢迎宴会，宴会安排在回族饭店，已于10月30日订好包间，由厂长亲自陪同客人就餐，销售经理、秘书、办公室主任陪同就餐，费用控制在2000元左右。

11月7日　上午考察生产车间，下午到极地馆、中央大街参观游玩。

11月8—10日　商务谈判，中餐及晚餐均在工厂职工食堂的客餐厅就餐。

11月11日　上午8：20客人离开。销售经理和秘书送行到火车站。

这一计划经领导同意后，当天传真给浙江省通南电子设备公司，下午收到对方E-mail回复，对方表示同意以上安排。

(2) 经费预算。
住宿费用：(380元＋280元)×5天＝3300元
宴会费用：2000元
便餐、工作餐费用：20元×9人×8次＝1440元
参观极地馆：门票100元×9人＝900元，饮料50元
购买礼品费用：100元×3＝300元
总计7990元。
注意：其他间接费用，如司机工资、汽油费不单计算。
(3) 谈判内容安排
11月8日8：30—11：00　　开局申明意图，介绍机械相关技术
11月8日14：00—16：30　　就安装及技术指导方面洽谈
11月9日8：30—11：30　　商议机械设备的价格
11月9日14：00—16：30　　商议机械设备的价格
11月10日8：30—11：30　　运输合同条款敲定
11月10日14：00—15：30　　签字仪式
双方经过沟通协商，认为这个通则议程可行性强，内容安排合理，可以遵照执行。

第四项　谈判地点准备

谈判地点选在办公楼的六楼小会议室，谈判三天之中，不允许任何人上六楼，保证谈判室的安静。谈判室在原有的基础之上，换成绿色的窗帘，在桌子上摆放对方经理喜欢的富贵竹和百合，保持室内干净和通风。在会议室旁边留两间房屋作为双方的休息室和小组会议室，内设有电脑、打印机、电话、复印机等。

任务4.2　商务谈判过程礼仪

【任务布置】

浙江省通南电子设备公司和黑龙江碧天机器厂开始正式谈判，双方注意在谈判中应用商务谈判礼仪。
(1) 确定谈判各阶段应用礼仪方案。
(2) 双方展开谈判，注意各阶段礼仪的应用。

【知识要点】

人际交往在每个人的日常生活中都是不可避免的。而谈判人员更是离不开人际交往。商务谈判过程实际上是谈判双方交流信息的过程，这种信息交流很大程度上又是依靠商务谈判人员的直接参与而进行的。商务谈判人员要通过各种各样的社会交往活动，营造融洽的谈判氛围，这就要求他们必须遵守基本的社交礼仪。

一、谈判之初

谈判之初，谈判双方言谈举止要尽可能创造出友好、轻松的谈判气氛。

（一）主方准时迎候

主方人员应依照谈判日程安排的时间，先于客方到达谈判地点，当客方人员到达时，主方人员在大楼门口迎候，或指定专人在大楼门口接引客人，主方主谈人员只在谈判室门口迎候。

（二）介绍认识，握手致意

在主方人员的引领下，客方先行进入谈判室或宾主双方同时进入谈判室，主方人员应先请客方人员入座，主方人员待客方人员落座后再坐下，或在既定的位置同时入座。

1. 相互介绍

在交际礼仪中，介绍是一个非常重要的环节。在现代商务谈判中，若能正确地利用介绍，不仅可以扩大自己的交际圈，而且还有助于自我展示、为公司宣传等。介绍分为自我介绍和他人介绍。

（1）自我介绍。

作自我介绍时一般要主动站立，神态自然大方、谦虚、友善、亲切、随和，彬彬有礼，既不能唯唯诺诺，又不能虚张声势，轻浮夸张，不可显露傲慢之意。应该要表达出自己渴望认识对方的真诚情感，镇定自若，潇洒大方，有助于给人以好感；相反，畏怯、紧张、结结巴巴、目光不定、面红耳赤、手忙脚乱，则会为他人所轻视，彼此间的沟通便有了阻隔。自我介绍时语言简单明确，尽可能地节省时间，以半分钟左右为佳，不宜超过一分钟，而且越短越好，可以利用名片、介绍信加以辅助。自我介绍的内容主要包括姓名、单位及部门、职务等。

（2）他人介绍。

根据商务礼仪规范，在处理为他人做介绍的问题上，必须遵守尊者优先了解情况的规则。首先，要确定双方地位的尊卑；其次，介绍位卑者再介绍位尊者。他人介绍时，被介绍到的人应起立并微笑示意，可以礼貌地说："幸会""请多关照"。在谈判桌上，视情况而定，介绍人和被介绍人可不必起立，被介绍双方可点头微笑致意；如果被介绍双方相隔较远，中间又有障碍物，可举起右手致意，然后点头微笑致意。询问对方时要客气，如"请教尊姓大名"等。如有名片，要双手接递。介绍完毕，可选择双方共同感兴趣的话题进行交谈。稍作寒暄，以沟通感情，创造和谐的气氛。

2. 姿态

谈判之初的姿态动作对形成良好的谈判气氛起着十分重要的作用，谈判人员要自然地坐在事先安排的座位上，上身稍向前倾，目光应注视对方，停留于对方双眼至前额的三角区域，这样使对方感到被关注，觉得谈判人员诚恳严肃。手势要自然，不宜乱打手势，或玩手中的笔、手机等，以免造成轻浮之感。切忌双臂在胸前交叉，显得十分傲慢无礼。

多听少说，是谈判的基本策略之一。谈判之初的重要任务是摸清对方的底细，弄清对方的意图，因此要认真倾听对方谈话，细心观察对方的举止表情，并适当给予回应，这样既可了解对方意图，又可表现出尊重与礼貌。

重要的谈判，在正式开始前，要举行简单的仪式：双方作简短致辞，互赠纪念品，安排合影后再入座。合影位置排列，通常主方主谈人员居中，其右侧是客方主谈人，客方其余代表依次排列，主方其余代表一般站在两端。

项目四 商务谈判礼仪

> **点滴感悟**
>
> ### 素质有待提高
>
> 赵旭参加工作不久，在一家公司做销售工作，多日来，通过发传真、写电子邮件等，终于找到一家对他们公司产品感兴趣的大公司，该公司同意与赵旭见面洽谈合作的事情。赵旭也十分重视这次机会，特意穿上笔挺的西装、锃亮的皮鞋和一双刚买的白色球袜来到对方公司。由于是初次与对方面谈，赵强不免有些紧张，坐在椅子上双腿不停地晃动，手指也不时在腿上敲击。面谈结束后，对方只是淡淡地说："以后再联系吧。"面对失败，赵旭百思不得其解，后来请经理向对方询问原因，对方说："你们员工的素质还有待提高。"
>
> 启示：穿深色西装不能穿白色袜子，就座时双腿不能晃动，手指也不能敲击，否则会被人看作是对对方的不尊重。
>
> （资料来源：http：//wenku.baidu.com/link？url＝P1JhK35sWwEXN－kVMkg0ZNKmWOFE08ARZU－SCsoRKAlv51v2WJlbKroeb2C3R56y35CZNvUjzNKtu1QJ0xhLA7YlTzV6CvRH58iYzpn2oVC）

二、谈判之中

这是谈判的实质性阶段，指从开局阶段结束到签订协议或谈判失败为止的过程。这个阶段一般要经历如下环节：报价、询问、磋商、解决矛盾、打破僵局。

（一）各阶段基本礼仪

1. 报价

报价要明确无误，恪守信用，不欺蒙对方。在谈判中报价不得变幻不定，对方一旦接受价格，即不再更改。当对方要求己方解释相关内容时，要详细耐心地予以介绍，不可出现不耐烦的情绪。

2. 询问

谈判人员要事先准备好有关问题，选择气氛和谐时提出，态度要真诚友善、开诚布公。切忌在气氛比较冷淡或紧张时提出，言辞不可过激或追问不休，以免引起对方反感甚至恼怒。对方回答时不可随意打断，要耐心倾听，并适当做记录，对方回答完毕后要向解答者表示谢意。

3. 磋商

磋商阶段非常重要，关系到双方的切实利益，容易因情急而失礼。因此，更要注意保持风度，应心平气和，求大同，存小异，发言措辞应文明礼貌，但对原则性问题应当力争不让。谈判双方都应努力寻找双方的共同利益点，达到双赢会让双方都满意。

4. 解决矛盾

谈判过程中，由于双方都要维护自身的利益，难免会出现各种各样的矛盾。此时，要注意就事论事，保持耐心、冷静，不可因发生矛盾就怒气冲冲，甚至进行人身攻击或侮辱对方；否则，只会让谈判不欢而散。

5. 打破僵局

当谈判僵局出现时，主方要灵活处理，可以暂时转移话题或变换谈判地点，稍作松弛。如果确实已无话可说，则应当机立断，暂时中止谈判，稍作休息后再重新进行。主方要主动提出话题，不要让僵局持续过长。

> **点滴感悟**
>
> ### 游船洽谈
>
> 甲乙双方就有关的交易条件磋商已长达三个月之久，基本形成了许多一致的意见，但还有一两个问题需要进一步讨论。此时，甲方提议到本地一风景点游船上边游览、边协商。结果双方很快签订了合同。
>
> 启示：适时的谈判地点转换会放松双方的心情，并使客方感觉到主方的热情，有利于促进谈判。

（二）交谈礼仪

交谈是商务谈判活动的中心活动，在圆满的谈判活动中，遵守交谈礼仪有着十分重要的作用。在商务活动中，应遵守以下交谈礼仪。

1. 尊重对方，谅解对方

谈判人员在交谈之前，应当调查研究对方的心理状态，考虑和选择令对方容易接受的方法和态度；了解对方讲话的习惯、文化程度、生活阅历等因素对谈判可能造成的种种影响，做到多手准备，有的放矢。双方发言时都要掌握各自所占有的时间，不能出现一方独霸的局面。

2. 及时肯定对方

赞同、肯定的语言在交谈中常常会产生异乎寻常的积极作用。当交谈一方适时中肯地确认另一方的观点之后，会使整个交谈气氛变得活跃、和谐起来，陌生的双方会从众多差异中开始产生一致感，进而十分微妙地将心理距离拉近。当一方赞同或肯定另一方的意见和观点时，另一方应以动作、语言进行反馈交流。这种有来有往的双向交流，易于双方谈判人员感情融洽，从而为达成一致协议奠定良好基础。

3. 态度和气，语言得体

交谈时要自然，要充满自信。态度要和气，语言表达要得体。手势不要过多，谈话距离要适当，内容一般不要涉及不愉快的事情。

4. 注意语速、语调和音量

交谈中陈述意见要尽量做到平稳中速。在特定的场合下，可以通过改变语速来引起对方的注意，加强表达的效果。一般问题的阐述应使用正常的语调，保持能让对方清晰听见而不引起反感的高低适中的音量。

（三）注意事项

（1）双方人员入座后谈判正式开始，非谈判人员应全部离开谈判室；在谈判进行中，双方要关闭所有的通信工具（或调到静音），人员不要随便进出。谈判中，主方应提供茶水、咖啡等饮料，服务人员添茶续水要小心轻动，为不影响谈判进行，可在休会或某一方密谈时进行。

（2）当天谈判结束后，主方人员应将客方人员送至电梯口或送上车，握手告别，目送客人汽车开动后再离开。

（3）如果安排了与谈判内容密切相关的参观考察活动，则应在参观点安排专门的接待人员，在适当的地方悬挂欢迎性标语、横幅，准备详细的文字材料（涉外时应采用中外文对照形式）。实地参观时安排专业技术人员讲解，同时应注意一些技术保密问题。

> **点滴感悟**
>
> ### 被"抖掉"的合同
>
> 有一位英国华侨，回国内洽谈合资业务，洽谈了好几次，最后一次来之前，他曾对朋友说："这是我最后一次洽谈了，我要跟他们的最高领导谈，谈得好，就可以拍板。"过了两个星期，他回到了英国，朋友问："谈成了吗？"他说："没谈成。"朋友问其原因，他回答："对方很有诚意，进行得也很好，但就是跟我谈判的这个领导坐在我的对面，当他跟我谈判时，他不时地抖着他的双腿，我觉得还没有跟他合作，我的财都被他抖掉了。"
>
> **启示**：这个领导的坐姿引起了对方的反感，不仅使谈判失败，更损害了自己的形象。

三、谈判结束

商务谈判结束的方式有三种：成交、中止、破裂。

（一）成交

成交即谈判双方达成协议，交易得到实现。双方应按照磋商的结果签订合约，在签约前，对以前达成的谈判结果不可反悔，维持诚实守信的礼仪形象。双方应按照约定履行合同，不可中途废止合同或恶意违反合同约定；否则，双方很难继续合作，甚至会诉诸法律。如果双方能够按照礼仪要求，完全遵照合同的内容执行，双方将建立非常友好的合作关系。

（二）中止

中止谈判是谈判双方因为某种原因未能达成全部或部分成交协议，而由双方或单方要求暂时停止谈判的方式。中止如果是发生在整个谈判的最后阶段，在解决最后分歧时发生中止，就是终局性中止，并且作为一种谈判结束的方式被采用。中止可分为有约期中止与无约期中止。有约期中止是指双方在中止谈判时对恢复谈判的时间予以约定的中止方式。如果双方认为成交价格超过了原规定计划，或者让步幅度超过了预定的权限，或者尚需等上级部门的批准，使谈判难以达成协议，而双方均有成交的意愿和可能，经过协商，一致同意中止谈判。这种中止是一种积极姿态的中止，它的目的是促使双方创造条件最后达成协议。无约期中止是双方有成交的需要而不愿使谈判破裂，双方采用冷冻政策暂时中止谈判。此时，谈判者应表现为彬彬有礼，切不可面露愤怒、转身离席。

（三）破裂

双方经过最后的努力仍然不能达成共识和签订协议，谈判即为破裂。在破裂不可避免的情况下，首先，要尽力使双方情绪冷静下来，不要使用过激的语言，尽量使双方能以友好的态度结束谈判，至少不要使双方关系恶化；其次，要摆事实讲道理，不要攻击对方，要以理服人，以情感人，以礼待人，这样才能体现出谈判人员良好的修养和风度。

双方应互相体谅对方面临的困难，讲明难以逾越的实际障碍而友好地结束谈判。双方不要表现出过分的敌意，态度始终要保持友好，充分理解对方的立场和原则，理智地承认双方客观利益上的分歧，对谈判破裂抱着遗憾的态度。这样，有可能通过充分的了解和沟通，产生进一步合作的愿望，为今后双方再度合作留下可能的机会。

 任务实施

浙江省通南电子设备公司和黑龙江碧天机器厂于11月8日正式进入了谈判过程。

第一项　11月8日8：30—11：00

主要任务：开局申明意图，机械相关技术介绍

过程：

（1）双方8：30进入谈判室，主方在谈判室内等候，客人到时全体起立，寒暄、握手，双方就座。

（2）主方申明意图。

（3）客方申明意图。

（4）杨洋将事先打印好的机械相关技术材料递交给对方，并利用幻灯片讲解，尽量将机械的先进性、操作简捷性、安全性、维护费用低多做介绍。

（5）客方提出问题，主方解答。

第二项　11月8日14：00—16：30

主要任务：就安装及技术指导方面洽谈

过程：

（1）主方主谈人讲解安装相关问题，尽量做到详细、易懂。

（2）双方就安装细节问题进行商议。

（3）主方报价，安装需要三名技术人员，共用3天的时间，需要花费费用1000元左右，尽量让对方出钱，主方派技术员上门安装。技术指导可在安装之后留下一名技术人员指导对方操作员5天，培训费用2000元，尽量让对方出钱。

（4）双方商议。主方可适度让步，安装费用最低目标由对方出安装费用600元，主方人员的差旅费主方自己承担。技术指导费用最低目标由对方出培训费用1600元，主方人员的差旅费由主方自己承担。

（5）注意记录成交情况及谈判过程。

第三项　11月9日8：30—11：30

主要任务：商议机械设备的价格

过程：

（1）机械设备总价300万元，准备国内外相似机械的价格表和本厂生产的成本表。

（2）主方适当让步，可以采用各种谈判策略，最低目标是240万元。

（3）注意记录成交情况及谈判过程。

第四项　11月9日14：00—16：30

主要任务：商议机械设备的价格

过程：

（1）机械设备总价300万元，准备国内外相似机械的价格表和本厂生产的成本表。

（2）主方适当让步，可以采用各种谈判策略，最低目标是240万元。

（3）注意记录成交情况及谈判过程。

第五项　11月10日8：30—11：30

主要任务：运输合同条款敲定

过程：

(1) 主方提供运输方案，供对方选择。

(2) 主方计算运费，运输费用共计3000元，保险费500元。

(3) 双方商议，费用尽量让对方出，最低目标一家一半。

(4) 由主方打印合同。

(5) 双方进行校对、审核。

(6) 注意记录成交情况及谈判过程。

任务4.3　商务谈判签约礼仪

【任务布置】

浙江省通南电子设备公司和黑龙江碧天机器厂谈判成功，双方签约。

(1) 确定签约地点并进行布置。

(2) 举行签约仪式，注意礼仪的应用。

【知识要点】

在商务交往的实践中，尽管口头承诺、说话算话在一定程度上有着重要的作用，但是更有效的、取信于人的则是"立字为据"的文字性合同。依照我国的有关法律规定，当事人就合同条款的书面形式达成协议并且签订，合同就成立。但为了使有关方面重视合同，在签署合同时往往还会举行正式的签约仪式。这不仅是对谈判成果的一种公正化，而且也是有关各方对自己履行合同、协议的意思表示。在商务交往中，签约被视为一项标志着有关各方的相互关系取得了更大的进展，以及为消除彼此之间的误会或抵触而达成了一致性见解的重大成果。因此，签约极受商界人士的重视。根据仪式礼仪的规定：对签署合同这一类称得上有关各方的关系发展史上"里程碑"式的重大事件，应当严格地依照规范来应用礼仪。为郑重起见，在具体签署合同之际，往往会依例举行一系列程式化的活动，此即所谓签约仪式。合同签署应重点把握好确定签字人与参加人、签约仪式的准备和签约仪式的步骤程序三个方面。

一、确定签字人与参加人

商务谈判结束后的合同签字人不一定是主谈人。在一般情况下，商务合同应由企业法人代表来签字，而政府部门代表一般不负责签字。若商务合同需由企业所在政府承诺时，可与商务合同一起拟订协议、议定书或备忘录，由双方所属政府部门代表签字。该文件可与商务合同一起作为不可分割的组成部分。

在目前商务谈判中，签字人的选择一般有三种情况：第一种是金额较小、内容一般，属于经常性的合同，经法人代表授权，可由业务员或部门经理签字。第二种是金额较大，内容一般，也是经常性的合同，经法人代表授权，可由部门经理负责签字。第三种是成交金额较大，内容特殊的或是初次发生业务的合同，要由法人代表或经法人授权的代理人签字。双方签字人的身份、地位应大体对等，并均具有签字资格。参加签约仪式的人员一般都是各方参加谈判的人员，经双方协商后，各方的最高负责人可参加。一方如要增加其他人员，应征得对方同意，但各方参加人数应基本相等。

二、签约仪式的准备

1. 签字厅的布置

签字厅的布置整体上应该整洁庄重。将长方形签字桌（或会议桌）横放在签字厅内，桌面一般要铺设深绿色台布。座椅应根据签字方的情况来摆放，签署双边合同，在正面对门的一边摆两张座椅；签署多边合同，则可在中间放一张座椅，供各方签字人签字时轮流就座，或者为每位签字人各配备一把椅子。签字人签字时必须正面对门就座，除桌椅外，其他家具陈设则可全部免除，如图 4-5 所示。

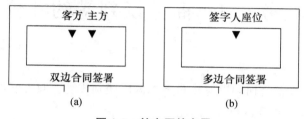

图 4-5　签字厅的布置

签字桌上，应放置好待签合同文本、签字笔、吸墨器等，涉外合同签字还应在有关各方签字人座位的正前方插放该国国旗。

2. 待签合同文本的准备

合同的首要要求是目的要明确、内容要具体、用词要标准、数据要精确、项目要完整、书面要整洁，同时还必须注意遵守法律、符合商业惯例。

经双方签字的合同即具有法律效力。所以，合同文本的准备关系到双方的切身利益，关系到合同是否能顺利履行。按惯例待签合同的正式文本应该由主方负责准备，但为了避免合同产生歧义、引起纠纷，主方应主动会同签约各方一起指定专人，共同负责合同的起草、校对、定稿、印刷和装订，以确保合同内容的准确无误。

如果是涉外合同，依照国际惯例应同时使用签约各方的官方语言撰写，或者采用国际通用的英文、法文撰写。

待签合同文本要用 A4 规格的白纸印刷并装订成册，重要的合同还需在合同文本上再配以真皮或金属封面。除供各方正式签字的合同正本外，通常各备一份副本。

3. 签字时的座次安排

签字仪式的座次礼遇是较敏感的，各方都很关注，所以主方在安排时要认真对待。

双边合同的座次，一般由主方代为安排，主方安排时应遵循国际礼宾序列，通常以右为尊，即将客方主签人安排在签字桌右侧就座，主方主签人在左侧就座，各自的助签人在其外侧助签，其余参加人在各自主签人的身后列队站立。站立时各方人员按职位高低由中间向两边依次排列。

多边合同的座次安排，只设一张签字椅时，各方按事先商定的先后顺序，主签人及其助签人依次上前签字。

> **点滴感悟**
>
> ## 糊涂的助签人
>
> 经过半个月的谈判，道合有限公司和志同有限公司终于达成了协议，决定签约。签约当天，双方负责人都悉数到场，每个人都做了精心的装扮，都很重视这项仪式。当双方负责人签约时，发生了有趣的一幕：双方的助签人把方向站错了，到翻页的时候才发现问题，大家赶紧重新站好位置。
>
> 启示：双方各自的助签人，应分别站立于各自一方签字人的外侧，以便随时对签字人提供帮助。多方签约时，应随签字人一同行动。在助签时，依"右高左低"的规矩，助签人应站立于签字人的左侧。

4. 出席人员的服饰要求

合同签约仪式是一件意义重大、场合庄重的事情，因此，按规定要求出席签约仪式的人员服饰要整齐规范，具体是：签字人、助签人和其他参加人应穿有礼服性质的深色西服套装或中山装套装，同时配白色衬衣、单色领带、黑色皮鞋和深色袜子；女性则应穿套裙、长筒丝袜和高跟皮鞋；服务接待人员和礼仪人员，则可穿工作制服或旗袍等礼服。

三、签约仪式的步骤程序

1. 仪式开始

签约仪式上，双方参加谈判的全体人员都要出席，共同进入会场，相互致意握手。双方都应设有助签人员，分立在各自一方签约人外侧，其余人排列站立在各自一方代表身后。双边合同的双方签字人同时入座，助签人在其外侧协助打开合同文本和笔，用手指明签字位置。

2. 正式签署

签字前，各方主签人再次确认合同内容，若无异议，在规定的位置上签名，之后由各自助签人相互交换合同文本，再在第二份合同上签名。按惯例，各方签字人先签的是己方保存的合同文本，交换后再签的是对方保存的合同文本。

3. 交换各方已签好的合同文本

各方主签人起身离座至桌子中间，正式交换各自签好的合同文本，同时，热烈握手（拥抱），互致祝贺，还可以交换签字用过的笔作为纪念。其他成员则鼓掌祝贺。

4. 饮香槟酒庆祝

签字完毕后，双方应同时起立，相互握手，互致祝贺。服务接待人员及时用托盘送上倒好的上等香槟酒。各方签字人和成员相互碰杯祝贺，这时的饮酒是象征性的，不能狂饮，更不能强迫对方喝酒。其他随行人员则应该以热烈的掌声表示喜悦和祝贺。然后，请参加活动的双方最高领导人退场，再请客方来宾退场，最后是主方人员退场。

此外，双方全体成员可合影留念。

如有必要或条件许可，签约仪式后，主方可设宴会或酒会招待所有参加谈判和签约的人员，以示庆祝。

成功签约后的尴尬

一名英国商人赴伊朗谈判，一个月来他事事顺利，同伊朗公司谈判人员建立了友好的关系。最后，这名英国商人兴高采烈地签署了一项合同。签完字后，这名英国商人对着伊朗公司的谈判人员竖起了大拇指。几乎是立刻，出现了紧张气氛，一位伊朗公司高层离开了房间。这位英国商人摸不着头脑，不知发生了什么，其他伊朗谈判人员也觉得很尴尬，不知如何向他解释。

启示：在英国，竖起大拇指是赞成的标志，它的意思是"很好"。然而在伊朗，它是否定的意思，表示不满，近乎令人厌恶，是一种无礼的动作。由此我们可以清晰地看出，英国商人在不了解伊朗礼仪的前提下，做出的举动让伊朗公司高层觉得有失礼仪，因此虽然合同签成了，但是本质来说这是一个不成功的谈判。

任务实施

浙江省通南电子设备公司和黑龙江碧天机器厂经过友好的谈判，于11月10日上午正式结束谈判，双方进入签约阶段。

第一项　确定签字人和参加人

本次谈判成交金额较大，并且谈判双方初次发生业务，所以，合同要由法人代表或经法人授权的代理人签字。浙江省通南电子设备公司法人代表董事长孙念于10日早10∶00乘飞机抵哈，黑龙江碧天机器厂厂长亲自到机场迎接。本着签字人身份对等的原则，黑龙江碧天机器厂的签字人由厂长担任。参与谈判的人员全部参加签字仪式，助签人由两位秘书担任，全体人员着正装出席。

第二项　确定签约地点

签约地点选在谈判室，将谈判室进行重新布置，窗帘换成红色，桌上摆放新鲜花束。

第三项　举行签约仪式

由于客方必须乘坐17∶00的飞机返回，所以，14∶00，签字仪式正式开始。13∶50，双方人员共同进入会场，相互致意握手。助签人员分立在各自一方签字人的外侧，其余人排列站立在各自一方代表身后。双边合同的双方签字人同时入座，助签人在其外侧协助打开合同文本和笔，用手指明签字位置。

签字前，各方主签人再次确认合同内容，若无异议，在规定的位置上签名，之后由各自助签人相互交换合同文本，再在第二份合同上签名。各方主签人起身离座至桌子中间，正式交换各自签好的合同文本，同时，热烈握手（拥抱），互致祝贺，交换签字用过的笔作为纪念。其他成员则鼓掌祝贺。

第四项　合影、开香槟庆祝

签字完毕后，双方同时起立，相互握手，互致祝贺。服务接待人员及时用托盘送上倒好的上等香槟酒。各方签字人和成员相互碰杯祝贺。然后，请参加活动的双方最高领导退场，再请客方来宾退场，之后是主方人员退场。最后，双方全体成员合影留念。

第五项　签约后活动

主方厂长率队送客方去机场，在机场的咖啡厅进行话别，赠送礼物，目送客方进安检后离开。

 礼仪小测试

1. 商务谈判礼仪的原则包括（　　）。
   A. 尊重原则
   B. 真诚原则
   C. 谦和原则
   D. 宽容原则
2. 商务谈判是（　　），着装要求（　　）。
   A. 正式场合，必须着正装
   B. 非正式场合，任何服装
   C. 正式场合，必须着礼服
   D. 非正式场合，个性服装
3. 当谈判出现僵局时，谈判者的表现应该是（　　）。
   A. 拍案而起，对对方进行语言攻击
   B. 主方应及时调整谈判地点、方式，使双方放松
   C. 运用恰当语言，缩短僵局时间
   D. 不闻不问，等待对方的反应
4. 作为谈判的客方，下列做法不正确的是（　　）。
   A. 通报情况，及时沟通
   B. 真诚感谢，随机应变
   C. 提前预约，遵守时间
   D. 说服对方，主随客便
5. 谈判人员在报价时要做到（　　）。
   A. 明确无误
   B. 恪守信用
   C. 欺蒙对方
   D. 变幻不定

（以上各题正确答案为：1. ABCD　2. A　3. BC　4. D　5. AB）

思　考　题

1. 谈判人员在磋商阶段应注意哪些礼仪？
2. 谈判人员在谈判破裂时应注意哪些礼仪？
3. 谈判座次应如何安排？
4. 谈判小组人员如何配置？
5. 谈判时如何运用语言礼仪？

项目五

商务服务礼仪

知识目标

☞ 了解商务服务礼仪的程序。
☞ 理解商务服务礼仪的意义。
☞ 熟悉不同商务服务礼仪的注意事项。

能力目标

☞ 在不同的行业都能很好地展现服务礼仪。

导入案例

九寨沟之旅

2010年的"十一",国务院规定放假七天,中国除了春节以外,从未放这么长时间的假,又是在这么秋高气爽的日子,人们兴奋不已,纷纷走出家门参加旅游的队伍,使中国旅游出现空前的高涨局面。在这种背景下,武汉某几家旅行社联合推出"九寨沟、黄龙双飞五日游"——1980元/人的特优惠价。

10月2日,导游小陈带领50名来自于湖北各地的散客赴成都,第一天住成都双人标间相安无事;第二天,全团分两辆车赴九寨沟,由于成都方面的原因,造成游览车晚点到达饭店,客人意见很大,小陈进行劝服工作,客人才勉强同意上车。上午10点出发,晚12:00抵九寨沟,客人对安排的住宿又不太满意,要求换房,这本不是过分的要求,可当时九寨沟可以说是"人满为患",房间相当紧张。旁边有一辆卧铺汽车从广东开来,由于没有房间,客人全部在车上就寝。导游小陈了解了以上情况后,马上做客人的工作。首先,她告诉客人,房间确实不尽如人意;其次,确实没有房间可换,三星级的地铺都卖到了300元/个,并把刚才看到的卧铺汽车的情况告诉客人;最后,退一步说客人如果还是不相信,一定要自己去找房间的话,先不要退房,把行李还是放到房间里,等找到更好的房间,再退也不迟。客人觉得小陈说的有道理,就听从她的安排,把行李拿到房间,然后出去逛了一圈,回来后说:果真没有房间了,并说如果他们刚才退了房,现在只怕没有房间住,因此非常感谢小陈的明智之举。

第三天,这些散客开始了愉快的九寨沟之旅!

(资料来源:http://doc.mbalib.com/view/1840a40cda651e9220249bf9337b5d5e.html)

问题与思考

在旅游旺季,什么情况都可能发生,尤其是用车和住房的紧张显得尤为突出。在这个案例中,是散客小包价旅游团,导游的职责相当大。遇见这种车晚点、住房没达标的情况,客人有意见是情理之中的事,客人的要求并不过分。小陈在了解全部情况后,处理得当,既为客人的利益着想,又考虑了当时的具体情况,真正做到了具体问题具体分析。试想,如果导游不了解当时的情况,又会出现什么情况呢?

服务是企业或各类以提供服务为主的行业向社会公众提供的无形产品,服务质量传递着企业的社会形象,是企业参与市场竞争的重要手段,是企业管理水平的反映。服务礼仪是构成服务质量的重要内容。本项目介绍常见的商场、宾馆、导游服务礼仪。

任务5.1 商场服务礼仪

【任务布置】

牡丹江百货大楼有限公司位于黑龙江省牡丹江市,经营零售服装、日用百货、针纺织品、鞋帽、日用小电器等。李梅是这家商店的售货员，负责三楼女装的销售工作，由于她对顾客认真负责，对商品如实介绍，待人和蔼，每个月她的奖金都是商店最高的，还被商店评为最佳销售员。

（1）做好每天接待顾客的准备工作。
（2）圆满得体地处理各种销售事件。

【知识要点】

商场服务礼仪关系到商场形象，影响着商场的经济效益。商场服务礼仪体现在商场服务的环境、程序、语言及服务技巧中，体现在营业员服务的全过程。现代商场要给顾客提供一流的设施、优质的商品和满意的服务，使顾客在商场得到物质和精神上的双重满足。

一、商场营业员的服务礼仪

营业员是顾客与商品之间的桥梁，是商场服务的载体。因此，作为商场服务活动主体的营业员，其服务礼仪显得格外重要。

（一）仪容仪表规范

商场营业员在销售服务工作中的穿着打扮和个人卫生习惯应符合礼仪规范。

1. 统一着装

统一着装是商场形象建设的需要，也可以表明营业员的身份，反映商场服务至上的一种姿态。营业人员要遵守商场统一着装的规定，工作服、领结、领带或飘带要符合商场的统一规定，不可在上班时间自行着装，并要佩戴好统一的工号牌或证章。

2. 仪容整洁、适当修饰

男士要常理发、常修面，不留胡须，不蓄长发，不理怪发型。女士以化淡妆为宜，不浓妆艳抹。上班前不吃带有异味的食品，不饮酒，养成尊重顾客的良好卫生习惯。

（二）服务用语规范

语言交流是营业员和顾客沟通的重要途径。营业员不讲普通话就没有办法与顾客进行很好的沟通。营业员在服务过程中还要运用规范的文明用语，如："请""您好""谢谢""不用客气""请原谅""没关系""再见"等基本用语。营业员要注重语言修养，做到"六不讲"，即低级庸俗话不讲，生硬唐突话不讲，讽刺挖苦话不讲，有损顾客人格的话不讲，伤害顾客自尊心的话不讲，欺瞒哄骗顾客的话不讲。此外，营业员还应熟练掌握服务各环节的规范用语。服务规范用语的特点是：文明、简洁、准确、得体。

（三）行为举止规范

营业员可以从站、行、拿、递等方面来规范自己的行为举止。

营业员的标准站姿是：头部抬起，面部朝向正前方，双目平视，下颚微微内收，颈部挺直，双肩自然放松，腰部直立，双臂自然下垂，同时精神饱满，面带微笑。

营业员在柜台内行走要轻、稳，切不可漫不经心地东游西逛，趴在柜台上，打闹嬉笑，吃东西，聚众聊天或东张西望。

在接待顾客时，要主动热情、精神饱满、彬彬有礼，不取笑顾客，与顾客对话时眼睛要正视顾客。轻拿轻放商品，动作干净利落。收款时要唱收唱付，切不要把商品或零钱扔给顾客或摔在柜台上让顾客去取。工作中有差错时，要当面主动向顾客道歉，不能强词夺理与顾客争执。不可随地吐痰或当着顾客面打手机、谈私事、吃东西、打喷嚏、剪指甲、掏耳朵、掏鼻孔、剔牙齿及梳妆打扮等。

总也上不去的销售额

王丽是一家商场的售货员，每天由于起床晚，没时间化妆，都是到商店了才化妆打扮自己，每每有顾客走到她的店里，都见她在化妆，一部分人由于不好意思干扰她就走开了；而另一部分人本来挺好的心情，一看她化妆的样子也没心情进来转转了。因此，小张的销售额总是上不去。

启示：从礼仪角度讲，不能在公共场合化妆，化妆讲究修饰避人；另外，上班之前应该完成仪容的修饰工作。

（四）服务周到

为顾客提供主动、热情、周到、耐心的服务是服务工作的基本要求。顾客走近柜台时，营业员要主动招呼；顾客挑选商品时，营业员要主动展示商品并客观介绍，当好顾客的参谋；对顾客的提问，要热情回答、正面回答、百问不厌。对顾客要一视同仁、热情接待，做到四个一样：新顾客与老顾客一个样，参观与购买的顾客一个样，买多与买少的顾客一个样，领导在与不在对顾客的主动热情一个样。不以貌取人，不以年龄、性别取人，不以职业、地位取人，不以国籍、身份取人。做到处处为顾客着想，维护消费者利益。对需要包装的商品，应按包装的规则捆紧扎牢，双手递到顾客手中；需要试验、试用的商品，要允许并帮助顾客当场试验、试用，直到顾客满意为止。

二、商场导购员的服务礼仪

一般商场都有专门的导购员，完整的导购服务包括门卫迎宾和大厅导购两部分。按具体分工之差异，导购员可分为迎宾礼仪小姐和导购礼仪小姐。

（一）迎宾礼仪小姐的礼仪规范

迎宾礼仪小姐一般是身披有商场标志的绶带，站立于商场（厦）门口一侧。站立姿势要端庄、优雅、不可靠物，要精神饱满，不可手插衣袋或叉腰；要面带微笑、自然大方，给人以亭亭玉立的美感；顾客到来时要及时将门拉开，点头致意，并随口道出"欢迎光临"。

（二）导购礼仪小姐的礼仪规范

导购礼仪小姐站立、走动于商场大厅内，对前来购物的顾客提供购物向导、购物咨询等服务。导购礼仪小姐站立和行走姿势应稳重大方、面带微笑，应眼观六路、耳听八方；引导顾客时要走在顾客左前方，并做到：上身正直，不低头、不弯腰，双眼平视面带微笑，脚尖对正前面，脚落地的过程是先脚跟再过渡到脚趾；转弯时要伸手示意；不与顾客抢道或抢乘电梯。

三、柜台营业员的服务礼仪

柜台销售是商场服务的核心内容，也是零售企业的主要经营方式，是营业员日常服务的主要内容。其言行举止、服务质量影响着企业的形象，关系到柜台交易的成败。这就要求营业员必须很好地掌握柜台销售中的礼仪规范。

（一）准备阶段

营业前的准备工作包括：搞好柜台内外的环境卫生，检查自身的衣着修饰；补足货架，摆齐商品，商品摆设要整齐、美观，保持商品干净；检查、填写或更换价格标签，明码标价；备好各种用具，如计算器、发票、复写纸、销售用的票本、圆珠笔、剪刀、绳子、包装袋、包装纸、零钱等。

（二）迎接顾客阶段的礼仪

在迎接顾客时，营业员要端庄站立，面带微笑，语言文明。在没有接待顾客时，营业员应采取标准的站姿：双手可以放在柜上，切忌双手叉腰、双臂抱在胸前、两手插入口袋、身体东倒西歪或倚靠其他物体。若是一名营业员，应站在柜台（或货位）中间；若是两名营业员，则站在柜台（或货位）两侧；若是三名营业员，则应等距离一字排开。顾客走近柜台前浏览商品时，营业员要主动地说声"您好！欢迎光临"等礼貌用语，或"您需要看什么商品吗？"要给予顾客从容浏览和精心挑选商品的环境，切不可见到顾客马上就问："您想买什么？"以免给顾客造成心理压力而草率购买，或引起顾客反感而放弃购买。营业员也不能在顾客已经走到柜台前时还旁若无人、不予理睬。迎接顾客是一项常规的长期工作，要持之以恒，不能虎头蛇尾。

（三）接待顾客阶段的礼仪

接待顾客阶段是指从顾客明确表示要挑选商品到完成购物或放弃购物的过程。这个阶段，顾客与营业员接触时间较长，是营业员代表商场与顾客进行交易行为的阶段。

1. 介绍商品

介绍商品要抓住时机。过早，易使顾客产生戒心；过迟，则使顾客转移了注意力，丧失了销售时机。向顾客介绍商品要诚心诚意、主动热情、实事求是，当好顾客的参谋，不能夸大其词、弄虚作假。同时，要及时回答顾客的询问，解答顾客的疑虑。

2. 轻拿轻放

在向顾客介绍商品时，切不可把商品野蛮地堆到顾客前面，应用双手轻轻递给顾客，并且要将商品的最佳观赏面朝向顾客。野蛮的递拿行为既是对顾客的不尊重，也容易造成商品的损坏。

3. 接待有序

顾客前来购物有先有后，营业员应按先后次序接待服务，在营业高峰时更应如此，做到"接一问二联系三"。在接待正在购买商品的第一位顾客时，主动向第二位顾客询问购买意向，同时向第三位顾客打招呼以示热情。对其他顾客则微微点头示意，每换一名顾客时，应礼貌地致歉："对不起，让您久等了。"

> **点滴感悟**
>
> ### 卖场风波
>
> "十一"黄金周期间，某商场举行了大规模的优惠及抽奖活动。活动当天的顾客很多，四楼某品牌也搞特价活动，来往的人摩肩接踵。小李是店里的实习营业员，一位顾客指着一件绿色的外套向她："这个多少钱？"由于人太多，小李不耐烦地说："你没看我这边还有顾客呢吗？上面有价自己看呗。"于是两人争吵起来。经理走过来，明白了事情的缘由后严厉地批评了小李。
>
> 启示：顾客前来购物有先有后，营业员应按先后顺序接待服务，在营业高峰时更应如此。在接待正在购买商品的第一位顾客时，应主动向第二位顾客招呼："对不起，请您等一下。"

4. 百拿不厌

当把商品递给顾客时，营业员要亲切地说一声："别着急，慢慢挑选。"并注意观察顾客的表情，适时地介绍商品，不可中断介绍，把顾客丢开；不可对顾客挑选表示出不耐烦的情绪，不能说"你是外行，你不懂"之类的话，也不能说"这很好，你买吧"，这样会给顾客造成压力，甚至会损害顾客的利益。

5. 唱收唱付

交易成功付款时，营业员要唱收唱付，避免出现差错。例如，不能补零，应礼貌地说："请您找一下是否有×元（角、分）"，或"请稍等，我为您找零钱"。

6. 递交商品

收款完毕，营业员应根据不同的商品采取不同的包装方法，或替顾客将商品平稳装入包装袋，商品包装要做到迅速、合理、美观、牢固。

（四）送客阶段的礼仪

营业员将商品双手交给顾客。顾客完成购买行为欲离开柜台时，营业员要点头示意并道别"您慢走""欢迎您再来""再见"，并目送顾客离店。这个阶段是柜台销售礼仪中不可轻视的一环，不能因完成了商品的销售任务而在顾客临走时失去应有的礼貌，更不能因为顾客没购买商品而发牢骚、生气。特别是下班前的告别服务，切不可提前关灯、挂帘、理货、对账、撵客，营业员必须礼貌送客，使礼貌服务贯彻于柜台销售的始终。

四、超级市场营业员的礼仪

超级市场也称自选商场，即采用开架售货方式的商场。超级市场已成为我国零售商业的主要经营形式，其经营特点是：只有货架，不设柜台，营业员、商品、顾客在同一个空间，消除了顾客与营业员之间的柜台障碍，顾客可自由选择商品，也免去营业员频繁递拿商品的辛苦，提高了劳动效率。营业员的工作主要是向顾客介绍商品，指导顾客选购，随时补充商品，为顾客结算、收款等。不能因为在超级市场采用"顾客自我服务"的方式，就放松了营业员的服务要求；相反地，由于不设柜台，营业员和顾客的接触更为直接，距离更为接近，所以在超级市场售货更应注重技巧和礼仪。

（一）行为规范，举止文明

营业员的站姿、走姿、介绍商品时的手势，都应严格训练，力争规范、优美。引导顾客时，走在顾客的左侧上方一步远，介绍商品时动作要规范，不可指指点点、拍拍打打、手舞足蹈。站时不可叉腰、抱肩，或将手伸到裤袋里，应将双手放在腹前，表明随时为顾客服务。工作时间不能抽烟、吃东西。营业员在搬运商品时不可碰撞顾客，不可在顾客群中硬挤，可让顾客先行，或礼貌地请顾客让一下。在超级市场，顾客与营业员之间没有柜台的障碍，但营业员也应自觉注意调整好与顾客的距离。适当的距离是对顾客的尊重，也是一种自尊的表现。

（二）商品摆设，方便美观

超级市场的商品摆设应体现"醒目、美观、方便、高效"的要求。即商品摆设应有立体感，造型讲究美观实用，方便顾客选择。要突出重点推荐商品、新商品的陈列。具体要求是：商品的标签等文字说明要清楚，商品伸手可取、满架摆放、分区定位、符合关联性原则等。顾客要从陈列商品中直接取走商品，要求商品的摆设不能只求艺术不求方便。

（三）注意技巧，尊重顾客

在超级市场，营业员穿梭在顾客中间，为方便顾客辨认，方便企业对营业员的管理和监督，超级市场的营业员一定要统一着装。服务中要文明用语。如"请您把包存在这里""请这边来""先生，请您小心别碰了商品，谢谢您的合作"等。对个别贪图便宜的人，也不要当场"捉拿"，要讲究策略。如有人把商品塞到大衣袋里，营业员看见了，可走到其身边，微笑地说："先生，您要的商品还没包好，当心弄脏您的衣服，我替您装上，您要的商品是×元×角，请到出口处交款，谢谢。"收款时也应唱收唱付，为顾客包装好商品，感谢顾客的光临。

五、商品售后的服务礼仪

商品的售后服务是指在商品出售以后所提供的服务。售后服务既是一种促销手段，也是扩大企业社会影响、树立企业形象的良好方法。售后服务的内容较多，服务人员应该掌握售后服务的技巧和相关礼仪。这里着重介绍退换商品服务和商品维修服务的礼仪。

（一）退换商品服务的礼仪

退换商品服务有利于维护顾客利益、完善企业形象。对企业来讲，退换商品会影响当时的商品销售额，但它有利于维护企业的长远利益，降低顾客的购后风险，能吸引更多的顾客，最终会扩大商品销售量。当顾客提出退换商品时，营业员不能买退两张脸，一定要用商业服务礼仪来规范自己的言行，为要求退换商品的顾客提供优质服务。

营业员首先要明确告诉顾客能否退换。如果按规定不能退换时，要表示歉意并说明理由。如："请您原谅，按规定这件商品不能退换。我们只能给您修理一下，请谅解。"决不能态度蛮横，"不行""不能退换""商品售出，概不负责"等语言坚决不能使用。对于能够退换的商品，营业员应说："请您将购物发票让我看一下，哦，您购买的商品正好在有效期内，可以退换。请您稍等，我马上给您办""很抱歉，由于我们工作的失误给您带来了不便""对不起，又让您跑一趟，您是退呢，还是换一件？""请您稍候，我尽快给您办"等。在服务过程中，根据顾客退换的情况，营业员适时地以建议性的口吻介绍商品。如果顾客表示换一件，则营业员应按接待顾客的礼仪要求来提供服务。

点滴感悟

退换商品

李梅在商场买了一件衣服，回到家之后发现衣服的后面有跳线的地方，于是拿回来调换，但是售货员坚持说是顾客自己弄坏的，不予调换。事实上，这件衣服本来就存在跳线的瑕疵，但是营业员以次充好卖给顾客。

启示：营业员应该真诚对待顾客，如实介绍商品，对于顾客合理的退换要求必须满足。

（二）商品维修服务的礼仪

商品售后维修服务是现代商业服务的一个显著特点。特别是随着技术密集型商品的不断增加，售后服务也就成为竞争的一个重要手段，如家电商品价值高、易出故障，因而顾客在购买时非常关心商品维修是否方便、及时。为打消顾客的顾虑，企业应为顾客提供既迅速又优质的维修服务或条件，让顾客买得放心。

营业员在售货时，应耐心地介绍商品维修网点、维修项目、联系电话、需办理的各种手续（如保修卡）等。

维修部在接到联络维修的电话或当面接待顾客时，应详细询问商品出现的故障情况及原因，了解顾客的使用方法。如属使用方法不当或不会调试出现的问题应当场给予指导，减少顾客来回运送商品的辛苦，也减少顾客维修费用的支出，使顾客感到企业能急顾客之所急。如需上门维修，应按约定的时间及时上门服务，不可迟到，更不能失约。在维修场所，服务人员要彬彬有礼。

 任务实施

李梅的商场服务礼仪如下。

第一项　整理仪容、仪表

李梅每天早早起床，把自己收拾妥当，化好淡妆，穿上工作服，力求衣着打扮端正得体，让每一位来这里购买的顾客都有一个好心情。

第二项　为顾客导购

每天李梅都以饱满的精神状态迎接顾客，落落大方的举止、温文尔雅的声音，对每一位到来的顾客她都会亲切地问候"您好！欢迎光临""您需要看什么商品吗"。她不厌其烦地向顾客一遍遍介绍商品，真诚地提供参考意见，即使顾客最后没有购买，她也没有一丝不快。在接待正在购买商品的第一位顾客时，李梅主动向第二位顾客询问购买意向，同时向第三位顾客打招呼以示热情。对其他顾客则微微点头示意，每换一名顾客时，她都会礼貌地致歉："对不起，让您久等了。"

第三项　送别顾客

当商品成交时，李梅会根据不同的商品为顾客采取不同的包装方法，或替顾客将商品平稳装入包装袋，而且都能做到迅速、合理、美观、牢固。当得知有的商品是送给别人的礼物时，她还会亲自扎一些特别漂亮的礼物包装。对待每一位离开的顾客，她都会亲自送客并说"欢迎您再来"。

第四项　退换货

当有顾客发现自己已经购买的商品有问题，或者是不喜欢的时候，她都会在不影响销售的前提下，最大程度满足顾客退换的要求，而且态度温和，没有一丝怨言。即使有的顾客购物时犹豫不决，她也不厌其烦地一遍遍满足顾客的要求。

任务 5.2　宾馆服务礼仪

【任务布置】

牡丹江夏威夷国际大酒店是牡丹江地区第一家五星级酒店，是由黑龙江江达集团投资，并按国际星级标准兴建的融客房、餐饮、康体与商务为一体的智能化商务酒店。酒店地处牡丹江市繁华的商业中心地段，交通便利，商贾云集。夏威夷国际大酒店全体员工也以诚信经营、创新务实、精品建店、宾客留念的发展思路而著称。该酒店将接待应牡丹江市政府邀请的来自全国各地知名企业家商务考察团一行 20 人，酒店各个部门的人员都做好了充分的准备，以饱满的热情迎接考察团一行。

（1）拟订接待计划。
（2）前厅、客房、餐厅、会议室等部门就具体事宜做好安排。

【知识要点】

宾馆是为过往旅客提供住宿、餐饮、娱乐、会议等多种服务的场所。宾馆服务具有综合性的特点，其部门划分和岗位设置也充分体现了多项目、多层次服务的特点。宾馆主要的业务部门有前厅部、客房部、餐饮部、康乐部、商场部等，明确各部门的岗位职责是提高服务质量的首要问题，掌握宾馆服务礼仪是提高其服务质量的重要因素。

一、前厅服务礼仪

前厅，又称大堂，是宾馆服务的起点和终点。

前厅部是整个宾馆业务活动的中心，是宾馆服务的代表机构，也是宾馆的信息中心，是进行宾馆业务内外联系的综合性部门。前厅部的服务质量及管理水平是宾馆总体质量和水平的反映，其工作贯穿于宾客与宾馆接触及交易往来的全过程。因此，前厅服务人员要自觉遵循礼仪规范，主动、热情、高效地为宾客服务。

（一）迎宾服务礼仪

迎宾员又称门童，主要工作是迎送宾客，完成礼仪服务和接待服务。

1. 仪表仪态的礼仪规范

迎宾员的仪表要求是：五官端正，面带笑容；站姿挺直肃立，即两眼平视，下颌微收，挺胸、收腹，两腿并拢，脚跟相靠，两脚成 60 度，两臂自然下垂，中指靠近裤缝或在体前交叉。双手交叉时要求男性左手放在右手上，女性右手放在左手上；走姿要自然、稳重、雄健；着装大方干净；男性不留胡子，女性要化淡妆；头发整齐，无头屑。

迎宾员一般要穿着整齐笔挺的套装工作服。男性的裤子不要穿得太瘦和上提得太紧，黑皮鞋配深色袜子。女性的裙子不能太紧贴身体，衬裙不能外露，裙长应达到膝盖以下，袜子和裙子、皮鞋的颜色要协调。领带、领结要系正，佩戴服务标志卡，不能戴耳环、手镯、项链、戒指等首饰。

2. 迎接服务的礼仪规范

客人到来时主动开启大门，并出示手势请客人进入，同时说："您好！欢迎光临"。对常住客人应该说："您好！请进"。当客人进门时带有太多、过重的物品时，在征得客人同意后上前帮忙。当客人来往过多、携带物品也多时，应立即通知其他迎宾员帮忙。迎宾员要环视宾客和车辆出入的地方，凡是事先约好的客人，在将至时刻一定要作好迎接准备。客人在离开宾馆时，主动开启大门，同时向客人挥手说："欢迎再来""再见"。

递接物品

3. 接待服务的礼仪规范

当前来投宿或办事的车辆停留在门前，迎宾员一定要主动上前开启车门，开车门时，先开右边门并用手挡住车门上框，迎接客人下车；对年老的宾客、女士应主动相扶；雨天要主动为客人撑伞。在引领客人时，服务人员要走在客人一至二步远的左前方。走到拐角处，应回头向客人点头示意，并用手指示方向说："请这边走"。乘电梯时，服务人员应主动上前叫电梯，电梯门打开后，请客人先上，并主动询问客人要去的楼层。引领客人到达楼层服务台时，向楼层服务人员说明客人要住的房间，和楼层服务员一起将客人引领到投宿的房间门前。当楼层服务员打开房门后，再帮助楼层服务员将客人引领进房间，并将客人行李送到房间，经客人同意后放到客人指定的位置。如客人无事，即可后退两步，向客人道别："请您休息，再见！"然后转身走出客房，轻轻地关上门。

客人要离开宾馆时，迎宾员应到客人投宿的房间门前，右手微握掌，用中指骨节轻敲门三下，并说："我可以进来吗？"经允许后再进入房间，向客人致意："您好！打扰您了。我是来为您提送行李的，请您吩咐。"

点滴感悟

敬语缘何招致不悦

一天中午，一位住在某饭店的国外客人到饭店餐厅去吃饭，走出电梯时，站在电梯口的一位女服务员很有礼貌地向客人点点头，并且用英语说："先生，您好！"客人微笑地回道："你好，小姐。"当客人走进餐厅后，引位员说出同样的一句话："您好，先生。"那位客人微笑着点了一下头，没有开口。客人吃好午饭后，到饭店的庭院中去散步，当走出内大门时，一位男服务员又是同样的一句话"您好，先生。"

这时客人下意识地只是点了一下头了事。等到客人重新走进内大门时，迎宾的仍然是那名男服务员仍是同一句话"您好，先生。"客人实在不高兴了，装作没有听见的样子，皱起了眉头，而这位男服务员却丈二和尚摸不着头脑。当这位客人在离店时，写给饭店总经理的一封投诉信内写道："……我真不明白你们饭店是怎样培训员工的？在短短的中午时间内，我遇到的几位服务员竟千篇一律地简单重复一句话'您好，先生'，难道不会使用其他的语句吗？"

启示：迎宾员应该记住客人，每次用不同的打招呼方式，让顾客感觉亲切。

（资料来源：http://blog.tianya.cn/blogger/post_show.asp?BlogID=261657&PostID=8318578）

（二）总台服务礼仪

总台一般设在大厅正对大门口的醒目位置，是整个宾馆的中枢，起着对内协调，对外联络的重要作用。总台服务人员接触面广，事物性工作很多，礼仪要求表现在以下几个方面。

1. 仪表仪态的礼仪规范

总台服务人员的仪表仪态要端庄整洁，统一着装。服装要清洁，注意上衣纽扣齐全并全部扣上，口袋内不装物品，标志牌佩戴在左胸部的上方。保持面部和口腔的卫生，举止自然大方。站立服务，站姿要标准，不得弯腰躬背或双脚交叉站立。在同客人交谈时，手勿叉腰或插入口袋，不能指手画脚、摇头晃脑、不吸烟、不做私事。需坐下为客人提供服务时，要注意坐姿。对客人的到来表示欢迎和问候，但不要先伸手与客人握手；如果客人先伸手，则应礼貌地与客人握手。

2. 业务工作规范

服务人员应业务熟练，工作有序，讲求效率，节省客人时间。

接待客人投宿要热情。客人抵达时，要主动打招呼表示欢迎，态度和蔼可亲。为客人办理投宿手续时，要全神贯注、认真负责。登记的姓名、住址等要字迹清楚，准确无误，登记完后要与客人进行核对。

如果同时接待多位投宿的宾客，一定要一视同仁，按先来后到的顺序办理，做到忙而不乱，快速、稳妥、准确、礼貌、周到。要谨慎小心处理疑难问题，耐心倾听客人意见，把握好自己的情绪。要主动与前来问询的顾客打招呼，做到有问必答，回答准确，以获得客人的信任。在回答宾客所提问题时，目光注视客人，语气轻柔，对一时回答不上来的问题，不要回答宾客"不知道"或"不清楚"之类的话，也不能用"也许""大概""可能"之类的语言，而是要表示歉意"对不起，请稍等，我帮您查问一下后再回答您"。

在办理宾客的住宿手续时，应主动介绍旅馆内房间的情况，如规格、价格、设备、条件等，请客人自己挑选自己所需要的理想房间。对有特殊要求或重点照顾的客人进入客房后，总台要打电话询问："您对这个房间满意吗？您还有什么要求吗？"

客人结账时，要先致以问候："您好！您要退房吗？"结账时要唱收唱付。当客人当面点清账款后，对客人协助办理手续要表示谢意："谢谢您的合作"或者说"谢谢您的帮助"，最后要说"欢迎您再次光临"。

二、客房服务礼仪

客房服务人员要承担宾客的大部分日常生活服务，其服务质量最能体现出宾馆的服务水平和管理水平。服务人员的服务态度，礼貌、礼仪是评价其服务质量的重要因素，因此，客房服务人员必须掌握客房服务礼仪规范。

客人办好住宿手续后，对客人的服务工作主要由楼层的服务人员承担。楼层服务人员除了必须具备其他服务人员的态度、仪容仪表、服饰等要求外，还必须在自己的岗位上体现下列服务规范。

客房服务的基本规范和技巧概括为："八字"工作法、"五个服务"及"五声""十七字"等。

（1）"八字"工作法是从客人进店到离店，要求服务人员做到迎、问、勤、洁、灵、静、听、送：

迎——客人到达要以礼当先，热情迎客；
问——见到客人要主动打招呼；
勤——服务人员在工作中要勤快，做到手勤、眼勤、嘴勤、腿勤；
洁——房间要保持清洁，勤整理，茶具要消毒，保证客人身体健康；
灵——办事认真，机动灵活，眼观六路，耳听八方，应变能力强；
静——工作中要做到说话声音轻、走路声音轻、操作声音轻，保持楼层安静；
听——工作中要听客人的意见，不断改进服务工作；
送——客人离店送行，表示祝愿，欢迎再次光临。

(2)"五个服务"包括主动服务、站立服务、微笑服务、敬语服务、灵活服务。

(3)"五声"是指客人来店有迎声、客人离店有告别声、客人表扬有致谢声、工作不足有道歉声、客人欠安有慰问声。

(4)"十七字"是指"请""您好""谢谢""不用客气""请原谅""没关系""再见"。

客房服务的具体要求如下。

(一) 迎客

在迎宾员引领下，客人到达所住楼层时，服务员应面带微笑，主动迎上前去，热情招呼并帮助客人提行李等物品。然后在客人左前两步引领至房间门口，侧身站立，轻轻打开房门。房门打开后说声"请"或者"请进"，并指示客人所住的床位。同时，经客人同意将行李放好；客人如穿有大衣，可帮其脱下并挂好。客人带有鲜花，要代为插在花瓶或放在化妆台、客桌上。随后给客人送上香巾、茶水，微笑着说声："您一路辛苦了，请用香巾，请用茶"等礼貌用语。

客人整理完毕准备休息的间隙，服务员要向客人自我介绍："我是××楼层服务员，愿为您服务，如果有什么事情要我帮助办理请到服务台找我，或拨打电话×××"。也可向客人简单介绍本宾馆的概况、服务设施，或告诉客人城市的主要街道和乘车路线。当客人不需要帮助时，服务员便可退出房间。离开房间时应先后退两步，再转身走出，并把门轻轻关上。整个动作要轻松、优美、自然、大方。

(二) 待客

不经允许不可进入宾客房间。服务员进入客人房间前，要用中指骨轻轻敲门，并说："可以进来吗？"当客人允许后再轻声推门。进门时要大方、自然，不可推开一条门缝，探头探脑往里看；更不能一脚门里一脚门外就讲话，有要紧事也要走进门里说。如果遇到电话找人，敲门后可在门外说："××先生，您的电话"。

服务员进入客人的房间，无论客人是否在房间，都不要立即关严房门，通常是半开或全开。如果客人房门挂着"请勿打扰"的牌子，无特别紧急的事，就不要打搅。

客人在居住期间，服务员在早上一般要送上一杯茶水，并说："早上好，请用茶"。客人外出归来或在房间会客，要做到送茶、斟茶和递香巾，并说："您辛苦了，请用茶，您有什么事情要我帮忙吗？"服务员平时在楼梯或门前碰到客人，要主动和客人打招呼，使用"您好""辛苦了"等问候语并让客人先行，决不能低头而过。服务员在楼道行走时，要注意仪态、走姿，不可并肩行走，更不许搭肩说笑、打闹嬉戏。

> **点滴感悟**
>
> ### 勤劳的服务员
>
> 新华酒店是某地一家四星级宾馆,每天有不同身份的客人入住这里,酒店要求房间必须及时打扫,服务员小邓每天都认真打扫。一个周末,他敲1003房间客人的门,准备打扫,敲了几次没人响应,于是他拿钥匙打开了客人的房门,碰见客房内客人还没起床,场面很尴尬。
>
> 启示:服务员应该在确认房间没人的情况下才可以打扫,客人没有要求则不能进房,要避免出现令人尴尬的局面或引起客人的不快。

(三) 整理房间

服务员整理房间要根据客人早、中、晚休息和活动的规律特点,尽量不打扰客人的休息或睡眠。例如,上午要尽量利用客人外出的时间进行,下午和晚上可利用客人用餐的时间进行。服务员进入客人的房间时,必须轻声敲门。打扫卫生时,房门要打开,房内的东西如果在清扫期间挪动了,清扫完后一定要放回原处。不要随便翻动客人的物品,更不可自作主张把客人的信件、字条、报纸等视为杂物当作垃圾处理。清扫动作要快捷、熟练,最好不要出现响声。房间卫生整理好后,若客人在房间内,则说"对不起,打搅了"或"请原谅,打搅了,您还有什么事情吩咐吗";若客人不在房内,则出门后要轻轻把门锁好。

整理完房间后,服务员要将清扫工具及客房换下来的物件和垃圾及时带走。整理客房时,要注意保护客人的财物安全。

(四) 代买代办

客人如在住宿期间,请服务员帮助打听人、问路,帮助代买商品、发快递,提供叫醒服务、代办洗熨衣服,服务人员要热情接受并尽心去完成。将办理的结果及时告诉客人,做到言而有信。如果客人提出的要求自己无力、无时间去办,应说:"对不起,我实在无能为力"或者"很抱歉,我没有时间帮您"。

三、餐厅服务礼仪

餐厅服务礼仪是餐厅服务质量、服务态度的直接表现,主要由领台、值台、账台、走菜、厨台等服务礼仪构成。

(一) 仪表、仪容、仪态要求

1. 仪表

餐厅服务人员工作时间应穿规定的制服。衣服要整齐笔挺,没有油渍、异味。要经常换洗衣服,保持衣服的袖口、领口和腰部的清洁,衣服的扣子要齐全,颜色要一致。衬衣或衣服的衬里不能外露,不可挽袖子卷裤筒,要佩戴服务标志卡。男服务员以黑色皮鞋为宜,女服务员以黑色、棕色皮鞋为宜,系好鞋带并保持皮鞋的光亮。

2. 仪容

男服务员不能留大鬓角,后面的头发不能长到衣领,不留胡须,常修面。女服务员的头发不能长到披肩,不用带刺激香味的发乳;不留长指甲,不涂猩红的指甲油,不使用香水和浓味的化妆品,化妆要淡而高雅;上班不要佩戴项链、手链、戒指、耳环、胸花及其他饰物,并保持良好的个人卫生。

3. 仪态

站姿要挺拔，坐姿要端正，给宾客以美的印象。步态轻盈、稳健，一般必须靠右行，不能走中间，不可跑步，不可与客人抢道。

服务人员与客人谈话时，手势不宜过多，动作不宜过大。在引路、指示方向时应注意手势要规范，同时注意手势应用和面部表情及身体各部分的配合要和谐。

餐厅的服务接待人员要热情适度，耐心周到，对宾客的态度反应敏感，能耐心、虚心听取宾客的意见，遇到事情冷静、沉着，表情含蓄，动作大方。

（二）领台服务人员礼仪

领台服务人员包括门卫礼仪人员和引领服务人员。

领台服务人员要熟悉本店的概况和当天预约的客人状况，并作好仪容、仪表和精神准备，站在餐厅门口两侧或餐厅内便于环顾四周的位置，等待迎接客人。

客人到来时要热情迎接，主动问候"您好""欢迎光临""欢迎用餐"，或"早上好""晚上好"等用语。若来宾是多位，应先向主宾或走在前面的客人问候，然后再向其他宾客或走在后面的客人问候，不能只问候前面的客人，冷落后面的客人。有女宾时，应先向女宾问候，再向男宾问候。在引领客人时，应问清客人是否预约、有几位，然后把客人引领到适当座位，并请客人入座。要注意安排好客人就座的位置，一般主宾和女宾要安排在餐桌的上座。如果来宾是夫妇或青年男女，则应引领到餐厅内环境比较幽雅、安静的位置入座。宾客就餐完毕离开时，应及时提醒不要忘记随身所带的物品，要礼貌地说："欢迎您再次光临，再见！"并目送宾客离开。

（三）值台服务人员礼仪

值台服务人员的服务礼仪，主要包括开茶、点菜、斟酒、倒茶、派菜、分菜时所涉及的服务礼仪。

客人被引领到餐桌前，值台服务人员应立即迎上去向客人问候："您好！请坐。"并给客人拉椅让座，递上香巾。递香巾的规范是：可双手捏住香巾递到客人面前，也可用不锈钢夹从托盘内夹递给客人。对于点饮料的客人，每人一瓶或一罐，放在客人的右侧，然后服务人员站在客人的右侧打开饮料瓶盖。打开瓶盖后，右手握瓶，露出饮料的商标，左手托瓶子上端，将饮料徐徐倒入饮料杯中，饮料不宜倒得太满，也不可倒得太快，倒好后将饮料杯放在客人右手附近。拉开易拉罐时，一定不要将罐口对着客人。如果客人没点饮料，一定要奉茶，茶杯放在托盘上，轻轻地放在桌上，并把茶杯把转向客人右手方向。

客人如果没有事先点菜，值台服务人员一定要站在主宾客人的座位左侧，躬身双手将菜谱递上，说声："请点菜"，也可向客人介绍："××菜是这里的主打菜，由××厨师主灶，菜的特点是……"菜谱一般先递给主宾、女宾或长者。客人点好的菜名应准确迅速地记在菜单上，一式两份，一份送给厨台值班，一份送给账台结账。

快开席时，值台服务人员应将主宾、主人的口布从水杯内取出，递给他们围上，从第一道菜开始，值台服务员应为客人斟上第一杯酒。斟酒、分菜的顺序为：男主宾、女主宾，从正主位左侧开始，按顺时针方向逐位斟酒，最后斟主位。当主人和主宾祝酒、讲话时，服务员应停止一切活动，精神饱满地站在适当位置，待其讲话完毕再斟酒。斟酒的顺序是，先斟烈性酒，而后是果酒、啤酒、汽水、饮料。斟酒时，一般右手拿酒瓶，左手拿杯慢慢倒入。特别是啤酒的倒入，开始倒进要把瓶口放在杯的正中央快点倒入，啤酒一面倒入杯内，一面把瓶口慢慢移向杯边。倒的速度要由快变慢，以防啤酒的泡沫上升溢杯。倒啤酒时一般以七八成液体加二三成泡沫为好。

在斟酒、分菜、上菜时值台服务人员应准备一块干净的餐巾，以备擦酒滴、饮料滴之用，此餐巾不可擦自己的手。

（四）账台服务人员礼仪

账台服务人员礼仪主要包括收款、结账、转账时的礼仪。

当值台服务员将客人用餐的细目送到账台后，要准确、迅速地将各种菜、酒、主食等单价标上，并计算好用款总数。在客人用毕主餐饮茶时，由值台服务员（或账台服务员）用托盘将账单正面朝下送到客人面前，应站在负责结账客人的左侧，并轻声说："这是您用餐的结账单，一共是××元，请过目。"然后，用钱夹把钱放在托盘将款送回账台，并把找回的余款再次送到结账客人面前，并说："您给我××元，就餐共用××元，找回××元，请您核准。"在唱收唱付时，说话声音不要太高，但语气一定要柔、雅，吐字一定要清晰，略带微笑，上身略向前躬并致谢。客人要直接到账台结账时，应客气地告诉客人账台在什么地方，听其自便。

结账时如客人需转账，一定请结账客人填写账号，并签字。用信用卡的宾客前来账台，应热情地按银行规定收付并致谢。总之，等宾客结好账后，一定要有"谢谢您的光临，欢迎您下次再来""谢谢，下次就餐再见"等敬语致谢送客。

账台服务员一般应端坐在账台内，不可将腿、脚抬上账台，不在账台内吃食物。坐姿要娴雅自如，面带微笑。

点滴感悟

如此服务

宾馆气派豪华、灯红酒绿的中餐厅，客人熙熙攘攘，服务员在餐桌之间穿梭忙碌。一群客人走进餐厅，引位员立即上前，把客人引到一张空桌前，让客人各自入座，正好十位坐满一桌。

服务员小李及时上前给客人一一奉茶，客人中一位像是主人的先生拿起一份菜单仔细翻阅起来。小李上完茶后，便站在这位先生的旁边，一手拿小本子，一手握支笔，面含微笑地静静地等待先生点菜。这位先生先点了几个冷盘，接着犹豫起来，似乎不知点哪道菜好，停顿了一下，便转向小李说："你好，请问你们这儿有些什么海鲜菜肴？""这……"小李一时有点回答不上来，"这就很难说了，本餐厅海鲜菜肴品种档次各有不同，价格也不同，再说不同的客人口味也各不相同，所以很难说哪个海鲜菜肴特别好。反正菜单上都有，您还是看菜单自己点吧。"小李的一席话说得似乎头头是理，但那位点菜的先生听了不免有点失望，只得应了一句："好吧，我自己来点。"于是，他随便点了几个海鲜和其他一些菜肴。当客人点完菜肴后，小李又问道："请问先生要什么酒水和饮料？"客人答道："一人来一罐青岛啤酒吧。"接着客人又问："饮料有哪些品种？"小李一下子来了灵感，忙说道："本餐厅最近进了一批法国高档矿泉水，有不冒气的 eviau 和 perrier 和冒气的 perrier 两种。""矿泉水？"客人听了感到意外，看来矿泉水不在他考虑的饮料范围内。"先生，这可是全世界最有名的矿泉水呢。"主人一听，觉得不能在朋友面前丢了面子，便问了一句："那么哪种更好呢？""那当然是冒气的矿泉水好了！"小李越说越来劲。"那就来10瓶冒气的法国矿泉水吧。"主人无可选择地接受了小李的推销。

服务员将啤酒、矿泉水打开，冷盘、菜肴、点心纷纷上来，客人们在主人的盛情下美餐一顿……

最后，当主人结账时一看账单，不觉大吃一惊，原来一千四百多元的账单中，10瓶矿泉水竟占了350元。这位先生忍不住嘟囔一句："矿泉水这么贵呀！""那是世界上最好的法国名牌矿泉水，卖35元一瓶，是因为进价就要18元呢。"收银员解释说，"原来如此，不过刚才服务员可没告诉我价格呀。"主人显然很不满意，付完账后便很快同其他客人离去了。

启示：小李对菜品不熟悉，无法给予顾客建议，并且推荐了主人并不太喜欢的矿泉水招致客人的不满。

（资料来源：http://blog.tianya.cn/blogger/post_show.asp?BlogID=261657&PostID=8318578）

（五）走菜服务人员礼仪

走菜主要指端菜、上菜和撤换餐具。客人点好菜，一般在十分钟内把凉菜送上台，二十分钟内把热菜送上台。上菜要快，特别是午餐，不能拖太长时间。热菜上得差不多时，视客人喝酒的状况，送上主食，主食由服务员用右手放在客人左侧。最后一道菜是汤，饭后奉茶。奉茶时动作要轻稳，看准方向摆平放稳，不可碰倒酒杯餐具等。如果餐具落地，则必须更换。如果客人吸烟，则应将烟灰缸送到客人执烟的手侧餐桌上。上菜要讲究艺术，要根据菜的不同颜色摆成协调的图案，凡象形冷盘（如凤凰、蝴蝶、孔雀等）及整鸡、鸭、鱼的头部要朝主位。服务员每上一道菜，应后退一步待站稳后报上菜名："这道菜叫××，口味特点是××，请品尝"。

端茶不可用手直接端拿，一定要用托盘，不允许大拇指按住盘边或插入盘内。端茶的姿势规范是：用五指和手掌托起，托盘不过耳，也不能太低，托盘边太靠近耳朵及头发不雅，必要时可用另一手扶着托盘。端茶时走姿要优美稳健，步频要快、步幅要小。

撤换较空的餐盘时需征得客人的同意。撤换时要小心，不能碰倒其他新上的菜、汤。撤换的餐具一般要从客人的右侧平端出去，以防剩下的菜汁油汤滴在客人身上。客人用餐后撤换餐具，一定要等客人离开餐桌方可进行，不要形成催促驱逐客人的印象。客人离开餐桌后，在整理餐桌、倒残羹剩饭、换台布时，动作一定要轻、慢、文雅，不可影响其他餐桌的客人用餐。

（六）厨台服务人员礼仪

厨台服务人员应力求工作场地（地面、墙壁、厨台、案板等）和烹制工具（砧板、刀、盆等）清洁、整齐、美观。厨台服务人员上岗前要整装、梳理头发和整理面容后戴上工作帽，穿上白工作服或系上围裙，工作服和围裙应整洁，不能穿拖鞋操作。上岗时，应先洗手，所有的主副原料均应洗摘干净。操作时，动作要得体、大方，不要用工作服或围裙擦脸、擦汗，打喷嚏、擦鼻涕一定要远离操作场地，不许抽烟，更不能叼烟操作。

当客人要面见某厨师时，厨师应先洗手并擦干，尔后大方、谦虚地和客人见面，并说"您好""过奖了""请提宝贵意见""欢迎光临"等敬语。

四、康乐服务礼仪

康乐部是高级星级宾馆为宾客提供咖啡、酒精饮料、健身、桑拿、卡拉OK、棋牌桌球、游泳、网球运动、美容等多功能娱乐的场所，即所谓的"住食行游购娱"一条龙服务。一般可分为三大类：运动类、娱乐类、美容健美类，在服务内容上各有特色，下面只两个方面。

（一）酒吧服务礼仪

酒吧服务礼仪是客人聚集的地方，一般夜间兴隆，人们工作了一天到酒吧消闲，以酒会友，缓和紧张的生活，酒吧常伴有轻松愉快的音乐节奏。服务人员对来到酒吧的客人要笑脸相迎，诚挚致意。然后将客人引领到合适的席位间，并先请女士入座。把酒单、菜单从客人右边递给客人。服务员可以将当日的特色菜或介绍给客人，将客人点的酒、菜及时记录。然后复述一遍，当客人无异议时，请客人稍等。随即把客人所点的所有酒、饮料、食品、菜等及时从客人右侧送上。

服务员必须掌握斟酒技能。根据不同酒的浓度选择好酒具，斟酒时站在男主人右手一侧，右腿伸入两椅间的空档，身体稍侧，把酒的商标显示给客人，从主人旁的女宾开始，没有女宾的则从正主位左侧开始，按顺时针方向逐位斟酒，最后是主人。每杯酒只斟到杯子的三分之二即可。斟香槟酒、啤酒要讲究技巧。开酒时不可用力摇晃酒樽，应把酒樽摆向客人的一边反方向和客人成45度角，用工作巾把酒樽包好，拿掉安全线，拿在手中，轻轻把瓶塞向上推，以防酒溅出瓶子。

如果客人来之前就已醉酒，要劝其不进入营业厅；如果客人是在营业厅内醉酒并有不礼貌的言行，服务员不可同客人争吵或怠慢，要及时请求领导或主管处理。客人因醉酒提出无理要求，服务员要婉言谢绝，不可用无礼的词语相驳，以免把事闹大。停止营业时，醉酒者若无明显缓解，值班经理要安排几个服务员留下来看候，如果醉酒者酒醒或有所缓解，可让服务员送客人回家或送回投宿处。对常客或经常醉酒的客人，进酒时，要巧妙地提醒客人，以防醉酒。

服务人员还应注意自己的一言一行，切忌娇声娇气、挤眉弄眼、抓耳挠腮、叉腰板脸、嬉皮笑脸、不分宾主。

（二）歌厅、卡拉OK厅服务礼仪

为满足人们休闲和娱乐的需要，宾馆设立了歌厅、卡拉OK厅。其服务礼仪规范介绍如下。

客人到来时，服务员要热情接待，并根据客人的特点和需要，将客人引领到适当的位置上。如果是一对夫妇或情侣，最好把他们引领到幽雅、安静的地方；如果是一群年轻人，可安排他们坐到大厅中间。客人所持入场券若包括酒水和食品，应在客人就座后迅速将酒水、食品送到客人桌上；若不包括酒水、食品，则应礼貌地征求客人意见，然后将客人所点酒水、食品送到。服务过程中要随时注意客人是否需要添加食品、饮料。

服务员要细心体察宾客的情绪。对心境不佳、情绪不好的客人，不要让他们只顾喝酒，可向他们介绍歌手的拿手歌曲和演唱风格，或介绍一些激情洋溢的歌曲劝其点歌自唱。

服务员应根据不同年龄、地区、民族的客人介绍歌手和歌曲，还应根据个人喜好和嗓音条件介绍歌曲。比如，向成双成对的男女介绍二重唱歌曲，向年轻人介绍流行歌曲，向老年人应介绍一些他们年轻时的歌曲。对初唱者，应介绍一些他们熟悉的歌曲，以免跟不上节奏。要懂得音乐知识和演唱卡拉 OK 的基本技巧，以便解答客人的咨询和给予帮助，如嗓音低沉的宾客可帮其选择中音或低音歌曲。

服务员还应注意及时收走宾客所点歌单，迅速送交主持人或操作员。还应根据每晚客人的喜爱程度、点歌率高低编排节目，尽量满足客人要求。

五、商场部服务礼仪

商场部是专门向住店宾客和其他顾客提供商品和相应服务的部门，是宾馆达到国际星级宾馆标准的重要组成部分。其主要职责是：美化购物环境，向宾客提供日用品、旅游纪念品、其他旅游商品，主动、热情、耐心、周到、真诚、亲切地为宾客提供优质便利服务是商场服务部服务员的职责。商场部服务礼仪要求与任务 5.1 相同。

针对全国各地知名企业家商务考察团一行 20 人，牡丹江夏威夷国际大酒店进行了细致安排。

第一项　日程安排计划

10 月 20 日 9 点　全国各地知名企业家商务考察团一行 20 人到达饭店，做好接待；
10 月 20 日 9 点—11 点　办理好入住手续，帮忙拿行李，协助客人进房；
10 月 20 日 11 点 30 分　中餐厅用餐，准备好午餐；
10 月 20 日 13 点 20 分　会议室商讨会议；
10 月 20 日 17 点　西餐厅用晚餐；
10 月 20 日 18 点　康乐部娱乐互动，结束第一天日程；
10 月 21 日 8 点 30 分　继续会议；
10 月 21 日 13 点　观赏精彩演出；
10 月 21 日 17 点　晚餐之后休息；
10 月 22 日 8 点　早餐后办理退房手续，送客人离开。

第二项　前厅部接待

牡丹江夏威夷国际大酒店规定，要对来宾热情款待，要求门童、行李员、总台接待员、电梯员在接待客人的工作中，尽职尽责讲究礼貌。行李员接过客人们的行李，为其提进客房，同时向大家打招呼"欢迎光临"。

第三项　客房部接待

牡丹江夏威夷国际大酒店要求所有服务员仪态端庄，当企业家商务考察团到酒店的时候，服务员都要面带微笑，热情招呼每名入住的客人，并帮助客人提行李等物品。酒店为每层都配备了 10 名客房服务员，在第一时间答复客人的问题并且解决问题，每位客房服务员都要向客人自我介绍，如："我是 10 楼层服务员，愿为您服务，如果有什么事情要我帮助办理请到服务台找我，或拨打电话 8900"。

第四项　餐饮部接待

牡丹江夏威夷国际大酒店海鲜城餐厅、广式茶餐厅、日本料理等各式餐厅同时可容纳 1500 人就餐，其中，海鲜城餐厅可接待 400 人以上的大型宴会、酒会，名厨主理，细致服务。根据考察团客人来源地特点，做好午餐和晚餐安排。

第五项 会议厅安排

牡丹江夏威夷国际大酒店配备先进的现代会议设施，拥有 6 间大中小型会议室、商务中心、行政酒廊。大型会议室可同时容纳 300 人以上，中小型会议室风格各异装饰豪华，适合举办各类型会议；容纳 150 余人的多功能厅可根据客人需求摆放各种台型。根据本次会议规模，安排在中型会议室。

任务 5.3　导游服务礼仪

【任务布置】

从桂林出发到牡丹江旅游的桂林恒通公司员工一行游客 20 人，将于 2015 年 7 月 15 日上午 8 点 30 分乘坐 K105 次列车到达牡丹江火车站，行程 2 天，中国国际旅行社牡丹江分社负责接待。其中，男游客 14 人，女游客 6 人，游客负责人兼领队是恒通公司经理李强，中国国际旅行社牡丹江分社接到任务后，委派导游员李楠负责准备和接待。

（1）制订行程接待计划。

（2）落实行程中的准备、迎接、入住、游览、餐饮、购物、送站等各项安排事宜。

【知识要点】

在带团旅游时，导游员的工作范围广泛，头绪纷繁，而各种各样的游客又有着千差万别的旅游动机、兴趣爱好、要求意见，加上游览时不同的时空条件和游客的情绪使得导游工作更加复杂，也更加具有挑战性。导游服务主要由导游员来承担和实施，导游服务的质量可以通过导游员在旅游服务中的语言艺术、文化修养、广博的知识、敏锐的观察能力、灵活的应变能力、独立的工作能力以及职业道德、礼貌修养、服务技能和态度等方面得到体现。导游服务礼仪是指导游在接待游客服务工作中应遵守的行为规范，具体是指导游在从接团开始至送团结束的一次完整的礼貌服务过程中的各环节。它包括从准备迎接游客，将客人迎接至饭店，到带领游客游览景点，为游客进行讲解，与游客进行沟通，为特殊游客提供服务等一系列的行为规范。

一、服务准备

认真核实、掌握旅游团的基本情况，确认迎接工作的每一个细节。国际旅游对导游员有一个 TPO 原则——T 是时间，P 是指地点，O 是指目的。TPO 原则强调导游员都应该认真把握好时间、地点和目的这三个基本情况，包括人数、姓名、性别、年龄、国籍、民族及领队情况等，了解费用标准和住房情况，掌握浏览日程和行程计划，熟悉抵离时间、航班车次、接站地点等信息，万不可粗枝大叶、马马虎虎，以致铸成大错，后悔莫及。导游员还应该及时了解、核实旅游团的行程是否有了新变化、新情况，随时保持与旅行社内勤人员或领队的联系，熟悉景点介绍。旅游团如有专业交流、考察、参观、交谈安排，须认真阅读有关中外相关专业活动资料。全陪还要认真熟悉沿途城市有关历史、地理、风土人情等多方面的情况，地陪要适时核对接待车辆、就餐安排、交通购票、住房等落实情况及接团的物质准备。

二、迎接服务

接站是指导游员去机场、车站、码头迎接旅游团的过程。接站服务在导游服务程序中至关重要，因为这是导游员和游客的第一次直接接触。游客每到一地总有一种新的期待，接站服务是导游员的首次亮相，要给游客留下热情、干练的第一印象，这一阶段的工作直接影响着以后接待工作的质量。导游员要与首站地陪协作配合，共同完成第一站的接待任务，使客人抵达后立即得到热情友好的接待，并有宾至如归的感觉。接待团队，导游员应了解并落实第一站接待工作的详细安排情况，应与领队核实有关情况，如人数、行李和有关要求，协助交接行李。各项服务准时到位，保证旅游者的人身与财产安全，及时有效地处理突发事件，同时组织好娱乐活动，协助安排饮食和休息，努力使旅游者感到充实、轻松、愉快。具体要求如下：

（1）导游员应按规定着装，佩戴导游胸卡、打社旗和持接站牌，至少提前 30 分钟到达机场、车站或码头。

（2）客人抵达后，导游员要主动持接站牌上前迎接，先自我介绍，再确认对方身份，寒暄问候，核对团号、实际抵达人数、名单及特殊要求等。

（3）引导客人乘车要尊重老人和女性，爱护儿童。

（4）导游员协助客人上车就座后，应礼貌地清点人数，注意不要用手指点数，待一切妥当后请司机开车。

（5）在途中应代表组团社或地接社及个人致欢迎辞。致辞应包括热情地欢迎、诚恳地介绍、导游员和司机简介、提供服务的真诚愿望以及预祝旅途愉快等内容。

致欢迎辞是沟通导游与旅游者的第一座桥梁。它体现着导游员的知识水平、风度气质和服务态度等，是赢得良好印象的关键所在，也容易使自己与旅游团各成员的关系变得亲密，使自己处于主动有利的位置。因此，导游员在接团时应认真准备，并根据不同客人的特点（如国籍、年龄、职业、旅游动机等方面的因素），选择不同的欢迎辞模式，但无论采用何种模式，规范的欢迎辞通常应包括以下几项内容。

① 问候。首先向团队客人问候，并代表旅行社向游客表示欢迎。

② 自我介绍。介绍自己的姓名和职务，介绍参加接待人员的姓名和职务。如在旅游车上，还应介绍司机的姓名及其所驾车的牌号。

③ 交代行程计划。简单介绍后面的浏览安排计划，当地风土人情和浏览目的地的基本情况，使游客心中有底。

④ 表明态度。表明自己在日后的行程中愿竭尽全力为客人提供好导游服务的态度，须做到态度真挚、言辞诚恳。

⑤ 祝语。祝愿客人旅途愉快，并希望得到大家的合作、支持和谅解。

⑥ 注意。在导游向游客进行自我介绍时，应该向游客认真展示自己的导游证和 IC 卡。

好的欢迎辞应该给游客留下热情、友好、亲切的感觉，能尽快缩短导游与游客的心理距离。

点滴感悟

导游词示例

各位来宾、各位朋友：

大家好！大家辛苦了！首先让我代表××旅行社，尤其是我们武汉 1000 万人民欢迎各位来我们武汉观光游览，我姓周，是××旅行社的导游，大家可以叫我"周导"，我希望能像我的名一样能为大家提供"周到"的服务；这位是我们的司机刘师傅，今明两天就由刘师傅和我为大家提供服务，我们感到非常荣幸！大家在武汉可以把两颗心交给我们，一颗心——"放心"交给刘师傅，他的车技相当娴熟，大家尽可放心坐他的车；一颗心——"开心"就交给"周导"我好了！一路上大家有什么问题、有什么要求就尽量提出来，我们将尽力满足。最后，希望大家在武汉能玩得开心！吃得满意！住得舒适！谢谢各位！

启示：导游词应该给游客留下热情、友好、亲切的感觉，用最快的速度缩短导游和游客之间的距离。

（6）在抵达饭店的途中，导游员要向客人介绍所住饭店的基本情况，包括饭店的历史、建筑面积、客房数量、地理位置、各项设施及服务项目等有关情况。导游员注意观察客人的精神状况，如果客人精神状况较好，可就沿途景观进行介绍，并向客人介绍日程安排、活动项目及停留时间等。

三、抵达饭店后的服务

（一）协助办理住宿手续

游客抵达饭店后，导游员要协助领队和全陪办理入住登记手续，请领队分发住房卡。导游员要掌握领队、全陪和团员的房间号，并将与自己联系的办法，如房间号、电话号码等告知全陪和领队，以便有事时尽快联系。

（二）介绍饭店设施

进入饭店后，导游员应向全团介绍饭店内的外币兑换处、中西餐厅、娱乐场所、商品部、公共洗手间等设施的位置，并讲清住店注意事项，向游客指明电梯和楼梯的位置。

 点滴感悟

明天再说

由格林女士任领队的美国旅游团与全陪、地陪一起，于某日 19 时到达饭店，地陪为游客办理了住店登记手续并分发了房卡，游客便陆续进入各自的房间。稍后，当地陪正准备离开饭店时，一位游客匆匆赶到大堂，请地陪为其在华的中国亲属办理随团活动手续。地陪思考片刻后说："今天时间晚了，有什么事明天再说吧！"

启示：导游员应该为游客办理事宜，而不应以时间晚为借口拒绝。

（三）带领旅游团用好第一餐

游客进入房间之前，导游员要向游客介绍饭店内的就餐形式、地点、时间及餐饮的有

关规定。游客到餐厅用第一餐时,导游必须带他们去餐厅,帮助他们找到桌次,要将领队和全陪介绍给餐厅领班、主管等有关人员,告知旅游团的特殊要求(如用餐标准、游客口味、忌食等),向游客介绍有关餐饮规定,祝愿游客胃口好。

(四)宣布当日或次日活动安排

游客进入房间之前,导游员应向全团宣布有关当天或第二天活动的安排、集合的时间和地点。如该团中有提前入住的游客,必须通知他们次日的出发时间及活动安排。

(五)照顾行李进房

地陪应等待本团行李送达饭店,负责核对行李,督促饭店行李员及时将行李送至游客的房间。

(六)确定叫早时间

导游员在结束当天活动离开饭店之前,应与领队商定第二天的叫早时间,并请领队通知全团,导游员则应通知饭店总服务台或楼层服务台。

(七)协助处理游客入住后的各类问题

导游员进入房间后,应在本团游客居住区内停留一段时间,处理临时发生的问题,例如,打不开房门、房间不符合标准、房间卫生差、设施不全或损坏、卫生设备无法使用等。

四、参观游览服务

参观游览过程中的导游服务,应努力使旅游团参观游览全过程安全顺利。在游览过程中,让客人玩得开心、游得尽兴,是导游工作的基本职责。应使游客详细了解参观游览对象的特色、历史背景等及其他感兴趣的问题。参观游览活动是旅游产品消费的主要内容,是游客期望的旅游活动的核心部分,也是导游服务工作的中心环节。导游员不仅要向游客介绍讲解景点,还要担任其他的各类工作。为了向旅游者提供令其满意的服务,导游员除了要做好沟通协调工作外,还应该遵循一定的礼仪规范。因此,导游员在带团参观游览前应认真准备、精心安排,在参观游览过程中应热情服务、生动讲解。

(一)出发前服务礼仪

1. 提前到达

出发前,地陪应提前10分钟到达集合地点,并督促司机做好出发前的各项准备工作。提前到达的作用:第一,这是导游员工作负责任的表现,会给游客留下很好的印象;第二,导游可利用这段时间礼貌地招呼早到的游客,询问游客的意见和要求;第三,在时间上留有余地,以身作则遵守时间,应付紧急突发事件,提前做好出发前的各项准备工作。

2. 核对、商定活动安排

在带客游览之前,导游员应与领队商定本地活动安排并及时通知游客。

3. 准备充分

出发前,导游员应在游客就餐时向其表示问候,报告当天天气情况,并了解游客身体状况。重申出发时间、乘车或集合地点,提醒游客加带衣服、换鞋,带好必备用品,如手提包、摄像机、照相机及贵重物品等。导游员要提前落实本团当天的用餐,对午餐、晚餐的用餐地点、时间、人数、标准、特殊要求逐一核实并确认。

4. 清点人数、做好记录

游客上车后,导游员应及时清点人数,提醒集合时间和地点。游客陆续到达后,清点实到人数并请游客及时上车,导游员应站在车门一侧,一面招呼大家上车,一面扶助老弱者登车。开车前，要再次清点人数，若发现有人未到，则应向领队或其他团员问清原因，并将不参加活动的游客人数、姓名、原因及房号通知旅行社。若游客有病不能参加活动，须交代清楚是否需要医生治疗等。若出发时间已过，又不知未到者在何处，则应征求领队意见决定是否继续等候；若决定不等，则导游员必须将情况通知旅行社内勤处理。

（二）浏览途中的礼仪规范

带客游览过程中，导游员要认真组织好客人活动，做到服务热情、主动、周到。要善于把握游客的心理，应根据团里成员的资料，对其旅游动机、心理需求、浏览偏好等情况做出大致的预测，从而合理安排旅游线路，合理分配景点及停留时间。安排浏览项目注意上午、下午和点、面的结合。"点"指的是参观单位，浏览目的地等日程上的既定项目；"面"指的是这些点以外的较为广泛的风貌，如市容、商业区、文娱场所、重点建筑工程等。只有点面结合得当，才能给人以完美的享受。

1. 抵达景点前，地陪应向游客介绍该景点的简要概况，尤其是景点的历史价值和特色

讲解要简明扼要，目的是为了满足游客事先想了解有关知识的心理，激起其游览景点的欲望，也可节省到目的地后的讲解时间。导游讲解时，表情要自然大方，声音要大小适中，做到条理清楚、繁简适度。语言要生动形象，富于表现力。使用话筒音量、距离要适当，如果旅途遥远，则可以讨论一些游客感兴趣的国内外问题，或做主持人组织适当的娱乐活动等来活跃气氛。

2. 带客游览过程中，导游员要认真组织好客人活动

应保证在计划的时间与费用内让游客充分地游览、观赏，做到讲解与引导游览相结合、适当集中与分散相结合、劳逸适度，并特别照顾老、弱、病、残的游客。导游过程中要照顾全体游客，不可只和一两个人说话而冷落了其他人。

3. 游览途中，导游员要特别注意客人的安全，要自始至终与游客在一起并随时清点人数，以防游客走失

要提醒游客看管好所带财物，防止发生丢失、被盗现象。在行走困难的地方，要陪伴照顾好年老体弱者，以防发生意外。当游客提出要求需要帮助时，应尽可能让客人满意。

4. 交谈话题选择恰当

与游客交谈时，一般不要涉及疾病、死亡等不愉快的话题；不谈荒诞离奇、耸人听闻、黄色淫秽的事情；对方不愿回答的问题，不要追问；遇到游客反感或回避的话题，应表示歉意；与外宾交谈，一般不议论对方国家的内政；不批评、议论团内任何人；不随便议论宗教问题；与女宾交谈要谨慎，不要开玩笑；不要询问对方收入、婚姻状况、年龄、家庭、个人履历等私人问题。

（三）返程中的工作

从景点、参观点返回饭店的途中，导游员可视具体情况做以下工作。

1. 回顾当天活动

回顾当天参观、游览的内容，回答游客的提问，如在参观游览中有漏讲的内容可作补充讲解。

2. 风光导游

如果不从原路返回饭店，则导游员应该对沿途风光进行导游讲解。

3. 宣布次日活动日程

返回饭店下车前，导游员要预报晚上或次日的活动日程、出发时间、集合地点等。提醒游客带好随身物品。导游员要先下车，照顾游客下车，再向他们告别。

4. 提醒注意事项

如果当天回到饭店较早或晚上无集体活动安排，导游员应考虑到游客会外出自由活动，所以要在下车前提醒游客注意：如果要外出，则最好要结伴同行，带上饭店的地址和电话号码，尽量乘出租车前往。

5. 安排叫早服务

如该团需要叫早服务，导游员应在结束当天活动、离开饭店之前安排。全天活动结束后，在返回饭店的路上，导游员要向游客宣布第二天的活动安排、出发时间、地点等。抵达饭店后，导游员要主动向领队（或全陪）征求意见，对白天遇到的问题，要与领队和游客共同协商解决。

点滴感悟

他们批评得对

导游员小王在陪同一对老年夫妇游览故宫时工作认真负责，在两个半小时内向游客详细讲解了午门、三大殿、乾清宫和珍宝馆。老人提出了一些有关故宫的问题，小王说："时间很紧，现在先游览，回饭店后我一定详细回答你的问题。"游客建议她休息，她都谢绝了。虽然很累，但她很高兴，认为自己出色地完成了导游讲解任务。然而，出乎她意料的是那对老年夫妇不仅不表扬她，反而写信给旅行社领导批评了她。小王很委屈，但领导了解情况后说老年游客批评得对。

启示：老年游客建议她休息实际上是他们自己累了，但是导游员小王没明白他们的意思；对待老年游客应合理安排好休息时间，不该让他们做疲劳的旅行。

五、购物礼仪

导游员引导游客购物，是一项既有意义又有难度的工作，导游员在带客购物时应注意以下的礼仪规范：导游员应严格遵守导购职业道德，应将游客带到商品质量好、价格公平合理的商店，不应该唯利是图，为了一点"好处费"，昧着良心违背职业道德，与不法经营者相互勾结，而损害旅游者的利益。导游员为了做到正确引导游客购物，应该了解游客的购物心理，根据不同游客不同的购物心理，合理安排游客的购物，有针对性地提供服务和帮助。要引导游客到正规商店，并郑重告诫游客不能购买小商小贩的物品，告诫时要态度诚恳，话语自然，内容准确。去购物途中，要向游客介绍本地商品的特色，教会客人鉴别商品的知识，当好游客的购物顾问。下车前，要交代清楚停留时间及有关购物的注意事项。引导游客购物要讲求方法，处理好购物和观光游览的关系，注意前后态度要一致，不能介绍景点时简单、敷衍，而讲到购物时就热情高涨，这样会引起客人的猜疑和不信任。如果遇小贩强拉强卖，导游员有责任提醒游客不要上当受骗；导游员本人不得向游客直接销售商品，不能要求游客为自己选购商品。

购物之旅

一个23人新加坡旅游团在N市由地陪王小姐负责接待,午后参观某佛寺后,王小姐向大家介绍本地一家新开业的珍珠馆。她说:"店主是我的好友,保证价廉物美。"

在珍珠馆,一位姓朱的女士对标价4000元的珍珠发生兴趣,王小姐立即主动介绍识别真假珍珠的方法,并为其讨价还价,最终以900元成交。

16:40旅游团游览某景点。因景点即将关门,大家匆匆摄影留念后即离去。在返回饭店途中,数名男士提出去书店购买中国地图,几位女士则希望购买中国烹调书籍,王小姐表示可以安排。

次日出发前,朱女士手持前日所购的项链,要求王小姐帮其退换,说:"一内行人认定它是残次品",王小姐表示不可能退换。上午结束参观后,她又带全团去一家定点工艺品商店,许多人不感兴趣,只在车中坐着,王小姐恳求说:"大家帮帮忙,不买东西没关系,进店逛一圈也可以。"于是,一些游客才不情愿地下车、进店。

13:30赴机场途中,数名游客又提起购书一事,王小姐说:"没有时间了。"

一周后,旅行社接到新加坡组团社发来的传真,申明该社今后若有团赴N市,不能由王小姐带团。

启示:导游员不应该和经营者串通,带领游客购物必须如实相告,当游客有退换要求时应予以满足。

(资料来源:http://www.docin.com/p-1306246655.html)

六、送站服务

末站的服务是全陪服务中最后的环节。导游员工作应善始善终,导游员应协助领队共同做好出境的准备工作,使旅游团顺利离境,并给他们留下良好的印象。

(1)请末站接待社落实好出境交通票据;帮助客人结清各种账单;提醒旅游者出境时带好护照、海关申报单、购物发票(特别是文物和贵重药材的发票和证明)。

(2)与领队话别并征求意见和建议,同时请领队协助填写有关调查表,如"海外访华评价表",并及时回收;在适当的时间、场合向管理人员致以情真意切的感谢,希望客人对自己工作中的不足之处给予谅解(必要时,做好补偿工作),同时,欢迎客人再次来旅游,并致以美好的祝愿。

(3)提前抵达机场、车站或码头后,协助办理出境手续。待客人乘坐交通工具离开后,方可离开。全陪还应在旅游团离境当天从出境站城市返回派出地,确因当地接待社订不上回程交通工具票据时除外。

(4)协助旅行社领导处理好旅游过程中的遗留问题。

(5)认真办好旅游者的委托事务。

(6)将各地的结算单据交回财务部门,及时填写出差报销单。

(7)认真、按时填写"全陪日志"和其他旅游行政管理部门(或组团社)所要求的资料。"全陪日志"经领导签字后,同"海外领队访华评价表"一并交旅行社有关部门验收。

（8）将有关该旅游团的接待材料集中整理，交旅行社指定部门保管存档。

> **辩证的解释**
>
> 　　一个旅游团因订不到火车卧铺票而改乘轮船，游客十分不满，在情绪上与导游员形成了强烈的对立。导游员面带微笑，一方面向游客道歉，请大家谅解：由于旅游旺季火车的紧张状况导致了计划的临时改变；另一方面，耐心开导游客，乘轮船虽然速度慢一些，但提前一天上船，并未影响整体行程，并且在船上能够欣赏到两岸的风光，相当于增加了一个旅游项目……游客这才渐渐与导游缓和了关系。
>
> 　　启示：如果这个导游员不能恰当解释，任由游客们抱怨，情形会怎样？

 任务实施

　　针对恒通公司员工一行游客20人的到来，中国国际旅行社牡丹江分社导游员李楠初步制定了如下安排。

第一项　日程安排计划

　　7月15日上午：导游员李楠提前30分钟于8点到达火车站，打好导游旗，在出站口迎接，之后开始前往美丽的镜泊湖。

　　7月15日：于9：20在牡丹江站乘车（3个小时）赴全国第一高山堰塞湖——镜泊湖，自费乘车赴（0.5小时30公里）"森林氧吧"——游览著名的火山口原始森林——火山口国家级森林公园，游览（1.5小时）熔岩隧道、火山口、坐井观天、迎客椴、松拜佛、齐天亭等景点。晚餐后入住湖区内酒店。

　　16日：早餐后，乘船游览湖上秀美风光（游览60分钟），毛公山、抱月湾、湖心岛、飞虹桥、白石砬子、刘少奇木屋。游览国内第一座东方药师七佛的道场——药师古刹（游览20分钟），游览镜泊湖八大胜景之一——吊水楼瀑布（游览30分钟）、黑石潭、黑石壁、观瀑亭，参观一万年前自然形成的自然景观玄武岩、邓小平题词、聆听镜泊湖美丽的传说，游览红罗女文化园，参观碑文。乘车返回牡丹江，途中参观杏山鹿场或中俄民货商场（购物店，30分钟），午餐后，送团，结束愉快的镜泊湖行程。

第二项　预订酒店

　　游客住宿在镜泊湖风景区南门附近的生态园酒店，两个人一个房间，由领队负责分发房卡，一共20人，10间标准间，设施较好，功能完备，有24小时热水供应。

第三项　经费预算

　　住宿费用：120元×20人×2天＝4800元
　　门票费用：镜泊湖门票80元×20人＝1600元，
　　　　　　　地下森林门票80元×20人＝1600元。
　　　　　　　镜泊湖环保车12元/次×3次×20人＝720元。
　　用餐费用：三正二早餐（正餐十人一桌，十菜一汤，酒水自理）；
　　　　　　　三正：20元×20人×3＝1200元，早餐：5元×20人＝100元。
　　交通大巴：700元。

导游费用：100 元。

总计：10 820 元。

注意：（1）因人力不可抗力因素造成的延误、更改所发生的额外费用，客人自理。

（2）我社有权在不减少景点的前提下调整行程的先后顺序。

（3）散客拼团行程中因个人原因要求中途退团，或放弃用餐及景点，费用不予退还。

（4）如出现单男单女安排三人间或加床或补房间的价格差。

（5）如客人有意见请及时提出，散团后不受理投诉，敬请谅解。

礼仪小测试

1. 当有顾客来商店购物，售货员正确的做法是（　　）。
    A. 装没看见
    B. 对方不问不回答
    C. 热情地询问
    D. 寸步不离地跟着
    E. 看装扮决定是否搭讪

2. 符合客房服务员的要求是（　　）。
    A. 进入客房不敲门
    B. 客人在房间时打扫
    C. 推开门缝看里面是否有人
    D. 进入房间时，用中指轻轻敲门，并说"可以进来吗？"
    E. 看到客人面无表情

3. 宾馆服务人员引领客人去房间时，应该（　　）。
    A. 和客人并肩而行
    B. 走在客人的正前方
    C. 走在客人的左后方
    D. 走在客人的右前方两步处
    E. 走在客人的左前方两步处

4. 当你为客人奉茶时，你应该（　　）。
    A. 茶杯里倒满茶水
    B. 茶杯里倒七分茶水
    C. 对印度和中东国家的客人，要用双手端茶杯
    D. 在主人与客人谈话时，服务人员应主动向客人献茶
    E. 一般应在客人的正前方献茶

5. 导游员关于游客购物方面正确的做法是（　　）。
    A. 介绍商品，以次充好
    B. 与商家联合私拿回扣
    C. 如实介绍商品，给游客当好向导
    D. 因为游客不购物就不高兴
    E. 向游客兜售自己的商品

(以上各题正确答案为：1. C 2. D 3. E 4. B 5. C)

思 考 题

1. 商场营业员的仪表如何要求?
2. 简述导游服务规范流程。
3. 前厅客房服务员有哪些要求?
4. 简述宾馆服务中的基本礼仪。
5. 导游员办理住店手续的礼仪有哪些?

项目六 商务会议礼仪

知识目标

☞ 掌握公司会议的各项礼仪要求。
☞ 理解会议准备的内容。
☞ 掌握会议座次安排的原则。

能力目标

☞ 通过本项目的学习培养学生的组织能力、策划能力、协调能力和沟通能力,并能恰当运用会议礼仪。

 **导入案例**

请柬发出之后

某机关定于某月某日在单位礼堂召开总结表彰大会，发了请柬邀请有关部门的领导光临，在请柬上把开会的时间、地点写得一清二楚。

接到请柬的几位有关部门领导很积极，提前来到礼堂开会。一看会场布置不像是开表彰会的样子，经询问礼堂负责人才知道，今天上午礼堂开报告会，某机关的总结表彰会改换地点了。几位领导同志感到莫名其妙，个个都很生气，改地点了为什么不重新通知？一气之下，都回家去了。

事后，会议主办机关的领导才解释说，因秘书人员工作粗心，在发请柬之前还没有与礼堂负责人取得联系，一厢情愿地认为不会有问题，便把会议地点写在请柬上，等开会的前一天下午去联系，才得知礼堂早已租给别的单位用了，只好临时改换会议地点。

但由于邀请单位和人员较多，来不及一一通知，结果造成了上述失误。尽管机关的领导登门道歉，但造成的不良影响已难以消除。

（资料来源：http：//zhidao.baidu.com/link？url＝NxsxznIgomRaJ3jnJ2K-nt9njcKF508lXIQ-PWbXxVOjZYYERdlMk1Cz3aW2DTm1I3zJg-5K0_ nsWtY_ Mlg1aMdToROfvEgSGqIS2K2T5Cz7）

问题与思考

1. 这个案例说明在会议准备时应注意什么问题？
2. 一旦出现特殊情况应如何处理？

任务 6.1　会议前的准备

【任务布置】

黑龙江灵秀服装集团为了开拓夏季服装市场，拟召开一个服装展示会，推出一批夏季新款时装。

（1）拟订服装展示会的方案。

（2）进行服装展示会的准备工作。

【知识要点】

商务会议是进行商务交流的重要形式，成功的商务会议有利于会议各方的商务合作。会议的主办方要重视会议的组织工作，也要重视会议礼仪对会议成功的作用。

会议作为工作的一种手段、方法和形式，是任何国家、组织避免不了的。据统计数据显示，一般的工作人员平均每周要花4小时开会。这样，一个人一生中大约有整整一年时间花在开会上。

会议对于企业和公司来说，对于发展业务、集思广益、统一思想、有效地推动工作很有意义。英国英特尔计算机公司总裁安德鲁·格罗夫说："会议是管理工作得以贯彻实施的中介手段。"但是，许多会议常常因为没有计划好或毫无准备而搞得一团糟。不充分考虑出席对象、会议议程以及会议宗旨是不符合礼仪规范的，因此，开好一个会议，准备与筹划十分重要，熟知各部分的工作流程也同样重要，会务工作各部分的工作流程如图6-1所示。

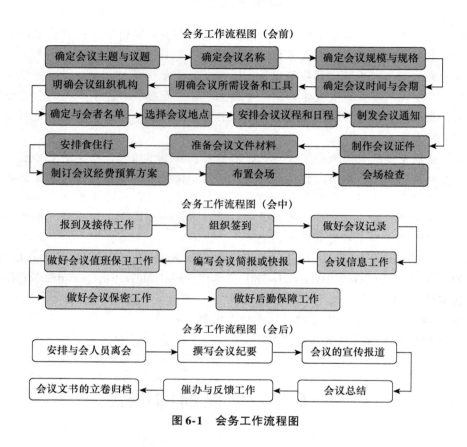

图6-1 会务工作流程图

一、会议前的准备工作

（一）确定会议宗旨

确定会议宗旨

商务会议的召开，都有明确的目标和任务，这就是会议的宗旨。会议的第一项任务是确定会议是否必要，是否对日常工作有意义和作用，是否一定要通过会议这种形式。明确会议宗旨有助于确定会议是否必要，希望通过会议得到什么结果。第二项任务是确定会议的类型，商务会议的类型主要有解决问题的会议、调查问题的会议、小组会议、培训会议、工作回顾会议、展示会议、动员会议等。

（二）建立会议组织机构

建立会议组织机构

组织一个高效的会务组，选一个干练、认真的负责人，是会议成功的前提。会务组的负责人，应是本次参会者中较有影响的人物，如果允许，最好是本次会议的主持人。会务组主要负责会前的准备、会议开始的接待、会议中间的服务直至会后的送行等。会议准备还需要宣传组、秘书组、文件组、接待组、保卫组，各司其职。

（三）明确会议的4W

1. What——会议议题

会议的议题，就是会议要讨论哪些问题。要有明确的目的，根据会议议题准备会议资料和邀请人士。会议的议题要明确，会议的组织者应提前将会议议题书面或电话通知会议的参加者。确定会议名称，会议名称一般由"单位＋内容＋类型"构成，应根据会议的议题或主题来确定。会议的规模有大型、中型、小型，会议的规格有高档次、中档次和低档次，本着精简效能的原则确定会议规模与规格。

确定会议4W

2. When——会议日程

会议日程是指会议在一定时间内的具体安排，对会议所要通过的文件、所要解决的问题的概略安排，并冠以序号将其清晰地表达出来。要告诉所有的参会者，会议开始的时间和要持续多长时间，这样能够让参加会议的人员很好地安排自己的工作。会议的最佳时间，要考虑主要领导是否能出席；会期长短的确定应与会议内容紧密联系。

3. Where——会议地点

要根据会议的规模、规格和内容等要求来确定。有时也考虑政治、经济、环境等因素。要考虑到是否便于与会者前往，注意会议室的布局是否适合会议的需要。

4. Who——与会人员

要明晰根据会议的需要，邀请哪些人来参加。出席会议和列席会议的有关人员，应根据会议的性质、议题、任务来确定。

（四）及时、准确发出会议通知

会议通知的内容包括名称、时间、地点、与会人员、议题及要求等。会议通知的种类有书信式和柬帖式。会议通知的发送形式有正式通知和非正式通知。会议通知的方式有书面、口头、电话、邮件。

会议通知要确保与会人员提前一星期收到，以便安排行程。通知可以是书信、电子邮件或电话等形式。会议通知除了载明4W内容之外，还要附有回执，以便会议接待。对于外地的会议参加者，还需要在会议通知中写明住宿的宾馆、到达的路线、会务费用、联系电话等内容。

点滴感悟

一个多变的通知

有一次，某地准备以党委、人民政府名义召开一次全区性会议。为了给有关单位有充分时间准备会议材料和安排好工作，决定由领导机关办公室先用电话通知各地和有关部门，然后再发书面通知。电话通知发出不久，某领导即指示：这次会议很重要，应该让参会单位负责某项工作的领导也来参加，以便更好地完成这次会议贯彻落实的任务。于是，机关办公室又发出补充通知。过后不久，另一位领导又指示：要求另一项工作的负责人也参加会议。如此再三，在三天内，一个会议的电话通知，通知了补充，补充了再补充，前后共发了三次，弄得办事人员无所适从，怨声载道。

启示：会议通知应在会议内容、形式、时间、地点等确定完毕后再发出，一旦发出，尽量不更改。

(五) 制作会议证件

会议证件包括会议正式证件、旁听证、会议工作证件。会议正式证件又分为代表证、出席证、列席证、来宾证；会议工作证件包括工作证、记者证、出入证。会议证件的内容有会议名称、与会者单位、姓名、职务、证件号码等。有些重要证件还贴上本人照片，加盖印章。

(六) 会场选择

选择会场时，首先，要考虑能否满足与会者人数要求。其次，大小要适中，组织内部的会议，可根据会议人数进行选择，通常选择在会议室或大礼堂举行。如果是承办较大型的会议，则要考虑会议场所的交通是否便利、是否有停车场，设施是否齐全。同时，要考虑与会人员的住宿、就餐是否方便等问题。此外，还应考虑会场是否宽敞明亮，设施设备是否能满足会议需要。最后，要考虑费用是否合理。

洽谈场所应该空间宽裕、光源充足、通风。狭小的场所会让经历长时间洽谈的人员感到憋闷和烦躁，影响洽谈效果。洽谈场所应该保证安静，隔音效果良好，当洽谈中发生争执时不至于让场外的人听起来不雅。

新闻发布会的举行地点，除可以考虑本单位本部所在地、活动或事件所在地之外，还可优先考虑首都或其他影响巨大的中心性城市。举行新闻发布会的现场，应交通方便，尤其要注意场地要方便主要媒体、重要人物等，同时采访条件要优越，面积适中，本单位的会议厅、宾馆的多功能厅、当地最有影响的建筑物等，均可酌情予以选择。从企业形象的角度来说，重要的发布会宜选择高级酒店。但同时要注意，选择酒店的风格要与发布会的内容统一。

对于茶话会来说，按照惯例，它不必像一般大中型会议必须在正规的会议厅召开，主办单位的会议厅或主办负责人的私家客厅、私家庭院、露天花园、宾馆的多功能厅、高档的营业性茶楼或茶室等都是不错的选择。通常认为餐厅、歌厅、酒吧等场所不宜举办茶话会。

展览会的地点应根据展览会的目的、对象以及效果等多种因素综合考虑，可在室内举行也可在露天举行。另外，展览会的地点选择还应注意交通、住宿是否方便，辅助设施是否齐全等问题。

(七) 会场布置

会场布置包括会场四周的装饰、会场的设备和所需用品准备、座席的配置（在"(八) 座次的安排"中介绍）。

1. 会场四周的装饰

大型会议，一般根据会议内容，在会场内悬挂与会议主题相适应的横幅；主席台上可悬挂国旗、党旗或会徽等；在会场摆放适当的青松盆景、盆花；门口张贴欢迎和庆祝标语；将事先准备好的写有会议主要参加者姓名的牌子放置在相应的座席上，并在桌面上摆放干净的茶杯、饮料、纸巾或毛巾以及会议资料等。

2. 会场的设备和所需用品准备

根据会议的需要应配备必要的摄影、照相、录音、扩音、空调等设备。必备用品是指各类会议都需要的用品，包括文具、桌椅、茶具等。特殊用品是指一些特殊类型的会议，例如谈判会议、庆典会议、展览会议等所需的特殊用品和设备。

举办茶话会时，首先应备好茶叶。我国的茶叶品种繁多，大体上可归纳为绿茶、红茶、乌龙茶、花茶和砖茶等。选择茶叶时，在力所能及的情况下，应尽力挑选上等品，切勿滥竽充数。与此同时，要注意照顾与会者的不同口味。茶具一般以泥质茶具和瓷质茶具最佳，玻璃茶具次之，最好不要采用塑料杯、不锈钢杯、搪瓷杯或纸杯。除主要供应茶水之外，在茶话会上还可以为与会者略备一些点心、水果或是地方风味小吃。

特殊类型的会议，如新闻发布会，假如条件允许，可在新闻发布会的举办现场预备一些可强化会议效果的形象化试听材料，例如，图表、照片、实物、模型、录音、录像、影片、幻灯、光碟等，并且摆放出相关的播放设备，以供与会者选择使用。

一般会议上的茶水饮料最好用矿泉水，因为每个人的口味不一样，有的人喜欢喝茶，有的人喜欢喝饮料，还有的人喜欢喝咖啡，所以如果没有特别的要求，矿泉水是最能让每个人都接受的选择。

（八）座次安排

在会务工作中，摆放会议来宾的名签也是一项非常有讲究的工作。一般来讲，在面临会议的位次排列的时候，有三个问题要解决。

会客位次礼仪

第一个问题是会议有没有必要排列位次，有的时候小型会议两三个人，那就没必要排位次了。第二个问题是会议是什么样的性质和形式，内外有别、中外有别，不同性质的、不同形式的、不同规模的会议，座次排列讲究不一样。第三个问题是要注意会议的规范性位次排列、标准化做法。

会议座次礼仪

一般来讲，会议大体上分为小型会议和大型会议两种。小型会议一般是指本系统的内部的会议，大型会议一般是讲的跨行业、跨部门、跨机关、跨地区的一种综合性的会议，下面分别介绍这两种会议。

1. 小型会议位次排列

小型会议位次排列强调三条礼仪：第一，面门设坐，安排主席台、主持人、发言人面对会议室正门而坐；第二，居中设坐，中央的位次高于两侧；第三，以右为尊，即右侧高于左侧。

如果嘉宾人数较多，其席位可以排成多排，以第一排为尊贵，从前往后依次排列。目前国际上流行右高左低，因此在商务会议活动中，尤其在涉外会议活动中，应遵循"以右为尊""以前为贵""中间高于两侧"的基本原则，安排嘉宾就座和站立的次序。

> **点滴感悟**
>
> #### "女士优先"应如何体现
>
> 一次，一位来自英国的客户下榻北京国际会议中心大厦。一天，翻译小姐陪同客人外出参观，在上电梯的时候，英国客人请这位翻译小姐先上，可是这位小姐谦让了半天，执意要让客人先行。事后这位客人抱怨说："我们在中国显示不出绅士风度来，原因是接待我们的女士们坚持不让我们显示。"比如，上下汽车或进餐厅时，接待他的女士们坚持让他先走，弄得他很不习惯，甚至觉得受了委屈。虽然我方人员解释，中国是"礼仪之邦"，遵循"客人第一"的原则。对此解释对方也表示赞赏，但对自己不能显示绅士风度仍表示遗憾。
>
> 启示：西方崇尚女士优先，在与西方人士接触时，中国女士应给西方男士表现绅士风度的机会。

座席的配置要适合于会议的风格和气氛。讲究礼宾次序，具体要求如下。

（1）圆桌型或椭圆桌型。

会议使用圆桌型或椭圆桌型（如图6-2所示），与会人员一起围桌而坐，给人以平等的感觉。圆桌会议一般适用于10～20人的规模。座次安排应注意来宾或上级领导与组织领导及陪同面对面，来宾的最高领导应坐在朝南或朝门的正中位置，组织的最高领导与其相对而坐。

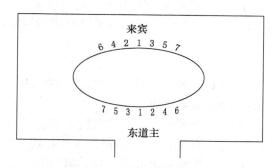

图6-2　圆桌型或椭圆桌型会议布置

（2）口字型。

用长方形方桌围成较大的口字型（如图6-3所示）。适用于较多人数的会议，可分为三种形式。图6-3（a）型一般用于座谈会、联欢会，图6-3（b）（c）型一般用于比较严肃的会议。图6-3（b）型座次突出与会者的等级，表现最高领导者的权威，图6-3（c）型体现双方的平等相处和对来宾的尊重。

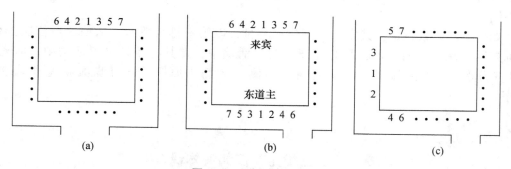

图6-3　口字型会议布置

（3）教室型。

教室型（如图6-4所示）会议布置是采用最多的形式。适用于与会人数较多的或以传达情况、指示为目的的会议，与会人员之间不需要讨论、交流意见。主席台的座次按人员的职务、社会地位排列，主席的座位以第一排正中间的席位为上，其余按左为下、右为上的原则依次排列。

图6-4　教室型会议布置

2. 大型会议位次排列

大型会议位次排列主要涉及主席台和与会者的位次排列。

（1）主席台位次排列。

主席台位次的排列，主要考虑主席团、主持人、发言人的位置。主席团位次的排列，依据前排高于后排、中央高于两侧的原则，但在商务活动中则是按照右高左低原则。

主持人的座次安排有三种选择：一是居于前排正中央，二是居于前排的两侧，三是按其具体身份排座，但不可以就座于后排。

参加会议者应注意以下礼仪事项。

小型会议发言人可以在自己就座的位置上发言，或站或坐，但是，重要的大型会议，要求发言人起立发言，可以在第一排居中位置，或者在主席团正前方居中的位置，也可以参照国际会议的做法，将发言席放在主席团的右前方。

（2）与会者位次排列。

参加会议的来宾位置称为群众席（或听众席），群众席可以选择自由择坐或划片就座。划片时强调进门后左高右低（因为群众席是背对门的），可以按照部门约定的排列顺序或者是按照拉丁字母的顺序或者是按照汉字笔画的顺序，从进门方向的左侧向右侧排，这是竖排法；还有一种是横排法，从前排向后排排列，这两种办法一般是交替使用的，这是位次排列的基本要求。

点滴感悟

一次"尴尬"的迎接

上海某科技有限公司召开了一次全国客户联络会，公司的江总经理带着秘书陈小姐亲自驾车到浦东机场迎接来自香港某集团的周总经理。为了表示对周总的尊敬，江总请周总做到轿车的后排，并让陈小姐在后排作陪。周总到宾馆入住后，对陈小姐说："明天上午八点的会，我会自己打车到现场，就不麻烦你们江总亲自来接了。"

启示：（1）乘车过程中的座次安排不合适，使周总感觉不舒服；

（2）主人驾车时，副驾驶位为尊位，江总应该让周总坐在副驾驶的位子上方便其与自己交流，而不是坐在和秘书同等的位子上。

（资料来源：http：//zhidao.baidu.com/link？url＝9Jl4j6YO1dEartW2WLqHaY3L8-i4fmtAk7xHrKFjZ6nwcRKIkvheZZ-OAMAS0KyUpVewFiwQwSVSqQ2XWWVzl3a）

（九）准备会议资料

会务组应根据会议议题准备充分的会议资料，并将资料装订整齐，随时发给与会人员。会议资料主要包括议程表和日程表、会场座位分区表和主席台及会场座次表、主题报告、领导讲话稿、其他发言材料、开幕词和闭幕词等。如果会议属于业务汇报或者产品介绍，那么有关的资料和样品是必不可少的。比如，在介绍一种新产品时，单凭口头泛泛而谈是不能给人留下深刻印象的，如果给大家展示一个具体的样品，结合样品一一介绍其特点和优点，那么给大家留下的印象就会深刻得多。

> **点滴感悟**
>
> **发放资料的学问**
>
> 天地石化股份有限公司董事会召开会议讨论从国外引进化工生产设备的问题。秘书小李负责为与会董事准备会议所需的文件资料。因有多家国外公司竞标,所以材料很多。由于时间仓促小张就为每位董事准备了一个文件夹,将所有材料放入文件夹。有三位董事在会前回复说将有事不能参加会议,于是小张就未准备他们的资料。没想到,正式开会时其中的两位董事又赶了过来,结果会上有的董事因没有资料可看而无法发表意见,有的董事面对一大摞资料不知如何找到想看的资料,从而影响了会议的进度。
>
> 启示:准备会议资料时应该将资料进行分门别类,并配上标签或目录,方便参会者查阅。

会议前的其他准备工作

(十) 其他准备

1. 签到簿、名册、会议议程

签到簿的作用是帮助了解到会人员的多少,分别是谁,一方面使会议组织者能够查明是否有人缺席,另一方面能够使会议组织者根据签到簿安排下一步的工作,比如就餐、住宿等。印刷名册可以方便会议组织者和与会人员尽快地掌握参加会议的人员的相关资料,加深了解,彼此熟悉。

2. 黑板、白板、笔

在一些会议上,与会人员为了说明问题,需要在黑板或者白板上写字或画图。虽然视听设备发展得很快,但是传统的表达方式依然受到很多人的喜爱,而且在黑板或白板上表述具有即兴、方便的特点。此外,粉笔、万能笔、板擦等配套的工具也必不可少。

3. 各种视听器材

现代科技的发展带来了投影仪、幻灯机、录像机、激光指示笔或指示棒等视听设备,给人们提供了极大的方便。在召开会议前,必须先检查各种设备是否能正常使用,如果要用幻灯机,则需要提前做好幻灯片。录音机和摄像机能够把会议的过程完整地记录下来。有时需要立即把会议的结论或建议打印出来,这时就需要准备一台小型的影印机或打印机。

4. 食宿、参观、宴会

根据会议需要,决定会议是否要负责食宿、组织参观及宴会等活动,然后做相应的准备。新闻发布会后,还要了解新闻界的反应,对于发生的失误或错误的报道,要酌情采取补救措施;同时,还要整理保存会议资料。

(十一) 做会务预算

会议的预算一般包括:场地租用费、会场布置费、会议资料费、交通费、通信费、茶点费、礼品费等。

> **点滴感悟**
>
> ## ××公司办公自动化系统启动仪式暨新闻发布会预算方案
>
> （1）前期媒体宣传费用：20 000元。
>
> （2）宣传品制作费用：邀请函120份，会议资料120份，新闻夹120份，易拉宝10个，桌牌、名签20套，共计760元。
>
> （3）舞台设计费用包括以下两种。
>
> ① 各种现场用品费用：投影仪4套、笔记本电脑（安装软件）4个，嘉宾及主持人胸花50个、鲜花摆台10米、签到册1本，胶卷2卷，BT带2盘，共计670元。
>
> ② 工作人员费用：摄影1人，摄像2人，现场工作人员6人，工程安装人员6人，灯光控制人员2人，共计1200元。
>
> （4）活动后期费用：纪念册10本（相册/光盘）、新闻发布会现场录像及后期剪辑合成（含三维动画片头、配音演员、特辑效果等，片长15分钟），共计1400元。
>
> （5）其他费用：策划费、设计费、服务费等，共计5600元。
>
> 启示：费用预算应越详细越好，尽可能将可能产生的费用全部考虑进去。
>
> （资料来源：http://www.a.com.cn/Forum/article_12_2_196986_3.html）

二、会议前的接待礼仪

（一）接待

会议的组织者要重视会议前的接待工作。可以按照商务接待的一般流程进行：预做准备—热情接待—引导访客—入座奉茶。接待工作的基本要求是主动、准时、热情、周到。

1. 预做准备

会议的组织者要根据与会人员的身份、人数、到会时间、所乘交通工具等来确定接待的规格、所需车辆、时间和地点等事项。拟订接待方案，根据客方的意图、情况和主方的实际，拟订接待计划和日程安排表。日程安排还要注意时间上的紧凑，日程安排表拟出后，可传真给客方征询意见，待客方无异议并确定以后，方可打印。

2. 热情接待

会议举行期间，一般应安排专人在会场内外负责迎送、引导、陪同与会人员的工作。对与会的贵宾以及老、弱、病、残、孕者，少数民族人士、宗教界人士等，往往还须特别照顾，尽量满足与会者的正当要求。

会议的组织者应按规定的时间在车站、码头、机场设立接待站，接待站应有醒目的标志。会议主办方的主要负责人应亲自去车站、码头、机场迎接主要来宾或上级领导，会前应亲自引领他们进入会场。接到来宾后，迎宾人员应主动帮来宾拎行李，不过，对于来宾手中的外套、提包或是密码箱，则没有必要为之"代劳"。

接待客人要周到而且亲切，建立初见面时的好感，促使会议顺利进行。所以接待客人时接待人员要明确表示出早就有恭候其到来的准备。

例如，某公司业务部的刘经理，每当有客人来时，她一定会事先告诉服务台："是前台的陈小姐吧？下午××公司的××经理会来，请你招待他到3楼会议室，同时马上和我联络。"这样会使服务台小姐事先有一个心理准备，以便顺利地做好接待客人的工作。当客人到来时，服务台的小姐首先招呼他进入电梯，并陪同到3楼（需要注意的是，服务人员要用手指示场所或方向，乘坐电梯时自己要先进入后再招呼客人）。电梯到了3楼，门刚打开，客人就看到刘经理已在那里等候了。"欢迎！欢迎！××经理，欢迎您大驾光临！"刘经理亲切的招呼使客户××经理十分感动。

点滴感悟

接待冷淡　断送生意

泰国某政府机构为泰国一项庞大的建筑工程向美国工程公司招标，经过筛选，最后剩下4家候选公司。泰国方派遣代表团到美国去各家公司商谈。代表团到达芝加哥时，候选的工程公司由于忙乱中出了差错，又没有仔细复核飞机到达时间，未去机场迎接泰国客人。泰国代表团尽管初来乍到不熟悉芝加哥，还是自己找到了芝加哥商业中心的一家旅馆。他们打电话给那位局促不安的美国公司经理，在听了他的道歉后，泰国代表团同意在第二天上午11点在经理办公室会面，第二天美国经理按时到达办公室等候，直到下午三四点才接到客人的电话说："我们一直在旅馆等候，始终没有人前来接我们去公司。我们对这样的接待实在不习惯，我们已订了下午的机票飞赴下一目的地。再见吧！"

启示：周到而亲切的接待，就是感动来宾的重要礼仪。客人在约定时间来谈生意，如果对方公司的人迟迟不来，这已经很令人生气了；若再加上接待人员冷淡的态度，不仅会影响生意的成功，而且这种事一旦传开，公司的声誉还会受到影响。

（资料来源：《现代商务礼仪》，杨眉，东北财经出版社，2000）

3. 引导访客

会议接待者在引导客人时，除了提示其前往何处，提示其注意方向外，在引导客人上下楼梯、出入电梯、进出房间、通过人行横道或需要拐弯时，须提醒客人"请各位这边走"，同时，应辅以必要的手势，即以一只手掌心向上，五指并拢，伸直后为客人指示方向。

有时会议室的布置会有使客人不知该坐何处才好的感觉，因此，引导座位的行动是有必要的。再者，即使座位很易辨认，接待人员若不引导客人就座便自行告退，难免给人一种不礼貌的感觉。

4. 入座奉茶

在客人就座后，未开始谈正事之前，是奉茶的最好时机。招待客人茶点时，最好把茶点装在托盘里，备好餐巾或餐巾纸，再送到客人面前或旁边的茶几上或桌子上。茶水饮料最好放在客人的右前方，点心、糖果放在客人的左前方。奉茶的顺序要从最年长的客人开始，当给每位客人都上了茶之后，再为自己公司的人奉茶。奉茶完毕后要恭敬地行礼，然后静静地离开。奉茶的时候，应取出杯子，当着客人的面将杯盖揭开，一定要盖口朝上地放在茶几上；添茶时茶杯盖子可以执于右手，如果要放在茶几上，盖口就须朝上；水不应掺太满，一般约为杯子的 4/5 左右即可。一般在会议上不提倡为其频频斟茶续水，而在会上所提供的饮料，最好便于与会者自助饮用。

举行较长时间的会议，一般会为与会者安排会间的工作餐。如果有必要，还应为外来的与会者在住宿、交通方面提供力所能及、符合规定的方便条件。

（二）签到

参加会议人员在进入会场时一般要签到，会议签到是为了及时、准确地统计到会人数，便于安排会议工作。有些会议只有参会者达到一定数量才能召开，否则会议通过的决议无效。因此，会议签到是一项重要的会前工作，它是会议的重要内容之一。会议签到一般有以下几种方法。

会议签到

1. 簿式签到

与会人员在会议工作人员预先备好的签到簿上按要求签署自己的姓名，表示到会。签到簿上的内容一般有姓名、职务、所代表的单位等，与会人员必须逐项填写，不得遗漏。簿式签到的优点是利于保存，便于查找；缺点是这种方法只适用于小型会议，而一些大型会议的参加会议的人数量较多，采用簿式签到就不太方便。

2. 证卡签到

会议工作人员将印好的签到证事先发给每位与会人员，签证卡上一般印有会议的名称、日期、座次号、编号等，与会人员在签证卡上写好自己的姓名，进入会场时，将签证卡交给会议工作人员，表示到会。其优点是比较方便，避免开会前签到处拥挤；缺点是不便于保存查找。证卡签到多用于大中型会议。

3. 会议工作人员代为签到

会议工作人员事先制定好参加本次会议的花名册，开会时，来一人就在该人名单后画上记号，表示到会，缺席和请假人员也要用规定的记号表示。例如，"√"表示到会，"×"表示缺席，"○"表示请假等。这种会议签到方法比较简便易行，但要求会议工作人员必须认识绝大部分与会人员，所以这种方法只适宜于小型会议和一些常规性会议。

4. 座次表签到方法

会议工作人员按照会议规模，事先制定好座次表，座次表上每个座位按要求填上与会人员姓名和座位号码。参加会议的人员到会时，就在座次表上销号，表示出席。印制座次表，与会人员座次安排要求有一定规律，如从×号到××号是某部门代表座位，将同一部门的与会人员集中一起，便于与会者查找自己的座次号。采用座次表签到，参加会议的人员在签到时就知道了自己的座次号。

5. 电脑签到

电脑签到快速、准确、简便，参加会议的人员进入会场时，只要把特制的卡片放到签到机内，签到机就将与会人员的姓名、号码传到中心，与会者的签到手续就可以在几秒钟内办完了，参加会议人员到会情况就由计算机准确、迅速地显示出来了。电脑签到是先进的签到手段，一些大型会议都是采用电脑签到的。

任务实施

黑龙江灵秀服装集团为了开拓夏季服装市场,拟召开一个服装展示会,推出一批夏季新款时装,集团针对本次展示会做了如下准备工作。

第一项 拟定会议名称

"2015 年黑龙江灵秀服装集团夏季时装秀"。

第二项 确定参加人员名单

上级主管部门领导 2 人;行业协会代表 3 人;全国大中型商场总经理或业务经理以及其他客户约 150 人;主办方领导及工作人员 20 名。另请模特公司服装表演队若干人。

第三项 确定会议主持人

黑龙江灵秀服装集团负责销售工作的副总经理。

第四项 确定会议时间

2015 年 5 月 18 日上午 9 点 30 至 11 点。

第五项 拟定会议程序

(1) 来宾签到,发调查表。
(2) 展示会开幕,上级领导讲话,时装表演。
(3) 展示活动闭幕,收调查表,发纪念品。

第六项 准备会议文件

会议通知、邀请函、请柬。签到表、产品意见调查表、服装集团产品介绍资料、订货意向书、购销合同。

第七项 选择会址

服装集团小礼堂。

第八项 会场布置

蓝色背景帷幕,中心挂服装品牌标识,上方挂展示会标题横幅。搭设 T 型服装表演台,安排来宾围绕就座。会场外悬挂大型彩色气球及广告条幅。

第九项 准备会议用品

纸、笔等文具,饮料、照明灯、音响设备、背景音乐资料,足够的座椅,纪念品(每人发一件黑龙江灵秀服装集团生产的 T 恤衫)。

第十项 会务工作

(1) 安排提前来的外地来宾在市中心花园大酒店报到、住宿。
(2) 安排车辆接送来宾。
(3) 展示会后安排工作午餐。

第十一项 座次安排

安排参会者就座在 T 型服装表演台三面,正面地位最高,其次为右,最次为左,前排高于后排。

第十二项 接待工作

由张××和李××负责会议的接待和签到工作,事先准备好签到簿等。

任务6.2　会议举行中的礼仪

会议主持人和发言人的礼仪

【任务布置】

黑龙江灵秀服装集团为了开拓夏季服装市场，拟召开一个服装展示会，推出一批夏季新款时装。牡丹江贸成服装中心总经理章立和秘书刘梅参加展示会。

（1）黑龙江灵秀服装集团注意会议举行中的礼仪。

（2）牡丹江贸成服装中心参会者注意参会者礼仪。

【知识要点】

一、会议主持人的基本礼仪

各种会议的主持人，一般由具有一定职位的人来担任。例如，新闻发布会的主持人一般由主办单位的公关部部长、办公室主任或秘书长担任。主持人的礼仪表现对会议能否圆满成功有着重要的影响。

（一）主持人仪表仪态礼仪

主持人应衣着整洁，大方庄重，精神饱满，切忌不修边幅，邋里邋遢。必要时主持人、发言人要化妆，并且要以化淡妆为主，发型和服装应当庄重而大方。服装必须干净、挺括，一般不宜佩戴首饰。举止应自然而大方，要面带微笑，目光炯炯有神，坐姿端正。走上主席台应步履稳健有力，行走的速度因会议的性质而定，一般而言，在热烈型的会议上，主持人步频应较快。

入席后，如果是站立主持，应双腿并拢，腰背挺直，右手持稿的底中部，左手五指并拢自然下垂，双手持稿时，应与胸齐高。坐姿主持时，应身体挺直，双臂前伸，两手轻按于桌沿。主持过程中，切忌出现搔头、揉眼、抖腿等不雅动作。

（二）主持人主持礼仪

主持人发言时应口齿清楚、思维敏捷、简明扼要，应根据会议性质调节会议气氛，或庄重，或幽默，或沉稳，或活泼。对会场上的熟人，不能与其打招呼，更不能寒暄闲谈；在会议开始前，或会议休息时间可对其点头、微笑致意。

二、会议就座礼仪

如果受到邀请参加一个排定座位的会议，最好耐心等待工作人员将自己引导到座位上。对出席会议的重要人士，应由会议主办单位的领导亲自引领。通常，会议主席坐在离会议门口最远的桌子末端。主席两边是参加会议的客人和拜访者的座位，或是给高级管理人员、助理的座位，以便能帮助主席分发有关材料、接受指示或完成主席在会议中需要配合的工作。通常，客人坐在面对门口的座位上。业务会议排列座位不应区分性别。

> **点滴感悟**
>
> ### 一片混乱的颁奖仪式
>
> 在某企业召开的年度表彰大会上，颁奖仪式正在进行。由于颁奖人次多，而且受奖人没有按照领奖顺序在前排就座，颁奖顺序被打乱，领导手拿奖品、奖状却找不到领奖的人；而领奖的人上台后，不知道谁给自己颁奖。一时间，主席台上一片混乱，表彰会应有的庄严、隆重、热烈的气氛受到影响。
>
> 启示：不要忽视颁奖仪式的位次，应事先安排好。

三、会议发言人的礼仪

大会发言要事先排定人选和次序，确定发言人时要考虑领导人之间的平衡、单位之间的平衡和内容的平衡。会议发言有正式发言和自由发言两种，前者一般是领导报告，后者一般是讨论发言。正式发言者，应衣冠整齐，走上主席台时应步态自然，刚劲有力，体现一种成竹在胸、自信自强的风度与气质。发言时，应口齿清晰，讲究逻辑，简明扼要。如果是书面发言，则要时常抬头扫视一下会场，不能只顾低头读稿，旁若无人。如果发言完毕，则应对听众的倾听表示谢意。

自由发言则较随意，但发言应讲究顺序和秩序，不能争抢发言；发言应简短，观点应明确；与他人有分歧时，应以理服人，态度平和，听从主持人的指挥。

如果有参加会议者对发言人提问，发言人应礼貌作答，对不能回答的问题，应机智而礼貌地说明理由，对提问者的批评和意见应认真听取，即使提问者的批评是错误的，也不应失态。

会议的现场发言要想真正得到成功，重点在于主持人的引导得法和与会者的发言得体。首先，主持人应能够在会议过程中随时注意来宾的反应，审时度势、因势利导地引导与会者的发言，并有力地控制会议的全局。其次，参加会议的每一个人都有义务维护会议的气氛，畅所欲言，一方面不可以冷场，另一方面也不可使秩序混乱。

参会者礼仪

四、参加会议者礼仪

开会前，如果临时有事不能出席会议，必须通知主办方。参加会议前，参会者要多听取上司或同事的意见，准备好参加会议所需的资料。

不当的会议行为

参加会议者应衣着整洁规范，仪表大方，准时入场，进出有序，依会议安排落座。开会时应关掉相关通信设备或将通信设备设置为静音状态，认真听讲，不要私下小声说话或交头接耳。在听其他人发言时，如果有疑问，要通过适当的方式提出来。在别人发言时，不要随便打断，破坏会议的气氛，也不要说悄悄话和打瞌睡，没有特别的情况不要中途退席；即使要退席，也要征得主持会议的人同意。发言人发言结束时，应鼓掌致意；中途退席应轻手轻脚，不影响他人。

参加会议者应注意以下礼仪事项。

（1）遵守时间。

出席会议时遵守时间是基本的会议礼节之一。无论职位高低，是否预备发言，都应准时到会。

（2）认真参会。

认真倾听，积极参与讨论，不要在别人发言时看报纸，打手机或昏昏欲睡。

（3）有秩序地就座。

若在主席台上就座，在走上主席台时，要井然有序，如果参加会议者在鼓掌致意，主席台就座者应该微笑着鼓掌回应。在会议进行时，主席台就座者要注意倾听发言人的发言。

（4）发言应简练。

在发言之前，可以面带微笑环顾一下会场周围，如果会场里掌声四起，可以鼓掌应答。要掌握好讲话的节奏，如果会场里交头接耳之声不断，要考虑适当转换话题，或将发言、报告内容适当压缩，使时间尽量紧凑。

倒霉的"名人"

刚大学毕业的刘明在一家知名商务咨询公司上班，活泼好动的刘明很快就赢得了公司所有人的好感。时近年终，刘明的公司应邀参加一个政府组织的工业发展规划研讨会，该研讨会对于金融危机之下的地区经济发展非常重要，所以会议邀请了很多工商界知名人士，工业发展学术界知名的专家、教授以及新闻界人士参加。公司老总也收到了邀请，他特别安排刘明和他一起参加，让他见识一下高层会议。

第二天早上，一向懒散的刘明却睡过了头，等他赶到政府会议厅时，会议已经进行了二十多分钟。他急急忙忙地推开了会议室的门，开门发出的声音使他一下子成了会场上的焦点。刚坐下不到5分钟，肃静的会场上又响起了手机铃声，原来是刘明的手机响了！这下子，刘明可成了人们瞩目的"名人"了。更糟糕的是，会场当时正有电视台进行现场报道。

不久，刘明被公司劝退了。

启示：遵守会议的时间和礼仪非常重要，否则不仅会闹出笑话，还会让别人怀疑你的礼仪修养。

（资料来源：《商务礼仪》，李巍，北京大学出版社，2009）

五、会议中的服务礼仪

（一）倒茶

服务人员应注意每位与会者，以便及时为其添茶水。倒水时动作轻盈、快捷、规范；杯盖的内口不能接触桌面；手要干净，以免在杯口留下手指印；不能发出杯盖碰撞的声音。通常是左手拿开杯盖，右手持水壶，将水准确倒入杯内，不能让茶水溅到桌面或与会者的身上。杯子放在与会者桌面的右上角。如果出现失误，则要及时向对方道歉。

会议倒茶礼仪

（二）其他服务

会议服务人员应做好会场内外的有关信息沟通工作，及时将相关信息传递给与会者。在这一服务过程中，服务人员应不露声色地走到相关人员面前，轻声传递信息。服务人员不应在会场频繁进出。当与会者需要进出会场时，服务人员应及时充当向导。

六、现场记录

凡重要的会议，均应进行现场记录，其具体方式有笔记、打印、录入、录音、录像等。可单用某一种，也可交叉使用。负责手写笔记会议记录时，对会议名称、出席人数、时间、地点、发言内容、讨论事项、临时动议、表决选举等基本内容要力求做到完整、准确、清晰。

七、编写简报

有些重要会议，往往在会议期间要编写会议简报。编写会议简报的基本要求是快、准、简。快，是要求其讲究时效；准，是要求其准确无误；简，则是要求文字精练。

 任务实施

黑龙江灵秀服装集团召开了夏季服装展示会，会议中的礼仪如下。

第一项　进入会场

牡丹江贸成服装中心总经理章立和秘书刘梅于 2015 年 5 月 18 日上午 9 点 10 分进入会场，在门口签到后，领取调查表。进入会场后在迎宾员的引导下找到自己的座位并就座，小声地与周围的与会者谈话，等待会议开始。

第二项　主持人讲话

会议主持人 9 点 30 分准时上台讲话，大致内容为：欢迎来宾，讲解本次会议的重要性和希望、祝愿。

第三项　上级领导讲话

上级领导讲话的主要内容是祝愿、祝福，肯定这次会议。

第四项　时装表演

将今夏的新款服装用走秀的方式展示出来，与会者填写调查表。

第五项　展示活动闭幕

会议主持人宣布展示活动结束，会议工作人员收取调查表。

任务 6.3　会议后的礼仪

会议后的礼仪

【任务布置】

黑龙江灵秀服装集团为了开拓夏季服装市场，拟召开一个服装展示会，推出一批夏季新款时装。牡丹江贸成服装中心总经理章立和秘书刘梅参加展示会。

（1）黑龙江灵秀服装集团注意会议结束及送行的礼仪。

（2）牡丹江贸成服装中心与会者注意参会者礼仪。

【知识要点】

在会议完毕之后，会议组织者应该注意以下细节，才能体现出良好的礼仪素养。

一、将会议内容形成文字资料

不同的会议内容所要形成的资料也是不同的，这些文件包括会议决议、会议纪要等。一般要求尽快形成，会议一结束就要下发或公布。以新闻发布会为例，需要主办单位认真整理、保存新闻发布会的有关资料，这些资料主要是指会议自身的图文声像资料，包括在电视、报纸、杂志、广播及电脑网络上所公开发表的涉及此次新闻发布会的通讯、评论、图片、消息等。

根据工作需要与有关保密制度的规定，在会议结束后应对与其有关的一切图文声像材料进行细致的收集、整理。收集、整理会议的材料时，应遵守规定与惯例，应该汇总的材料，一定要认真汇总；应该存档的材料，要一律归档；应该回收的材料，一定要如数收回；应该销毁的材料，则一定要仔细销毁。

二、赠送纪念品

在商务交往中，所使用的礼品要能起到使对方记住自己，记住自己的单位、产品和服务的作用，使双方友善和睦地交往。总之，让对方记住自己是商务交往中赠送纪念品的主要作用之一。

> **点滴感悟**
>
> **了解国外风俗习惯的重要性**
>
> 国内某企业举行了一次跨国性的会议，参会者来自各个国家。该企业地处杭州，为了展现杭州特色，让参会者记住企业，会议组织者专门订购制作了一批纯丝手帕，是名厂生产，每个手帕上都绣着花草图案和企业的标志，十分美观大方。每个手帕都装在特制的纸盒内，看起来是很别致的小礼品。中国丝织品闻名于世，会议组织者想礼品会受到参会者的喜欢。
>
> 但是，会议结束后，参会者收到礼品后并没有表现出让人预想的开心，反而一片哗然，议论纷纷，显出很不高兴的样子。特别是一位女士，表现得极为气愤，还有些伤感。工作人员不明所以，好心好意送对方礼物，不但得不到感谢，还出现这般景象。
>
> 启示：在西方一些国家有这样的习俗：亲朋好友相聚一段时间告别时才送手帕，取意为"擦掉惜别的眼泪"。那位女士表现得极为气愤，是因为她所得到的手帕上面还绣着菊花图案。菊花在中国是高雅的花卉，但在有些西方国家则是祭奠亡灵的。给外国朋友送礼，要了解并尊重其风俗习惯，这样做既对他们表示尊重，也不失礼节。

挑选纪念品时不仅要考虑质，还要考虑量。大多数中国人认为偶数表示圆满、吉祥，因而选择礼物时讲究成双成对，尽量避免奇数；日本人忌讳"4"或"9"，因为这两个数的发音与"苦""死"相似，所以，送礼物给日本人时应尽量避开这两个数；送礼物给欧美人时应避开数字"13"，因为欧美人认为"13"是不吉利的。

三、组织参观

如参观公司或厂房等，参观时应由专人在前引路。由地位大致相当的人员陪同客人参观并讲解。客人所到之处，公司其他人员要正常工作，不可因有客人参观而停止工作，应让客人看到完整的工作状态和工作过程。

四、合影留念

如果会议后安排合影，应如何安排代表就座呢？

在正式场合拍摄的合影，一般应当进行排位。在非正式场合拍摄的合影，则既可以排列位次，也可以不排列位次。

如果有必要排列合影参加者的具体位次时，应首先考虑是否方便拍摄。与此同时，还应注意以下几点：场地的大小，人数的多少，背景的陈设，光线的强弱，合影参加者具体的身份、高矮和胖瘦，方便与否等。

在安排合影的具体排位时，关键是要知道内外有别。国内合影时的排位，一般讲究"居前为上""居中为上"和"以左为上"。具体来看，它又有"人数为单"与"人数为双"的分别。在合影时，国内的习惯做法通常是主方人员居右，客方人员居左，即"以左为尊"。

在涉外场合合影时，应遵守国际惯例，讲究"以右为尊"，即宜令主人居中，主宾居右，其他双方人员按主左宾右的次序依次排开。简而言之，就是讲究"以右为上"。

在一般情况下，正式合影的总人数宜少不宜多。在合影时，所有的参与者一般均应站立。在必要时，可以安排前排人员就座，后排人员则可在其身后呈梯级状站立。但是，通常不宜要求合影的参加者以蹲姿参与拍摄。另外，如有必要，可以先期在合影现场摆设便于辨认的名签，以便参加者准确无误地各就各位。

五、送别

大型会议结束后，其主办单位一般应为参会者提供一切返程的便利。若有必要，应主动为对方订购、确认返程的机票、船票或车票。当团队与会者或与会的特殊人士离开本地时，还可安排专人为其送行，并帮助其托运行李。如有必要，会议服务人员或主办方的主要负责人要亲自送别。

送别通常指参会者离去之际，主方陪着对方一同行走一段路程，或者特意前往来宾启程返回之处与之告别，并看着对方离去。最为常见的送别形式有道别、话别、饯别、送行等，这里特指送行客人之意。考虑为参会者送行的具体时间时，要着重考虑下列两点：一是切勿耽误参会者的行程，二是切勿干扰参会者的计划。为参会者正式送行的常规地点通常是参会者返回时的启程之处。例如，机场、码头、火车站、长途汽车站等。倘若参会者启程时将直接乘坐专门的交通工具，从自己的临时下榻之处启程，则可将参会者的临时下榻之处作为送行的地点，例如，宾馆、饭店、旅馆、招待所等。送行人员在礼节上应做到：一是要与参会者亲切交谈；二是要与参会者握手作别；三是要向参会者挥手致意；四是要在对方走后，自己才能离去。

特别需要注意的是，在飞机起飞、轮船或火车开动之后，送行人员应向参会者挥手致意，直至飞机、轮船或火车在视野里消失，送行人员方可离去。不可在客人刚进入候机大厅或者刚登上轮船或火车时，送行人员就立即离去。

任务实施

黑龙江灵秀服装集团召开了夏季服装展示会，会议后的礼仪如下。

第一项　整理材料

会议组织小组在第一时间将会议相关材料整理成册，将调查表进行整理、分析，写出报告，递送上级。

第二项　赠送纪念品

展示会结束后，礼宾人员将礼品盒送到每一位参会者手中，黑龙江灵秀服装集团根据每位参会者的身材尺寸赠送每人一件T恤衫。

第三项　合影

全体参会者在公司标志性建筑前合影留念。

第四项　组织参观

由负责销售的副总经理带领公司办公室所有人员陪同参会者参观工厂、成品间，与有意向合作的参会者进一步商谈。

行路的位次礼仪

第五项　送行

参会者中的上级领导由副总经理亲自送行，其他参会者均由职位相当的人送行。送行人员必须等到参会者乘坐的交通工具离开后方可离开。

礼仪小测试

1. 关于会议通知下列说法正确的是（　　）。
   A. 会议通知要确保参会者提前一天收到，以便安排行程
   B. 通知只能是书信形式
   C. 会议通知不必附有回执
   D. 会议通知一旦发出后尽量不更改

2. 小型商务会议位次安排礼仪不包括（　　）。
   A. 面门设座，安排主席台、主持人、发言人面对会议室正门而坐
   B. 居中设座，中央的位次高于两侧
   C. 以左为尊，即左侧高于右侧
   D. 以右为尊，即右侧高于左侧

3. 关于会议主持人礼仪，下列说法不正确的是（　　）。
   A. 发言应口齿清楚，思维敏捷，简明扼要
   B. 应根据会议性质调节会议气氛
   C. 对会场上的熟人要马上打招呼
   D. 在会议开始前或会议休息时间，对熟人可点头、微笑致意

4. 关于参会者的礼仪，下列说法正确的是（　　）。
   A. 开会前，如果临时有事不能出席，不必通知对方
   B. 参会者应衣着整洁规范，仪表大方
   C. 要中途退席，不要打扰别人，悄悄离开
   D. 准时入场，进出有序，就近落座

5. 关于会议接待工作，下列说法不正确的是（　　）。

A. 会议的组织者应按规定的时间在车站、码头、机场设立接待站，接待站应有醒目的标志

B. 会议主办方的主要负责人应亲自去车站、码头、机场迎接主要参会者或上级领导，会前应亲自引领他们进入会场

C. 接到参会者后，迎宾人员应主动为参会者拎所有行李

D. 接待参会者人要周到、亲切

（以上各题正确答案为：1. D　2. C　3. C　4. B　5. C）

思 考 题

1. 会议位次应该如何安排？
2. 会议前应做哪些准备？
3. 会议结束后还要做哪些工作？
4. 会议主持人应注意哪些礼仪？
5. 参会者应注意哪些礼仪？

项目七

商务仪式礼仪

知识目标

☞ 了解商务仪式的程序。
☞ 熟悉各种商务仪式的准备流程。
☞ 理解不同商业仪式的注意事项。

能力目标

☞ 能够策划一个完整并且成功的商业仪式。

 **导入案例**

2014年8月8日是北方某市新建云海大酒店隆重开业的日子。这一天，酒店上空彩球高悬，四周彩旗飘扬，身着鲜艳旗袍的礼仪小姐站立在酒店大门两侧，她们的身后是摆放整齐的鲜花、花篮，所有员工服饰一新，精神焕发，沉浸在喜庆的气氛中。开业典礼在店前广场举行。上午11时许，应邀前来参加庆典的有关领导、各界友人、新闻记者陆续到齐。正在举行剪彩之际，天空突然下起了倾盆大雨，典礼只好移至大厅内，一时间，大厅内聚满了参加庆典的人员和避雨的行人。典礼仪式在音乐和雨声中隆重举行，整个大厅内灯光齐亮，使得庆典别具一番特色。

典礼完毕，雨仍在下着，大厅内避雨的行人短时间内根本无法离去，许多人焦急地盯着大厅外。于是，酒店经理当众宣布："今天能聚集到我们酒店的都是我们的嘉宾，这是天意，希望大家能同敝店共享今天的喜庆，我代表酒店真诚邀请诸位到餐厅共进午餐，当然一切全部免费。"刹那间，大厅内响起雷鸣般的掌声。

问题与思考

任何商业仪式都可能有突发情况发生，圆满得体地处理好问题，仪式不仅不会受到影响，相反还能起到锦上添花的效果。本案例中，虽然酒店开业额外多花了一笔午餐费，但酒店的名字在新闻媒体及众多顾客的渲染下却迅速传播开来，接下来酒店的生意怎么可能不红火呢？

仪式是举行典礼或重要活动的程序、形式。商务仪式是企业或其他社会组织向社会公众展示实力、进行公关宣传、与公众进行沟通、塑造企业或组织形象的一种方式。商务仪式的形式很多，不同仪式的礼仪规范有所不同。遵守相应的礼仪规范，有利于商务仪式活动的顺利进行，对实现举办仪式活动的目的具有重要意义。

任务7.1 商务交接礼仪

【任务布置】

黑龙江省倚天地产建筑有限公司成立于2001年，该公司主要从事房地产开发以及建筑项目。在2015年5月，与新玛强超市签订了关于在黑龙江省牡丹江市修建一个建筑面积约10万平方米的大型新玛强超市的建筑合同，倚天地产建筑有限公司和新玛强超市负责人双方约定在2015年10月1日上午9点交工，届时将举办交接仪式。

（1）做好交接仪式的准备。
（2）落实黑龙江省倚天地产建筑有限公司和新玛强超市双方交接仪式事宜。

【知识要点】

在商务交往中，商务伙伴之间合作的成功是值得有关各方庆贺的一桩大事。在激烈的竞争环境下，商务伙伴之间的合作的确来之不易，因此，它备受各方的高度重视。举行热烈而隆重的交接仪式，就是在商务往来中用以庆贺商务伙伴之间合作成功的一种活动形式。

交接仪式，是指在商界一般是指施工单位依照合同将已经建设、安装完成的工程项目或大型设备如厂房、商厦、办公楼、宾馆、机场、车站、码头以及火车、飞机、轮船、机械、物资等经验收合格后正式移交给使用单位之时，所专门举行的庆祝典礼。

举行交接仪式的重要意义在于，它既是商务伙伴们对于成功合作的庆贺，也是对给予过自己关怀、支持、帮助的社会各界的答谢，又是接收单位与施工、安装单位巧妙地利用时机，为双方各自提高知名度和美誉度而进行的一种公共宣传活动。

交接礼仪，一般是指在举行交接仪式时所须遵守的有关规范。通常，它具体包括交接仪式的准备礼仪、交接仪式的程序礼仪、交接仪式的参加礼仪等三个方面的主要内容。

一、交接仪式的准备礼仪

（一）会场的布置

1. 会场选择

举行交接仪式的现场，亦称交接仪式的会场。会场的选择通常应视交接仪式的重要程度、全体出席者的具体人数、交接仪式的具体程序与内容，以及是否要求对相关信息进行保密等几个方面的因素而定。根据常规，一般可将交接仪式的举行地点安排在已经建设、安装完成并已验收合格的工程项目或大型设备所在地的现场。有时，亦可酌情将其安排在主办方单位本部的会议厅，或者施工、安装单位与接收单位双方共同认可的其他场所。

（1）现场。

交接仪式的会场通常会设置在已经建设、安装完成并已验收合格的工程项目或大型设备所在地。其优点是：可使全体出席仪式的人员身临其境，获得对被交付使用的工程项目或大型设备的直观而形象的了解，掌握较为充分的第一手资料；若在交接仪式举行之后安排来宾进行参观，则更为方便可行。其缺点是：现场因工程的建设或大型设备的安装较为凌乱，需要进行大量的准备工作，加之由于将被交付的工程项目或大型设备归接收单位所有，主办方需与对方协调，事先征得对方首肯，事后还需配合，所以活动的组织工作比较困难。

（2）单位本部。

某些情况下，如将被交付的工程项目、大型设备不宜为外人参观，或者暂时不方便外人参观时，可将仪式现场设在主办方单位本部的会议厅举行。其优点是：可免除大量的接待工作，会场的布置十分便利，并便于做好保密措施。其缺点是：主办方单位往往需要付出更多的人力、财力、物力，全体来宾对于将被交付的工程项目或大型设备缺乏身临其境的了解和直观感受。

（3）其他场所。

如果将被交付的工程项目或大型设备的现场条件欠佳，或是由于主办方单位的本部不在当地以及将要出席仪式的人员较多等其他原因，经施工、安装单位提议，并经接收单位同意之后，交接仪式亦可在其他场所举行。例如宾馆的多功能厅、外单位出租的礼堂或大厅等处，都可用来举行交接仪式。在其他场所举行交接仪式，尽管开支较高，但可省去大

项目七 商务仪式礼仪

量安排、布置的工作，而且还可以提升仪式的档次。

2. 现场布置

不论仪式在何处举行，作为主办方，均需事先指定专人或组织临时性的工作小组，具体负责会场的布置工作。会场布置既不能铺张浪费、华而不实、劳民伤财，又要达到以适当的形式营造、渲染一种热烈、隆重和喜庆气氛的目的。

在交接仪式的现场，可临时搭建一处主席台。必要时，应在其上铺设红地毯。在会场正中应悬挂"××工程交接仪式"或"热烈庆祝××商厦正式交付使用"的巨型横幅。会场的入口处或主席台前、干道两侧、交接物四周，可酌情插置一定数量的彩带、彩旗、彩球，放置一些色泽艳丽、花朵硕大的盆花，用以美化环境。会场上空可牵放带有庆贺标语的巨型气球。来宾赠送的花篮，可依照约定俗成的顺序（如"先来后到""不排名次"等）将其呈一列摆放在主席台正前方，或是分成两列摆放在现场入口外面的两侧。不过，若是来宾所赠的花篮较少，则不必将其公开陈列在外。

（二）物品的准备

在交接仪式上，有一些需要使用的物品，应由主办方一方提前进行准备。首先，必不可少的是作为交接象征之物的有关物品。它们主要有：验收文件、一览表、钥匙等。验收文件，此处是指已经公证的由交接双方正式签署的接收证明性文件。一览表，是指交付给接收单位的全部物资、设备或其他物品的名称、数量明细表。钥匙，是指用来开启被交接的建筑物或机械设备的钥匙。在一般情况下，因其具有象征性意味，故预备一把即可。

其次，主办交接仪式的单位有时还需为来宾略备一份薄礼，在交接仪式上用以赠送给来宾的礼品应具有纪念性、宣传性。被交接的工程项目、大型设备的微缩模型，或以其为主角的画册、明信片、纪念章、领带针、钥匙扣等，皆为上佳之选。

（三）来宾的邀请

出席仪式的人员，通常应由仪式的主办方——施工单位并会同接收单位协商确定。在一般情况下，为凸显活动热烈、隆重和喜庆的气氛，参加交接仪式的人数自然越多越好。但在确定出席仪式的总人数时，必须兼顾场地条件与接待能力，切忌贪多。

从原则上来讲，交接仪式的出席人员应当包括：施工、安装单位的有关人员，接收单位的有关人员，上级有关主管部门的负责人及其代表，当地政府的负责人，协作单位的代表，行业组织、社会团体的有关人员，以及各界知名人士、新闻界人士等。

在上述人员之中，除施工、安装单位与接收单位的有关人员之外，对于其他所有的人员，均应提前送达或寄送正式的书面邀请，以示对对方的尊重之意。邀请上级主管部门、当地政府、行业组织的有关人员时，虽不必勉强对方，但必须努力争取，并表现得心诚意切。对于新闻界的人士，则应为其尽可能地提供一切便利。利用举行交接仪式这一良机，使施工、安装单位、接收单位与上级主管部门、当地政府、行业组织进行多方接触，不仅可以宣传自己的工作成绩，而且也有助于有关各方之间进一步地实现相互理解和相互沟通。

二、交接仪式的程序礼仪

（一）拟定交接仪式程序的原则

交接仪式的程序，具体是指交接仪式进行的各个步骤。不同内容的交接仪式，其具体

261

程序往往各有不同，主办单位在拟定交接仪式的具体程序时，必须注意以下两个基本原则。

1. 惯例执行原则

主办单位在拟定交接仪式的具体程序时，在大的方面必须参照惯例执行，尽量不要标新立异。

2. 实事求是原则

实事求是原则，是指必须实事求是、量力而行，在具体的细节方面不必事事贪大求全。

（二）交接仪式的程序

（1）宣布交接仪式开始。

主持人宣布交接仪式正式开始之前，应邀请有关各方人士在主席台上就座，并以适当的方式暗示全体人员保持安静，然后宣布交接仪式正式开始。此时，全体来宾应进行较长时间的鼓掌，以热烈的掌声来表达对主办方的祝贺之意。

（2）奏国歌。

奏国歌时全体与会者必须肃立，奏国歌之后演奏主办方单位的标志性歌曲，有时该项程序也可略去。不过若能安排这一程序，则往往会使交接仪式显得更为庄严而隆重。

（3）由施工、安装单位与接收单位正式进行有关工程项目或大型设备的交接。

具体的做法主要是：首先，由施工、安装单位的代表将有关工程项目、大型设备的验收文件、一览表及钥匙等象征性物品，正式递交给接收单位的代表；此时，双方应面带微笑，双手递交、接收有关物品。其次，交接还应热烈握手。至此，标志着有关的工程项目或大型设备已经被正式地移交给了接收单位。假如条件允许，在该项程序进行的过程中，可在现场演奏或播放节奏欢快的喜庆性歌曲。在有些情况下，为了进一步营造出一种热烈而隆重的气氛，这一程序也可由上级主管部门或地方政府的负责人为有关的工程项目、大型设备的启用而剪彩所取代。

（4）各方代表发言。

按惯例，在交接仪式上，须由有关各方的代表发言。他们依次应为：施工、安装单位的代表，接收单位的代表，来宾代表等。这些发言一般均为礼节性的，并以喜气洋洋为主要特征，通常宜短忌长，只需短短几句，点到为止即可。原则上讲，每个人的发言应以三分钟为限。

（5）宣告交接仪式正式结束。

随后安排全体来宾参观或观看文娱表演。此时，全体来宾应再次较长时间地热烈鼓掌。

按照仪式礼仪的总体要求，交接仪式同其他仪式一样，在所耗费的时间上也是宜短不宜长。在正常情况下，每一次交接仪式从头至尾所用的时间，大体上不应当超过一个小时。为了做到这一点，就要求交接仪式在具体程序上讲究少而精。正因为如此，一些原本应当列入正式程序的内容，例如参观、观看文娱表演等，均被视为正式仪式结束之后所进行的辅助性活动而另行安排。如果方便的话，正式仪式一旦结束，主办方与接收单位应邀请各方来宾一道参观有关的工程项目或大型设备。主办方一方应为此专门安排好经验丰富的陪同、解说人员，使各方来宾通过现场参观，进一步深化对有关的工程项目或大型设备的认识。若是出于某种主观原因，不便邀请来宾现场参观时，也可以通过组织其参观有关的图片展览或向其发放宣传资料的方式，适当地满足来宾的好奇心。不论是布置图片展览，还是印制宣传资料，在不泄密的前提下，均应尽量使内容翔实、资料充足、图文并茂。通常，它们应当包括有关工程项目或大型设备的建设背景、主要功能、基本数据、具体规格、开工与竣工的日期，施工、安装、设计、接收单位的概况，与国内外同类项目、设备的比较等。为使之更具说服力，不妨多采用一些准确的数据来说明。在仪式结束后，若不安排参观活动，还可为来宾安排一场综艺类的文艺表演，以助雅兴。表演者可以是主办方单位的员工，也可以邀请专业人士；表演的内容应为轻松、欢快、娱乐性强的节目。

需要说明的是，有关的工程项目或大型设备的交接，自然是与其完工验收相互衔接的。对于交付接收单位验收的工程项目、大型设备，施工、安装单位理当精心设计、精心施工、精心安装、保质保量地如期完成任务。而接收单位也应当公事公办，严把质量关，切不可为图一己之私利而手下留情，致使后患无穷。由于验收工作极其严肃复杂，而且颇耗时日，所以不应为了赶时间、走过场、凑内容，将其列为交接仪式上的一项正式程序。

换言之，验收工作与交接仪式由于性质不同，应有所区分，分别而论。正式的验收工作应当安排在交接仪式举行之前进行，而交接仪式则必须安排在验收工作全部完成之后举行。这主要是因为，交接仪式一旦举行之后，有关的工程项目或大型设备即被正式交付给接收单位，此后倘若出现质量问题，解决起来就没那么容易了。

三、参加交接仪式的参加礼仪

在参加交接仪式时，不论是主办方一方还是来宾一方，都存在一个表现是否得体的问题。假如有人在仪式上表现失礼，往往就会使交接仪式黯然失色，有时甚至还会因此影响到有关各方的相互关系。

（一）主办方的礼仪

对主办方一方而言，参加交接仪式时需要注意的礼仪问题有以下三点。

1. 仪表妆饰

主办方一方参加交接仪式的人员，不仅应当是"精兵强将"，还要"仪表堂堂"，因为他们代表了主办方的形象。所以，必须要求其妆饰规范、服饰得体、举止有方。

2. 保持风度

在交接仪式举行期间，主办方一方的人员不可交头接耳、打打闹闹、东游西逛；在为发言者鼓掌时，不允许厚此薄彼；当来宾来祝贺时，喜形于色无可厚非，但切勿嚣张放肆、得意忘形。

3. 待人友好

不管自己是否专门负责接待、陪同或解说工作，主办方一方的全体人员都应当自觉地树立起主人翁意识，一旦来宾提出问题或请求帮助时，都要鼎力相助。不可出现一问三不知、借故推脱、拒绝帮忙，甚至胡言乱语、说风凉话的现象。即使自己无能为力，也要向对方说明原因，并且及时向有关方面进行反映，使问题得以解决。

点滴感悟

地主之谊需尽到

方圆房地产有限公司 2014 年接受了当地人民医院的建设任务，经过一年半紧锣密鼓的建设，终于在 2015 年 5 月 1 号交工，当天进行了交接仪式。方圆房地产有限公司和人民医院的负责人都悉数到场，令大家意外的是，方圆房地产有限公司除了经理是着正装外，其余的员工穿着都很随便，而且对现场来宾的接待也不冷不热。来宾没多久就都离开了，方圆房地产有限公司的经理还纳闷：这是怎么回事呢？

启示：主办方应该正装出席重要场合，尤其是交接仪式这样的环节。另外，主办方对来宾应该热情相待，给大家留下好印象。

（二）来宾的礼仪

对于来宾一方而言，在应邀出席交接仪式时，应当重视以下四个礼仪方面的问题。

1. 致以祝贺

接到正式邀请后，被邀请者即应尽早以单位或个人的名义发出贺电或贺信，向主办方表示热烈祝贺。有时，被邀请者在出席交接仪式时，将贺电或贺信面交主办方也是可行的。不仅如此，被邀请者在参加仪式时，还须郑重其事地与主办方一方的主要负责人一一握手，再次口头道贺。

2. 略备贺礼

为表示祝贺之意，可向主办方一方赠送一些贺礼，如花篮、牌匾、贺幛等。当下，以赠送花篮最为流行。花篮一般需要在花店订制，用各色鲜花插装而成，并且应在其两侧悬挂特制的红色缎带，右书"恭贺××交接仪式隆重举行"，左书恭贺单位的全称。花篮可由花店代为先期送达，也可由来宾在抵达现场时亲自面交主办方。

3. 预备贺词

假如来宾与主办方关系密切，则还须提前准备一份书面贺词。贺词的内容应当简明扼要，主要是为了向主办方祝贺。

4. 准时到场

若无特殊原因，接到邀请后，务必牢记在心，届时正点抵达，为主人捧场。若不能出席，则应尽早通知主办方。

任务实施 1

针对黑龙江省倚天地产建筑有限公司和新玛强超市的交接仪式，倚天地产建筑有限公司做了如下的先期准备。

第一项 会场的布置

经黑龙江省××地产建筑有限公司和新玛强超市双方的人数安排和各方面因素，一致研究决定将交接仪式的现场设立在刚刚竣工的新玛强超市现场，倚天地产建筑有限公司提前派工作人员进行了会场的布置，搭建了主席台，铺上了红毯，并在中间挂上"热烈庆祝新玛强超市正式交付使用"大型横幅，同时还放置一些色泽艳丽、花朵硕大的盆花，创造出热烈的气氛。来宾赠送的花篮也依次排好。

第二项　物品的准备

黑龙江省倚天地产建筑有限公司提前准备了需要使用的物品，作为交接象征之物的有关物品主要有：验收文件、一览表、钥匙等，除此之外，倚天地产建筑有限公司为来宾略备一份薄礼，礼品为具有纪念性质带有本公司标志的领带针。

第三项　来宾的邀请

黑龙江省倚天地产建筑有限公司和新玛强超市在兼顾场地条件与接待能力情况下协商确定出席仪式的人员，出席交接仪式的人员包括：黑龙江省倚天地产建筑有限公司施工、安装单位的有关人员，新玛强超市的有关人员，牡丹江市政府主管部门的负责人及其代表，相关协作单位的代表，行业组织、社会团体的有关人员，以及各界知名人士、新闻界人士等。

 任务实施2

针对黑龙江省倚天地产建筑有限公司和新玛强超市的交接仪式，黑龙江省倚天地产建筑有限公司做了如下的安排。

第一项　宣布交接仪式开始

主持人宣布交接仪式正式开始之前，邀请有关各方人士在主席台上就座，并以适当的方式暗示全体人员保持安静，然后宣布交接仪式正式开始。

第二项　奏国歌

邀请所有的来宾起立，奏国歌，为了突出仪式的隆重也可以演奏主办方单位黑龙江省倚天地产建筑有限公司的标志性歌曲。

第三项　黑龙江省倚天地产建筑有限公司与新玛强超市正式进行
有关工程项目或大型设备的交接

由黑龙江省倚天地产建筑有限公司将有关工程项目、大型设备的验收文件、一览表及钥匙等象征性物品，正式递交给接收单位新玛强超市的代表。双方面带微笑，双手递交、接收有关物品。在此之后，热烈握手。至此，标志着有关的工程项目或大型设备已经被正式地移交给了接收单位。同时，在该程序进行的过程中，现场演奏或播放节奏欢快的喜庆性歌曲。

第四项　各方代表发言

在交接仪式上，安排有关各方的代表发言。他们依次为：黑龙江省倚天地产建筑有限公司的代表，新玛强超市的代表，来宾代表等，每个人的发言所需时间控制在三分钟左右。

第五项　宣告交接仪式正式结束

主持人宣告交接仪式正式结束，随后安排全体来宾进行参观或观看文娱表演。

任务7.2 商界开业礼仪

【任务布置】

黑龙江省倚天地产建筑有限公司成立于2001年,该公司主要从事房地产开发以及建筑项目,该公司与新玛强超市在2014年5月签订了关于在黑龙江省牡丹江市修建一个建筑面积约10万平方米的大型新玛强超市的建筑合同,倚天地产建筑有限公司和超市负责人双方在2015年10月1日上午9点交工,举办了交接仪式。2016年5月1日,超市将举办开业开幕仪式,并邀请双方以及政府和相关人员出席。

(1)做好新玛强超市开业仪式的准备。
(2)落实新玛强超市开业仪式的相关事宜。

【知识要点】

开业仪式,是指在单位创建、开业,项目完工、落成,某一建筑物正式启用,或是某项工程正式开始之际,为了表示庆贺或纪念,而按照一定的程序所隆重举行的专门的仪式。有时,开业仪式亦称作开业典礼。

开业仪式在商界一直颇受人们的青睐。究其原因,不仅仅是商家只为讨吉利,更重要的是可以通过它因势利导,对商家事业的发展裨益良多。一般认为,举行开业仪式,至少可以起到下述五个方面的作用。

第一,有助于塑造本单位的良好形象,提高自己的知名度与美誉度。

第二,有助于扩大本单位的社会影响,吸引社会各界的重视与关心。

第三,有助于将本单位的建立或成就"广而告之",借以为自己招徕顾客。

第四,有助于让支持过自己的社会各界与自己一同分享成功的喜悦,进而为日后进一步合作奠定良好的基础。

第五,有助于增强本单位全体员工的自豪感与责任心,从而为自己创造一个良好的开端,或是开创一个新的起点。

开业礼仪,一般指的是在开业仪式筹备与运作的具体过程中所应当遵从的礼仪惯例。通常,开业礼仪包括两项基本内容,即开业仪式的筹备和开业仪式的运作。

一、开业仪式的筹备

开业仪式尽管进行的时间较短,但要营造出现场的热烈气氛,取得彻底的成功,却绝非一桩易事。由于它牵涉面较广,影响面较大,必须认真进行筹备。筹备工作认真、充分与否,往往决定着开业仪式能否真正取得成功,主办单位对此务必要给予高度的重视。

具体而论,筹备开业仪式时,对于舆论宣传、来宾邀请、场地布置、接待服务、礼品馈赠、程序拟定等六个方面的工作,尤其需要事先做好认真安排。

（一）做好舆论宣传工作

举办开业仪式的主旨在于借势宣传，塑造本单位的良好形象，那么进行舆论宣传就是必不可少的。营造良好的宣传氛围，以吸引社会各界对自己的注意，争取社会公众对自己的认可或接受。做好舆论宣传工作，要做的常规工作有：一是选择有效的大众传播媒介，进行集中性的广告宣传，其内容一般为开业仪式举行的时间、地点、开业之际对顾客的优惠、开业单位的经营特色等；二是邀请有关大众传播界人士在开业仪式举行之时到场进行采访、报道，以便对本单位进行进一步的正面宣传，提高本单位的知名度和美誉度。

（二）做好来宾邀请工作

开业仪式影响的大小，往往取决于来宾身份的高低及其人数的多少。在力所能及的条件下，要力争多邀请一些来宾参加开业仪式。地方领导、上级主管部门与地方职能管理部门的领导、合作单位与同行单位的领导、社会团体的负责人、社会名流、媒体人员，都是邀请时应优先考虑的对象。为慎重起见，用以邀请来宾的请柬应认真书写，并装入精美的信封，在开业前的两三天，送达对方手中，以便对方早做安排。

（三）做好场地布置工作

开业仪式多在开业现场举行，其场地可以是正门之外的广场，也可以是正门之内的大厅。按惯例，举行开业仪式时宾主一律站立，一般不布置主席台或座椅。为了显示隆重与对来宾的尊敬，可在来宾尤其是贵宾站立之处铺设红色地毯，并在场地四周悬挂横幅、标语、气球、彩带、宫灯等。此外，还应当在醒目之处摆放来宾赠送的花篮、牌匾。来宾的签到簿、本单位的宣传材料、待客的饮料等，亦需提前备好。对于音响、照明设备，以及开业仪式举行之时所需使用的用具、设备，必须事先认真进行检查、调试，以防在使用时出现差错。

（四）做好接待服务工作

在举行开业仪式的现场，一定要有专人负责来宾的接待服务工作。本单位的全体员工要以主人翁的身份热情待客，有求必应，分工负责，各司其职。在接待贵宾时，需由本单位主要负责人亲自出面；接待其他来宾时，则可由礼仪小姐负责。接待人员还要提前准备好签到簿、本单位的宣传材料、招待来宾的饮料等，为贵宾准备好专用的停车位、休息室等。

（五）做好礼品馈赠工作

举行开业仪式时赠予来宾的礼品，一般属于宣传性物品。若选择得当，则必定会产生良好的效果。根据常规，向来宾赠送的礼品应具有三大特征。第一，宣传性。可选用本单位的产品，也可在礼品及其包装上印上本单位的企业标志、广告用语、产品图案、开业日期等。第二，荣誉性。礼品要具有一定的纪念意义，使拥有者对其珍惜、重视，并为之感到光荣和自豪。第三，独特性。礼品应当与众不同，具有本单位的鲜明特色，使人一目了然，过目不忘。

礼品惹的祸

苏州某瓷器公司于 2015 年 6 月 12 日举办开业典礼，邀请本市领导、行业人士及外商合作伙伴参加。典礼正常进行，一切都非常顺利。公司为表达诚意，准备向每位参加典礼的嘉宾都赠送一份精心准备的礼品，以表谢意。礼品是一个包装精美的翠绿色瓷碗，是本公司制作生产的，每个瓷碗上印着粉色的荷花图案，十分美观大方。瓷碗装在特制的纸盒内，盒上有厂名、厂址，显得精致大方。

典礼即将结束，此时接待人员为到场嘉宾奉送礼品。此时收到礼品的人都显得非常惊喜，但突然一位日本外商却把礼品丢在一旁，并显出很不高兴的样子。于是负责人急忙询问情况，了解原因之后向对方赔了礼，道了歉。

启示：在日本有这样的习俗：在生活中，他们最忌讳的颜色是绿色，认为绿色是不祥之色；同时忌讳荷花，认为荷花是丧花。

（六）做好程序拟定工作

开业仪式大都由开场、过程、结局三大基本程序构成。开场，即奏乐，邀请来宾就位，宣布仪式正式开始，介绍主要来宾。过程是开业仪式的核心内容，通常包括本单位负责人讲话，来宾代表致辞，启动某项开业标志等。结局则包括开业仪式结束后，宾主一同进行现场参观、联欢、座谈等。为了使开业仪式顺利进行，在筹备之时，必须要认真草拟开业仪式的程序，并选定合适的仪式主持人。

二、开业仪式的运作

开业仪式是一个统称，在不同的适用场合，往往会采用其他一些名称。例如，开幕仪式、开工仪式、奠基仪式、破土仪式、竣工仪式、下水仪式、通车仪式、通航仪式等。它们的共性是要以热烈而隆重的仪式为本单位的发展创造一个良好的开端，它们的个性则表现为在仪式的具体运作上存在一些差异，需要区别对待。

（一）开幕仪式

开幕仪式是商务人员平日接触最多的仪式。通常是指公司、企业、宾馆、商店、银行正式启用之前，或是各类商品的展示会、博览会、订货会正式开始之前，所正式举行的相关仪式。每当开幕仪式举行之后，公司、企业、宾馆、商店、银行将正式营业，有关商品的展示会、博览会、订货会将正式接待顾客与观众。

举行开幕仪式需要较为宽敞的活动空间，门前广场、展厅门前、室内大厅等处，均可用作开幕仪式的举办地点。

开幕仪式的主要程序有以下六项。

（1）仪式宣布开始。介绍来宾，全体起立。
（2）邀请专人揭幕或剪彩。
（3）在主人的亲自引领下，全体到场者依次进入幕门。
（4）主人致辞答谢。
（5）来宾代表致辞祝贺。
（6）主人陪同来宾进行参观。开始正式接待顾客或观众，对外营业或对外展览宣告开始。

(二) 开工仪式

开工仪式，即工厂准备正式开始生产产品、矿山准备正式开采矿石时，所专门举行的庆祝性、纪念性活动。开工仪式一般在生产现场举行，即以工厂的主要生产车间、矿山的主要矿井等处作为举行开工仪式的场所。除司仪人员按惯例应着礼仪性服装之外，主办方一方的全体职工均应穿着干净而整洁的工作服出席仪式。

开工仪式的主要程序有以下五项。

(1) 仪式宣布开始。介绍来宾，全体起立，奏乐。

(2) 在司仪的引导下，本单位的主要负责人陪同来宾行至开工现场肃立。例如，机器开关或电闸附近。

(3) 正式开工。届时应请本单位职工代表或来宾代表来到机器开关或电闸旁，首先对其躬身施礼，然后再动手启动机器或合上电闸。全体人员此刻应鼓掌。

(4) 全体职工各就各位，上岗进行操作。

(5) 在主办方的带领下，全体来宾参观生产现场。

(三) 奠基仪式

奠基仪式，通常是一些重要的建筑物，比如大厦、场馆、亭台、楼阁、园林、纪念碑等，在动工修建之初，所正式举行的庆贺性活动。

奠基仪式举行的地点，一般应选择在动工修筑建筑物的施工现场，而奠基的具体地点，按常规均应选择在建筑物正门的右侧。在一般情况下，用以奠基的奠基石应为一块完整无损、外观精美的长方形石料。奠基石上的文字应当竖写，一般用楷体字刻写，并且最好是白底金字或黑字；在其右上款应刻有建筑物的正式名称；在其正中央，应刻有"奠基"两个大字；在其左下款，应刻有奠基单位的全称和举行奠基仪式的具体年月日。

在奠基石的下方或一侧，还应安放一只密闭完好的铁盒，内装该建筑物的各项资料以及奠基人的姓名。届时，它将同奠基石一道被奠基人等培土掩埋于地下，以示纪念。

通常，在奠基仪式的举行现场应设立彩棚，安放该建筑物的模型或设计图、效果图，同时各种建筑机械就位待命。

奠基仪式的主要程序有以下五项。

(1) 仪式宣布开始。介绍来宾，全体起立。

(2) 奏国歌。

(3) 主人对该建筑物的功能以及规划设计进行简介。

(4) 来宾代表致辞道贺。

(5) 正式进行奠基。此时，应锣鼓喧天，或演奏喜庆乐曲。首先，由奠基人双手持握系有红绸的新锹为奠基石培土。再由主人与其他嘉宾依次为之培土，直至将其埋没为止。

(四) 破土仪式

破土仪式，亦称破土动工。它是指在道路、河道、水库、桥梁、电站、厂房、机场、码头、车站等正式开工之际，专门举行的仪式。

破土仪式举行的地点，应当选择在工地的中央或其某一侧。举行仪式的现场，务必要事先进行过认真的清扫、平整、装饰。倘若来宾较多，尤其是当高龄来宾较多时，最好在现场附近临时搭建一些供休息的帐篷或活动房屋，使来宾免受风吹、日晒、雨淋之苦，并可稍事休息。

破土仪式的主要程序有以下六项。

（1）仪式宣布开始。介绍来宾，全体肃立。

（2）奏国歌。

（3）主人致辞。以介绍和感谢为其发言的重点。

（4）来宾代表致辞祝贺。

（5）正式破土动工。其常规的做法是：首先，由众人环绕于破土之处的周围肃立，并且目视破土者，以示尊重。再由破土者双手执系有红绸的新锹垦土三次，以示良好的开端。

（6）全体在场者鼓掌，演奏喜庆音乐，或燃放鞭炮。

一般而言，奠基仪式与破土仪式在具体程序上大同小异，其适用范围亦大体相近，这两种仪式不宜同时、同地举行。

（五）竣工仪式

竣工仪式，又称落成仪式或建成仪式。它是指本单位的某一建筑物或某项设施建设、安装工作完成后，或者是某一纪念性、标志性建筑物——例如，纪念碑、纪念塔、纪念堂、纪念像、纪念雕塑等建成后，以及某种意义特别重大的产品生产成功之后，所专门举行的庆贺性活动。

举行竣工仪式的地点，一般应选择在工程现场。例如，新建成的厂区内、新落成的建筑物前以及刚刚建成的纪念物旁边，都是理想的仪式举办地点。

在竣工仪式举行时，全体出席者的情绪应与仪式的具体内容相适应。例如，在庆贺工厂、大厦落成或重要产品生产成功时，应当表现得欢快而喜悦；在庆祝纪念碑、纪念塔、纪念堂、纪念像、纪念雕塑建成时，应该表现得庄严而肃穆。

竣工仪式的主要程序有以下七项。

（1）仪式宣布开始，介绍来宾，全体起立。

（2）奏国歌，并演奏本单位标志性歌曲。

（3）本单位负责人发言，以介绍、回顾、感谢为主要内容。

（4）进行揭幕或剪彩。

（5）全体人员向竣工仪式的"主角"——刚刚竣工或落成的建筑物，郑重其事地行注目礼。

（6）来宾代表致辞祝贺。

（7）进行参观。

（六）下水仪式

下水仪式，是指在新船建成在下水之时所专门举行的仪式。它是造船厂在吨位较大的轮船建造完成、验收完毕、交付使用之际，为其正式下水启航而特意举行的庆祝性活动。

按照国际惯例，下水仪式一般在新船码头上举行。届时，应对现场进行一定程度的美化。例如，在码头及干道两侧装饰彩旗、彩带，在新船所在的码头附近设置专供来宾观礼或休息用的彩棚等。

对下水仪式的主角新船，亦需精心装扮。一般来讲，要在船头扎上由红绸结成的大红花，并且在新船的两侧船舷上扎上彩旗，系上彩带。

下水仪式的主要程序有以下五项。

（1）仪式宣布开始。介绍来宾，全体起立，乐队奏乐，或锣鼓齐鸣。

（2）奏国歌。

（3）由主持人简要介绍新船的基本状况。例如，船外、吨位、马力、长度、高度、吃水、载重、用途、工价等。

（4）由特邀掷瓶人行掷瓶礼。砍断缆绳，新船正式下水。

（5）来宾代表致辞祝贺。

行掷瓶礼，是下水仪式上独具特色的一个节目。在国外由来已久，并已传入我国，其目的是要渲染出喜庆的气氛。其做法是：由身着礼服的特邀嘉宾双手持一瓶香槟酒，用力将瓶身向新船的船头投掷，使瓶破之后酒沫飞溅，酒香四溢。在嘉宾掷瓶之后，全体到场者需面向新船行注目礼，并随即热烈鼓掌。此时，还可在现场再度奏乐或鸣锣鼓，放飞信鸽，并在新船上撒彩花，落彩带。

（七）通车仪式

开业仪式的常见形式之七，是通车仪式。通车仪式，大都是在重要的交通建筑完工并验收合格之后，所正式举行的启用仪式。例如，公路、铁路、地铁以及重要的桥梁、隧道等在正式交付使用之前，均会举行一次以示庆祝的通车仪式。有时，通车仪式又叫开通仪式。

举行通车仪式的地点，通常为公路、铁路、地铁新线路的某一端，新建桥梁的某一头，或者新建隧道的某一侧。

在现场附近，以及沿线两旁，应当适量地插上彩旗、挂上彩带。必要时，还应设置彩色牌楼，并悬挂横幅。在通车仪式上，被装饰的重点应当是用以进行"处女航"的汽车、火车或地铁列车。在车头上，一般要系上红花。在车身两侧，则可酌情插上彩旗、系上彩带，并悬挂醒目的大幅宣传性标语。

通车仪式的主要程序有以下六项。

（1）仪式宣布开始。介绍来宾，全体起立。

（2）奏国歌。

（3）主人致辞。其主要内容是介绍即将通车的新线路、新桥梁或新隧道的基本情况，并向有关方面谨致谢意。

（4）来宾代表致辞祝贺。

（5）正式剪彩。

（6）首次正式通行车辆。届时，宾主及群众代表应一起登车随行。有时，往往还须由主人所乘坐的车辆行进在最前方开路。

（八）通航仪式

通航仪式，又称首航仪式，是指飞机或轮船在正式开通某一条新航线之际，正式举行的庆祝性活动。一般而言，通航仪式除去主要角色为飞机或轮船之外，在其他方面，尤其是在具体程序的操作上，往往与通车仪式大同小异，这里不再作具体介绍。

任务实施 1

针对新玛强超市的开业仪式，新玛强超市做了如下的前期准备工作。

第一项　做好舆论宣传工作

为了使超市的形象深入人心，塑造本超市的良好形象，营造良好的宣传氛围，以吸引社会各界注意，新玛强超市印发了大量的宣传海报和传单。另外，超市也制定了在开业之际针对顾客的各个方面购物的大幅度优惠，如"买一赠一""购物抽奖"等活动。同时，超市公关部负责人也邀请传媒集团在开业仪式举行之时到场进行采访、报道，以此提高新玛强超市的知名度和美誉度。

第二项　做好来宾邀请工作

为了提高开业仪式的影响，新玛强超市邀请了一些来宾参加开业仪式。牡丹江市政府以及超市上级主管部门、合作单位与同行单位的领导、社会团体的负责人、社会名流、媒体人员都在应邀之列。用于邀请来宾的请柬也已在开业前2～3天用精美的信封送达对方手中。

第三项　做好场地布置工作

经新玛强超市管理层研究决定把开业仪式的场所定在开业现场正门之外的广场举行，为显示隆重与敬客，在来宾站立之处、广场处铺设红色地毯，并在场地四周悬挂横幅、标语，设置气球、彩带、宫灯等。此外，还在醒目之处摆放来宾赠送的花篮、牌匾。

第四项　做好接待服务工作

在开业仪式的现场有大量的新玛强超市员工负责来宾的接待服务工作。他们热情似火，彬彬有礼。当有重要贵宾到来时，超市负责人亲自接待，其他的贵宾则由公司的员工统一接待。提前还要为来宾准备好专用的停车场、休息室，并为大家安排饮食等。

第五项　做好礼品馈赠工作

新玛强超市在开业仪式当天对来宾都提供丰富的礼品。

第六项　做好程序拟定工作

开业仪式大都由开场、过程、结局三大基本程序所构成。所以超市必须在各个环节力求准备到位，做到认真具体，圆满完成。

任务实施2

针对新玛强超市的开业仪式，超市做了如下的安排。

第一项　主持人宣布仪式开始

全体肃立，介绍到场的各位来宾。到场来宾有市政府领导，区政府领导，客户代表、供应商代表等。

第二项　邀请专人揭幕

主持人邀请市政府领导做揭幕人，礼仪小姐双手将开启彩幕的彩索递交于领导。在炮声和礼花中新玛强超市牌匾被揭开，同时现场响起了欢快的音乐。

第三项　超市经理兼负责人做致辞答谢

经理表达了对所有来宾的感谢，感谢一直以来各个方面对超市开业的照顾和关爱，新玛强超市将秉承诚信的原则为当地老百姓服务。同时，新玛强超市也会做一个守法的企业，为当地的经济发展贡献力量。

第四项　来自政府和各界的代表依次进行发言

政府和各界的代表依次进行发言祝贺。

第五项　陪同参观

新玛强超市安排了不同职位的工作人员陪同来宾进行参观，同时开始正式接待顾客或观众，对外营业或对外展览宣告开始。超市准备了20个引导员，将来宾分为20

组，每组分别由不同的员工带领，在新玛强超市员工的引领下，全体到场者依次进入幕门。

任务 7.3　商务剪彩礼仪

【任务布置】

黑龙江省倚天地产建筑有限公司成立于 2001 年，该公司主要从事房地产开发以及建筑项目，在 2014 年 5 月与新玛强超市签订了关于在黑龙江省牡丹江市修建一个建筑面积约 10 万平方米的大型新玛强超市建筑合同，并于 2015 年 10 月交工，举办了交接仪式。2016 年 5 月 1 日，新玛强超市将举办剪彩仪式，并邀请双方以及政府和相关人员出席。

（1）做好新玛强超市剪彩仪式的准备。
（2）落实新玛强超市剪彩仪式的事宜。

【知识要点】

剪彩仪式，是指商界的有关单位，为了庆贺公司的设立、企业的开工、宾馆的落成、商店的开张、银行的开业、大型建筑物的启用、道路或航线的开通、展销会或展览会的开幕等，而隆重举行的一项礼仪性程序。因其主要活动内容是邀请专人使用剪刀剪断被称之为"彩"的红色缎带，故此被人们称为剪彩。

一般情况下，在各式各样的开业仪式上，剪彩都是一项极其重要的、不可或缺的程序。尽管它往往也可以被单独地分离出来，独立成项，但是在更多的时候，它是附属于开业仪式的。这是剪彩仪式的重要特征之一。

剪彩活动具有重要意义。第一，剪彩活动热闹、喜庆、轰轰烈烈，既能给主人带来喜悦，又能令宾客产生吉祥如意之感。第二，剪彩不仅是对主人既往成绩的肯定和庆贺，而且也可以对其进行鞭策与激励，促使其再接再厉，继续进取。第三，重要的剪彩仪式能受到社会媒体的高度关注，剪彩活动的主办者可借这一活动，吸引和获得各界人士的关注、支持。剪彩仪式上有众多的惯例、规则必须遵守，其具体的程序亦有一定的要求，剪彩礼仪，就是对此所进行的基本规范。

剪彩礼仪主要涉及剪彩准备、剪彩人员、剪彩程序、剪彩礼仪标准四个方面。

一、剪彩准备

剪彩准备包括场地布置、环境清洁、灯光与音响准备、媒体邀请、人员培训等。准备工作要求做到认真细致、精益求精。

此外，对剪彩仪式上所需使用的某些特殊用具，例如，红色缎带、新剪刀、白色薄纱手套、托盘以及红色地毯，要认真进行选择与准备。

（一）红色缎带

红色缎带，亦即剪彩仪式之中的"彩"。作为主角，它自然是万众瞩目之处。按照传统做法，它应当由一整匹未曾使用过的红色绸缎，在中间结成数朵花团而成。一一般来说，红色缎带上所结的花团，不仅要生动、硕大、醒目，而且其具体数目往往还同现场剪彩者的人数直接相关。红色缎带上所结的花团的具体数目有两类模式可作依据。第一，花团数目较现场剪彩者人数多一个；第二，花团数目较现场剪彩者人数少一个。前者可使每位剪彩者总是处于两朵花团之间，尤显正式。后者则不同常规，亦有新意。

（二）新剪刀

新剪刀是专供剪彩者在剪彩仪式上正式剪彩时所使用，必须是每位现场剪彩人员人手一把，而且必须崭新、锋利而顺手。事先一定要逐把检查一下将被用以剪彩的剪刀是否已经开刃，是否好用。务必确保剪彩者在正式剪彩时，可以"手起刀落"，一举成功，切勿一再补刀。在剪彩仪式结束后，主办方可将每位剪彩者所使用的剪刀经过包装之后，送给对方以作纪念。

（三）白色薄纱手套

白色薄纱手套是专为剪彩者所准备的。在正式的剪彩仪式上，剪彩者剪彩时最好每人戴上一副白色薄纱手套，以示重视。在准备白色薄纱手套时，除了要确保其数量充足之外，还须使之大小适度、崭新平整、洁白无瑕。有时，白色薄纱手套亦可不作为必备物品。

（四）托盘

托盘是在剪彩仪式上托在礼仪小姐手中，用作盛放红色缎带、剪刀、白色薄纱手套的工具。在剪彩仪式上所使用的托盘，最好是崭新的、洁净的，它通常首选银色的不锈钢制品。为了显示正规，可在使用时在托盘上铺上红色绒布或绸布。在剪彩时，可以一只托盘依次向各位剪彩者提供剪刀与手套，并同时盛放红色缎带；也可以为每一位剪彩者配置一只专为其服务的托盘，红色缎带专门由一只托盘盛放。后一种方法显得更加正式一些。

（五）红色地毯

红色地毯主要用于铺设在剪彩者正式剪彩时的站立之处。在剪彩现场铺设红色地毯，主要是为了显示隆重，并营造一种喜庆的气氛。地毯的长度可视剪彩人数的多少而定，其宽度应在一米以上。

二、剪彩人员

在剪彩仪式上，最为重要的应当是剪彩人员的举动。因此，对剪彩人员必须认真进行选择，并于事先进行必要的培训。

除主持人之外，剪彩的人员主要是由剪彩者与助剪者两个主要部分的人员所构成的。以下分别来简单介绍一下对于他们的主要礼仪要求。

（一）剪彩者

剪彩者即在剪彩仪式上持剪刀剪彩之人。在剪彩仪式上担任剪彩者，是一种很高的荣誉。剪彩仪式档次的高低，往往也同剪彩者的身份密切相关。因此，在剪彩仪式上，选好剪彩人员至关重要。根据惯例，剪彩者可以是一个人，也可以是几个人，但是一般不应多于五人。通常，剪彩者多由上级领导、合作伙伴、社会名流、员工代表或客户代表所担任。

剪彩者名单一经确定，即应尽早告知对方，使其有所准备。在一般情况下，确定剪彩者时，必须尊重对方个人意愿，切勿勉强。需要由数人同时担任剪彩者时，应分别告知每位剪彩者届时他将与何人同担此任，这样做也体现了对剪彩者的尊重。

剪彩是所有程序中最重要、最令公众关注的一个环节，剪彩者的特殊身份决定了他（她）是人们关注的焦点，剪彩者的形象是十分重要的。所以，剪彩者要注意自己的仪表、仪容、仪态和风度。必要时可在剪彩仪式举行前，将剪彩者集中在一起，告知有关注意事项，并稍事训练。按照常规，剪彩者应着套装、套裙或制服，将头发梳理整齐。不允许戴帽子、戴墨镜，也不允许穿便装，给人以不庄重之感。

若剪彩者仅为一人，则其剪彩时应居中而立。若剪彩者为数人时，则上场剪彩时位次的尊卑就必须予以重视。一般原则是中间高于两侧，右侧高于左侧，距离中间站立者愈远位次便愈低，即主剪者应居于中央的位置。若剪彩仪式无外宾参加时，则亦可执行我国"左侧高于右侧"的传统做法。

点滴感悟

被换掉的剪彩嘉宾

张朋是一家服装公司的总经理。有一次，他准备参加一家著名的英国企业的剪彩仪式，并借此机会寻找与对方合作的可能。到了剪彩仪式的那一天，张朋对自己的服饰精心挑选，最后决定上穿T恤衫，下穿牛仔裤，足蹬旅游鞋。这样穿着，他希望自己能给对方留下年轻的印象，并体现自己公司服饰的时尚新潮形象。

然而事与愿违，当张朋来到剪彩现场，却被告知不用作为剪彩嘉宾了，原因是他的服饰与其他剪彩嘉宾格格不入，这时，张朋才意识到自己原来"穿错了"。

启示：根据惯例，参加某种仪式活动时，每个人都必须时时刻刻注意维护自己的形象，英国人非常注意绅士风度，十分在意男士的形象。因此，张朋应该要注意自己在正式场合留给初次见面的外国友人的形象，不可着装随意，不合常规。

（二）助剪者

助剪者是在剪彩过程中为剪彩者提供辅助的人员。一般而言，助剪者多由主办方一方的女职员担任，常规称呼是礼仪小姐。

具体而言，在剪彩仪式上服务的礼仪小姐，又可以分为迎宾者、引导者、服务者、拉彩者、捧花者、托盘者。他们的具体分工为：迎宾者的任务是在活动现场负责迎来送往；引导者的任务是在进行剪彩时负责带领剪彩者登台或退场；服务者的任务是为来宾尤其是剪彩者提供饮料，安排休息之处；拉彩者的任务是在剪彩时展开、拉直红色缎带；捧花者的任务是在剪彩时手托花团；托盘者的任务则是为剪彩者提供剪刀、手套等剪彩用品。

一般情况下，迎宾者与服务者应为数人；引导者既可以安排一个人，也可以为每位剪彩者各配备一名；拉彩者通常应为两个人；捧花者的人数则需要视花团的具体数目而定，一般应安排一花一人；托盘者可以为一人，亦可以为每位剪彩者各配备一人。有时，礼仪小姐亦可身兼数职。

礼仪小姐的基本条件要求是相貌较好、身材颀长、年轻健康、气质高雅、音色甜美、反应敏捷、机智灵活、善于交际。礼仪小姐的装束应为淡妆、盘发，身着款式、面料、色彩统一的单色旗袍或深色、单色的套裙，配肉色连裤丝袜、黑色高跟皮鞋。除戒指、耳环或耳钉外，不佩戴其他任何首饰。

三、剪彩程序

一般来说，剪彩仪式宜紧凑，忌拖沓，时间愈短愈好。原则上不应超过 1 小时。

按照惯例，剪彩既可以是开业仪式中的一项具体程序，也可以独立出来由其自身的一系列程序所组成。独立的剪彩仪式，通常应包含以下六项基本程序。

1. 请来宾就位

在剪彩仪式上，通常只为剪彩者、来宾和本单位的主要领导安排座席。在剪彩仪式开始时，应敬请大家按事先拟定好的座次就座。通常情况下，剪彩者应就座于前排。若剪彩者为数人时，则应按照剪彩时的具体顺序就座。

2. 宣布仪式正式开始

在主持人宣布仪式开始后，乐队应演奏音乐，现场可燃放鞭炮，全体到场者应热烈鼓掌。接着，主持人向全体到场者介绍重要来宾。先介绍主要领导，然后介绍其他来宾。

3. 奏国歌

此刻须全场起立。有时，也可演奏本单位标志性歌曲。

4. 发言

发言者的顺序为主办单位的代表、上级主管部门的代表、地方政府的代表、合作单位的代表等。发言的内容应言简意赅，每人以 3 分钟为宜，发言的重点分别为介绍、道谢与致贺。

5. 剪彩

首先由主持人向全体到场者介绍剪彩者，然后剪彩开始，全体到场人员热烈鼓掌，还可奏乐或燃放鞭炮，以烘托气氛。

6. 参观

剪彩后，主人应陪同来宾参观被剪彩项目，也可参观如厂区、重要车间等厂所或安排座谈会。

仪式结束后，主办单位可向来宾赠送纪念品，也可安排餐饮招待来宾。

四、剪彩礼仪标准

进行正式剪彩时，剪彩者与助剪者的具体操作必须合乎规范，否则就会影响剪彩效果或贻笑大方。

主持人宣布进行剪彩之后，礼仪小姐应立即排成一排率先从两侧同时登台，或是从右侧登台。登台后，拉彩者与捧花者应当站成一行，拉彩者处于两端拉直红色缎带，捧花者各自双手捧一簇花团。托盘者须站立在拉彩者与捧花者身后一米左右，并且自成一行。

在剪彩者登台时，引导者应在其左前方引导，使之各就各位。剪彩者登台时，宜从右侧出场。当剪彩者均已到达既定位置后，托盘者应前行一步，到达剪彩者的右后侧，以便为其递上剪刀、手套。若剪彩者为数人，则其登台时亦应列成一行，并且使主剪者行进在前。在主持人向全体到场者介绍剪彩者时，剪彩者应面含微笑向大家欠身或点头致意。剪彩者行至既定位置后，应向拉彩者、捧花者含笑致意。当托盘者递上剪刀、手套时，亦应微笑着向对方道谢。

在正式剪彩前,剪彩者应首先向拉彩者、捧花者示意,待其有所准备后,集中精力、右手持剪刀、表情庄重地将红色缎带一刀剪断。若多名剪彩者同时剪彩时,其他剪彩者应注意主剪者动作,主动与其协调一致,力争大家同时将红色缎带剪断。

按照惯例,剪彩以后,红色花团应准确无误地落入托盘者手中的托盘内,切勿使之坠地。为此,需要捧花者与托盘者密切合作。剪彩者在剪彩成功后,可以右手举起剪刀,面向全体到场者致意。接着将剪刀、手套放入托盘之内,再举手鼓掌。然后,依次与主人握手道贺,并在引导者的引领下从右侧退场。待剪彩者退场后,其他礼仪小姐才可以列队由右侧退场。

剪彩者和助剪者在上下场时,都要井然有序、步履稳健、神态自然。在剪彩过程中,要不卑不亢、落落大方。

任务实施 1

针对新玛强超市剪彩仪式,新玛强超市做了如下的安排。

第一项 会场布置

在会场的选择方面,超市定在了门前的广场,因为那里有充足的停车位,进入性较好,另外超市也请了专业的礼仪乐队,力求创造热烈的气氛,相关人员也准备了新剪刀和红色丝绸、白手套、托盘等物品,并在剪彩仪式现场铺设了红色的地毯。

第二项 选定剪彩人员

在人员的选择方面,新玛强超市邀请了政府领导、市商业协会、超市业务经理、客户代表作为仪式剪彩人共同剪彩。同时,新玛强超市也邀请了大量的礼仪人员作为助剪者,她们面容姣好,行为得体,善于交际。

第三项 确定礼仪人员

本次剪彩仪式礼仪人员选定圆梦礼仪公司全权负责。

任务实施 2

针对新玛强超市剪彩仪式,为了使剪彩仪式圆满顺利,新玛强超市做了如下的安排。

第一项 请来宾就位

上午9点,新玛强超市剪彩仪式准时开始,来宾在8点半左右依次到达,有礼仪小姐安排大家在既定的座位做好,新玛强超市领导、区政府领导、来宾代表在前排就座。

第二项 宣布仪式正式开始

9点:新玛强超市剪彩仪式正式开始。

9点15分:鸣礼炮。

主持人宣布仪式开始,乐队演奏音乐,全体到场者都响起了热烈掌声。大家都表示祝贺,接着,主持人向全体到场者介绍重要来宾。他们分别是政府的代表、主办方的代表、嘉宾代表以及关系单位代表。

第三项 奏国歌

全场起立,奏响中华人们共和国国歌。

第四项 发言

第一个发言的是主办单位新玛强超市领导,他对超市建工以来的各方代表表达了感谢。第二位发言的是市政府领导，他的发言表达了对新玛强超市建成的祝贺，表示政府将最大程度做好企业的支持工作。

第五项　剪彩

9 点 35 分在热烈的音乐声中，主持人邀请剪彩者上台剪彩。在礼仪小姐的指引下，众嘉宾依次登台就位，全体人员鼓掌欢迎，剪彩开始，音乐响起。

第六项　参观

剪彩后，新玛强超市领导陪同来宾参观新玛强超市，并组织员工分组担任了引导员的工作，整个仪式在紧张热烈的气氛中结束。仪式结束后，新玛强超市向来宾赠送纪念品，它们是印有本超市标志的各种小商品。

任务 7.4　商界庆典礼仪

【任务布置】

黑龙江省倚天地产建筑有限公司成立于 2001 年，该公司主要从事房地产开发以及建筑项目，公司近几年蒸蒸日上，事业发展良好，员工上下同心，在该市建立了良好的口碑，深受当地老百姓的认可，为此公司决定在 2016 年 5 月 1 日举办恒大地产建筑有限公司十五周年庆典。

（1）做好恒大地产建筑有限公司庆典仪式的准备。
（2）落实恒大地产建筑有限公司庆典仪式的各项事宜。

【知识要点】

庆典，是各种庆祝仪式的统称，是指围绕重大事件或重要节日而举行的庆祝活动仪式。在商务活动中，商务人员参加庆祝仪式的机会是很多的，既有可能奉命为本单位组织一次庆祝仪式，也有可能应邀出席外单位的某种庆祝仪式。

一、商界庆典的分类

商界举行的庆祝仪式大致可以分为以下四类。

第一类，本单位成立周年庆典。通常日期选择是逢五、逢十进行。例如，企业成立五周年或十周年庆典。

第二类，本单位荣获某项荣誉的庆典。当单位荣获了某项荣誉称号、单位的"新产品"在国内外重大展评中获奖之后举行的庆典。

第三类，本单位取得重大业绩的庆典。例如，千日无生产事故，生产某种产品的数量突破 10 万台、100 万台，企业销售额达到 1 亿元等，企业往往都要举行庆祝活动。

第四类，本单位取得显著发展的庆典。当本单位建立集团、确定新的合作伙伴、兼并其他单位、设立分公司或连锁店时，都要举行隆重的庆祝活动。

商界各单位所举行的各类庆祝仪式，都要务实而不务虚。通过庆典活动对增强本单位全体员工的凝聚力与荣誉感，扩大组织的社会影响，提升组织的社会形象都具有重要意义。

二、庆典仪式

庆典礼仪，即有关庆典的礼仪规范，包括组织庆典的礼仪与参加庆典的礼仪两项基本内容。

庆典是一项重要的公共关系活动。组织筹备一次庆典活动，要进行总体策划，精心安排。既要体现出庆典的特色，又要安排好庆典的具体内容。为了提高庆典活动的社会效果，有条件的单位可专门聘请礼仪公司或专门的策划公司为其进行庆典策划，甚至专门聘请礼仪公司的人员直接参与本单位的庆典活动的组织、服务等工作。

庆典是庆祝活动的一种形式，应以庆祝活动为中心。其宗旨是：塑造本单位的形象，显示本单位的实力，扩大本单位的影响。所以，每一项具体活动都要体现热烈、欢快、隆重的要求。不论是举行庆典的具体场合，或者是庆典进行过程中的某个具体场面，还是全体出席者的情绪、表现，都要体现出红火、热闹、欢乐、喜悦的气氛。

庆典所具有的热烈、欢乐、喜悦和隆重的特点，应当体现在其具体内容的安排上。包括确定出席者、来宾的接待、环境的布置以及庆典的程序四大问题。

（一）确定好庆典的出席人员名单

庆典的出席者不应以人数多为宗旨，更不能让对方勉强参加。确定庆典出席者名单时，始终应当以庆典的宗旨为指导思想，一般来说，庆典的出席者通常应包括如下人士。

1. 上级领导

地方党政领导、上级主管部门的领导，他们对单位的成立、发展给予过关心、指导，邀请他们参加。首先，是为了表达感谢之情，其次，是为了提高庆典活动的影响力。

2. 社会名流

根据公共关系学中的"名人效应"原理，社会各界名人对于公众最具吸引力，邀请他们到场，能更好地提高本单位的知名度。

3. 大众传媒

在现代社会中，报纸、杂志、电视、广播等大众媒介，被称为仅次于立法、行政、司法三权的社会"第四权力"。邀请传播媒介的人士，并主动与他们合作，将有助于他们客观、公正地介绍、报道本单位的成就，有助于加深社会公众对本单位的了解和认同。

4. 合作伙伴

在商务活动中，合作伙伴经常是彼此同呼吸、共命运的。请他们来与自己一起分享成功的喜悦，有利于加深感情，也有利于双方以后的合作。

5. 社区关系

社区关系是一切社会组织的重要关系，与社区的机关、团体、企业事业单位建立良好的公共关系对组织的发展十分必要。例如，本单位周围的居民委员会、街道办事处、医院、学校、幼儿园、养老院、企业以及其他单位等。邀请它们参加本单位的庆典，有利于对方进一步了解、尊重、支持本单位的发展。

6. 单位员工

出席庆典仪式是一种荣誉，所以在组织庆典时，需要邀请部分员工参加。一般要优先邀请单位的先进工作者或在工作岗位上有突出贡献的人员。

以上人员的具体名单一旦确定，就应及时发出邀请或通知，一般要提前3天，对于外地的朋友，应提前一个星期通知。庆典日期确定后，无特殊理由均不得将庆典取消、改期或延期。

（二）安排来宾的接待工作

与一般商务交往中来宾的接待相比，对出席庆祝仪式的来宾的接待，更应突出礼仪性的特点。不仅要热心细致地照顾好全体来宾，而且还要通过主办方的接待工作，使来宾感受到主人真挚的尊重与敬意，力争使每位来宾心情舒畅。

为办好庆典活动，需要成立筹备组。筹备组成员通常应当由各方面的相关人士组成，他们应当是能办事、会办事、办实事的人。筹备组应根据具体需要，下设若干专项小组，在宣传、接待、财务、会务等方面"分兵把守"，各司其职。必要时，可对参与庆典活动的筹备组人员和其他服务人员进行培训。

庆典的接待小组，原则上应由年轻、身材与形象较好，口头表达能力和应变能力较强的男女青年组成。接待小组成员的具体工作有以下几项。第一，来宾的迎送。即在举行庆祝仪式的现场迎接或送别来宾。第二，来宾的引导。即由专人负责为来宾引路，将其送到既定的地点。第三，来宾的陪同。对于某些年事已高或非常重要的来宾，应安排专人陪同始终，以便关心与照顾。其四，来宾的接待。即指派专人为来宾送饮料、点心以及提供其他方面的关照。

应邀出席庆典的来宾，对本单位都是关心和友好的。当他们光临时，主人应当给予热烈和合乎礼仪的接待。在来宾接待工作上若组织不力、漫不经心、马马虎虎，会影响来宾的心情，进而影响进一步合作交往。

点滴感悟

她为什么不辞而别

某市一知名企业举行庆典仪式，在某饭店举办大型中餐宴会，邀请本市最著名的演员助兴。这位演员到达后，用了很长时间才找到了自己的位置。当她入座后，发现同桌的许多客人都是接送领导和客人的司机，这位演员感到自尊心受到了伤害，没有同任何人打招呼就悄悄离开了饭店。当时宴会的组织者并未觉察到这一点，直到宴会主持人拟邀请这位演员演唱时，才发现演员并不在现场。幸好主持人头脑灵活，临时改换其他节目，才算没有出现"冷场"。

启示：一个大型活动的组织者，事先应精心策划，对被邀请的对象逐一分析，从门口接待到宴请的桌次和座位安排均应一一落实，分工合理到位。

（三）布置举行庆祝仪式的现场

举行庆祝仪式的现场，是庆典活动的中心地点。对它的安排、布置是否精心到位，往往会直接关系到庆典留给全体出席者印象的好坏。依据仪式礼仪的有关规范，商务人员在布置举行庆典的现场时，需要通盘思考的主要问题有以下几点。

1. 地点的选择

在选择具体地点时，应结合庆典的规模、影响力以及本单位的实际情况来决定。本单位的礼堂、会议厅、内部或门前的广场，以及外借的大厅等，均可予以选择。若在室外举行庆典，则切勿因地点选择不慎，从而制造噪声、妨碍交通或治安。

2. 环境的美化

在反对铺张浪费的同时，应当量力而行，着力美化庆典举行现场的环境。为了烘托出热烈、隆重和喜庆的气氛，事前要动员全体人员搞好单位的清洁卫生，在庆典活动的现场摆设花盆，铺设地毯，悬挂彩灯、彩带，张贴宣传标语，张挂标明庆典具体内容的大型横幅。还可以请本单位员工组成的乐队、锣鼓队（或聘请礼仪公司的乐队）届时演奏音乐或敲锣打鼓以烘托气氛。

3. 场地的大小

举行庆祝仪式现场，并非越大越好。现场的大小应与出席者人数的多少成正比。人多地方小，拥挤不堪，会使人心烦意乱；人少地方大，不能衬托出喜庆热烈的气氛。

4. 音响的准备

在举行庆典之前，务必要把音响设备调试好。尤其是供来宾们讲话时使用的麦克风和传声设备，做到万无一失。在庆典举行期间，应播放一些喜庆、欢快的乐曲。

此外，还包括其他方面的准备，如停车场等。

（四）拟定庆典的具体程序

一次庆典举办得成功与否，与程序的策划关系重大。仪式礼仪规定，拟定庆典程序时，有两条原则必须坚持：第一，时间宜短不宜长。通常应以一个小时为限。第二，程序宜少不宜多。程序过多，不仅会延长时间，而且还会分散出席者的注意力，给人以庆典内容过于凌乱之感。

依照常规，一次庆典大致应包括下述几项程序。

1. 预备活动

请来宾就座，出席者保持安静，介绍嘉宾。

2. 庆典开始

宣布庆典正式开始，全体起立，奏国歌，唱"厂歌"。

3. 本单位主要负责人致辞

其内容包括对来宾表示感谢、介绍此次庆典的缘由等，重点应放在报捷以及庆典的可"庆"之处。

4. 邀请嘉宾讲话

出席庆典的上级主要领导、协作单位及社区关系单位，均应有代表讲话或致贺词。讲话人员讲话次序应提前约定好，不要当场推来让去。对外来的贺电、贺信等，不必一一宣读，一般是先宣读上级领导及主要来宾的贺信、贺电。

5. 安排文艺演出

这项程序如果准备安排，应当慎选内容，注意不要有悖于庆典的主旨，或冲淡庆典的主题。

6. 安排来宾进行参观

如有可能，可安排来宾参观本单位的有关展览或车间等。

在以上几项程序中，前四项必不可少，后两项则可以酌情安排或省去。

三、主办单位人员的礼仪要求

参加庆典时，不论是主办单位的人员还是外单位的人员，均应注意自己临场之际的举止表现。其中，主办单位人员的表现尤为重要。

在举行庆祝仪式之前，主办单位应对本单位的全体员工进行必要的礼仪培训。对本单位出席庆典的人员，还须规定好有关的注意事项，并要求大家严格遵守。如果主办方方面出席庆典的人员精神风貌不佳，穿着打扮随便，举止行为失当，对来宾敬而远之，很容易对本单位的形象造成反面的影响。

点滴感悟

"雾水"风波

某企业邀请了外商考察团来参加本公司的开业周年庆典，为此，企业领导高度重视，亲自挑选了庆典公司的几位漂亮女模特来做接待工作，并特别指示她们身着紧身上衣，黑色的皮裙，领导说这样才体现对外商的重视。

但考察团上午见了面，还没有座谈，外商就找借口匆匆走了，工作人员被搞得一头雾水。后来通过翻译才知道，他们说通过接待人员的着装，认为这是个工作以及管理制度极不严谨的企业，完全没有合作的必要。

启示：该企业接待人员在着装上犯了大忌。根据着装礼仪的要求，工作场合女性穿着紧、薄、过短的服装是对工作极度不严谨的表现。

按照仪式礼仪规范，作为主办方的商界人士在出席庆典时，应当高度重视的礼仪问题涉及以下七方面。

（一）仪容要整洁

所有出席本单位庆典的人员，都要注意自身的仪容和仪表。向所有来宾展示本单位员工的精神风貌。做到干净整齐，容光焕发，充满活力，精神饱满。

（二）服饰要规范

有统一式样制服的单位，应要求以制服作为本单位人员的庆典着装。无制服的单位，应规定届时出席庆典的本单位人员必须穿着礼仪性服装。即男士应穿深色的中山装套装，或穿深色西装套装，配白衬衫、素色领带、黑色皮鞋。女士应穿深色西装套裙，配长筒肉色丝袜、黑色高跟鞋，或是穿花色素雅的套裙。不允许在服饰方面自由选择，百花齐放，把一场庄严隆重的庆典，搞得像一场万紫千红的时装或休闲装的"博览会"。

（三）时间要守时

遵守时间，是商务礼仪最基本的原则之一。本单位庆典的出席者，上到本单位的最高负责人，下到普通员工，都不得姗姗来迟，无故缺席或中途退场。如果庆典的起止时间已有规定，则应当准时开始，准时结束。以此向社会证明本单位言而有信。

（四）表情要庄重

在举行庆典的整个过程中，要表情庄重、全神贯注、精神饱满。若庆典之中安排了升国旗、奏国歌、唱"厂歌"的程序，一定要依礼行事：起立、脱帽、立正，面向国旗或主席台行注目礼，并且认认真真、表情庄严肃穆地和大家一起唱国歌、唱"厂歌"。在起立或坐下时，不要把座椅弄得声音太大、一边脱帽一边梳头、四处走动和找人、交头接耳等。

（五）态度要友好

对来宾态度要友好。遇到来宾，要主动热情地问候。对来宾提出的问题，要予以友善的答复。不要围观来宾、指点来宾，或是对来宾持有敌意。当来宾在庆典上发表贺词、随后进行参观时，要主动鼓掌表示欢迎或感谢。

（六）行为要自律

主办方不应因为自己员工的举止失当，而使来宾对庆典做出不好的评价。在出席庆典时，主办方人员在举止行为方面应当注意的问题有：不要"想来就来，想走就走"，或是在庆典举行期间到处乱走、乱转；不要与周围的人说"悄悄话"、开玩笑，或是朝自己的"邻居"甚至主席台上的人挤眉弄眼、出怪样子；不要有意无意地做出对庆典毫无兴趣的姿态，如看报纸、读小说、听音乐、打扑克、玩手机、打瞌睡、织毛衣等；不要让人觉得自己心不在焉，例如，东张西望，一再看手表，或是向别人打听时间。

（七）发言要简短

商务人员在庆典中发言时，务须谨记以下四个重要的问题。一是上下场时要沉着冷静。走向讲台时，应不慌不忙，不要急奔过去，或是慢吞吞地"起驾"。在开口讲话前，应平心静气，不要气喘吁吁、面红耳赤、满脸是汗。二是要讲究礼貌。在发言开始时，要说一句"大家好"或"各位好"。在提及感谢对象时，应目视对方。在表示感谢时，应郑重地欠身或鞠躬施礼。对于大家的鼓掌，则应以自己的掌声来回礼。讲话结束时，应当说一声"谢谢大家"。三是发言一定要在规定的时间内结束，宁短勿长，不要随意发挥，信口开河。四是少做手势。尤其是含义不明的手势，应当在发言时坚决不用。

作为来宾在参加庆典时，同样有必要"既来之，则安之"，以自己上佳的临场表现，来表达对于主人的敬意与对庆典本身的重视。尤其是代表单位出席庆典的来宾，更要特别注意自己的言谈举止，因其个人表现会影响到双方单位今后的友好交往与合作，丝毫不应懈怠。

 任务实施

经过大家的共同努力筹划，黑龙江省倚天地产建筑有限公司的庆典仪式如期举行。

第一项　预备活动

黑龙江省倚天地产建筑有限公司成立了专门的接待小组，一一把来宾接待好。同时，要求各小组都要做好礼仪形象的准备工作，迎宾小组负责接待安排就座，其中黑龙江省倚天地产建筑有限公司领导、市政府领导、区政府领导等被安排在前排就座，所有的出席者也保持安静，等待主持人介绍嘉宾，现场嘉宾被一一介绍，嘉宾在欢迎声中起身同大家亲切地点头致意，现场观众也回报热烈的掌声给予欢迎。

第二项　宣布仪式开始

主持人在隆重的音乐声中宣布庆典正式开始，乐队演奏国歌，全体嘉宾和现场的观众起立，庄严的中华人民共和国国歌奏响，大家都向冉冉升起的鲜艳的国旗行注目礼。

第三项　主办方致辞

黑龙江省倚天地产建筑有限公司董事长致辞。致辞表达了对来宾的感谢、介绍此次庆典的缘由，讲述了黑龙江省倚天地产建筑有限公司历年来的发展，在各界人士的关照下不断发展壮大，相信黑龙江省倚天地产建筑有限公司未来将会发展得更好，时间保证在两分钟左右。

第四项　邀请嘉宾讲话

接着，主持人邀请出席庆典的市政府领导，市第五建筑队代表，区政府领导依次讲话或致贺词。各方人士也很注重此次的庆典，都做了精心的装扮，整个仪式正式隆重。

第五项　安排文艺演出

黑龙江省倚天地产邀请了新闻传媒集团为本庆典做演出，新闻传媒集团是牡丹江市非常有名的一家传媒公司，担任过各种场合的演出任务，该公司以节目质量高、名气大而著称，当天传媒集团为该庆典准备了6个节目，节目非常精彩，现场气氛热烈，大家反馈较好。

第六项　邀请来宾进行本部参观

在引导员的安排下，所有来宾井然有序的对本部进行了参观。

仪式结束。

礼仪小测试

1. 交接仪式的现场来宾发言时间一般应该是（　　）。
   A. 1 分钟
   B. 2 分钟
   C. 3 分钟
   D. 4 分钟
   E. 5 分钟

2. 剪彩结束后，剪彩者怎样处理剪彩时所用的剪刀，下列说法正确的是（　　）。
   A. 直接将剪刀交给托盘者
   B. 自己留下剪刀做纪念
   C. 将剪刀交给主持人
   D. 将剪刀放入托盘后，主办单位将剪刀用红布包装好，送给自己时，再拿走
   E. 任何情况下都不能将剪刀带走

3. 关于庆典仪式下列说法正确的是（　　）。
   A. 庆典仪式只能奏国歌
   B. 嘉宾讲话可以随机选择
   C. 庆典仪式结束后可以请来宾参观本单位
   D. 文艺演出只要喜庆就可以
   E. 本单位员工不能参加

4. 参加交接仪式的来宾正确的做法是（　　）。
   A. 随便着装
   B. 迟到20 分钟
   C. 空手而去
   D. 明知有发言但是没准备
   E. 略备贺礼准时到达

5. 下列人员中可以作为剪彩人员的是（　　）。
   A. 上级领导

B. 合作伙伴

C. 社会名流

D. 员工代表

E. 客户代表

(以上各题正确答案为：1. C　2. D　3. C　4. E　5. ABCDE)

思 考 题

1. 简述剪彩者应遵循的礼仪规范。
2. 商业庆典礼仪的基本规范有哪些？
3. 简述会议参加者、会议发言者的基本礼仪。
4. 举行开业仪式应遵守哪些基本的礼仪？
5. 交接仪式地点应如何选择？

附录一　工作页

项目一　工作页

1. 仪表礼仪

根据以下不同的场合，为自己设计一个符合仪表礼仪要求的得体的个人形象，请将自己设计的七组形象照与同学们分享，每个场景评选出一名最佳形象奖。

建议：可以利用"QQ秀"进行辅助设计。

场景一：作为即将毕业的大学生，即将去参加某公司的面试。

场景二：作为一名商务人士，日常上班的工作装。

场景三：今天有一个非常重要的商务谈判，你作为谈判中的一方代表出席。

场景四：为庆祝某产品上市，公司举行隆重的庆祝晚宴，你作为项目组的一员应邀参加。

场景五：在法国，你和法方公司代表共进晚餐。

场景六：周末，你应邀参加一场高中同学的聚会。

场景七：公司举行盛大的公司年会，要求所有员工盛装出席。

项目 X		选择方案	设计意图	指导意见
服装	服装类型			
	服装颜色			
	鞋子款式			
配饰	数量			
	种类			

2. 仪容礼仪

（1）请同学确定一下自己的肤质、发质和脸型，在属于自己的类型下面打√，了解自己的肤质、发质和脸型。

肤质类别	油性	中性	干性	混合性	敏感性	其他
我的肤质						
发质类别	干性	油性	混合性	受损发质		其他
我的发质						
脸型类别	椭圆形	方形	长形	倒三角形	圆形	其他
我的脸型						

（2）女同学为自己设计一个得体的职业妆及职业发型，并选择1～3种配饰；男同学为自己设计一个得体的职业发型，并检查自己的仪容是否符合职场礼仪要求。

3. 仪态礼仪

（1）坐姿训练

坐姿训练的主要内容是腿位和脚位，训练时要求上身挺直，腿型优美，脚型规范，落座和起身时轻稳、大方。

对镜训练：坐在镜前，按照坐姿的规范进行自我检查、纠正，也可以同学之间相互指导、学习和纠正。训练时间每次可在25分钟左右，训练时最好配上音乐，以减轻疲劳。

（2）站姿训练

① 顶书法：把书本放在头顶中心，为使书不掉下来，头部和躯体自然保持平衡。这种训练方法可以纠正低头、仰脸、歪头、晃头的问题。

② 贴背法：两个人一组，背靠背站立，两个人的头部、肩部、臀部、小腿、脚跟紧靠，保持在一个水平面上。

③ 贴墙法：背靠墙站立，头部、肩部、臀部、小腿、脚跟等五个部位紧靠在墙壁上。

商务行姿礼仪

（3）行姿训练

① 摆臂训练：身体直立，以身体为柱，双臂前后自然摆动。注意摆动要适度纠正双肩过于僵硬、双臂左右摆动的问题。

② 步位、步幅训练：在地上画一条直线，行走时检查自己的步位和步幅是否正确，纠正"外八字、内八字"及脚步过大、过小的毛病。

③ 顶书训练：书本置于头顶，保持行走时头正、颈直、目不斜视，纠正走路摇头晃脑、东张西望的毛病。

④ 协调训练：训练行走时注意各种动作的协调配合，最好配上节奏感较强的音乐，注意掌握好走路的速度和间歇，保持身体平衡。双肩摆动对称，动作协调。

4. 言谈礼仪

（1）学会赞美别人。请从至少3个方面，真诚地赞美你身边的同学。

_____
_____
_____

（2）对于初次见面的一位女性商务客户，选择3～5个谈话的主题。

_____
_____
_____

项目二　工作页

假设你所在的公司让你找一家和你们经常合作的公司，全程跟踪记录一次双方公司完整的商务接待，并对该次接待过程进行评判，拟定提升方案。

1. 见面礼仪

记录双方公司运用见面礼仪的具体做法，并查找存在的问题，拟定提升方案。

项目		具体做法	存在的问题	提升方案
称呼礼仪	本公司			
	对方公司			
介绍礼仪	本公司			
	对方公司			
握手礼仪	本公司			
	对方公司			
致意礼仪	本公司			
	对方公司			
鞠躬礼仪	本公司			
	对方公司			
拱手礼仪	本公司			
	对方公司			
名片礼仪	本公司			
	对方公司			

2. 电话礼仪

记录双方公司的三次电话交流中运用电话礼仪的具体做法，并查找存在的问题，拟定提升方案。

项目		具体做法	存在的问题	提升方案
第一次 预约拜访	本公司			
	对方公司			
第二次 确定拜访细节	本公司			
	对方公司			
第三次 致谢	本公司			
	对方公司			

3. 拜访与接待礼仪

记录双方公司本次拜访与接待过程中运用礼仪的具体做法，并查找存在的问题，拟定提升方案。

(1) 拜访准备

项目	具体做法	存在的问题	提升方案
约定（时间、地点、形式）			
仪表			
拜访内容			
赠送礼物			

(2) 接待准备

项目	具体做法	存在的问题	提升方案
接待环境			
仪表			
接待规格			
客人情况			

(3) 拜访和接待过程

项目		具体做法	存在的问题	提升方案
迎客	本公司			
	对方公司			
待客	本公司			
	对方公司			
送客	本公司			
	对方公司			

4. 宴请礼仪

记录双方公司在一次中餐宴会和一次西餐宴会全过程中运用礼仪的具体做法，并查找存在的问题，拟定提升方案。

(1) 中餐宴会

项目	具体做法	存在的问题	提升方案
宴会形式			
宴会目的			
宴请对象			
宴会时间			
宴会地点			
拟定菜单			

续表

项目		具体做法	存在的问题	提升方案
酒水安排				
座次安排				
迎客	本公司			
	对方公司			
入席	本公司			
	对方公司			
敬酒	本公司			
	对方公司			
致辞	本公司			
	对方公司			
散席	本公司			
	对方公司			
用筷	本公司			
	对方公司			
品茶	本公司			
	对方公司			

（2）西餐宴会

项目		具体做法	存在的问题	提升方案
宴会形式				
宴会目的				
宴请对象				
宴会时间				
宴会地点				
拟定菜单				
酒水安排				
座次安排				
开始用餐	本公司			
	对方公司			
餐巾使用	本公司			
	对方公司			

续表

项目		具体做法	存在的问题	提升方案
餐具使用	本公司			
	对方公司			
身体姿势	本公司			
	对方公司			
饭菜取用	本公司			
	对方公司			
纪念物品	本公司			
	对方公司			
咖啡	本公司			
	对方公司			
宴会结束	本公司			
	对方公司			

5. 乘车礼仪

记录本公司在接待时选择的交通工具和座次安排，并查找存在的问题，拟定提升方案。

项目	具体做法	存在的问题	提升方案
车辆选择			
座次安排			

6. 馈赠礼仪

记录本公司在接待时为对方选择的礼品及赠送过程中双方礼仪的运用情况，并查找存在的问题，拟定提升方案。

项目	具体做法	存在的问题	提升方案
礼物准备			
馈赠过程			
对方受礼表现			

 项目三　工作页

1. 书信类文书礼仪

请根据所学知识，完成以下类型信函的写作。

（1）贺信

主题内容：南京市伊美有限公司创办的"伊美饰品中心"将于2021年9月29日盛大开业，请你代表江苏省商业联合会秘书处向对方表达祝贺。

格式要求：称谓、问候语、正文、祝颂语、署名和日期规范正确。

（2）感谢信

主题内容：XX乳制品公司2021年8月由于奶源不足面临停产，某公司及时提供一批优质牛奶解决其燃眉之急，请你代表XX乳制品公司写一封感谢信。

格式要求：称谓、问候语、正文、祝颂语、署名和日期规范正确。

（3）慰问信

主题内容：2021年重阳节，请代表XX服装有限公司全体员工向曾经在岗位上辛勤工作的各位老同志以及他们的亲人致以节日的问候和美好的祝福！

格式要求：称谓、问候语、正文、祝颂语、署名和日期规范正确。

（4）致歉信

主题内容：你在XX集团工作已有二十余年，在2021年新型产品开拓市场及销售过程中，由于你没有规范操作，给公司带来了不利影响，同时也影响集团的声誉和形象。请向X董事长表示道歉和认错。恳请X董事长在一定程度上给予原谅，并愿意接受公司对你的个人处罚。

格式要求：称谓、问候语、正文、祝颂语、署名和日期规范正确。

（5）邀请函

主题内容：你所在的公司将举办成立20周年庆祝活动，特邀请XX股份有限公司的客户经理X先生参加，请根据本地区情况自行设定时间、地点、活动安排、活动组委会名称、联系电话等信息。

格式要求：称谓、问候语、正文、祝颂语、署名和日期规范正确。

（6）请柬

主题内容：2021年8月27日下午2点将在广州XX大酒店七楼宴会大礼堂举行某汽车品牌的SUV产品推介会。届时有抽奖（每个单位限一人）。为便于颁奖，请你填写好4S店名、姓名、职务、抽奖号码。

格式要求：称谓、问候语、正文、祝颂语、署名和日期规范正确。

2. 致辞类文书礼仪

请根据所学的知识，完成以下的礼仪致辞文书的写作。

（1）开幕词

主题内容：XX公司三届四次职工代表大会开幕，请你代表大会主席团致开幕词。

格式要求：标题、称谓、正文、结束语规范正确。

（2）闭幕词

主题内容：你所在的公司召开春季服装新品发布会即将胜利闭幕，请你代表大会组委会致闭幕词。

格式要求：标题、称谓、正文、结束语规范正确。

（3）祝酒词

主题内容：你所在的公司召开新年酒会，请你为公司总经理拟一份祝酒词。

格式要求：标题、称谓、正文规范正确。

（4）答谢词

主题内容：XX股份有限公司将对XXX集团公司进行访问，并就纺织技术合作事宜进行洽谈。请你代表XX股份有限公司对XXX集团公司的招待宴会致答谢词。

格式要求：标题、称谓、正文、结束语规范正确。

3. 商务信函礼仪

（1）信函

请你根据所学的知识及所提供的内容，完成以下商务信函的写作。

本公司采购部经理XX先生将要到黑龙江省伊春市采购农产品，请以公司名义写一封商务信函给伊春市农业农村局。

具体内容：考察两周，将与主要的生产厂家对接，拟于下个月购货，请求介绍可靠的生产厂家，并提供所需的帮助。

中文版格式要求：标题、称呼、正文、签署规范正确。

英文版格式要求：信头、日期、信内地址、称呼、正文、结语、签名、附件与附笔规范正确。

（2）启事

请根据以下内容写一个招聘启事。

大型德资企业XX有限公司经市人才交流中心批准拟招聘下列人员：

本地区销售代表三名：要求本科以上学历，具有较强的德语听说能力，具有5年以上的外企工作经验，较强的社交能力、富于开拓精神，年龄在25～40岁之间。

电脑文案一名：要求本科以上学历，女性，身高165 cm以上，年龄在20～30岁之间，具有较强的社交能力，会中英文打字。

有意者请于即日起7天内将有关资料及照片发送至1234XXX@163.com。

格式要求：标题、正文、落款规范正确。

| 项目四 | 工作页 |

请找一家你熟悉的公司，全程跟踪记录一次双方公司完整的商务谈判，对该次谈判过程进行评判，拟定提升方案。

1. 商务谈判准备礼仪

记录谈判准备阶段本公司的具体做法，并查找存在的问题，拟定提升方案。

项目		本公司做法	存在的问题	提升方案
礼仪原则				
谈判人员	首席谈判代表			
	谈判组成员			
谈判服务接待小组	客方谈判代表情况			
	食宿安排			
	交通安排			
谈判人员个人形象准备	领导人员			
	男士			
	女士			

续表

项目		本公司做法	存在的问题	提升方案
谈判活动日程准备	时间安排			
	谈判议题			
	通则议程			
	细则议程			
迎送工作	接待规格			
	接待方式			
	送行方式			
谈判场所准备	谈判室地点			
	谈判室布置			
	谈判座次安排			
谈判客方表现				

2. 商务谈判过程礼仪

记录谈判过程中双方的具体做法，并查找存在的问题，拟定提升方案。

项目		具体做法	存在的问题	提升方案
见面	本公司			
	对方公司			
介绍的握手	本公司			
	对方公司			
报价	本公司			
	对方公司			
询问	本公司			
	对方公司			
磋商	本公司			
	对方公司			
解决矛盾	本公司			
	对方公司			
打破僵局	本公司			
	对方公司			
结束谈判	本公司			
	对方公司			

3. 商务谈判签约礼仪

记录谈判签约中双方的具体做法，并查找存在的问题，拟定提升方案。

项目		具体做法	存在的问题	提升方案
签字人参加人	本公司			
	对方公司			
签约仪式的准备	签字厅的布置			
	合同文本的准备			
	座次安排			
仪式开始	本公司			
	对方公司			
正式签署	本公司			
	对方公司			
交换文件	本公司			
	对方公司			
庆祝活动	本公司			
	对方公司			

项目五　工作页

请你周末去本地熟悉的一个大型商场，仔细观察并记录商场员工的工作流程，对服务流程中的礼仪操作部分进行评价，并提出更好的建议。

1. 商场服务礼仪

（1）挑选三名营业员，分别对他们工作过程中的礼仪运用进行记录和对比，并找出存在的问题，提出解决方案。

项目		营业员的做法	存在的问题	解决方案
工服穿着	营业员A			
	营业员B			
	营业员C			
欢迎用语的使用	营业员A			
	营业员B			
	营业员C			
递交商品操作	营业员A			
	营业员B			
	营业员C			

(2) 挑选三名导购员，分别对他们工作过程中的礼仪运用进行记录和对比，并找出问题，提出解决方案。

项目		导购员的做法	存在的问题	解决方案
站姿	导购员 A			
	导购员 B			
	导购员 C			
面部表情微笑	导购员 A			
	导购员 B			
	导购员 C			

(3) 挑选三名售后人员，分别对他们工作过程中的礼仪运用进行记录和对比，找出存在的问题，提出解决方案。

项目		售后人员的做法	存在的问题	解决方案
退货语言使用	售后人员 A			
	售后人员 B			
	售后人员 C			
退货处理方法	售后人员 A			
	售后人员 B			
	售后人员 C			

2. 宾馆服务礼仪

请你周末去本地熟悉的一个五星酒店，仔细观察并记录酒店员工的工作流程，对服务流程中涉及的礼仪部分进行评价，并提出更好的建议。

(1) 挑选三名前厅服务员，分别对他们工作过程中的礼仪运用进行记录和对比，并找出存在的问题，提出解决方案。

项目		前厅服务员的做法	存在的问题	解决方案
着装	前厅服务员 A			
	前厅服务员 B			
	前厅服务员 C			
欢迎用语	前厅服务员 A			
	前厅服务员 B			
	前厅服务员 C			
引导	前厅服务员 A			
	前厅服务员 B			
	前厅服务员 C			

（2）挑选三名客房服务员，分别对他们工作过程中的礼仪运用进行记录和对比，并找出存在的问题，提出解决方案。

项目		客房服务员的做法	存在的问题	解决方案
迎客	客房服务员 A			
	客房服务员 B			
	客房服务员 C			
整理房间	客房服务员 A			
	客房服务员 B			
	客房服务员 C			
代买代办	客房服务员 A			
	客房服务员 B			
	客房服务员 C			

（3）挑选三名餐厅服务员，分别对他们工作过程中的礼仪运用进行记录和对比，并找出存在的问题，提出解决方案。

项目		餐厅服务员的做法	存在的问题	解决方案
个人卫生	餐厅服务员 A			
	餐厅服务员 B			
	餐厅服务员 C			
点菜	餐厅服务员 A			
	餐厅服务员 B			
	餐厅服务员 C			
走菜操作	餐厅服务员 A			
	餐厅服务员 B			
	餐厅服务员 C			

（4）挑选三名康乐部服务员，分别对他们工作过程中的礼仪运用进行记录和对比，并找出存在的问题，提出解决方案。

项目		康乐服务员的做法	存在的问题	解决方案
酒吧包房引导	康乐服务员 A			
	康乐服务员 B			
	康乐服务员 C			
歌厅、卡拉OK厅点歌	康乐服务员 A			
	康乐服务员 B			
	康乐服务员 C			

续表

项目		康乐服务员的做法	存在的问题	解决方案
酒水派送	康乐服务员 A			
	康乐服务员 B			
	康乐服务员 C			

3. 导游服务礼仪

请你报名参加某旅行社的一日游旅游团,全程观察并记录导游员的服务规范和流程,对导游服务礼仪的运用进行评价,并提出解决方案。

项目		导游员的做法	存在的问题	解决方案
服务准备	了解团员情况			
	游客饮食习惯			
	个人形象			
迎接服务	提前抵达接站地点			
	清点人数			
	引导客人上车			
	致欢迎词			
用餐服务	介绍饭店设施			
	带领旅游团用餐			
参观游览服务	提醒天气注意事项			
	沿途风光讲解			
	旅游景区照料服务			
	返程工作安排			
送站服务	致欢送词			
	发放交通票据			
	代办游客交待事项			

项目六　工作页

年底,腾飞进出口业务有限责任公司拟举办一场公司年终总结大会,本次会议交由公司人事部负责,假设你为人事部负责人,请组织本小组的同学,根据本单元所学知识,完成本次会议的组织策划工作。

1. 会议前的准备

准备流程			具体做法		
确定会议目标					
建立会议组织机构	组织机构 \ 人员		负责人	成员	分工
	会务组				
	宣传组				
	接待组				
	文件组				
	活动组				
	其他				
明确会议细则	确定会议议题				
	确定会议日程				
	确定会议地点				
	确定与会人员				
发出会议通知			会议通知内容	发送方式	发送时间
制作会议证件	证件类别		嘉宾证	参会证	工作人员证
	设计方案				
会场选择			会场地点	选择原因	
座次安排	主席台领导				
	座次安排				

2. 会议中的礼仪

（1）会议主持人

流程	具体做法
确定会议主持人	
确定会议主持人服装	
确定会议主持词	
确定会议主持形式	

（2）会议就坐礼仪

请根据参会人数及会议场地，绘制本次会议的桌位图及座次图。

(3) 确定会议发言人

确定本次会议的相关发言人,明确发言顺序及主题。

发言人	发言顺序	发言主题

(4) 会议中的服务

服务项目	服务人员	负责人
倒茶		
场控		
记录		
协调		

3. 会议后的礼仪

流程		具体做法
赠送纪念品	确定纪念品	
	确定赠送数量	
会议合影	参加合影名单	
	合影位次	
送别	安排送别车辆	
	特殊送行人员	
会议总结		

项目七 工作页

根据以下不同的场合,运用所学知识,完成仪式礼仪准备或服务工作。

1. 交接仪式礼仪

你所在的机器设备生产公司要将黑龙江省某企业定制的机器人设备进行交接,请你为交接仪式做好交接准备。

要素:参会人员40名,希望交接仪式能够具有较高档次,便于媒体宣传。现场布置的预算经费为6万元。

项目		选择方案	设计意图	指导意见
会场	类型			
	布置			
物品准备	使用物品			
	礼品			
来宾邀请	来宾构成			
设计交接程序	程序及注意事项			

2. 商界开业礼仪

XX公司将于下月举行开业庆典,请你组织做好开业准备并落实开业仪式的相关事宜。

项目	工作方案
舆论宣传	
来宾邀请	
场地布置	
接待服务	
礼品馈赠	
程序拟定	

3. 商务剪彩礼仪

XX公司将于下个月举行开业剪彩。请你组织做好开业剪彩并落实开业剪彩仪式的相关事宜。

项目	工作方案
剪彩准备	
剪彩人员	
礼仪人员	
场地布置	
程序拟定	

4. 商界庆典礼仪

假设你所在的公司将于下个月举行创立 10 周年庆典，请组织做好庆典策划并落实庆典仪式的相关事宜。

项目	工作方案
出席人员单位构成	
确定接待小组人员	
接待小组人员分工	
地点选择场地布置	
程序拟定	

附录二 1+X职业技能等级证书考核要点与礼仪知识对接一览表

序号	1+X证书名称	证书级别	工作领域	工作任务	证书相关职业技能要点	证书相关知识要求	融入教材章节
1	Web前端开发	初级 中级 高级	职业素养要求	服务意识	1. 能够与客户和主管及时沟通前端开发任务需求和项目进度状况 2. 能及时收集用户反馈，提升前端开发成果的实用性、易用性		商务交际礼仪
2	电子商务数据分析	初级	基础数据采集	市场数据采集	具备与运营等相关部门沟通协调和信息获取的能力		商务交际礼仪
		中级	数据采集与处理的方案制订	数据分析目标制订	1. 能根据电子商务数据及各部门工作内容的基础电子商务运营流程，在熟悉上，与市场、客服、物流等部门进行沟通，明确各部门对电子商务数据分析的诉求 2. 具有较强的逻辑分析和跨部门沟通能力		商务人员基本礼仪
		高级	数据综合分析	数据综合分析报告撰写	1. 能根据电子商务数据综合分析目标，设计电子商务数据综合分析报告框架，并进行跨部门沟通，验证报告框架的合理性 2. 具备较强的文字表达和沟通协调能力		商务会议礼仪
		高级	数据化运营创新	运营综合提升	1. 能结合电子商务数据化运营综合提升建议，持续追踪电子商务相关部门对建议的采纳及执行情况，并进行跨部门工作沟通 2. 具有团队协同沟通协调能力，具备高度企业责任感		商务交际礼仪

附录二 1+X职业技能等级证书考核要点与礼仪知识对接一览表

续表

序号	1+X证书名称	证书级别	工作领域	工作任务	证书相关职业技能要点	证书相关知识要求	融入教材章节
3	网店运营推广	初级	网店客户服务	客户问题处理	1. 能按照客户服务原则，恰当处理客户提出的与商品相关的问题 2. 能按照客户服务原则，合理处理客户提出的与物流相关的问题		商务谈判礼仪
				交易促成	1. 能根据与客户的交谈情况，适时进行商品推荐，引导客户进行购买 2. 能根据不同类型的客户，选择合适的沟通技巧，促使客户下单		商务谈判礼仪
4	老年照护	初级	职业认知	照护职业的素质要求	1. 能实施照护服务中的卫生、着装礼仪 2. 能实施照护服务中的常规礼仪 3. 能运用与老年人沟通的常见方法	1. 服务礼仪相关知识 2. 沟通相关知识	商务人员基本礼仪
		初级	基本管理技能应用	自我管理、沟通与合作	1. 能使用多种方式进行自我介绍和团队介绍 2. 能描述与团队成员之间授权、合作和沟通的方法	1. 沟通和合作的方法与技巧	商务交际礼仪
5	物流管理	中级	物流市场开发与客户服务	客户开发计划与实施	1. 能描述不同类型的客户开发及跟进的流程和方法 2. 能执行客户拜访、谈判、日常关系维护 3. 能编写客户拜访计划和实践案例	1. 客户开发与维护的流程 2. 客户拜访、日常联络的基本礼仪知识 3. 客户开发计划和拜访纪要编写规范	商务谈判礼仪 商务交际礼仪
				客户投诉及异常处理	1. 能描述客户投诉和异常事件的处理原则和流程 2. 能对客户投诉进行归类、沟通和归档	1. 客户投诉和异常事件的处理流程 2. 客户沟通的策略和技巧	商务服务礼仪
		高级	物流市场开发与客服管理	物流合同的编制与审批	1. 能描述合同的主要内容和谈判技巧	1. 商务谈判的知识和技巧	商务谈判礼仪

续表

序号	1+X证书名称	证书级别	工作领域	工作任务	证书相关职业技能要点	证书相关知识要求	融入教材章节
6	汽车运用与维修	初级 中级 高级	职业道德素养	职业道德	穿着得体，使用适合工作场所的语言和礼仪		商务人员基本礼仪
				职业素养	1. 协商解决的人际关系和职场冲突 2. 遵守规定，与客户和同事进行有效的沟通		商务交际礼仪
		高级	汽车问诊记录及分析	问诊记录	1. 能与客户有效沟通 2. 能与客户有效沟通，确认故障现象 3. 能与客户有效沟通，确认客户的驾驶习惯 4. 能对客户的抱怨进行说明，有效消除客户的抱怨	1. 与客户沟通故障现象的话术设计 2. 与客户沟通故障发生的条件和环境的话术设计 3. 与客户沟通的驾驶习惯的话术设计 4. 对客户的抱怨处理方案和沟通话术	商务服务礼仪
		高级		路试记录	能将试车的情况与客户沟通，确认是否是客户反应的故障现象	试车的情况与客户沟通和确认的话术及报告	商务服务礼仪
		中级	礼仪的规范及保养的规范	员工礼仪规范	1. 能规范员工着装 2. 能规范员工的仪态 3. 能规范员工的社交礼仪	1. 礼仪的定义 2. 礼仪的分类：仪表、仪态、礼节、语言、电话礼仪 3. 社交礼仪的要求	商务人员基本礼仪、商务交际礼仪

附录二　1+X职业技能等级证书考核要点与礼仪知识对接一览表

续表

序号	1+X证书名称	证书级别	工作领域	工作任务	证书相关职业技能要点	证书相关知识要求	融入教材章节
6	汽车运用与维修	初级	汽车销售礼仪礼节及行为规范	正确的仪表着装	男销售： 1. 能做到不留长发，头发清洁、整齐、精神饱满 2. 能做到不蓄须、短指甲，双手及指甲保持清洁 3. 能销售着公司统一规定制服，领带保持干净，大方、得体 4. 能做到着装公司统一规定制服，领带须系胸前组扣 5. 能着黑色皮鞋、西装须保持干净、光亮，搭配黑色袜子 6. 能做到胸牌佩戴在左胸口袋处 女销售： 1. 能做到发型文雅，梳理整齐、精神饱满 2. 能做到化商务淡妆，指甲不宜过长，不能美甲，并保持清洁 3. 能做到着装公司统一规定制服，大方、得体 4. 能做到着装公司统一规定制服，丝巾保持干净，努前熨烫平整 5. 能做到着黑色鞋子，搭配肤色丝袜，无破洞露脚头，搭配肤色丝袜 6. 能做到不佩戴首饰及胸牌佩戴在左胸口袋处	男销售： 1. 汽车销售对男销售头发的要求 2. 汽车销售对男销售面部手部的要求 3. 汽车销售对男销售着装的要求 4. 汽车销售对男销售制服的要求 5. 汽车销售对男销售鞋袜的要求 6. 汽车销售对男销售胸牌佩戴的要求 女销售： 1. 汽车销售对女销售发型化妆的要求 2. 汽车销售对女销售化妆的要求 3. 汽车销售对女销售着装的要求 4. 汽车销售对女销售制服的要求 5. 汽车销售对女销售鞋袜的要求 6. 汽车销售对女销售胸牌佩戴的要求	商务人员基本礼仪
				正确的礼仪礼节	1. 能有正确的仪态（站姿、坐姿、走姿、蹲姿、表情等） 2. 能正确地把握对不同客户的称呼 3. 能正确自我介绍及介绍他人 4. 能正确地握手 5. 能正确地递送名片 6. 能按电话礼仪和客户进行电话交流	1. 汽车销售的仪态要求 2. 对不同客户的称呼原则 3. 销售员自我介绍及介绍他人的礼仪规则 4. 握手的礼仪规则 5. 递接名片的礼仪规则 6. 电话交际的礼仪规则	商务人员基本礼仪 商务交际礼仪

307

续表

序号	1+X证书名称	证书级别	工作领域	工作任务	证书相关职业技能要点	证书相关知识要求	融入教材章节
6	汽车运用与维修	初级	汽车销售说话技巧	用正确的方式与客户交谈	1. 能在与客户交谈时保持语调低沉明朗 2. 能在与客户交谈时保持发音清晰、段落分明 3. 能在与客户交谈时能做到语速时快时慢，恰如其分 4. 能在与客户交谈时音量适中，懂得在某些场合停顿	1. 与客户交谈时的语调要求 2. 与客户交谈时的发音要求 3. 与客户交谈时的语速要求 4. 与客户交谈时的音量要求	商务人员基本礼仪
				客户接待	1. 能通过主动、专业、规范的接待，树立良好的第一印象 2. 能与客户建立良好的关系	1. 销售树立良好第一印象要求 2. 与客户建立良好关系的方法	商务交际礼仪
				交车仪式	1. 能安排好交车仪式 2. 能通过交车仪式提升客户满意度，以创造更多的资源	1. 交车仪式的作用 2. 交车仪式的注意事项	商务仪式礼仪
			客户关系管理和销售技巧	客户维系	1. 能预计客户到家时间，进行电话跟进 2. 能在不同规定的时间段对客户进行回访 3. 能鼓励客户向朋友推荐其到店购车	1. 电话交际的礼仪规则 2. 客户回访时安排的原则 3. 利用客户发展其他客户的方法	商务交际礼仪
				客户关系处理	1. 能处理客户的投诉 2. 能对客户打招呼或问候	1. 客户投诉的处理方法 2. 对客户打招呼及问候的要求	商务服务礼仪
7	智能新能源汽车	高级	新能源汽车同诊记录反分析	同诊记录	1. 能与客户有效沟通，确认故障现象 2. 能与客户有效沟通，确认故障发生的条件和环境 3. 能与客户有效沟通，确认客户的驾驶习惯 4. 能对客户的抱怨进行说明，有效地消除客户的抱怨	1. 与客户沟通故障现象的话术设计 2. 与客户沟通故障发生的条件和环境的话术设计 3. 与客户沟通驾驶习惯的话术设计 4. 对客户的抱怨处理方案和沟通话术	商务服务礼仪
				路试记录	能将试车的情况与客户沟通，确认是否是客户反应的故障现象	试车的情况与客户沟通和确认的话术及报告	商务服务礼仪

附录三　常用英文礼仪用语

一、介绍用语

1. Hello! I'm Wang Nan, this is my business card.
   你好！我是王楠，这是我的名片。
2. Allow me to introduce myself, I'm Li Wei, I'm from Tianshan Group.
   请允许我介绍一下，我是李伟，我来自于天山集团。
3. May I introduce myself?
   我可以做一下自我介绍吗？
4. May I have the pleasure/honor of introducing?
   可以给我个机会做介绍吗？
5. May I introduce Mr. Smith?
   我可以介绍一下史密斯先生吗？
6. Wang Nan, I want you to meet Li Fei.
   王楠，我想让你认识一下李飞。
7. May I introduce Mr. Smith to you?
   我可以把史密斯先生介绍给你吗？
8. Let me introduce Mr. John to you.
   让我把约翰先生介绍给你。
9. Mr. Green, I want you to meet Mr. Chang, a very close friend of mine.
   格林先生，我想让你认识一下我的好朋友常先生。
10. Hello, Zhang Li. This is our new friend Mr. Brown.
    嗨，张莉，这是我们的新朋友布朗先生。
11. Will you introduce me to the new manager over there?
    请替我引见那边新来的经理好吗？
12. Can you introduce me to her?
    你能把我介绍给她吗？

二、问候用语

1. How do you do!
   你好！（用于初次见面）

2. How are you?
   你好吗？（用于熟人之间）

3. Glad /Nice/ Pleased to meet you.
   见到你很高兴。

4. It's nice to see you again.
   很高兴再次见到你。

5. I've been looking forward to meeting you.
   我一直期待着再次见到你。

6. How's business recently?
   最近生意怎么样呀？

7. Happy to know you.
   很高兴认识你。

8. I'm very glad to have the opportunity to meet you.
   我很高兴有这个机会认识你。

9. I have often heard about you.
   我经常听说你。

10. It's a pleasure meeting you.
    认识你很荣幸。

11. Haven't seen you for a long time.
    好久不见了。

12. How's everything with you recently?
    你最近怎么样啊？

三、告别用语

1. It is a little late now. I'm sorry that I've got to go now.
   时间不早了，我想我现在该告辞了。

2. I'd better go now/ be going/ be leaving.
   我该走了。

3. But it's still early.
   但是时间还早啊。

4. Can't you stay a bit longer?
   你能再待一会儿吗？

5. Well, then I won't keep you. Let's get together soon.
   那好，我就不留你了。期待着我们快点再次见面。

6. I look forward to seeing you again soon. Good-bye.
   我期待着快点再次见面，再见。

7. Please give my best regards/wishes to your boss.
   请代我向你的老板问好。

8. Nice talking to you.
   和你谈话很愉快。

9. I'm sure we will have occasion to meet again. Bye.
   我相信我们还会有机会相见的。再见。

10. Have a safe journey home.
    祝你平安到家。

11. Must you go so soon?
    你必须这么快就走吗?

12. I'm afraid so. Goodbye, Mr. Wang, Thanks for inviting me to your home.
    恐怕如此,再见,王先生,谢谢你邀请我到你家来。

四、致谢用语

1. Many thanks/Thank you very much.
   非常感谢。

2. Many thanks for coming.
   多谢你能来。

3. Thank you very much for the encouragement.
   非常感谢你的鼓励。

4. Thanks for telling me.
   谢谢你告诉我。

5. I'm really very grateful to you.
   我真的非常感谢你。

6. Thanks a million for inviting me.
   万分感谢你的邀请。

7. How can I ever thank you?
   让我怎么来谢你好呢?

8. Thank you for a most enjoyable evening.
   谢谢你让我们度过了一个愉快的夜晚。

9. Thank you for all you've done for us.
   谢谢你为我们所做的一切。

10. I appreciate your cooperation.
    对贵方的合作我们万分感谢。

11. Please accept my sincere/grateful appreciation.
    请接受我真挚的/衷心的感谢。

12. We thank you for your offer.
    感谢你为我们提供的一切。

五、致歉用语

1. I'm sorry for being late.
   很抱歉,我来晚了。
2. Please excuse me for coming late.
   请原谅,我来晚了。
3. I'm awfully sorry about that.
   我对此非常抱歉。
4. I'm sorry to have given you so much trouble.
   我很抱歉给你添了这么多麻烦。
5. I do beg your pardon.
   我请求你原谅。
6. I'm sorry for what I said to you last night.
   我为我昨晚对你说的话感到抱歉。
7. I must apologize for not replying to the letter sooner.
   回信迟了,请原谅。
8. I must make an apology to you for forgetting your appointment.
   我把你的预约忘了,必须向你道歉。
9. I'm sorry, I forgot all about it.
   对不起,我把这事全忘了。
10. Excuse me putting in.
    请原谅我插句话。
11. Please forgive me for interrupting you.
    请原谅,我打断您一下。
12. Sorry to disturb you so early.
    这么早打扰你真对不起。

六、祝愿用语

1. I wish you success/May you succeed.
   祝你成功。
2. Every success in your study!
   祝你学业一切顺利!
3. I wish you every success in your new job!
   祝你在新的工作岗位上成功!
4. The best of luck!
   祝你好运!
5. Best wishes!
   致以最良好的祝愿!
6. Best regards!
   致以亲切的问候!

7. A merry Christmas and a happy New Year!
   圣诞快乐、新年快乐!

8. Please convey my best wishes to John.
   请向约翰转达我最好的祝愿。

9. I wish you a pleasant journey!
   祝你旅途愉快!

10. Here's to a happy marriage!
    祝婚姻幸福!

11. I drink to your promotion!
    为你的晋升干杯!

12. Allow me to offer my heartiest wishes.
    请允许我向你表示最衷心的祝贺。

七、接待用语

1. Can I help you/ What can I do for you?
   我能为你做什么吗?

2. Is there anything I can do to help?
   有什么我可以帮得上忙的吗?

3. Is there anything you'd like me to do for you?
   你期望我为你做点什么吗?

4. Can I help you in any way?
   我可以为你做点什么吗?

5. Just let me know if you need any help.
   如果你需要帮助请告诉我。

6. Would you like coffee or something cold?
   你要咖啡还是其他冷饮?

7. Would you like to leave a message?
   你要不要留个话?

8. Have you made hotel reservation?
   你有没有事先预订好旅馆?

9. Good morning, Huanghe Great Hotel.
   早上好,这里是黄河大酒店。

10. United Development Corp (Corporation). May I help you?
    这里是联合发展公司,你有什么事?

11. Welcome! Come in, please.
    欢迎光临! 请进。

12. Who (m) would you like to talk to?
    请问你要找谁?

八、预约用语

1. Are you free tomorrow, Mr. Zhang?
   张先生,你明天有空吗?
2. How would you like to play tennis with me in the afternoon?
   下午和我一起打网球好吗?
3. Mr. Brown, may I see you this afternoon?
   布朗先生,今天下午我能来见你吗?
4. Mr. Li, I'd like to make an appointment with you.
   李先生,我想约个时间和你见面。
5. If you're free, let's have lunch together tomorrow.
   如果你有时间,明天让我们共进午餐吧。
6. I'm calling to ask you if you'd like to see the product samples this afternoon?
   我打电话来是想问你今天下午是否有时间来看产品样本?
7. Would you like to join me for dinner tonight?
   你是否愿意今晚和我一起共进晚餐?
8. Could you arrange a talk with Mr. Xu for me?
   你能安排一下我与徐先生会谈吗?
9. Miss Wang, please call Mr. Green and schedule an interview with him for me.
   王小姐,请你打电话给格林先生,约定一下我与他的会面时间。
10. Will it be convenient if I call on you at this afternoon?
    我今天下午去拜访你是否方便?
11. Do you have some time tomorrow?
    你明天有空吗?
12. How about having lunch with me?
    一起吃中午饭好吗?

参考文献

[1] 王颖，王慧. 商务礼仪［M］. 大连：大连理工大学出版社，2007.
[2] 胡晓涓. 商务礼仪［M］. 2版. 北京：中国人民大学出版社，2012.
[3] 丁立新. 国际商务礼仪实训［M］. 北京：对外经济贸易大学出版社，2003.
[4] 梁志刚. 商务礼仪［M］. 北京：北京大学出版社，2009.
[5] 崔玉环，祝永志. 商务礼仪［M］. 北京：高等教育出版社，2012.
[6] 周增文，石运芳. 现代礼仪实用指南［M］. 济南：济南出版社，2004.
[7] 向多佳. 职业礼仪［M］. 成都：四川大学出版社，2006.
[8] 孙绍年. 商务谈判原理与实务［M］. 北京：清华大学出版社、北京交通大学出版社，2007.
[9] 杨玉荣. 国际商务礼仪［M］. 北京：清华大学出版社、北京交通大学出版社，2012.
[10] 扬锚. 成功应聘实用指南［M］. 广州：广州出版社，2000.
[11] 杨眉. 现代商务礼仪［M］. 大连：东北财经大学出版社，2000.
[12] 李巍. 商务礼仪［M］. 北京：北京大学出版社，2009.
[13] 王思忠. 礼仪基础知识［M］. 上海：华东理工大学出版社，2000.
[14] 王水华. 公关与商务礼仪［M］. 南京：东南大学出版社，2004.
[15] 李惠中. 跟我学礼仪［M］. 北京：中国商业出版社，2002.
[16] 陈戍国点校. 周礼·仪礼·礼记［M］. 长沙：岳麓书社，1989.
[17] 熊经浴. 现代实用社交礼仪［M］. 北京：金盾出版社，2003.
[18] 葛道顺、卢娟. 公关交际礼仪［M］. 重庆：西南师范大学出版社，1999.
[19] 匡玉梅. 现代交际学［M］. 北京：中国旅游出版社，2003.
[20] 金正昆. 公司礼仪［M］. 北京：首都经济贸易大学出版社，2003.
[21] 金正昆. 服务礼仪教程［M］. 北京：中国人民大学出版社，2001.
[22] 金正昆. 商务礼仪教程［M］. 北京：中国人民大学出版社，2000.
[23] 杜玉景. 实用国际礼仪［M］. 武汉：武汉测绘科技大学出版社，1996.
[24] 王石彤. 礼仪大全［M］. 呼和浩特：内蒙古人民出版社，2002.
[25] 李化德. 现代常用公文导写［M］. 2版. 重庆：重庆出版社，2004.
[26] 苏冠群. 往来文体跟我学［M］. 呼和浩特：内蒙古出版社，2004.

[27] 杜志敏. 心理素质与综合能力训练教程 [M]. 北京：化学工业出版社，2001.
[28] 〔美〕约翰·克拉克. 优秀员工必修的7堂课 [M]. 北京：金城出版社，2004.
[29] 泇河. 礼仪 [M]. 北京：地震出版社，2003.
[30] 史玉峤. 现代秘书学 [M]. 3版. 青岛：青岛出版社，2001.
[31] 李兴国. 公共关系实用教程 [M]. 北京：高等教育出版社，2002.
[32] 黄建雄. 公共关系概论 [M]. 广州：广东高等教育出版社，1993.
[33] 王银元，冯兰. 简明公共关系学 [M]. 北京：农业出版社，1993.
[34] 刘裕权，卢彰. 公共关系学 [M]. 成都：成都科技大学出版社，1998.
[35] 赵春明. 商务谈判 [M]. 北京：中国财经出版社，2000.
[36] 王琪. 公共关系学基础与实务 [M]. 西安：西北大学出版社，2003.
[37] 关彤. 接待礼仪 [M]. 2版. 海口：南海出版公司，1996.
[38] 何修猛. 公关实务教程 [M]. 上海：复旦大学出版社，1996.
[39] 胡宝珅. 经贸秘书实务 [M]. 北京：清华大学出版社，北京交通大学出版社，2004.
[40] 郭碧莲. 客套话 漂亮话 分量话实用口才3项修炼 [M]. 广州：广东经济出版社，2004.
[41] 〔美〕彼得·厄斯·本德，罗伯特·特拉克兹. 面对面交流秘诀 [M]. 北京：中信出版社，2002.
[42] 金正昆. 政务礼仪教程 [M]. 北京：中国人民大学出版社，2000.
[43] 张弘. 交际语言跟我学 [M]. 呼和浩特：内蒙古人民出版社，2004.
[44] 王振槐. 国际商务礼仪 [M]. 北京：中国审计出版社，1997.
[45] 曹浩文. 如何掌握商务礼仪 [M]. 北京：北京大学出版社，2004.
[46] 熊经浴. 现代商务礼仪 [M]. 北京：金盾出版社，1997.
[47] 李柠. 国际商务礼仪（上、下册）[M]. 北京：中国财政经济出版社，1995.
[48] 特里·莫里森. 如何同53个国家做生意 [M]. 南京：译林出版社，1996.
[49] 王瑞成. 商务礼仪 [M]. 北京：中国财政经济出版社，2013.
[50] 王艳. 商务礼仪与沟通 [M]. 北京：中国财政经济出版社，2014.
[51] 余红平. 商务谈判 [M]. 北京：中国财政经济出版社，2012.